KB044260

바야흐로 ESG의 시대다. 온라인에 ESG를 검색어로 입력하면 하루에도 수백 건의 관련 기사가 쏟아져 나온다. ESG의 시대에 기업들은 기존과는 완전히 다른 도전에 직면해 있다. 바로 사회적 가치창출이다. 오랜 기간 기업은 경제적 가치창출에 매진하며 우리 사회의 풍요를 견인해 왔지만, 그 과정에서 간과했던 사실이 있다. 사회가 지속가능해야 기업도 지속가능하다는 것이다. 코로나 팬데믹은 전지구적인 위기 상황이 오면 기업 활동도 멈출 수 있다는 것을 잘 보여주었다. 예컨대 기후변화 위기로 사회가 지속가능하지 않으면 기업도 지속가능하지 않다. 국내외 선도기업들이 적극적으로 탄소 감축에 나서는 이유다. 즉 탄소 감축은 기업들이 반드시 넘어야 할 장애물 경기와 같다.

국내 대표 경영학자 9인이 함께 저술한 이 책은 사회적 가치의 철학적 기반과 함께 경영관리, 국제경영, 생산, 마케팅, MIS, 재무, 회계 등 경영학 세부 분야에서 사회적 가치가 어떻게 다루어지고 있는지를 집대성해 보여준다. 이론서이면서도 글로벌 ESG 트렌드와 기업 사례를 함께 제시하여 기업의 사회적 가치, 지속가능경영에 대한 독자의 이해를 돕는다. 무엇보다 경영서이면서도 인문학을 포함한 다양한 관점에서 기업의 존재 이유에 대한 성찰과 기업의 사회적 가치 추구에 대한 입체적 분석틀을 제공하고 있는 점이 흥미롭다. ESG의 시대 기업의 사회적 역할에 대해 고민하고 있는 모든 경영자와 다양한 이해관계자들에게 이 책을 추천한다.
— 이형희, SK SUPEX추구협의회 SV위원회 위원장

최근 기업의 다양한 이해관계자들은 사회적 가치를 중시하고 지속가능경영을 고려할 것을 요구하고 있다. 사회적 가치를 단순히 비용의 문제가 아니라 본질적인 경영 철학과 기업의 장기적 생존의 문제라는 관점에서 접근해야 한다는 것이다. 이 책은 사회적 가치에 대한 현상과 사례를 상세하게 소개할 뿐만 아니라 그 이면에 있는 이론과 쟁점을 일목요연하게 정리하고 있다. 사회적 가치에 대한 이론과 실제를 과거, 현재, 미래의 관점에서 다루고 있어 매우 유익하고 흥미롭다. 게다가 경영학의 다양한 분야를 전공한 아홉 명의 교수들이 저술해 균형 있는 논의도 돋보인다. 경영학적 관점에

서 사회적 가치를 이해하고자 하는 학생들과 학자들에게 유익한 책이다.
또 업계 전문가에겐 새로운 연구 과제를, 기업에는 새로운 기회를 찾는 통
찰력을 제공할 것이다. 부디 이 책을 통해 많은 기업이 소비자는 물론 직원,
지역사회, 주주 등 넓은 범위의 고객에게 사랑받고 존경받는 기업으로 성
장하길 바란다.
– 이유재, 서울대학교 경영대학장

요즘 ESG에 대한 큰 관심과 함께 기업이 추구해야 할 바에 대하여 많은 논
란이 있다. 주주이익 극대화로 대변되는 주주중심 자본주의에서 주주뿐
아니라 여러 이해관계자의 관점을 포함해야 한다는 이해관계자 자본주의
로 무게의 중심축이 넘어가면서, 사회적 가치가 기업 경영에 있어 어떤 영
향을 미치고, 미쳐야 하는지에 대해 많은 분들이 궁금해하고 있다. 이 책은
이러한 궁금증을 가지고 있는 기업가, 학생, 연구자들에게 경영학의 다양
한 분야 전문가들께서 그동안 관련된 연구결과의 설명과 사례 분석을 통해
이 궁금증을 풀어줄 실마리를 제공한다. ESG라는 말을 거의 매일 접하는
요즘 사회적 가치와 지속가능한 경영에 대해 진지한 고민을 하고 있는 분
들께 이 책을 권한다.
– 이인무, KAIST 경영대학장

자유, 정의, 진리를 추구하는 고려대학교의 경영대학 교수들이 사회적 가
치와 지속가능성에 대해 연구하고 교육한 내용을 담은 선물 같은 책이다.
창의를 맘껏 발휘할 수 있는 기업가정신이 공정과 포용과 함께할 때 이윤
창출은 물론이고 ESG라는 사회문제를 가장 잘 해결할 수 있다는 참 진리
를 보여준다. 이론만이 아니라 실제 기업경영에 적용할 수 있는 실천적 지
혜와 사례가 가득하다. 참여한 교수들이 다양한 경영 영역을 입체적으로
다루고 있어 독자들의 실천을 안내하고 있다. 성과측정과 평가를 시작으
로 ESG 등 실천수단 소개와 함께 다양한 관점을 제공하면서도 경영자가
일관되게 지속가능경영을 달성할 수 있도록 돕는다. 이 책을 통해 기업이
정의롭게 선한 일을 하는 것은 물론 이에 그치지 않고 탁월한 경영을 통해

핵심역량을 구축하여 모든 이해관계자들에게 가치를 제공할 수 있게 될 것이다.
― 김재구, 명지대 교수·한국경영학회 차차기회장·한국사회적기업진흥원 전 원장

'스마트하고 존경받는 기업'이 화두다. 스마트한 기업은 '효율적'이다. 기술혁신에 앞서고 재무적 성과도 뛰어나다. 그래서 주주에게 더 많은 이득을 줄 수 있다. 존경받는 기업은 '정당성'까지 갖추었기에 지속가능하다. 여러 이해당사자와 사회의 요구에 눈과 귀를 열고 적극 반응하기 때문이다. 미래가 다가오는 속도가 어느 때보다 빨라진 요즘 코로나19가 휩쓸고 지나간 세계에서 넘어서는 안 될 생태적 한계가 분명해졌다. 디지털 경제가 확장되면서 경제적 포용으로 채우지 않으면 지속할 수 없는 불평등과 결핍의 양상도 분명해졌다. 기업을 넘어선 사회문제와 국경을 넘어선 생태계의 위험公을 어떻게 함께共 풀어갈지, 그 방법을 기존의 교과서에서는 찾기 어렵다. 전통적인 공公과 사私의 이분법으로도 해결할 수 없다. 가격을 매기기 어려운 가치, 시장을 넘어선 도덕의 문제를 어떻게 다루어야 할까.
이 책이 반가운 이유는 바로 그 답을 제시하기 때문이다. 기업경영의 본질에 대한 근본적 질문에서 출발하여 ESG 시대 사회적 가치를 어떻게 구현할 것인지 세분된 영역에서 차분하게 풀어냈다. 이 책을 읽으면 경주 최부자집 육훈六訓에 담긴 배려와 책임감이 우리 기업의 '오래된 미래'였음을, 유엔의 지속가능발전목표SDGs에서 확인하는 글로벌한 문제에 대한 집합지성적 해법이 ESG 경영의 배경임을 깨닫게 된다. 공통의 문제를 함께 풀어 지속가능한 기업을 만들기 위해서는 시선의 '높이', 풀이의 '깊이', 관계의 '넓이', 역사성의 '길이'가 중요하다는 진단에 전적으로 동의한다. 경영학 뿐이랴. 정치, 행정, 언론, 시민사회, 비영리 등 다양한 분야에서도 새로 쓰인 교과서를 보고 싶은 마음이 간절해졌다.
― 이재열, 서울대학교 사회학과 교수

ESG 시대의
사회적 가치와
지속가능경영

ESG 시대의
사회적 가치와
지속가능경영

배종석 문정빈 이동섭 이재혁 김대수
박찬수 이재남 김우찬 한승수 지음

———————

SOCIAL VALUE AND
SUSTAINABILITY IN
BUSINESS

서문

　고려대학교 경영대학은 SK그룹의 지원을 받아 2019년 3월부터 3년 동안 'KUBS-SK 사회적 가치 기반 경영학 교육 혁신 사업'(이하 'SV 프로젝트')을 시행했다. 'SV 프로젝트'를 수행하면서 고려대학교 경영대학은 학부 과정에 '사회적 가치와 지속가능경영'이라는 세부 트랙을 도입했고 매 학기 사회적 가치 포럼을 개최했다. 또한 사회적 가치 경진대회를 통해 학생들이 이 주제에 관심을 가지도록 유도하였다. 본 저서도 또한 이 사업의 결과물 중 하나이다.

　이 책의 저술 작업을 통해 고려대학교 경영대학 교수 9인은 경영학 전체와 각 전공을 대표하여 경영(학)에서의 사회적 가치와 지속가능성에 대해 그동안의 논의를 정리하고 앞으로의 방향에 대해 모색해보는 기회를 가졌다. 3년이라는 기간 동안 충분한 여유를 갖고 총 20여 회에 달하는 월례 세미나를 통해 서로 의견을 교환하며 내용의 일관성을 꾀하였다.

　집필이 시작된 2019년 상반기부터 책이 출판된 2021년 하반기까지 실로 많은 일이 있었다. 그중에서도 특히 2020년 초 대유행으로 전 세계에 전대미문의 충격을 준 코로나19는 21세기 인류 문명이 직면한 근본적인 문제인 기후 위기와 불평등 문제를 극적으로 드러내 보여주었다. 한편 2019년 여름 비즈니스 라운드테이블_{Busi-}

ness Roundtable의 선언으로 촉발된 ESG환경·사회·지배구조 경영은 2021년 들어 대한민국 기업과 사회에 큰 변화를 몰고 왔다. 저자들이 이와 같은 크나큰 변화들의 와중에도 흔들리지 않고 장기간 집필에 매진할 수 있었던 것은 저서의 방향 자체가 이미 이러한 변화에 대한 대응을 선도하는 쪽으로 잡혀 있었기 때문이다. 또 다른 한편으로 ESG 관련 저서들이 쏟아져 나오는 와중에 차분하고 깊이 있는 논의를 제공하는 본서의 가치에 대해 모두가 동의했기 때문이다.

대중매체에 비치는 기업의 모습은 마치 야누스처럼 두 개의 다른 얼굴을 가진 듯하다. 자유의 정신과 새로운 것을 창조하고자 하는 열망에 기반하여 혁신을 통한 미래의 선도자이면서 고용을 창출하고 공동체의 번영을 책임지는 선한 청지기의 얼굴이 있는가 하면 이익 추구의 마음과 재물을 소유하고자 하는 열망에 기반하여 환경을 파괴하고 노동자와 중소업체에 갑질을 하며 세금을 회피하고 지역상권을 황폐화시키는 악한 탐욕자의 얼굴로도 자주 등장한다. 본 저서를 통해 고려대학교 경영대학에서 경영학을 가르치는 저자들은 기업 활동이 가져올 수 있는 부정적인 측면을 간과하거나 과소평가하지 않고 그것을 인정하고 면밀히 주시하는 기반 위에서 최대한 부정적 측면을 줄이고 긍정적인 측면을 늘릴 수 있는 방향과 방법을 제시함으로써 패러다임 전환 시기에 미래의 경영자들에게 새로운 경영학에 대한 비전을 제시하고자 했다. 이와 같은 논의는 기존의 학자들과 경영자들의 선구적인 노력에 기반하고 있음은 주지의 사실이다. 이 책 모든 장에 등장하는 수많은 논문과 사례들은 이를 잘 보여주고 있다.

이 책의 특징은 다음과 같다. 첫째, 같은 대학에 재직 중인 아홉

명의 교수들이 저술했기에 다양한 경영학 분야가 균형 있게 논의에 포함됐다. 우리는 사회적 가치가 경영학의 모든 세부 분야의 연구 및 실행과 연계돼 왔음을 확인할 수 있었다. 책의 내용이 획일적이지 않도록 경영학의 다양한 분야를 전공한 저자들의 다양한 관점을 가능한 한 수용했다. 그러나 산만하지 않도록 일관성과 통일성을 가지려고 노력했다. 둘째, 사회적 가치에 대한 현상과 사례를 소개하는 수준에 그치지 않고 그 이면에 있는 이론과 그것과 관련된 쟁점을 드러낼 뿐만 아니라 나아가 더 깊은 수준에서의 전제와 인과적 힘을 발휘하는 실재적인 것the real도 논의에 포함시켰다. 셋째, 경영학 세부 분야를 다루는 장들은 과거, 현재, 그리고 미래의 관점에서 서술하려고 시도했다. 즉 사회적 가치와 관련된 과거의 연구와 실행의 흐름을 정리함과 동시에 현재 주도적인 논의와 사례를 예시하고 미래 과제 혹은 전망을 제시했다.

이 책의 잠재적 독자는 사회적 가치에 관심이 있는 모든 분이며, 특히 사회적 가치를 경영학에 접목해 이해하고자 하는 학생과 학자들에게 도움이 되기를 바란다. 따라서 대학에서 사회적 가치와 관련된 과목의 교재로 사용될 수 있을 것이다. 그리고 사회적 가치를 경영에 적용하려고 하는 현장 담당자와 사회적 가치에 대한 성격과 이론적 기반을 정립하고 쟁점에 대한 관점을 정리하고자 하는 경영자 등 다양한 그룹의 실무자들도 이 책의 독자가 될 수 있겠다. 1장에서 사회적 가치의 성격, 분석틀, 그리고 각 장의 요약을 제공하고 있다. 우선 1장을 읽고 난 후에 어느 장을 더 관심 있게 읽어야 할지 결정할 수 있을 것이다.

이 책이 세상에 나올 때까지 도움을 주신 분들이 많다. 'SV 프로젝트'를 수행하면서 학기마다 가진 사회적 가치 포럼에 강사로 오셔서 사회적 가치에 대한 좋은 강의를 통해 이해의 깊이를 더해 주신 김재구 교수님(명지대학교), 배종태 교수님(카이스트), 신현상 교수님(한양대학교), 티마 반살Tima Bansal 교수님(아이비 비즈니스 스쿨, 웨스턴대학교), 알렉스 에드먼스Alex Edmans 교수님(런던 비즈니스 스쿨)께 감사를 드린다. 인내심을 가지고 완성도 있는 저서가 나올 수 있게 도와주신 클라우드나인의 안현주 대표님과 사업을 관리하는 입장에서 최대한 저자들의 입장을 이해하고 자율성을 보장해 주신 행복나래 주식회사의 구영모 대표이사님과 조민영 본부장님께 감사의 말씀을 전한다. 본사업을 구상하고 실행함에 전폭적인 지원을 아끼지 않으신 고려대학교 경영대학 권수영, 김재욱 두 분 전임 학장님들과 김재환 기업경영연구원장님께도 깊은 감사를 드린다. 집필 과정에서 담당 연구원으로 사업을 도맡아 챙겨준 김희정 박사, 김미리 박사, 그리고 편집 조교로 수고해 준 고려대학교 경영대학 임소희 박사과정, 이형진 박사의 노고에 감사하는 마음 또한 이루 말할 수 없다. 그 외 도움을 주신 모든 분들에게 감사드리며, 일일이 감사의 뜻을 전하지 못하는 데에 대해 양해를 구하고자 한다. 이 책의 부족한 부분들이 있다면 당연히 저자들의 책임이다.

2021년 12월 안암의 언덕에서
저자들을 대표하여 배종석, 문정빈

| 차례 |

9장 　사회적 가치와 재무 · 295

10장 사회적 가치와 회계 · 341

11장 경영과 사회적 가치
: 의의 그리고 한계 • 383

1장
경영(학)에서의 사회적 가치[1]

SOCIAL VALUE AND
SUSTAINABILITY IN BUSINESS

배종석

고려대학교에서 경영학으로 학사학위와 석사학위를 받았다. 그 후 미국 일리노이대학교UIUC에서 인적자원관리 전공으로 석사학위와 박사학위를 받았다. 현재 고려대학교 경영대학 학장을 맡고 있으며 고려대 기업경영연구원장, 한국인사조직학회장, 인사조직연구 편집위원장, 풀브라이트Fulbright 펠로우로 스탠퍼드 경영대학원 객원교수, 한양대 교수 등을 역임했다. 기업 수준에서 사람관리에 관해 연구해왔다. 최근에는 존재론, 인식론, 가치론의 관점에서 '기업과 경영의 철학'에 대한 연구를 수행해 오고 있다. 강의하는 과목은 경영의 철학적 이해와 인적자원관리 등이다.

1

ESG 시대의
'사회적 가치'에 대한 관심

이 책은 다음과 같은 질문들에 답을 하는 데 그 목적이 있다. 사회적 가치를 포함한 ESG의 이념과 이론적 배경은 무엇인가? 분석틀은 무엇이며 그 성격을 어떻게 규정할 수 있는가? 사회적 가치의 철학적 기반은 무엇인가? 사회적 가치를 어떻게 측정할 것인가? 경영학 세부 분야들인 경영관리, 국제경영, 생산, 마케팅, 경영정보시스템MIS, 재무, 회계에서는 사회적 가치에 관해 어떤 연구들이 있었고 기업의 사례들은 무엇인가? 사회적 가치의 미래 전망은 무엇인가? 이 책은 경영학자들이 ESG 시대의 사회적 가치와 관련해 다룬 내용을 담고 있다. 경영학 연구와 경영 현장에서 사회적 가치가 지대한 관심을 받고 있으며, 경영 연구와 경영 현장에서 다양한 내용으로 진행돼 왔다. 그 주제들을 보면 기업의 사회적 책임, 사회공헌, 기업 시민성, 윤리적 혹은 사회적 책임 투자, 공유가치창출CSV 등이 포함된다.

본 장에서는 사회적 가치와 관련해 문제가 발생하게 된 출발점, 그 문제점에 대한 비판, 그리고 해결의 실마리를 찾기 위한 나름의 제안에 대해 논의한다. 다음으로 ESG와 사회적 가치의 분석을 위한 네 차원 분석틀을 제시한다. 네 차원은 높이, 깊이, 넓이 및 길이 차원인데 각각의 차원에 해당하는 양상들에 관해 설명한다. 이 네 차원 분석틀은 현재 진행되는 ESG 혹은 사회적 가치 활동들의 내용을 포괄적으로 설명하는 준거틀이 된다. 그리고 이 분석틀에 기반해 ESG의 성격을 기업이 본래 지녀야 하는 존재, 관계, 가치 및 역할의 회복에 대한 기대에 부응하는 것으로 규정한다. 마지막으로 이 책에 수록된 장을 소개한다. 앞의 총론에 해당하는 장들과 결론의 장을 제외한 나머지 장들(4~10장)은 경영학 세부 전공의 입장에서 그동안의 사회적 가치에 관한 연구와 현상들을 과거와 현재의 관점에서 정리하고 미래 전망에 관한 생각들을 담았다.

2

ESG와 '사회적 가치'의 대두
: 인식, 비판, 그리고 제안

여기서는 ESG의 대두와 관련해 문제에 대한 인식, 문제에 대한 비판, 그리고 문제에 대한 제안에 관해 설명한다.

문제에 대한 인식

우리에게 알려진 보편적 원리 중의 하나는 '힘의 이중성 원리the double power principle'이다(Morris, 1998). 어떤 것이 좋은 것을 위한 힘을 발휘하는 정도만큼 나쁜 것에도 상응하는 힘을 가진다는 것이다. 시장과 기업이 힘을 가질 때 동일한 양면성이 있을 수 있다. 이런 맥락에서 ESG와 사회적 가치의 대두 배경에는 시장 우위성과 기업 지배력이라는 힘이 작동하고 있음을 지적하려고 한다.

기업의 목적 혹은 사회적 책임과 관련해서 논의의 출발점으로 삼을 수 있는 것은 밀턴 프리드먼Milton Friedman의 1970년 『뉴욕타임스』 기고문일 것이다(Friedman, 1970). 그는 주장하기를 기업이 게임의

룰 혹은 사회의 기본 규칙을 지킨다면 기업의 유일한 사회적 책임은 가능한 한 많은 돈을 버는 것, 즉 이익을 극대화하는 것이라고 했다. 여기서 기본 규칙이란 법을 준수하고 윤리적 관습과 상규범을 따르고 기만이나 사기 없이 경영활동을 수행하는 것을 의미한다. 경제학의 학문적 학파로는 시카고 학파로서 시장 우위의 자유방임주의를 주창한 사조이고 정치 철학적으로는 자유지상주의적 접근에 해당될 것이다(cf., Nozick, 1974).

이런 시장 우위성의 주장과 함께 기업 지배력도 ESG 주장의 한 요인이 될 수 있다. 현재는 국가와 함께 기업이 우리 사회의 주도적인 사회적 제도라고 볼 수 있다는 측면에서 기업의 시대라 부를 수 있다. 이렇게 부를 수 있는 것은 기업의 침투성과 편재성, 자원 확보력과 지배력, 그리고 사회 전체의 방향과 사회 구성원들의 삶에 끼치는 강한 영향력이라는 이유 때문이다.

경제적 가치와 사회적 가치를 동시에 추구해야 함을 주장하는 공유가치창출 접근(Porter & Kramer, 2011)은 프리드먼의 주장을 넘어 기업의 목적을 수정해야 한다고 주장해 시장 우위 접근을 극복하는 측면이 있다. 그러나 다른 한편으로는 공유가치창출은 시장 기능을 활용한 기업의 우월성을 주장하고 있어 또 다른 근본 문제를 내포한다고 볼 수도 있다. 이 접근은 기존의 자본주의에 대한 비판보다는 기존의 체제 내에서 기업의 자원을 활용해 현재 우리가 당면한 사회적 문제를 해결하고자 하는 의지를 담고 있다. 공유가치창출 관점은 좀 더 높은 형태의 자본주의, 즉 기업과 사회의 공동 번영을 추구하는 자본주의를 제시한다(Porter & Kramer, 2011). 이것은 일종의 '시장 활용' 내지는 '시장 확대' 접근이다. 기업이 만약에 경제적 가치를 추구하기 어려운 상황이 발생한다면 사회적 가치의 지속적 추구가 담보될 수 있는지 의구심이 든다. 다분히 경영 전략적인 접근이라고 볼 수 있다. 즉 기업이 전략 경영 입장에서 기존의 이윤 추구와 관련된 다양한 전략적 접근을 수행하면서 사회문제 해결이 가능함을 제시한 것이라고 볼 수 있다.

문제에 대한 비판

이와 같은 시장 우위성과 기업 지배력에 대한 비판은 상당하다. 본 절에서는 시장과 기업의 강력한 힘에 대한 비판적 입장에 관해 간략히 소개한다.

학문에서의 비판

공유가치창출 같은 접근에 대해 철학자들은 여전히 우려를 나타낸다. 마이클 샌델Michael Sandel은 효율적 자원배분을 위한 하나의 방편으로 시장 경제는 수용하지만 시장을 지배하는 논리가 삶의 모든 영역을 주도해 삶의 방식이 돼버리는 시장 사회market society는 거부한다(Sandel, 2012). 시장이 사회적 제도로서 본래 기능을 넘어 인류의 삶의 다른 영역에까지 침범해 강력한 힘을 발휘하는 것에 대한 문제의식이다. 시장이 그 힘을 발휘해 사람의 정체성을 포함해 존재자들 전체를 새롭게 규정하고 창출해버리는 신적인 존재가 됐음을 비판하는 주장도 있다.[2] 이런 주장들은 시장 근본주의market fundamentalism 혹은 시장 승리주의market triumphalism에 대한 비판적 입장에 서 있다.

기업의 시대에 기업의 지배력이 강해지는 것에 대한 우려도 유사하게 존재한다. 기업이 사회의 다른 영역인 정치, 언론, 교육, 사회문화, 환경 등에까지 들어가 자의적 지배력을 행사하는 것은 정의롭지 못하다는 것이다. 정치철학자 마이클 월저Michael Walzer에 따르면 '영역 자율성the autonomy of the spheres'이 침해를 받기 때문이다(Walzer, 1983). 그는 영역 자율성이 위협을 받게 되면 사회가 정의롭지 못하게 되고 사회 전체가 큰 위험에 처한다고 주장한다.

이런 비판적 입장은 정의의 문제와 좋은 삶에 대한 문제를 시장에만 맡길 수 없고 공론과 공동의 숙고 과정이 필요함을 주장한다(Rawls, 2003). 시장은 기본적으로 도덕적 한계를 가지고 있고 도덕보다는 가격에 기반한 거래에 초점이 있다(Wallis, 2011). 샌델에 따르면 우리 사회에는 돈으로 살 수 없는 것이 존재한다. 그럼에도 모든 것을 시장 거래로 교환이 가능하게 만들면 시장 사회가 되고 만다. 이렇게 되면 단순히 부의 불평등이라는 문제만이 아니라 또 다른 중요한 문제를 일으킨다.

우리가 함께 살아가는 시민적 행위와 더불어 좋은 삶을 누리는 것과 관련된 것들까지도 시장 거래가 되면 그것들의 본래 의미와 가치가 변질돼 공동체에서 소중히 여겨야 할 태도나 규범을 몰아내게 돼 좋은 삶을 누리는 것을 방해하는 것이 문제의 핵심이라는 것이다(Sandel, 2012). 결국 시장화의 문제는 경제적인 문제를 넘어서서 우리가 어떻게 함께 살아갈 것인가의 사회 공존의 문제와 직결되는 것이다. 이 접근은 결국 절대화된 시장의 위치와 기업의 위상을 되돌리는 것이 필요함을 역설하는 것이다.

현실에서의 비판

기업이 ESG 혹은 사회적 가치를 추구하는 데 관심을 집중하게
된 것은 자발적 변화라기보다는 국제기구와 시민단체와 일반대중
의 압력과 투자자의 변화가 있었기 때문이다. 앞에서 살펴본 이론적
비판도 있지만 2008년 금융위기 이후에는 신자유주의와 주주자본
주의에 대한 반성과 함께 경제불평등에 대한 금융가에서의 저항이
발생했다. 이와 함께 연기금을 포함한 투자자들이 개별 기업이 갖지
못한 포괄적인 데이터의 확보를 통해 ESG의 가치를 파악해 변화를
이끈 측면도 있다.

유엔UN은 새로운 천년을 시작하면서 새천년발전목표MDGs, millen-
nium development goals를 제시했다. 그것은 절대빈곤 및 기아 퇴치, 보편
적 초등교육의 성취, 양성평등 및 여성 지위 향상, 아동 사망률 감
소, 모성보건 증진, 각종 질병 퇴치, 지속가능한 환경, 발전을 위한
글로벌 파트너십 구축이다. 이것은 이후 2015년에 채택한 17개의
지속가능발전목표SDGs로 대체된다(이 책의 5장 참조).

환경운동도 한 몫을 차지하는데 지속가능발전이 한 측면이다. 유
엔의 세계환경개발위원회(WCED, 1987)가 발표한 「우리의 공동 미
래」라는 보고서에서 정의한 것에 따르면 지속가능발전sustainable devel-
opment이란 미래 세대가 그들의 필요를 충족시킬 수 있는 능력을 희
생시키지 않으면서 현재 세대의 필요를 충족시키는 발전을 의미한
다.[3] 다른 한편, 환경과 관련해서 세계자연기금WWF, World Wide Fund for
Nature의 활동이나 최근 가장 가시적으로 알려진 툰베리와 그녀 가족
들의 작은 활동에서 시작된 환경운동(Thunberg, 2020; 툰베리·툰베리
·에르만·에르만, 2019)도 주목할 만하다.

문제에 대한 제안

앞에서 시장 우위성과 기업 지배력이 가지는 힘의 양면성으로 비판을 받았고 변화를 요구받았다. 그런데 그 변화의 방향은 도덕 경제로의 회복과 주주최우선주의에 대한 대안으로 구분해볼 수 있다.

도덕 경제로의 회복

경제와 관련된 문제에 대한 새로운 제안은 도덕 경제로의 회복과 관계된다. 경제 철학자 시오노야는 역사적으로 경제와 윤리의 역학 관계를 보면 윤리가 경제를 제어한 시기와 그 관계가 역전된 시기가 주기적으로 반복돼왔다고 주장한다(Shionoya, 2005). 이런 설명은 노벨경제학상을 받은 경제철학자 아마티아 센Amartya Sen의 주장, 즉 경제학과 윤리학은 분리돼서는 안 되고 반드시 함께 고려돼야 한다는 주장과 맥을 같이 한다(Sen, 1987). 센에 의하면 경제학은 윤리학과 공학이라는 두 개의 기원이 있다. 원래는 함께 고려되던 것이 지금은 공학적 요소만 남은 것을 지적한다.[4] 첫 번째 기원인 윤리학과 관계된 전통은 아리스토텔레스Aristoteles(2011)의 『니코마코스 윤리학』에서 찾을 수 있다. 아리스토텔레스는 부에 관심을 가지는 경제학을 인간의 목적과 연결시킨다. 센은 고대철학자의 관점에 기반해 경제학과 관련된 쟁점인 어떻게 살아야 하는지와 관계 있는 인간 동기의 문제와 사회적 성취에 관한 판단이라는 두 가지 쟁점을 제시한다. 경제라는 용어 오이코노미쿠스oeconomicus는 집을 관리하는 지혜를 의미하며 도시국가 공동체에 필요한 물자를 공급하는 것과 연계된다. 이런 맥락에서 볼 때, 경제는 경제다움이 있어야 하는데 그것은 윤리학과 연계될 때 가능하다. 이런 주장은 오늘날 우리가 경제활동을 사회적 가치와 연계시키는 것과 관계된다고 볼 수 있다.

이런 흐름은 근대 자본주의를 형성하던 시기 애덤 스미스Adam Smith 에게서도 유사하게 읽을 수 있다. 그가 쓴 『국부론』(Smith, 1976)에서는 각자 자신의 영역에서 이익을 추구하는 합리적인 개인들이 '보이지 않는 손'의 작동하에서 책임감 있고 근면한 경제 활동을 통해 부를 창출하는 것을 상정하고 있다. 그러나 『국부론』보다 더 일찍 출간된 그의 『도덕 감정론』(Smith, 1996)에서는 도덕철학에 대한 논의를 한다.[5] 『도덕 감정론』에서는 불편부당한 관찰자, 즉 신과 같은 존재가 늘 우리의 상행위를 보고 있다는 점을 명심할 것을 요청한다. 그리고 공정과 정의뿐만 아니라 호의를 베푸는 내용도 포함하고 있다. 인간 본성의 완성은 자신의 이익보다 타인의 이익을 더 많이 고려하는 것이라고 주장한다. 이런 맥락에서 보면 지금 우리가 논의하는 경제적 가치 문제도 사회적 가치를 고려하고 있다고 보는 것이 정당하다. 결론적으로 시장과 경제 문제에 대한 제안으로 도덕경제로의 회복을 주장하는데, 이런 맥락에서 볼 때 ESG와 사회적 가치에 관한 관심은 경제와 가치가 분리돼 있던 것을 다시 연결시키는 과정으로 이해할 수 있다.[6]

주주최우선주의에 대한 대안

시장의 우위성에 대한 대안으로 도덕경제로의 회복이 제안됐다. 이제 기업의 지배력이라는 문제에 대한 제안도 생각해볼 필요가 있다. 이것은 주로 주주 이익 극대화 모델에 대한 대안으로 제시됐다.

첫째, 린 스타우트Lynn Stout는 기업법을 전공한 학자의 입장에서 주주가치의 극대화라는 것이 기업의 목적이라는 기존의 주장에 대해 기업법적 측면에서 다시 성찰할 것을 『주주 자본주의의 배신』(2021)에서 주장하고 있다. 스타우트는 '주주'라는 존재가 동질적이지 않을 뿐만 아니라 이 개념이 인위적이고 왜곡된 방식으로 추상적인 존재로 관념화됐다고 지적한다. 또한 '주주가치'라는 개념도 실재성이 떨어지는 개념으로 허상myth에 불과하다고 파악한다. 결론적으로 주주최우선주의shareholder primacy는 타당성에 문제가 있다며 주주가치가 성공적인 경영의 단 하나의 객관적 기준이 돼서는 곤란하며 기업의 목적과 주주의 본질을 더 명확히 이해하는 접근이 필요하다고 주장한다.

다른 대안적 제안으로 무함마드 유누스Muhammad Yunus의 입장을 들수 있다. 그는 경제학자로서 기업의 다양한 형태를 통해 사회문제해결 가능성을 보여주고 있다. 그의 저서 중 『사회적 기업 만들기』 (Yunus, 2011)에서 이를 잘 보여주고 있다. 그는 사회적 기업을 제안하면서 자본주의를 거부하거나 기존의 이윤 추구 기업을 배제하지 않는다. 또한 이윤 추구 기업과 동일하게 사회적 기업에서도 제품가격을 책정해야 하며 시장에서 판로를 개척해야 하고 시장에서의 경쟁과 시장의 압박을 받는다. 단지 기업의 장래를 주식가격에 맡기지 않기 때문에 위험에 덜 노출되는 이점은 있다. 나아가 비영리조직과는 달리 유누스가 제시하는 사회적 기업에는 투자자와 소유자가 존재한다. 또한 유누스는 새로운 기업의 범주로 사회적 기업을 제시한다. 그럼으로써 기업가의 선택권을 넓히고 그 활동을 통해 사회적 문제를 해결하고자 한다.

재무경제학 입장에서 '파이 키우기'를 주장한 또 다른 제안이 있다. 재무학 교수인 알렉스 에드먼스Alex Edmans(2020)는 저서 『ESG 파이코믹스, 사회적 가치와 이윤을 동시에 창출하는 전략Grow the Pie, How Great Companies Deliver Both Purpose and Profit』에서 기업을 사회적 존재로 파악하고 재무적인 이윤 추구와 사회적 목적의 추구는 분리될 것이 아니라 파이를 키워 사회의 공존과 공동 번영을 함께 추구해야 함을 역설한다. 이윤지상주의의 주장은 확실한 증거에 기반하기보다는 그것에 적합한 스토리를 선택했을 뿐이라고 주장하며 사회적 가치와 이윤을 동시에 창출하는 '파이 키우기' 전략을 설파한다.[7] 이 책의 또 다른 특징으로는 선언적 주장에 그치지 않고 판단에 의한 의사결정에 도움이 되는 몇 가지 원칙을 제시한다. 그것은 사회적 편익이 사적 비용보다 커야 한다는 곱셈의 원칙, 타 기관과 비교했을 때 특정 활동의 비교우위 원칙, 그리고 경영상 및 본질상 중요성의 측면에서 특정 이해관계자 집단의 중요성의 원칙이다.[8]

이들 입장은 기본적으로 시장의 기능을 수용하고 자본주의 체제 내에서 기업의 목적(스타우트), 기업 형태(유누스), 전략적 방향(에드먼스) 등의 성찰 혹은 변화를 통해 기존 모델의 한계를 극복하고자 하는 제안들로 볼 수 있다.

3

포괄적 접근을 위한
네 차원 분석틀

이제 ESG와 사회적 가치를 포괄적으로 분석하기 위해 네 차원 분석틀four-dimensional framework을 제시하려고 한다. 이것은 높이, 깊이, 넓이 및 길이의 차원을 반영하는 것이다. 각 차원에 해당하는 양상 혹은 측면은 높이 차원에서는 초월성, 깊이 차원에서는 내재성, 넓이 차원에서는 관계성, 그리고 길이 차원에서는 역사성이다(배종석·강철, 2020).[9]

네 차원 분석틀

경영의 '높이' 차원: 초월성 양상

경영의 높이 차원의 양상은 초월성transcendence이다. 초월성은 더 높은 차원이나 절대적 존재자와 연결시키는 것을 의미한다. 이 관점은 경험적으로 실재적인 세계를 넘어서 초월적으로 실재적인 존재를 인정한다. 초월성을 가지므로 인해 경영의 이상적 상태와 현실적 상태 간의 간격을 줄히려는 열망을 가지도록 촉진한다. 또한 현재 경험할 수는 없지만 존재할 수 있는 실재를 상정해 그것을 찾으려고 시도하게 된다.

ESG나 사회적 가치의 활동에 응용해보면 초월성을 인정하게 되면 경험적 세계의 현상이나 사건 중심으로 활동을 하는 것에 그치지 않고 심층적인 실재의 영역에 존재하는 인과적 힘이 되는 객체를 고려한다. 즉 ESG 활동을 이벤트 중심이나 가시적인 활동에만 한정하지 않고 근본적인 사고체계와 구조적 힘까지 바꾸는 작업을 통해 일관되고 힘 있는 활동을 선개할 수 있게 된다. 나아가 그 활동의 지향은 인류의 좋은 삶이다.

경영의 '깊이' 차원: 내재성 양상

경영의 깊이 차원의 양상은 내재성interiority이다. 내재성은 경영의 본래의 고유한 성격을 추구하는 것을 말한다. 협의의 의미에서 경영다움을 가지려는 것을 의미한다. 내재성을 가지면 경영을 다른 활동들과 구분시켜 주고 경영이 가지는 고유한 의미성을 부여한다. 또한 유행하는 경영의 조류와는 다른 경영의 참된 모습을 지니도록 돕는다. 주류 경영학에서는 경영을 경제적 성과를 높이는 수단 정도로만 파악하다 보니 경영 자체가 지니는 본래 성격이나 의미를 고려하지 못하는 한계가 있다.

ESG와 사회적 가치와 연결시켜 설명을 해보자. 내재성 양상에 대한 논의는 ESG와 사회적 가치의 활동을 한편으로 '경영+ESG'로 파악하거나, 혹은 ESG의 옷을 입고 나타나는 일시적 유행 정도로 보거나, 아니면 이와 다르게 경영의 본래 성격 속에 포함할 것인지에 대한 진지한 논의와 연결시킬 수 있다. 후자의 경우는 경영의 본질 속에 ESG와 같은 내용이 내포돼 보다 근본적인 경영의 재규정 혹은 본래적인 것으로의 회귀 등의 의미로 받아들일 수 있게 된다. 또한 최근 경계 대상이 되는 그린워싱greenwashing이나 ESG워싱 같은 것을 지양하는 것도 내재성과 관련이 있다.

경영의 '넓이' 차원: 관계성 양상

경영의 넓이 차원의 양상은 관계성relationality이다. 이 양상은 타자의 관심other-interest을 고려하는 속성을 가지고 타자와 관계를 맺는데 타자는 사람, 사회, 자연을 포괄한다. 이 양상을 가지게 되면 타자에 대해 더 적극적으로 관여하게 되고 상호의존적이며 관계적인 접근을 취하게 된다. 또한 이 양상은 책임적인 태도를 지니도록 해 사람들과의 관계에서는 책임적 윤리성을, 사회 전체에 대한 사회적 책임을, 그리고 자연에 대해서는 책임적 발전을 추구하도록 촉진한다.

경영의 넓이 차원은 ESG와 사회적 가치 활동의 목적, 범위, 그리고 방법에 대한 관계적 관점을 제공해준다. 이 차원은 자연세계의 존재자와 사회세계의 존재자의 상호 공존의 기반을 제공해주고 그 활동을 보다 넓은 범위의 존재자까지 확대하도록 유도하고 관계에서 가져오는 상호 유익을 이해하고 추구하도록 독려한다. 한 기업이 다른 존재들과 분리돼 독립적으로 사회적 가치를 잘 수행할 수 있는 것이 아니라 존재 자체가 관계성 속에서 규정되는 것임을 인식하고 그것에서 출발해 추구할 수 있다. 또한 관계 속에서 가치가 창출됨을 발견하도록 촉진한다.

경영의 '길이' 차원: 역사성 양상

경영의 '길이' 차원에서의 양상은 역사성$_{historicality}$이다. 이 양상은 객관적이고 물리적인 시간$_{chronos}$을 넘어 주관적이고 질적인 시간$_{kai-ros}$에도 관심을 가진다. 또한 이 양상은 현재를 평가하고 해석할 때 과거와 미래의 연결성을 고려한다. 나아가 과거 세대의 유산과 미래 세대의 필요를 무시하거나 희생시키지 않으려는 노력을 기울인다.[10] 이 차원은 사람, 사회, 자연이라는 타자를 긴 안목으로 바라보게 하고 자발적 의무감을 가지고 지속가능성을 염두에 두게 한다.

기존의 주류 경영은 '지금 원하는' 현재에 대한 선호성이 강하지만 역사성을 고려하는 ESG와 사회적 가치 활동은 지속가능성의 관점에서 접근하는 경향이 있다(배종석·강철, 2020). 이 차원은 영원성과 항구성을 고려하는 것이고 장기적 관점에서 경영하게 하는 동력이 된다. 환경 측면에서는 생물다양성과 생물보존을 염두에 두게 되고(Callicott & Mumford, 1998) 사회 측면에서는 세대 내 그리고 세대 간 공정성을 지향하는 지속가능발전을 추구한다(Bansal, 2019).

이상의 내용을 종합하면 경영은 네 차원을 확장시킴으로 ESG와 사회적 가치를 더 잘 수행할 수 있게 된다. 이런 접근은 기업을 시장 종속적인 시각이 아닌 사회와의 관계 속에서 보는 시각으로 전환할 수 있도록 촉진한다. 즉 시장과만 연결시키던 기업을 사회 속의 기업으로 재위치시키는 것이다.

ESG의 성격 규정

ESG의 성격을 어떻게 규정할 수 있는가? ESG는 시장 우위성과 기업 지배력의 상황에서 문제 제기가 있었다. 이것에 대해서 네 차원을 고려해 제자리를 찾아야 하는 성격이 있다.

앞의 네 차원의 해당 양상들을 고려해볼 때 가장 좁게 보면 기업경영을 경험적인 것에 한정해 현재의 시각에서 이해관계자 고려 없이 개별 기업 중심으로 경영하는 것이 될 것이다. 혹은 4개 양상 중 한두 가지만 집중해 적용하는 방식도 있을 수 있다. 가장 폭넓게 적용하는 방식은 '모든 양상 적용 방식'이 될 것이다(배종석, 2016 참조). 즉 초월성, 내재성, 관계성, 역사성의 양상을 모두 고려하는 다원적 양상을 추구하는 접근이다. 기업의 이념과 역량에 따라 4개 양상을 추구하는 수준은 다양할 것이다. 하지만 모든 양상 적용 방식은 최소한 4개 양상 모두를 지향하는 접근을 취한다.

그럼 이런 맥락 속에서 ESG의 성격을 어떻게 규정할 수 있는가? ESG에 대한 요청은 기업의 시대에 기업이 다른 삶의 영역에 지배력을 행사하는 것에 대한 반작용이며 기업 경영에서 다원적 양상을 추구해야 한다는 요청이다. 따라서 ESG 활동은 '잃어버린 존재와 관계와 가치와 역할을 회복해가는 현상'이다. 자연세계와 사회세계의 존재자들이 각자의 존재와 정체성, 존재자 간의 관계, 그리고 그 고유한 가치와 역할에서부터 이탈된 것에 대해서 강력한 문제의식이 대두됐고 그것이 사회적으로 공감을 얻어 새로운 패러다임의 요청으로 이어져 왔다. 이런 맥락에서 보면 ESG 접근은 존재자들의 제자리 찾기 과정이다. 즉 ESG의 대두는 이 세상의 존재자들이 각자의 '다움'을 이루어가는 존재 회복 운동이고, 존재자들 간의 관계 회복 운동이며, 각 존재자가 본래 가지고 있던 가치의 회복 운동이다. 나아가 각기 주어진 기능을 의미 있게 수행하게 하는 역할 회복 운동이다. 각 존재자의 존재, 관계, 가치 및 역할을 제자리로 갖다 놓자는 주장이다.

그러면 그 '제자리'는 어디인가? 기업과 경영의 제자리는 소극적으로 다음의 조건을 갖추어야 한다. 첫째, 기업과 경영은 다른 영역과 구별돼야 한다. 즉 비환원주의적이어야 한다. 기업이 다른 영역을 지배해서도 다른 영역에 종속돼서도 안 된다는 측면이다. 기업은 구분된 고유한 사회적 제도로 위치해야 한다는 것이다. 둘째, 그렇지만 기업과 경영은 다른 영역과 분리돼서도 곤란하다. 진공 상태로 존재하는 것이 아니다. 이런 조건 아래에서 그 제자리를 다시 생각해보면 그것은 각 존재자의 본래 위치이다. 이 본래 위치는 높이, 깊이, 넓이 및 길이 차원에서 적절한 위치를 차지하는 것을 말한다. 즉 초월성, 내재성, 관계성 및 역사성이 다원적으로 발현되는 공간이며 이들 양상과 다양한 연결 속에서 차지하는 위치이다.

더 구체적으로 보자. 첫째, 경험을 넘어서는 초월적 실재를 수용하는 공간이다. 이것은 또한 경영의 궁극적 목적과 연결시키는 통로를 제공하는 공간이다. 둘째, 경영의 고유한 존재 이유가 수행되는 위치를 차지한다. 즉 자유로운 창조 활동을 통해 상품을 제공해 인류 사회의 보존과 향상을 돕는 데 기여한다. 셋째, 타자와의 관계 속에서 자리잡는 위치이다. 개별 기업만 생각하고 타자에 대한 고려가 없는 활동은 결국 환경문제와 사회문제를 일으키는 데까지 가게 된다. 마지막으로 역사적 맥락 속에서 자리매김해야 한다. 과거에 기반해 미래를 고려하는 위치를 차지하는 것이다. 이런 네 차원을 고려하는 것이 제자리를 찾아가는 과정으로 이해될 수 있을 것이다.

　이 본래의 공간에 대해서는 많은 숙고와 공론이 필요하다. ESG 현상은 경영학의 문제이기도 하지만 철학의 문제이기도 하다. 기업은 어떤 정체성을 가져야 하는지, 타자와의 관계는 어떠해야 하는지, 기업 본래의 가치는 무엇인지, 어떤 가치를 추구해야 하는지, 어떻게 추구할 수 있는지, 그리고 기업은 어떤 역할을 해야 하며 그 역할의 범위는 어디까지여야 하는지 등은 모두 쉽게 합의에 도달할 수 있는 것들이 아니며 철학적 쟁점들이 생길 수밖에 없는 주제들이다. 심지어 ESG를 추구하자고 동의하는 사람들 사이에서도 매우 다른 입장을 보일 수 있는 것들이다. 2장에서 이런 철학적 문제를 좀 더 다루려고 한다.

4

책의 구성과 주장

이 책은 총 11개의 장으로 이루어져 있다. 이제 이어서 이 책에 수록된 장들에 관한 설명을 하려고 한다.

각 장의 내용

2장(배종석, 2021)은 사회적 가치의 철학적 기반에 대해 다룬다. 우선 사회적 가치의 이해를 위해서 사회와 가치에 대한 이해가 선행돼야 함을 주장하며 사회와 가치 각각에 대해 철학적인 다양한 이해방식과 그들의 조합에 대해 논의한다. 다음으로 기업에서 사회적 가치를 추구해야 하는 이유를 존재론적 측면과 가치론적 측면으로 설명한다. 사회적 가치의 실현 영역은 세 차원의 구분으로 도출한다. 즉 (1) 기업 조직과 사회 전체, (2) 행위자와 구조·제도, 그리고 (3) 보존과 향상이라는 세 가지 구분의 조합으로 다양한 영역을 제시한다. 끝으로 사회적 가치와 경제적 가치의 공존 방식에 관해 설명한다.

3장(문정빈, 2021)은 사회적 가치의 정의, 측정, 그리고 추구 방식에 대해 다룬다. 우선 경제적 가치와 사회적 가치는 구분되는 것이나 교집합이 존재하며 다양한 조합과 추구 방식이 존재함을 설명한다. 그리고 기업이 사회적 성과를 잘 관리하는 것이 재무성과, 생산요소의 생산성, 기업가치 등에 긍정적인 영향을 미친다는 그동안의 연구결과를 정리한다. 마지막으로 가치에 대한 사회적 합의를 위해 공리주의, 의무론, 존 롤즈John Rawls의 정의론이 활용될 수 있음을 제시한 후 이들 윤리체계에 해당하는 사회적 가치 창조 방법을 설명한다. 향후 과제로 개념 정리와 측정의 문제를 제기한다.

4장부터 10장까지는 사회적 가치와 관련해 경영학 각 분야에 해당하는 내용을 각론적으로 서술한 내용을 담고 있다. 여기에 포함되는 분야는 경영관리(인사조직), 국제경영, LSOM,[11] 마케팅, 경영정보시스템MIS, 재무금융, 그리고 회계학이다.

4장(이동섭, 2021)은 리더십 관점에서 사회적 가치를 논의한다. 먼저 리더의 역할과 상응관계가 있는 기업의 사회적 책임CSR, 조직 공정성과 윤리적 리더십 연구는 사회적 가치와 관련된 내용에서 진전이 있었음을 설명한다. 그리고 사회적 가치의 핵심 대상이 되는 조직구성원에 대한 바른 이해와 일과 고용의 성격에 대한 대안적 접근을 모색해야 함을 주장한다. 마지막으로 관련 사례로 웰스파고Wells Fargo와 쿠팡을 설명한 후 사회적 가치 실현을 촉진하기 위해 조직 정체성, 문화와 제도의 뒷받침, 그리고 일의 성격과 일하는 방식에 대한 새로운 접근을 제안하고, 이것들을 성취해갈 리더의 중요성을 설명한다.

5장(이재혁, 2021)은 국제경영 맥락에서 사회적 가치에 대해 논의

한다. 먼저 기업의 지속가능성을 설명하는데 이해관계자 관점과 글로벌 관점에서 논의를 전개한다. 이어서 지속가능경영과 관련된 논의의 진행 상황, 국내외 학술지에 게재된 관련 연구의 동향, 그리고 그것의 실천방안을 설명한다. 다음으로 ESG 경영활동의 평가 방법으로 한국기업지배구조원의 평가 방법, 한국표준협회 평가 방법, 다우존스의 지속가능경영지수DJSI 평가 방법, 모건스탠리캐피털인터내셔널MSCI 지수 평가 방법을 설명한다. 끝으로 글로벌 전략에의 시사점으로 대륙·국가 차원, 기업·협의체 차원 및 투자자 차원으로 구분해 고려사항을 설명한다.

6장(김대수, 2021)은 지속가능한 공급사슬 운영관리 관점에서 사회적 가치에 관해 설명한다. 우선 삼중성과지표를 뜻하는 트리플 보텀라인TBL, Triple-Bottom Line인 경제profit, 사회people, 환경planet과 관련 핵심 개념을 제시하고 지속가능한 공급사슬 운영관리와 사회적 및 환경적 가치창출에 관해 설명한다. 이런 맥락에서 삼성전자, 현대자동차, SK텔레콤, LG화학 및 포스코에서 지속가능한 공급사슬 운영관리와 관련된 환경적 가치와 사회적 가치를 창출하기 위한 활동들을 논의한다. 이 관점에서 환경적 가치와 사회적 가치와 관련된 연구 동향을 정리한 후 앞으로 공급사슬 운영관리와 지속가능 ESG 경영의 로드맵을 9단계로 제시한다.

7장(박찬수, 2021)은 마케팅 영역에서 사회적 가치를 다룬다. 먼저 마케팅에 대한 부정적인 인식이 있는 것은 사실이나 마케팅에 대한 미국마케팅협회의 정의에 기반해 마케팅과 사회적 가치창출이 양립 가능함을 설명한다. 그런 후 마케팅이 어떻게 사회적 가치를 창출할 수 있는지에 대해 사회적 책임 활동과 친환경 및 윤리적 상품 구매와 같은 친사회적인 행동 유도를 통해 가능함을 제시한다. 끝으로 사회적 가치를 위한 마케팅 활동이 다양한 이해관계자에게 역작용이 나타날 가능성을 고려해야 함과 여러 제약 요인을 극복하면서 지속가능한 소비 행동을 수행할 방안을 제안한다.

8장(이재남, 2021)은 정보기술의 입장에서 사회적 가치에 대해 논의한다. 우선 정보기술의 역할이 비용센터에서 이익센터로, 다시 사회적 가치 인에이블러enabler로 전환돼왔음을 설명한다. 기업의 사회적 가치 모델의 유형으로 사회 공헌형(푸른바이크쉐어링), 사회 확산형(LG U+, 인텔), 사회 혁신형(사파리콤)을 제시한다. 이것과 연계해 비즈니스 범위와 정보기술 적용 범위에 따라 비즈니스 문제해결형(사회 공헌형), 비즈니스 확장형(사회 확산형), 비즈니스 특화형(사회 확산형), 비즈니스 창출형(사회 혁신형)으로 구분해 정보기술을 통한 사회적 가치창출의 접근 경로를 제시한다.

9장(김우찬, 2021)은 재무금융 분야에서 사회적 가치 활동과 관련해 이것이 주주이익 부합 여부와 그 동기, 사회적 책임 투자의 성과의 지속성과 그 동기, 사회적 가치 활동에 대한 주주의 영향력 여부와 그 성과, 그리고 사회적 책임 활동과 채권에 대해 그동안의 연구 결과를 요약한다. 그리고 주주의 적극적인 ESG 관여 활동 측면에서 주요 사례로 공적연금, 헤지펀드, 인덱스 펀드, 스튜어드십 서비스 회사, 비영리단체에 관해 정리한다. 끝으로 기업은 누구를 위해 경영돼야 하는지에 대해 사회적 가치의 우선성과 다원적 이해관계자주의에 대한 논쟁을 논의한다.

10장(한승수, 2021)은 회계 관점에서 주주자본주의와 이해관계자자본주의의 구분과 그것에 따른 재무보고와 지속가능보고를 구분한다. 이어서 트리플 보텀라인과 관련 있는 통합보고와 재무보고와의 차이를 설명한다. 그리고 사회적, 환경적, 재무적 자본의 서열체계에서 병렬적 접근법과 계층적 접근법을 구분하고 사회적 가치 측정의 방법론으로 규칙 기반 접근법과 원칙 기반 접근법을 설명한다. 끝으로 회계의 역할과 과제 측면에서 사회적 가치 측정기구의 통합 및 표준화, 사회적 가치창출을 위한 기업의 변화 방향, 그리고 새로운 회계방법론으로써 임팩트 어카운팅을 다룬다.

11장(문정빈, 2021)은 결론에 해당하는 장으로 경영학에서 사회적 가치와 지속가능성에 대한 강조가 갖는 의미를 정리한다. 그럼으로써 이 책이 독자들에게 던지는 함의를 요약 정리한다.

각 장의 내용 종합

총론과 7개의 경영학 각론의 입장에서 사회적 가치에 대한 서술 내용을 종합해보면 다음과 같은 몇 가지 잠정적 결론에 도달한다.

첫째, 사회적 가치는 경영학의 다양한 분야에서 광범위하게 연구와 적용이 진행돼왔음을 알 수 있다. 사회적 가치와 비교적 밀접하게 연관된 분야로 볼 수 있는 경영관리는 말할 것도 없고 고객 욕구 충족을 강조하는 마케팅 분야에서도 그러하고 경제학 기반의 재무금융 분야와 측정이 중요한 회계학 분야에서도 예외 없이 사회적 가치와 연계성을 가지고 연구돼왔으며 현장에서 실천돼왔다. 따라서 정도의 차이는 있지만 사회적 가치와 각 세부 분야의 양립 가능성은 존재한다고 볼 수 있다.

둘째, 사회적 가치와 관련된 연구의 진행에서 변화가 있었다. 초창기에는 ESG 혹은 사회적 가치의 추구가 조직의 성과에 기여하는지에 연구의 초점이 맞춰져 있었다. 이후 연구들은 성과에 대한 기여를 어느 정도 수용하고 나서 어떤 메커니즘을 통해 사회적 가치 활동이 경제적 가치에 기여하는지에 관심을 가졌다. 이후에는 쟁점이 될 만한 이슈들에 대한 논의와 향후 과제에 대한 제안들도 포함하는 논의가 전개됐다.

셋째, 사회적 가치의 연구 및 추구와 관련해서 아직 합의되지 않은 몇 가지 쟁점이 존재한다. 우선 사회적 가치 자체에 대한 이해가 동일하지 않다. 사회적 가치가 사회 구성원이 가진 가치에 한정된 좁은 의미로 사용될 수도 있고 보다 포괄적으로 광의로 사용되기도 한다. 둘째, 사회적 가치와 경제적 가치의 관계나 공존 방식에 관한 생각이 동일하지 않다. 2장에서 언급되는 일치 모델, 분리 모델, 혹은 통합 모델에서의 설명과 연계해서 어떤 방식으로 관계 지우는 것이 합리적인 것인지 더 논의가 필요하다. 셋째, 사회적 가치 측정의 필요성과 가능성에 관한 생각도 차이가 있다. 사회적 가치가 반드시 측정 가능해야 한다는 의견도 있고 꼭 그럴 필요가 없다는 의견도 있다. 이런 입장 차이가 사회적 가치 활동의 적극적인 수용에 대한 입장 차이로 이어진다.

마지막으로 새로운 과제도 있다. 그중 하나는 다음 장에서 다룰 내용과 관계가 있는 것으로 관점과 ESG의 정당성에 대한 숙고이다. 사회적 가치의 평가 지표들의 통합이 필요하고 어떻게 실천할지에 대한 방법론도 필요하다. 그러나 '무엇을 어떻게'의 문제도 중요하지만 우선으로 ESG와 사회적 가치에 대한 관점과 '왜' 그런 활동을 해야 하는지에 대한 숙고와 소통이 필요해 보인다. 다양한 지표 간의 경쟁 속에 어느 하나가 채택되거나 통합된다고 하더라도 바른 관점과 범주화 작업이 선행돼야 한다. 그렇지 않으면 이후에 그것을 활용하며 실천하는 것들이 새로운 도전에 직면할 가능성이 있다.

5

경영을 위한 제언

앞에서 설명한 네 차원 분석틀은 포괄적 분석틀general framework로서
다양한 영역에 적용할 수 있다. 서론 장을 마무리하면서 네 차원과
각 장의 내용을 종합해 ESG와 사회적 가치와 관련된 경영을 위한
몇 가지 제언을 제시하고자 한다.

사람 이해의 전환

ESG와 사회적 가치에 대한 접근은 '사람 이해의 전환'을 요청한
다. 주류 경영학은 근대주의와 관련이 있고, 근대적 인간관은 이성
을 강조해 머리만 있고 몸과 마음이 결핍된 형상을 강조한다(배종석
·강철, 2018). 경제학과 이것에 영향을 받은 경영학은 인간을 기본
적으로 이성의 자율성과 수단적 합리성에 기반한 경제적 인간homo
economicus으로 규정해 연구와 실천에서 활용해왔다. 이런 접근은 기본
적으로 환원주의적이며(Donaldson & Walsh, 2015; Smith, 2011) ESG

와 사회적 가치 접근과 맥을 같이하기 어렵다. 조직 내에서의 사람 관리 측면에서도 그러하고(4장) 마케팅에서 고객이라는 사람을 규정할 때도 그러하다(7장; Kotler, Kartajaya, & Setiawan, 2010). 또한 사회 전체를 대상으로 사회적 가치를 추구할 때도 그러하다(2장).

그러면 사람 이해의 전환은 어떤 방향이어야 하는가? 새로운 전환 방향은 몸과 마음, 지성과 감정과 의지가 결합된 인격성을 가진 총체적 인간의 좋은 삶을 강조하는 방향(Smith, 2011)이어야 한다. 그리고 경제적 인간에 한정하던 것에서 실천이성을 가지고 윤리적 판단을 하며 사회적 가치 추구를 통한 좋은 삶을 지향할 줄 아는 실천적 인간homo practicus(Donaldson & Walsh, 2015)을 요청한다. 이런 사람 이해의 전환은 앞에서 언급한 네 차원이 충족될 때 온전히 성취될 수 있게 된다.

경영의 성격: 초월적 실재성과 창발성

초월적 실재성

ESG와 사회적 가치를 추구하는 경영은 초월적 실재성의 특징을 필요로 한다. 초월적 실재성은 경험하는 것만 존재한다고 보는 경험적 실재성과는 달리 우리가 지각하거나 경험하지 못했지만 경험을 넘어서 실재의 영역이 있음을 인정한다(Bhaskar, 2008; 배종석, 2016). 실재적인 객체가 경험의 영역에 있는 것들에 인과적 힘을 발휘해 특정 현상이 발생하게 한다.

ESG와 사회적 가치를 반영하는 경영을 한다고 할 때 경험의 영역이나 실현의 영역에서 경험되거나 관찰되는 것만 집중하거나 이벤트나 행위들로만 ESG나 사회적 가치를 추구하는 것을 지양해야한다. 이렇게 접근하는 것은 초월적 실재성을 외면하는 것이다. 관찰되지 않는 심층 수준에서 존재하는 실재를 무시하게 되는 것이다. 이런 얕은 존재론적 접근은 기업의 경영에 구조화되고 제도화돼 인과적 힘을 발휘하는 초월적 실재성을 반영하지 못하고 도구적 ESG 혹은 경험적인 ESG 활동에만 집중하는 오류를 범하게 된다.[12]

창발성의 구비

ESG 혹은 사회적 가치를 추구하는 경영을 하려면 창발성의 특성을 갖춰야 한다. 다원적 통일체로서의 경영은 상향적 창발성upward emergence과 하향적 인과성downward causation을 가진다(Polanyi, 1966; Smith, 2011). 상향적 창발성이란 개별 개체들이 합쳐져 포괄적인 실체가 될 때 개체에 귀속시킬 수 없는 새로운 발현적 속성이 생기는 것을 말한다. 자동차를 예로 들면 개체들(부품들)의 단순한 묶음만으로 포괄적 실체(자동차)가 되는 것은 아니고 자동차 공학적으로 의미 있게 조립돼야 발현적 속성(동력)이 발휘되는 완성차가 돼 움직일 수 있게 된다. 하향적 인과성이란 포괄적 실체를 통제하는 법칙이 하위 수준의 개체도 통제하는 것을 말한다. 가령 완성차가 되면 그 차의 격에 맞는 특정 부품들이 요구되고 관리돼야 한다.

마찬가지로 ESG와 사회적 가치를 추구하는 경영도 창발성을 가져야 한다. 단순히 여러 다양한 ESG와 사회적 가치창출 활동들을 모아놓으면 되는 것이 아니다. 또한 어떤 기업에서 ESG를 추구한다고 할 때 그것은 '경영+ESG'의 방식이 돼서도 곤란하다. 이것은

ESG 관련 부서를 만들어놓고 예산과 인력을 투입해 그 부서가 집중적으로 그런 활동을 수행하는 방식이다. 이런 이분법적 접근은 다른 경영 행위들과 통합적으로 접근하는 것과는 구별돼야 한다. 나아가 앞서 경영학 각 분야와 사회적 가치의 연관성에 대해 논의를 했는데 ESG와 사회적 가치의 추구를 경영의 세부 기능에 개별적으로 접목해 추구하는 것도 창발적 속성 측면에서 한계가 있다. 각 기업은 ESG나 사회적 가치 활동들이 네 차원과 세부 기능 중에서 어디에 해당하는지 확인해 특정 프로파일을 만들고 동시에 그것들이 조화롭고 일관성 있게 연결돼 통일체를 이루도록 하는 작업이 필요하다.

기업의 존재 이유

ESG와 사회적 가치에 대한 논의는 경영의 궁극적 목적에 대한 재규정을 요청한다. 이미 공유가치창출 논의나 '비즈니스 라운드테이블'에서 목적의 전환에 대한 제언들이 있었다. '가치'를 추구하는 경영은 그것이 '경제적 가치'이든 '사회적 가치'이든 상관없이 '좋은 경영'을 추구하는 것이다. 이 좋은 경영은 결국 궁극적으로는 '좋은 삶'을 추구하는 것과 맞물려 있다. 경영의 본원적 목적telos은 '인류의 좋은 삶', 즉 '더불어 좋은 삶을 누리는 것'을 지향하는 것과 맞닿아 있다(배종석·강철, 2020). 이것은 프랑스 철학자 폴 리쾨르Paul Ricoeur 가 아리스토텔레스와 임마뉴엘 칸트Immanuel Kant의 철학을 살려서 주장한 정의로운 제도 안에서 타자를 위해 그리고 타자와 함께 좋은 삶good life with and for the other in just institutions을 누리는 것과 관련돼 있다 (Ricoeur, 1992: 172). 기업은 좋은 제품과 서비스를 통해 인류 사회에 공헌해 인류의 번영human flourishing에 기여한다.

따라서 ESG의 성격 규정에서 설명한 것처럼 우리의 상실된 존재, 관계, 가치 및 역할의 회복이라는 ESG의 추구, 좋은 경영의 궁극적인 목적인 인류가 더불어 좋은 삶을 누리는 것, 그리고 경영의 높이, 깊이, 넓이 및 길이 차원의 양상들이 충분히 발현되는 것은 모두 같은 맥락에서 이해될 수 있다.

지속가능한 좋은 공동체를 꿈꾸며

기업이 진지하게 사회적 가치를 추구한다면 사람에 대한 새로운 이해, 경영의 성격에 대한 재규정, 기업의 존재 이유에 대한 근본적 성찰을 요청한다. 이러한 변화는 궁극적으로 지속가능한 좋은 공동체로 이어지는 것이 자연스럽다. 이것은 사람들이 살아가는 이 사회가 어떤 사회가 돼야 하는지와 연결된다. 따라서 우리가 살아가야 할 이 사회의 이상적 모습, 좋은 사회에 대한 진지한 공동의 숙고가 요청된다.

2장
사회적 가치의 철학적 이해

SOCIAL VALUE AND
SUSTAINABILITY IN BUSINESS

배종석

고려대학교에서 경영학으로 학사학위와 석사학위를 받았다. 그 후 미국 일리노이대학교UIUC에서 인적자원관리 전공으로 석사학위와 박사학위를 받았다. 현재 고려대학교 경영대학 학장을 맡고 있으며 고려대 기업경영연구원장, 한국인사조직학회장, 인사조직연구 편집위원장, 풀브라이트Fulbright 펠로우로 스탠퍼드 경영대학원 객원교수, 한양대 교수 등을 역임했다. 기업 수준에서 사람관리에 관해 연구해왔다. 최근에는 존재론, 인식론, 가치론의 관점에서 '기업과 경영의 철학'에 대한 연구를 수행해 오고 있다. 강의하는 과목은 경영의 철학적 이해와 인적자원관리 등이다.

1

'사회적 가치'에 대한
철학적 이해가 필요하다

이번 장은 사회적 가치를 철학적으로 이해해 그 본래의 의미를 드러내고 관련 논의를 확장하는 데 목적이 있다. 왜 기업 경영이나 경영학에서 논의되는 '사회적 가치'라는 주제에 철학적 이해가 필요한가? 그 이유에 대해서는 실천적 측면과 학문적 측면에서 논의해볼 수 있겠다. 먼저 실천적 측면에서 보면 SK 그룹을 비롯한 여러 기업에서 이미 사회적 가치를 실천하고 제도화하는 데 반해 그 개념의 명확성이나 개념 사용의 정당성에 대한 깊은 통찰은 여전히 부족한 편이다. 경영학의 성격상 기업에서 먼저 실천하고 그것을 이론화시키는 경우가 적지 않다. 그런 점을 고려하면 이해할 만하다. 그러나 경영 현장이나 학문의 장에서 이 개념이 지금과 같이 많이 통용되고 있다고 해서 그것에 대한 숙고가 면제되는 것은 아니므로 철학적 기반을 주제로 논의하는 것은 여전히 요청된다.

다음으로 학문적 측면에서도 철학적 논의가 필요하다. 이미 유명하게 인용되는 마이클 포터Michael Porter 교수의 공유가치창출CSV, creating shared value, 즉 경제적 가치와 사회적 가치가 함께 추구돼야 한다는 주장(Porter & Kramer, 2011)에 대해 살펴보자. 그들의 주장을 보면 '사회적 가치'의 개념이 명확하지 않을 뿐만 아니라 가치의 개념이 환원주의적으로 협소하게 사용되면서도 애덤 스미스가 제시한 자본주의의 확장된 개념이라는 주장을 펼치고 또한 기업의 사회적 책임CSR보다 공유가치창출CSV이 더 진전된 관점이라고 주장하고 있다. 따라서 학문적 측면에서도 철학적 기반에 대한 논의를 통해 '사회적 가치'의 개념을 조금 더 깊이 논의하는 것이 요청된다.

따라서 본 장에서는 사회적 가치의 의미와 그것이 기업에 어떤 함의가 있는지에 대해 살펴보려고 한다. 다음 절에서는 사회와 가치와 사회적 가치가 무엇인지에 대해 논의한다. 그다음 절에서는 기업이 사회적 가치를 추구해야 하는 이유, 사회적 가치 실현의 영역, 그리고 경제적 가치와의 관계에 대해 다룬다.

2

사회적 가치의 의미

이 절에서는 사회적 가치의 의미를 도출하기 위해 먼저 사회가 무엇이고 가치가 무엇인지에 대해 설명한 후에 사회적 가치의 개념에 대해 다각적으로 논의해 보고자 한다.

사회란 무엇인가?

사회적 가치의 논의에서 '사회'라는 용어의 이해에 따라 사회적 가치의 의미가 상당히 달라진다. 사회적 가치와 관련된 논의를 할 때 일반적으로 사회를 구성하는 사람들과 관련된 가치를 의미하는 경우가 많다. 경제적 가치만이 아니라 사회적 가치를 추가로 추구한다고 할 때는 주주이익만이 아니라 다양한 이해관계자에 속하는 직원, 고객, 사회 일반 등을 염두에 둔다. 즉 다양한 그룹의 사람들이 모두 혜택을 누려야 한다는 점을 부각한다. 그러나 사람과 관련된다고 하더라도 사람과 사회의 관계에 대한 이해방식 혹은 사회의 개념에 대한 접근방식에 따라 사회적 가치를 이해하는 것이 달라질 수 있다. 이제 사회의 개념에 대한 접근방식에 관해 설명하려고 한다.[2]

'사회는 개인(행위)' 관점

첫 번째 접근은 사회를 개인 행위의 결과로 간주한다. 이 관점에서의 사회는 좁게 정의된 사회의 구성원인 사람들에 한정시킬 뿐만 아니라 그 사람들의 개인성에 집중하는 방식이다. 이러한 입장은 [사회=개인(행위)]으로 이해하는 방식이다. 이것은 개인과 사회의 관계에 대한 전통적인 두 가지 입장 중 사회적 원자론social atomism 입장이다(이기홍, 2017). 사회적 원자론은 자유주의, 신자유주의 기반 경제학, 그리고 방법론적 개인주의methodological individualism와 연계성을 가지고 있다. 이 입장에서는 사회가 개인(행위)들의 합산이므로 사회의 여러 현상에 대한 사실은 개인에 대한 사실들에 기반해 설명해야 한다는 입장이다. 즉 개인(행위)을 잘 파악하면 사회를 이해할 수 있다고 본다. 사회적 가치 측면에서 보면 개인 각자에게 좋은 것들이 모여서 집합적으로 사회적인 좋은 것이 되며, 그 이상의 사회적으로 좋은 것은 존재하지 않는다고 주장한다. 오직 개인(행위)만을 사회 세계에서 관찰 가능한 실재로 보는 경험론적 접근을 취하기 때문이다. 따라서 경험적 기준으로 실재성의 경계를 확정 짓는 오류를 범하는 것이라고 할 수 있다.

'사회는 개인(행위)'이라는 관점은 엄밀한 의미에서 보면 사회적인 것the social을 포함하기 어려운데 사회적인 것이라면 개인들 간의 관계성, 사회적 구조, 그리고 제도와 관행들을 무시하기 어렵기 때문이다(이기홍, 2017). 예를 들면 '취업을 한다.'라는 술어를 보자. 언뜻 보기에 이 술어는 개인에 적용되는 술어처럼 보인다. 하지만 이 술어의 의미는 사회적 맥락을 전제하지 않고는 이해될 수 없다. 즉 취업할 기업이 있고 계약을 맺고 보상을 받도록 해주는 경제체제와 인사제도를 전제하는 것이다. 이런 것들은 개인이나 그들의 행위에 환원시킬 수 없는 구별된 실재성을 가진 사회적 사실이다.

'사회는 집단' 관점

사회 이해방식의 두 번째 접근은 사회를 사회적 원자론과 상반된 관점에서 '사회=집단'으로 파악하는 접근이다. 이것은 개인과 사회의 관계에 대한 전통적인 두 가지 입장 중 전체론 혹은 집단주의 collectivism에 해당한다(이기홍, 2017). 사회 현상을 설명할 때 사용하는 유기적·기계적 연대나 집단의식 등의 개념은 집단적인 특성을 드러낸다. 집단주의는 물상화론reification과 관계가 있다. 이 관점은 전체를 잘 파악하면 개인들의 행위도 이해할 수 있다는 입장이다. 사회적 객체를 개인과 독립적으로 존재하고 개인에게 강제를 가하는 발현적 힘을 가진 실재로 파악한다.

그러나 이 관점은 개인 행위 주체자의 사고와 행위를 집단에 환원시키는 물상화를 통해 개인 주체자를 소거시키는 한계가 있다. 여기서 사회적인 것은 사회 전체적인 것의 의미가 있으므로 사회적 가치 측면에서 보면 사회적으로 가치 있는 것이 곧 개인에게 좋은 것은 아닐 수 있다. 개별 기업 수준에서 보면 조직적으로 효율적이어서 좋은 결과를 내는 기계적인 조직에서 나타나는 것과 같이 개인이 기계 부품같이 취급돼 일의 의미나 성취감이 없는 경우가 여기에 속할 것이다. 이것을 사회 전체적으로 확장해서 생각해도 유사할 것이다.

'사회는 구조와 제도의 총체' 관점

앞의 두 입장과 달리 세 번째 입장은 '사회=구조와 제도의 총체'의 관점을 취한다(Bhaskar, 2015; 이기홍, 2017). 이 입장에 따르면 사회는 구조·제도의 총체이므로 행위자 개인과 다른 사회 구조와 제도의 이해가 사회 이해의 출발이다. 한편으로 사회 구조는 사회적 위치들을 차지하고 일정한 사회적 실천을 수행하는 사람들이 맺는 지속적 관계들의 체계이다(이기홍, 2017: 102). 즉 사회 구조는 관계들의 총체이다. 사회 구조는 사회적 관계들을 전제하거나 그것에 의존한다(이기홍, 2017). 예를 들면 대학 사회라는 사회 구조는 행위자인 구성원(교수, 학생, 직원) 사이에 사회적 실천(연구, 교육 및 행정) 과정에서 맺게 되는 지속적인 관계들로 구성된다. 기업 사회는 행위자인 경영자와 직원들이 경영 및 사업 활동이라는 사회적 실천을 수행하는 과정에서 맺게 되는 관계들로 이루어진다.

다른 한편으로 사회 구조와 구별되는 제도$_{institution}$는 확립된 규칙$_{rules}$, 관습$_{conventions}$, 규범$_{norms}$, 가치$_{values}$, 풍습$_{customs}$으로 구성되며 이런 것들의 체계를 의미한다. 이것들은 사회 구조와 마찬가지로 행위가 가능하게 하는 조건이므로 관행이나 관례와 같은 행위 자체와는 구분돼야 한다(Fleetwood & Hesketh, 2010).[3] 이런 제도의 구성 요소들과 그 체계가 없는 사회는 상상하기 어렵다.

'사회는 세계' 관점

이상의 세 가지 접근 외에도 사회라는 용어를 사용할 때 가끔 광의적 의미로 사용되기도 한다. 가장 광의적 의미로서의 사회는 사회 세계와 자연 세계를 합친 포괄적인 것으로 곧 세계 자체를 말한다. 주체자인 사람이 거주하는 바로 그곳을 말한다. 사람과 세계라고 할 때 존재론적으로 보면 행위자와 행위자가 거처하는 모든 환경으로 구분되는 것이다. 이 관점은 가장 광의로 사회를 해석하는 것으로 '사회=세계'의 관점이다. 이 관점에서는 사회는 사람들이 모여 있는 협의의 사회 세계뿐만 아니라 자연 세계까지를 포함한다. 엄밀히 말하면 자연환경은 자연 세계에 속한다. 그러나 사회에 대한 광의의 의미에서 보면 사회적 가치는 일반적으로 자연환경의 맥락 속에서 상호작용하면서 발생하므로 자연 세계와 연관성이 있다.

구조와 제도의 총체로서의 사회의 특징

앞에서 설명한 사회 이해의 4개 관점 중 사회적 가치의 실현 측면에서 사회 이해의 방식으로 가장 적합한 관점은 '구조와 제도의 총체'로서의 사회 관점이다. 이 관점은 아래에서 설명할 다원적 실재론 내지는 비판적 실재론에 입각해 있다. 이제 이 관점의 몇 가지 특징에 관해 설명하려고 한다.

첫째, 다원적 실재론 입장에서 사회란 개인 행위자와 분리될 수는 없지만 구별돼야 하는 실재인 것이다. 이 세 번째 입장은 '사회=개인(행위)'으로 보는 첫 번째 입장의 주장과는 달리 사회 구조와 제도가 개인에 환원되는 것으로 보지 않고 구별된 것으로 본다. 다시 말해 사회를 어떤 고유한 실재성을 가지지 않는 단지 유명론적인 의미만을 가지는 것으로 보는 일원적인 실재성을 비판하는 것이다. 따라서 존재론적 및 방법론적 개인주의를 거부하는 입장이다(Fleetwood & Hesketh, 2010). 사회가 구조와 제도의 총체이기 때문에 개인에게 환원될 수 없는 발현적 속성_{emerging properties}을 지닌다. 사회 세계의 존재자인 사회종의 무기체에 해당하는 자동차의 경우 부품들을 자동차 공학적으로 의미 있게 조립했을 때 개별 부품에 환원시킬 수 없는 가령 동력이라는 발현적 속성을 가지게 돼 움직이게 되는 것이다(Bae, Kang, & Kim, 2016). 모든 개별 부품들의 기능과 특성을 분석적으로 설명하는 것으로는 파악되지 않는 동력이라는 것이 창발하는 것이다. 사회는 자동차처럼 물질성을 가지지는 않지만 동일한 방식으로 발현적 속성을 가진 전체가 된다.

둘째, 다원적 실재론은 '사회=집단'으로 보는 두 번째 입장과 달리 사회를 인간 활동과 상호 독립된 분리된 실재로 보지도 않는다. 즉 개인 행위는 사회 구조와 제도에 환원되지 않기 때문에 존재론적 및 방법론적 집단주의_{collectivism}도 거부하는 것이다(Fleetwood & Hesketh, 2010). 즉 개인 행위를 사회에 환원시키는 일원적 실재론을 거부하는 것이다. 요약하면 세 번째 입장은 개인과 사회를 상호 환원적이거나 서로 분리된 것이 아닌, 서로 구분된 다른 종류의 실재로 파악한다(Bhaskar, 2015; 이기홍, 2017). 사회 구조와 제도는 비행위자적 현상이고 행위자는 비구조적 및 비제도적 현상인 것이다 (Fleetwood & Hesketh, 2010).[4]

셋째, 사회는 반실재성이나 경험적 실재성이 아니라 초월적 실재성이라는 존재론적 지위를 가진다. 비판적 실재론은 심층 존재론의 입장을 취한다. 이 입장에서는 존재의 세 영역을 경험의 영역, 실현의 영역, 그리고 실재의 영역으로 구분한다(Bhaskar, 2008). 앞에서 사회를 이해하는 데 사회를 개인에 환원시키거나 개인을 사회에 환원시키는 두 입장에 대해 살펴보았다. 이 두 입장은 개인이나 집단은 관찰 가능하다는 근거에 따라 경험적 실재론의 입장을 보인다. 이것은 존재에 대한 진술을 인식에 대한 진술로 환원시켜버리는 인식적 오류epistemic fallacy를 범하는 것이다(Bhaskar, 1998). 그러나 다원적 실재론이라는 세 번째 입장은 개인과 사회 구조는 다른 층위에 속하는 실재들로서 다층적으로 존재한다고 본다. 이 입장의 가장 중요한 특징은 사회가 초월적 실재성을 가진다는 주장에 있다. 초월적 실재성은 경험의 영역에서의 경험이 실재의 영역에서 발휘하는 인과적 힘에 의한 것으로 본다. 사회의 설명을 위해 이런 인과적 힘을 발견해가는 과정, 즉 개인의 행위와 의식을 관찰하고 사회 구조의 힘이 작용했음을 확인하는 과정이 필요하다.[5] 예를 들면 어떤 대학에서 '사회적 가치'라는 과목이 개설돼 강의가 이루어진다고 하자. 그럼 이 현상 이면에 학부에서 '사회적 가치와 지속가능경영'이라는 세부 트랙이 제도적으로 도입된 것으로 파악될 수 있다. 그리고 이것이 도입되기 위한 동기나 원인이 될 만한 요인이 있었을 것이다. 또한 그런 의사결정을 하는 조직적 과정이 존재했을 것이다.

요약하면, 본 장에서는 경험적 실재론이나 사회구성주의적 입장보다는 다원적 실재론 내지는 비판적 실재론 입장에서 사회를 구조와 제도의 총체로 파악한다.

가치란 무엇인가?

가치론value theory, or axiology은 어떤 것이 좋고 혹은 나쁜지, 그것들이 얼마나 좋고 혹은 나쁜지, 그리고 어떤 것의 좋음과 나쁨을 결정하는 것은 무엇인지에 관심을 가진다(Hirose & Olson, 2015). 사회적 가치에 대해 다양한 논의가 진행되지만 '사회적 가치'라는 용어를 동일한 의미로 사용하고 있는지는 명확하지 않다. 이런 문제의식을 느끼고 가치에 대한 다양한 이해방식에 대해 메타 규범적 이론에 기반해 설명하려고 한다.[6]

가치의 형이상학적 구분

가치와 관련해 다양한 메타 이론적 구분이 있지만 사회적 가치 이해를 위해 중요하다고 생각되는 세 가지 정도의 대비를 통해 설명하고자 한다. 첫 번째는 실재론과 반실재론의 구분이다. 두 번째는 주관주의와 객관주의의 구분이다. 마지막으로는 자연주의와 비자연주의의 구분이다.[7]

첫째, 가치에 대한 형이상학적 입장으로 실재론과 반실재론의 구분이 있다. 간단하게 구분하는 기준은 가치적 사실(예: '기업이 사회적 공헌을 하는 것은 좋은 것'이라는 사실)이 객관적으로 성립할 수 있는지이다. 성립할 수 있으면 실재론이고 그렇지 않으면 반실재론으로 분류될 수 있다(Chrisman, 2017). 조금 더 길게 설명하면, 강한 실재론은 가치 주장들(예를 들어 '기업이 사회문제의 솔루션을 제공하는 것은 좋은 것이다.' 혹은 '기업이 탄소를 배출하는 것은 나쁘다.')은 문장상으로 참이거나 거짓일 수 있고, 이 참이 되는 것은 개인이나 집단의 주관적인 태도의 문제가 아니며, 가치에 대한 사실은 과학적 사실 등과 같은 여타의 사실과는 그 종류가 다른, 다시 말해 독특한sui generis 종류의 형이상학적 사실이다는 것을 수용한다(Oddie, 2013).[8] 가치적 사실은 과학적 사실과 동일한 지위에서 마음과 독립적으로 존재한다는 믿음을 가진다. 반면에 가치 반실재론자는 위의 논지들에 대해 거부하며 가치적 사실이나 속성이 실재하지 않는다고 본다. 가령 '기업은 사회적 가치를 추구해야 하는가?'라는 질문에 대해 반실재론자는 이 질문 자체를 중요하게 생각하지 않을 것이다. 사회적 가치 자체의 실재성을 거부한다면 기업과 연결시키는 것이 의미가 없기 때문이다.[9] 기업이 존재한다는 것은 의심의 여지가 없는 것 같다. 하지만 '도대체 가치라는 것도 엄밀한 의미에서 존재하는 것인가?'라고 반문할 수 있을 것이다.[10]

두 번째 구분은 주관주의와 객관주의의 구분이다. 만약 가치 사실들이 마음-의존적$_{\text{mind-dependent}}$이면 관념론이 되고 마음-독립적$_{\text{mind-independent}}$이면 실재론으로 넘어가게 되는데 곧 객관주의가 된다. 관념론에서는 다시 가치가 주관적이면 주관적 관념론, 즉 주관주의$_{\text{subjectivism}}$가 되고, 그렇지 않으면 객관적 관념론이 된다. 가치 주관주의는 마음에 의존적이면서 동시에 주체 의존적이다. 따라서 주관주의는 행위자 상대적이고 개인의 심리 상태에 환원돼 행위자마다 좋음 혹은 나쁨이 다르다는 점이 강조된다. 그러나 객관적 관념론은 마음에 의존적이기는 하지만 합리주의적 판단에 따른다면 개인 간 평가와 비교가 가능한 객관성을 지닌다고 보는 입장이다. 소위 규범으로서의 사회적 가치로 언급되는 공정, 정의, 평등, 협력, 참여, 관용, 공존, 연대, 호혜성 등이 객관적 관념론에 포함되는 가치들이라고 볼 수 있을 것이다(cf., 배종태, 2018: 46). 실재론-반실재론 구분의 연속선상에서 보면 주관주의는 반실재론 입장에 해당하고 객관적 관념론은 실재론과 반실재론 양쪽 입장 모두에 걸쳐 있다(Oddie,

2013).[11]

마지막 세 번째 구분은 가치 실재론에서 자연주의와 비자연주의의 구분이다. 가치 사실들이나 속성들이 자연적 사실들이나 속성들로 환원되거나 그것들에 부합하면 자연주의이고 그렇지 않으면 비자연주의이다(Chrisman, 2017). 자연주의는 가치적 사실들을 가지고 있으며 이것들이 마음과 독립적이지만 자연적 사실들natural facts에 환원 가능하다고 보는 입장이다. 자연적 사실 혹은 속성을 가진다는 것은 경험적으로 관찰이 가능하고 가치적 사실들이 과학적인 연구를 통해 발견될 수 있는 그런 종류의 사실이라는 것을 의미한다. 그러나 비자연주의 입장은 실재론에 속하기 때문에 객관적인 가치 사실들이 존재하며 이것들은 독특하다고 본다. 그리고 비자연적 성격의 가치적 사실을 알 수 있는 것은 직관주의intuitionalism를 통해서 가능하다. 이것은 직관intuition이라는 특별한 능력이 있어서 윤리적 사실들에 반성적으로 접근할 수 있다고 보는 것이다.

비자연주의자 조지 무어George Edward Moore(Moore, 1903)는 『윤리학원리Principia Ethica』라는 저서에서 자연주의적 오류를 설명하는데 사실 판단으로부터 가치 판단을 추리해내는 오류를 말한다. 무어는 열린 질문 논쟁을 통해 자신의 주장을 펼친다. 그에 의하면 자연주의자들의 좋음에 대한 정의로 (1) 'x는 좋다.' 그리고 'x는 자연적 속성 NP를 갖는다.'라고 할 때 무어의 열린 질문은 (2) 'x는 자연적 속성 NP를 가졌지만 좋은 것인가?'라는 것이다. 이런 질문을 통해 무어는 NP를 가졌지만 좋음의 성질이 없는 x를 상정할 수 있다고 주장한다. 가령 쾌락주의자들이 주장하듯이 좋다는 것은 즐거움을 준다는 것으로 이해할 때 즐거움을 준다는 NP를 가졌지만 좋은 것이 아닌

x가 존재할 수 있음을 주장하는 것이다. 예를 들어 어린아이가 게임 (x)이 좋아서 그것을 통해 쾌락(NP)을 누릴 때 밤새 그런 게임에 빠진 것을 보고 '게임은 좋은 것인가?'를 되물을 수 있는 것이다.

가치 논의의 이슈

지금까지 메타 규범적 이론에 기반해 가치에 대한 다양한 이해방식에 대해 주목했다. 특히 세 가지 구분을 통해 사회적 가치가 논의될 때 어떤 의미로 이 용어가 사용되는지에 대한 소통이 필요함을 제시했다. 본 장에서는 가치에 대해 다원적 실재론 입장을 취하는데 앞의 구분에서 보면 이 입장은 반실재론, 주관주의, 실재론의 자연주의 등을 거부하며 실재론의 비자연주의와 객관적 관념론은 포함할 수 있을 것이다. 앞에서 설명한 구분에 기반해 사회적 가치 이해를 돕기 위해 가치에 대해 다음과 같은 이슈들을 주목할 필요가 있다.

첫째, 객관적으로 가치 있는 것이 무엇인지를 따지지 않고 개인의 선호 만족만 중시되는 주관주의는 재고할 필요가 있다. 예를 들면 가령 플랫폼 기반 기업이 빅데이터를 이용해 개별 고객에게 맞춤형 서비스를 제공한다고 해보자. 이때 '좋음이란 무엇인가?'라는 가치론적인 물음이 제기될 수 있다. 그런데 그런 기업이 고객들에게 유익이 된다는 이유로 개별 고객의 취향과 선호의 만족에 전적으로 의거해서 가치론적인 문제를 해결한다고 해보자. 그 기업은 가치 주관주의의 입장에 있는 것이다. 그럴 때 상생이나 공정성이나 지속가능한 발전이라는 가치는 도외시될 것이다.

둘째, 다원적 실재론의 입장에서 가치 환원주의를 극복하고 가치 다원주의를 고려할 필요가 있다. 자연주의는 일종의 가치 환원주의적 접근이다. 가치 일원론은 그것 자체로 가치가 있는 내재적 가치 혹은 궁극적 가치가 하나만 있다는 관점이다. 쾌락주의가 그 예가 된다. 반면에 가치 다원주의는 근본적인 가치가 하나 이상이며 다양한 차원에서 가치의 실재성을 인정하는 입장이다. 같은 맥락에서 내재적 가치가 있는 것을 다른 좋은 것을 창출하는 수단적 가치로 여기거나 귀속시켜 버리는 가치 환원주의 오류를 범하지 않는 것도 중요하다. 사회적 가치가 경제적 가치를 향상시키는 한에서만 가치가 있다고 하는 것도 그런 오류이다. 아렌트(Arendt, 1998)도 가치가 환원된 것에 관해 지적했다. 고유한 '진가$_{worth}$'를 '사용 가치'로 대체해버리고 나아가 시장에서는 비교를 통한 상대적 가치만 존재하며 모든 가치를 계산이 가능한 화폐적 가치로 전환시켜버리는 것에서 가치가 환원된다고 주장했다.

셋째, 사회적 가치를 논의할 때 가치의 측정과 합산에 대한 문제는 더 논의가 필요하다. '측정할 수 없는 것은 관리할 수 없다.'라는 입장과 '측정할 수 없는 것을 굳이 측정할 필요는 없다.'라는 두 상반된 입장이 존재한다. 즉 한 가지 입장은 사회적 가치는 질적이고 주관적인 측면의 가치를 중시하는 것이고 이런 것들을 제외시키지 말아야 한다는 것이 사회적 가치를 주장하는 기본 동기라고 본다. 그런데 만약 양적으로 측정 가능하게 하고 또한 합산이 가능하게 한다면 이것은 사회적 가치를 주장하는 기본 취지에 어긋나며 결국 가치 환원주의에 빠지게 된다는 주장을 펼친다. 다른 입장은 사회적 가치는 측정과 합산이 가능해야 하고, 가중치도 줄 수 있어야 하며, 이익 상충 문제도 해결할 수 있어야 한다고 주장한다. 이 두 입장 간

에 논쟁이 계속 있는 상황이다.[12]

측정뿐만 아니라 가치들의 합산 가능성에 대한 논의도 필요하다. 이것과 관련해 통약불가능성incommensurability과 집합체agglomeration라는 개념이 도움이 될 수 있다. 통약불가능성은 가치를 같은 단위에 놓고 논의할 수 없는 상태를 말한다. 그 예로는 한 국가가 잘사는 것을 측정할 때 1인당 소득 수준과 국민의 행복 수준 두 개를 한 척도로 전환해 합산하는 것은 통약불가능한 것끼리 합한 것이라 지양해야 한다는 것을 들 수 있다. 또한 어떤 가치는 다른 것으로 대체되지 않는다. 롤즈의 유명한 인격의 개별성the separateness of persons 원칙에 따르면 한 개인의 궁핍은 다른 사람의 혜택으로 상쇄되지 않는다. 개인마다 구별된 인격성은 다른 인격체의 것과 합산될 수 없는 성격이기 때문이다. 이런 문제를 인지하지 못하는 것이 결과주의가 가진 문제의 핵심이라고 말한다(Chang, 2013; Rawls, 2003). 다른 한편, 집합체는 단순히 더해서 합하는 합산과는 구별돼야 한다(Donaldson & Walsh, 2015). 둘 다 합한다는 의미가 있지만 집합체는 일관된 결합력을 가지지 않는다. 따라서 개인의 선호나 만족의 단순 합산으로 사회적 가치 전체를 나타내는 것, 즉 일관되게 점수화된 하나의 객관적 지표를 만드는 것은 실제의 가치를 나타내는 데 한계가 있다.

넷째, 다양한 개체의 가치가 결합하는 과정에서 개체에 환원되지 않는 창발적 속성을 가지게 돼 전체는 단순 합산 이상의 가치를 가지게 된다.[13] 무어(Moore, 1903: 28)는 전체의 가치는 부분의 가치들의 합과 동일하다고 추정해서는 안 된다는 진술을 통해 가치의 유기적 통일체 개념을 제시했다. '유기적'이라는 것은 관계를 나타내기 위한 것인데, 특별히 전체는 그 자체로 내재적 가치를 가지며 이것은 개별 부분들의 가치들의 합과는 다르다는 것을 지칭하기 위해 사용했다(Carlson, 2015). 예를 들면 빈센트 반 고흐Vincent van Gogh의 「별이 빛나는 밤」이라는 작품을 점들의 단순 조합으로 이해하지 않는다. 이 작품에는 점들이 모여 있지만 그 개별 점들에 귀속시키지 못하는 전체의 심미적 속성이 드러나 있는 것이다. 유기적 통일체 개념으로 볼 때 부분의 개별적 가치는 전체 속에서 이해돼야 함을 제시하고, 또한 전체의 가치는 부분들의 가치들의 단순 합산이 아니라는 점을 함의한다.

사회적 가치란 무엇인가?

이상의 논의에 기반해서 보면 사회적 가치는 사회와 가치를 어떻게 이해하는지에 따라 매우 다르게 규정될 수 있다. 사회와 가치를 가장 좁은 관점으로 파악해 사회적 가치를 이해하는 것에서부터 두 개념을 가장 포괄적인 관점으로 파악해 사회적 가치를 이해하는 데까지 매우 다양한 방식으로 정의될 수 있겠다.

이제 가장 좁은 방식의 정의에서부터 시작해보자. 첫째, 사회적 가치에 대해 좁은 관점에서 보면 개인주의에 기반해 사회를 원자론 입장에서 개인의 단순 집합으로 간주하고, 가치에 대해서는 실재론의 자연주의로 보는 것이다. 이런 입장에서 보면 사회적 가치는 사회의 개별 구성원들이 자연적 속성을 가진 좋음을 누리는 것의 총합이다. 이 관점에서는 개인 행위자들과 구별된 구조와 제도의 총체로서의 사회를 인정하지 않을 뿐만 아니라 측정가능한 가치만 수용하는 경향이 있다.

둘째, 사회와 가치에 대한 혼합된 방식도 가능할 것이다. 포터와 크레이머(Porter & Kramer, 2011)의 공유가치 개념은 사회에 관한 생각은 어느 정도 포괄적이지만 가치는 협소하게 접근하는 것으로 파악돼 이런 예에 해당할 수 있다. 그들은 공유가치를 기업의 경쟁력을 높이면서도 동시에 경제적 및 사회적 조건을 향상시키는 정책과 실행제도로 규정한다. 즉 공유가치는 경제적 가치를 창출하는 것과 동시에 사회의 필요와 도전에 대한 강조를 통해 사회를 위한 가치value for society의 창출에 관여한다. 공유가치창출은 사회의societal 진보 및 경제적 진보 간의 연결을 규명하고 확대하는 데 초점을 둔다. 공유가치창출을 설명할 때 이들은 사회적 가치에 대한 영어 표기로 'social value', 'societal value', 혹은 'value for society'라고 다양하게 표기한다. 또한 사회적 진보에 대한 영어 표기도 'social progress'와 'societal progress' 두 개 다 사용한다. 이런 점에서 볼 때 '사회적'이라는 표현에는 협의로만 사용할 의도는 없었던 것으로 보인다. 그런데 가치에 대한 개념은 비용 대비 혜택으로 규정해서 협소하게 사용하고 있다.

셋째, 사회를 구조와 제도의 총체로 보고 가치를 다원적 실재론으로 이해하면 보다 포괄적인 의미로 사회적 가치를 정의 내릴 수 있다. 이러한 포괄적 의미에서 사회적 가치란 '사회적 구조 및 제도들의 정의롭고 지속가능한 발전 속에서 행위자들이 저마다의 좋은 삶을 더불어 누리게 하는 것들의 총체'이다.[14] 사회적 가치에 대한 이 정의는 여러 가지 함의가 있다. 첫째, 사회를 구조와 제도의 총체로 파악하며 사회적 가치 실현을 위해 구조와 제도의 정의롭고 지속가능한 발전이라는 조건을 제시한다. 행위자는 구조와 제도로부터 사회화가 되지만 또한 그것을 재생산하고 변형시키는 역할을 한다(Bhaskar, 2015). 사회적 구조와 제도가 정의에 합당하게 지속가능해야 각자의 좋은 삶을 더불어 누릴 수 있게 될 것이다. 둘째, 가치를 자연주의적 관점으로 파악하지 않고 비자연주의적 측면과 객관적 관념론 측면까지도 포함해 다원적 실재론 입장으로 접근한다. 사회적 가치가 평가되고 측정되면 유익이 있으나 그것에 한정시키지 않는다. 사회적 가치는 경험적 영역에 한정되지 않고 부분의 가치들의 단순 합산 이상이며, 창발적 속성을 가지는 유기적 가치의 총체이다. 셋째, 사회적 가치의 지향점을 더불어 좋은 삶을 누리는 것과 연결시킨다(1장 참조). 개인들이 각자 자신의 인격을 완성해가며 잠재적 역량을 발휘하는 행위를 통해 좋은 삶을 영위해갈 뿐만 아니라 사회 구조와 제도의 재생산과 변형을 추구하고 사회적 공존과 공동체를 형성해 함께 이루어가는 것을 지향한다는 점을 강조한다.

이런 포괄적 접근에서 좋은 삶을 추구한다고 했을 때 그 좋은 삶은 무엇을 의미하는가? 다양한 설명이 가능하겠지만, 한 가지 예시로 마사 누스바움Martha Nussbaum이 제안한 내용을 소개하려고 한다. 누스바움은 스토아학파와 아리스토텔레스 관점을 활용해 인간의 잠재적 역량 관점을 제시하면서 다음과 같이 10개의 중추적인 역량을 제안했다(Nussbaum, 2013). 그 내용은 (1) 적절한 기간까지 삶을 누릴 수 있는 생명력, (2) 건강히 살 수 있는 육체적 건강, (3) 자신의 신체에 대한 소유 및 자유로운 결정을 할 수 있는 신체 완전성, (4) 느끼고 상상하고 사유할 수 있는 능력, (5) 타자에 대한 애정을 가질 능력과 감정을 느끼는 정서적 능력, (6) 좋은 것에 대한 개념

형성과 그것을 삶에 반영할 수 있는 실천이성, (7) 타자와 더불어 살며 존엄한 존재로 대우받을 수 있는 소속 능력, (8) 동식물과 대자연과 함께 살 수 있는 능력, (9) 웃고 놀고 여가를 즐길 수 있는 능력, 그리고 (10) 정치 참여와 물질 소유와 같은 환경 통제력을 포함한다. 기업이 이러한 잠재 역량에 기여할 때, 사회적 가치를 추구하는 것으로 간주될 수 있을 것이다. 즉 여기에 포함될 수 있는 것은 여러 사회적 가치 지표에 나열된 것으로, 가령 건강, 안전, 노동, 역량개발, 인권, 자유로운 정치 행위, 인격 함양, 다양성, 공동체 등이다. 이러한 잠재적 역량을 발현하는 것을 기초로 해 기업 조직 내에서 그리고 사회에서 하나의 독립된 인격체로 삶을 누리는 것뿐만 아니라 사회적 공존을 이루는 것과 나아가 더불어 좋은 삶을 누리는 것을 지향하는 데 도움이 되는 모든 내용이 사회적 가치에 포함이 될 수 있다.

3

기업에서의 사회적 가치

그럼 기업은 왜 사회적 가치를 추구해야 하는가? 기업은 어떤 영역에서 어떤 내용으로 사회적 가치를 추구해야 하는가? 그리고 경제적 가치와 사회적 가치는 어떤 관계인가?

기업은 왜 사회적 가치를 추구해야 하는가?

기업이 사회적 가치를 추구해야 하는 정당성은 무엇에 기반하고 있는가? 기업의 사회적 가치 추구에 대한 정당화 방식과 관련해서는 결과주의, 전략적 접근, 사회계약론, 기업 시민성 등 다양한 입장이 있다.[15] 여기서는 기업이 사회적 가치를 추구해야 하는 이유를 이런 다양한 입장들보다 더 근본적인 차원에서 존재론 및 가치론 측면으로 나누어 설명하려고 한다.

존재론적으로 사회는 기업과 경영이 존재하기 위한 인과적 힘을 제공하는 실체이므로 사회적 가치를 추구할 이유가 생긴다. 존재론의 심층 실재론의 입장을 고려한다면 경험적이고 현상적인 영역과 이것이 가능하게 하는 인과적 힘을 발휘하는 실재의 영역이 구분될 수 있다(Bhaskar, 2008). 기업에서 경영자의 다양한 역할이 가능한 것은 심층 수준에서의 구조적 조건과 과정적 조건 및 사회경제적 맥락이 있어서 가능하다(Tsoukas, 2000). 즉 정관과 같은 기반, 그것이 존재하도록 하는 법제도, 지배구조와 회의체, 그리고 조직에서의 지위체계 등이 존재하기 때문에 기업이라는 법인이 존재할 수 있고 기업에서 업무를 수행하는 경영자는 그 지위의 정당성을 얻고 그 역할과 책임을 수행할 수 있게 된 것이다.

가치론적으로 보면 우선 기업은 사회의 보편적 불의를 제공했을 수 있고 그것에 대한 의무로 사회적 가치를 향상시키는 노력을 기울여야 한다는 관점에서 설명할 수 있다. 칸트에 의하면 불의는 일반적인 현상이며 완벽한 정의를 추구하는 것은 불가능함을 제시하면서 보편적 불의general injustice 개념을 설명한다(Wood, 2008). 불의의 정확한 원천을 파악하는 것도 힘들고 그 원천을 안다고 해도 사전에 예방하기도 어렵다. 따라서 불의는 일상적이고 보편적인 현상인 것이다. 이것을 수용하게 되면 개인이나 개별 조직은 자신도 모르는 사이에 불의에 동참한 것이다. 기업이 사회적 가치를 높이는 방향으로 활동해야 하는 이유는 일반적 불의에 동참하는 활동을 완전히 피할 수 없을 뿐만 아니라 현재의 성장 역시도 과거의 보편적 불의의 누적적 결과라는 점을 부정하기 어렵기 때문이다.[16]

가치론의 다른 측면에서 보면 기업은 가치의 형이상학적 토대를 염두에 두지 않을 수 없다. 다원적 가치론 입장에서 볼 때 기업의 현상적인 가치창출 활동은 그것을 가능하게 하는 심층 수준의 기반을 인정해야만 한다. 예를 들면 숫자와 수는 존재적으로 구분돼야 한다. 이는 다원적 실재론의 당연한 주장이다. 가령 기업이 성과지표 등에 등장하는 숫자를 가지고 가치창출의 수준을 측정할 수 있는 것은 수數라는 추상적 시스템의 존재가 있어서 가능하다. 플랫폼 기업이 빅데이터를 활용할 수 있는 것은 빅데이터를 발생시키는 사회적 구조와 제도에 기반한 사회적 관계망이 존재하기 때문에 가능하다. 숫자체계나 관계망 구조는 기업이 만들어낸 것이 아니다. 결국 기업이 경험적인 가치창출 활동을 할 수 있는 것은 앞에서 논의한 가치의 형이상학적 토대가 있어서 가능하다. 따라서 기업은 그런 가치적 토대에 대해 호혜적 규범에 따라 사회를 위해 가치를 창출할 이유가 발생한다고 설명할 수 있다.[17]

기업은 어떤 영역에서 사회적 가치를 추구할 수 있는가?

그동안 제시된 여러 가지 지표를 보면 사회적 가치에 포함되는 내용이 매우 다양하다. 본 장에서는 몇 가지 기준을 제시해 사회적 가치를 실천할 영역을 도출하고자 한다. 그 기준이 될 만한 것은 (1) 가치 실현의 범위(기업 조직과 사회 전체), (2) 가치 실현의 초점(행위자와 구조·제도), 그리고 (3) 가치 실현의 방향(보존과 향상)이다. 이러한 기준에 따라 영역을 도출해보면 〈표 2.1〉과 같이 최소한 8개의 영역이 도출된다.[18] 이렇게 영역을 구분하는 것의 함의는 다음과 같다. 첫째, 이런 영역의 구분은 사회적 가치에 대한 범주로서 어떤 영역에서 활동할 수 있을지에 대한 방향성을 제시하는 가이드라인이

〔표 2.1〕 사회적 가치 실현이 가능한 영역

구분 방향	기업 조직		사회 전체	
	행위자	구조·제도	행위자	구조·제도
보존	(1)	(3)	(5)	(7)
향상	(2)	(4)	(6)	(8)

될 수 있다. 둘째, 개별 기업의 사회적 가치 활동의 프로파일을 구성하게 해 활동들의 평가를 가능하게 한다. 셋째, 영역별 활동의 양과 질을 파악해 균형 있는 접근이나 발전적 처방이 가능하도록 도와줄 수 있다.

첫째, 가치 실현의 범위를 기업 조직과 사회 전체로 구분한 것부터 살펴보자. 기업 조직도 하나의 작은 사회로 볼 수 있다. 이 작은 사회를 단지 수단 삼아 사회 전체의 가치를 추구하는 것은 모순이다. 사회의 가치를 추구할 때는 작은 사회의 가치도 고려돼야 한다. 뒤에서 설명되는 바와 같이 기업 조직 내에서의 행위자와 구조· 제도의 고려가 있고 사회 전체의 행위자와 구조· 제도의 고려도 있어야 한다. 나아가 기업 조직 내에서의 보존과 향상 그리고 사회 전체의 보존과 향상의 방향도 고려돼야 한다.

둘째, 가치 실현의 초점을 행위자와 구조· 제도로 구분하는 내용이다. '사회적인 것'에는 행위자 간의 관계적 측면이 있을 뿐만 아니라 구조· 제도 측면에서 살펴볼 필요가 있음을 논의했다. 사회의 가치를 설명할 때 사회 구성원들이 공유하는 가치이기도 하지만 구조· 제도에 내재된 그리고 그것들의 변화를 통해 창출되는 가치도 포함될 수 있는 것이다. 행위자 측면에서 보면 조직 내에서는 인격적으로 존중받고 인권이 보장되는 것이 포함될 수 있다. 사회 전체적으로는 누스바움이 주장하는 잠재 역량의 실현, 즉 타고난 재능의 개발과 활용을 통해 인간 가치를 실현시키는 것이 포함될 것이다 (Nussbaum, 2013). 나아가 정치적 참여 행위의 보장과 예술과 창조 활동의 장려 등도 연관이 될 것이다.

구조·제도 측면에서 보면, 기업 조직 수준에서는 구조·제도가 조직구성원을 자유롭게도 하고 억압하게도 하는 역할을 할 뿐만 아니라 경제적 가치와 사회적 가치창출에 직접 혹은 간접적으로 중요한 영향을 미치기도 한다(김재구 외, 2018의 5장과 6장 참조). 사회 전체적으로는 정의와 자선의 실현이 되는 구조와 제도의 구축과 관계될 수 있다. 정의는 사회가 존립하기 위한 뼈대 같은 것이며 이상적인 지표이기도 하다. 공정한 협력 시스템이 성립돼야 사회가 유지되기 때문이다(Rawls, 2003; Shionoya, 2005; 스미스, 1996). 여기에는 경제 양극화를 극복해 정의로운 사회에서 삶의 영위가 가능한 제도적 뒷받침이 중요한 내용으로 포함될 수 있을 것이다. 나아가 자선의 확대가 포함될 수 있다. 스미스(1996)가 제안한 것과 같이 자선은 건물의 장식처럼 구비되면 훨씬 아름다워지는 것이다. 여기에는 잠재 역량의 개발을 위한 교육 기회를 제공하는 시스템, 함께 성장하고 협력하는 제도, 상호적 공동체를 통한 시민성이 발휘되는 사회적 구조 등이 연관이 될 것이다.

셋째, 가치 실현의 방향을 소극적 측면의 보존과 적극적 측면의 향상으로 나누어 설명할 수 있다. 기업이 존재해야 하는 본질적인 목적은 상품을 창출해 제공함으로 인류의 삶을 보존하고 향상시키는 것에 있다(배종석, 2013: 579). 어떤 사회적 가치는 소극적으로 보존함으로 실현되는 것이다. 예를 들면 빈곤, 질병, 식수 문제, 문맹,

불평등, 환경오염 등 수많은 미해결된 사회적 문제의 솔루션을 제공해 사회적 공존이 가능하도록 하는 활동이 여기에 속할 것이다. 어떤 가치는 적극적으로 향상을 지향하는데 행복과 더불어 좋은 삶을 실현하는 것이 여기에 속한다(배종석·강철, 2020). 좋은 음식을 제공해 영양을 개선하는 것, 인류의 삶의 방식을 혁신적으로 창출하는 것, 새로운 지식을 축적하는 것, 소통의 증진을 가능하게 하는 것, 예술적 및 문화적 가치를 높이는 것 등이 여기에 포함될 것이다.

앞서 설명한 사회적 가치 실현의 영역들은 구체적으로 (A) 자원을 활용해 상품을 창출하는 과정, (B) 창출하는 상품 자체를 통한 사용 가치의 창출, 그리고 (C) 상품 판매를 통해 획득한 이윤의 기부를 통한 간접적인 가치창출 방식으로 실현이 가능할 것이다. 첫 번째 방식은 '자원 → 상품 창출 활동(A) → 상품' 과정을 통해 나타날 수 있다. 두 번째 방식은 '자원 → 상품 → 사용(B) → 관심과 욕구 충족' 과정을 거친다. 이것은 '상품을 통한 좋은 삶goods to a good life'에 해당한다.[19] 기업은 좋은 음식을 제공해 먹는 것을 누리게 하고, 좋은 악기를 만듦으로 연주를 즐기게 하며, 양질의 도서를 발간해 읽는 것을 누리도록 하는 등 상품 사용을 통해 다양한 관심과 욕구를 채울 수 있을 것이다. 세 번째 방식은 '자원 → 상품 → 이윤 → 기부 활동(C) → 관심과 욕구 충족' 과정으로 표기될 수 있다. 한 기업이 사회적 가치 실현의 모든 영역과 방법을 모두 활용하기는 쉽지 않을 것이다. 영역과 방식의 선택을 통해 개별 기업이 가장 잘 실현할 수 있는 접근부터 시작해 확대해가는 것이 필요할 것이다.

사회적 가치는 경제적 가치와 어떻게 공존하는가?

사회적 가치와 경제적 가치는 어떤 관계인가? 사회적 가치와 경제적 가치의 공존 방식에 대해 몇 가지 설명해 보려고 한다.

경제는 포괄적인 자원배분 활동인데 그렇게 함으로써 다양한 영역에서 다양한 관심을 가진 행위자들이 그 관심을 실현하는 데 요구되는 구체적인 대상들을 획득하게 된다(Shionoya, 2005). 시오노야의 설명에 따르면 경제의 목적은 재화와 서비스의 소비를 통해 사람들의 관심을 충족시키는 것이다. 다양한 삶의 양상에서 나타나는 관심의 실현을 위해서는 언제나 물적 토대로서 경제적 자원과 그것으로 생산되는 재화와 서비스가 필요하다. 사람들의 상품$_{goods}$에 대한 욕구 근저에는 선에 대한 다양한 관심이 있다. 따라서 상품$_{goods}$은 효용$_{utility}$ 혹은 후생$_{welfare}$으로 표현되는 좋음$_{good}$을 제공해주는 수단이다. 화폐 경제에서는 경제적 가치의 지표로서 상품에 대한 가격이 매겨진다. 이 상품의 가격은 사람들이 개인의 관심을 충족하려고 해당 상품을 얻기 위해서 기꺼이 지급해도 좋다고 여기는 대가이다.

경제적 가치는 두 가지 특징이 있다(Shionoya, 2005).[20] 첫째, 경제적 가치는 행위자들이 가진 다양한 종류의 질적인 관심들을 반영하지 못한다. 경제적 가치가 다원적이고 질적으로 차이가 있는 관심으로부터 시작됐음에도 일원적인 화폐적 척도로 경제적 대상들을 평가하는 왜곡이 발생하기 때문이다. 여기서 경제적 가치가 다원적이고 질적인 것에서 일원적이고 양적인 것으로 전환이 된다. 처음에는 비경제적 차원에서의 관심에서 출발한 다원적 가치들이 경제적 영역에서의 일원적인 가치로 합산돼버린 것이다.

두 번째 특징은 주관적인 개인의 다양한 관심과 욕구가 객관적인 공통의 척도로 전환된 점이다. 욕구 충족 과정을 보면 희소한 자원을 효율적으로 활용해 재화와 서비스를 창출하는 단계가 있다. 다음으로 이 재화와 서비스는 개인들의 무한한 욕구를 충족하는 단계로 나아간다. 이 과정에서 유한한 자원과 무한한 욕구 사이에 격차가 생긴다. 이 격차로 인한 긴장이 희소성이고 재화와 서비스의 경제적 가치는 그 정도를 측정한다. 이런 각 재화의 희소성은 경제적 자원의 제약하에서 복수 시장들의 상호관계를 통해 객관적으로 평가된다. 주관적인 욕구나 관심은 비교불가능성incomparability의 성격을 가진다. 하지만 이 욕구나 관심을 충족시켜주는 자원과 재화는 비교가능한 객관적인 척도로 표현되는 것이다. 이것이 경제적 가치의 주관에서 객관으로의 전환이다.

인류가 더불어 좋은 삶을 누리도록 돕는 것에 기여한다는 측면에서 경제적 가치나 사회적 가치는 동일하게 중요한 역할을 한다. 그러면 이 두 가치의 관계는 무엇인가? 몇 가지 관계를 설정해볼 수 있는데 일치 모델, 분리 모델, 그리고 통합 모델로 구분해서 설명하려고 한다.

일치 모델

일치 모델은 가치론적으로 일원론 모델과 가치 창조 활동이 사회적 가치와 경제적 가치를 동시에 만족시키는 수렴 모델로 구분될 수 있다. 일원론 모델은 가치 일원론적 입장을 보이기 때문에 경제적 가치를 곧 사회적 가치로 여긴다. 따라서 앞서 설명한 바와 같이 질적인 것이 양적인 것으로 그리고 주관적인 관심과 욕구가 객관적인 척도로 전환돼 가치 환원주의에 빠지게 된다(Shionoya, 2005). 이와는 다르게 수렴 모델이란 경제적 가치를 높이는 것이 곧 사회적 가치를 높이는 것이라는 입장을 말한다(Lynn, 2021). 흔히 '선행을 하면서 이익 창출하기' 혹은 '사회적 가치를 창출하며 경제적 가치를 창출하기'가 이루어지는 것을 의미한다.

이런 입장에서는 가치의 다원성과 다층성의 특성을 반영해 사회적 가치의 독특한 성격이 드러나도록 하는 것은 어렵게 된다. 나아가 사회적 가치가 지니는 내재적 가치가 드러나지 않을 뿐만 아니라 통약불가능성의 기준을 충족시키기도 쉽지 않다. 또한 시장에 기반한 경제적 가치만으로 도무지 실천하기 어려운 사회적 가치가 있게 마련이다. 이렇게 경제적 가치가 창출되지 않는 사회적 가치에 대해서는 침묵할 수밖에 없는 한계가 있다.

분리 모델

분리 모델은 가치론적으로는 이원론적 접근이다. 경제적 가치와 사회적 가치는 별개로 존재한다는 입장이다. 한 가지 접근은 두 가치를 병렬관계로 규정하는 것이다. 이 관계는 경제적 가치와 함께 사회적 가치를 인정은 하되 두 가치를 추구하는 주체가 다르고 영역도 달라서 따로 작동하는 것으로 이해한다. 가령 기업은 경제적 가치를 추구하고 정부나 비정부·비영리조직은 사회적 가치를 추구하는 접근을 상정해볼 수 있다. 일종의 역할 구분론이다. 밀턴 프리드먼은 사회적 책임을 논의하며 이익을 증가시키는 것이 사회적 책임을 다하는 것이라고 주장했다. 그는 또한 경영자는 주주의 이익을 위해 노력해야 하고 다른 사람의 돈으로 사회의 일반적인 관심사를 위해 사용하는 것은 세금을 걷어 지출하는 정부의 역할이라고 주장을 한다(Friedman, 1970).

이런 접근과 달리 경제적 가치와 사회적 가치를 대립 관계로 상정할 수도 있다. 어느 하나를 높이면 다른 것은 줄여야 하는 관계로 파악하는 것이다. 혹은 윤리적으로 사회적 가치를 추구하는 것은 비용을 발생시키고 윤리적이지 않은 경제적 활동은 가치를 창출하게 되는 것도 생각해볼 수 있다(cf., Lynn, 2021). 만약 이런 관계로 보면 기업의 입장에서는 사회적 가치에 대한 경제적 가치의 우선성을 주장할 가능성이 클 것이다. 혹은 기업이 사회적 가치를 창출한다면 그것이 이미지 제고 등을 통해 경제적 가치를 높여주는 수단적 가치 정도로만 간주할 가능성도 있다. 이 관계는 또한 두 가치를 제로섬으로 이해하고 있어서 파이를 키워 대립이 아닌 확장적 동시 추구가 가능하다고 보는 주장과는 차이가 있다(Edmans, 2021).

통합 모델

통합 모델에 속하는 하나의 유형은 다원적 공존 모델the pluralism model이다(Lynn, 2021). 경제적 가치를 추구하는 영역이 있고 사회적 가치를 추구하는 영역이 있다. 이 두 영역의 공통 영역이 존재한다는 입장을 말한다. 이런 입장은 김재구 외(2018)에서 사회가치경영이라는 명칭으로 설명하고 있다. 이 책의 3장(문정빈, 2021)에서도 고용, 혁신, 지식창조 등을 두 가치에 공통으로 속하는 것으로 언급하고 있다.

이렇게 설명하는 것은 정적인 것으로 조금 더 역동적으로 관계를

설명하는 것이 도치적 공생inverting symbiotic 관계이다.[21] 도치적 공생
모델은 어느 지점까지는 이 두 가치가 서로 향상시키는 효과를 가
지는(즉 한 개의 가치가 상승하면 다른 가치는 그 직접적인 결과로 더욱 강
해지는) 공생적 관계를 나타내고 특정 지점을 지나서부터는 동일한
두 요소가 적대적 관계로 전환돼 어느 한 요소를 강화시키면 그것
이 다른 요소를 약화시키는 관계를 말한다. 이 두 가치는 상호 통약
될 수 없는 구분된 가치들이지만 분리가 될 수 있는 것은 아니다. 공
유가치창출을 설명하면서 두 가치가 동시에 향상될 수 있는 접근,
즉 한 분야의 가치를 향상시키면 다른 분야에 기회를 제공하는 그
런 관계를 맺는 구간이 생긴다(Porter & Kramer, 2011). 그러나 이것
은 이럴 가능성이 있다는 것이다. 모든 사회적 가치를 높이는 활동
이 경제적 가치를 동시에 높이는 것은 아닐 것이고 역으로 모든 경
제적 가치 활동이 사회적 가치를 창출하는 것도 아닐 것이다. 어느
시점부터 적대적 관계로의 전환이 일어나는지는 경험적인 문제이
고 상황에 따른 판단이 요청되는 부분이다.

4

사회적 가치를 통한
공동선의 추구

이 장은 사회적 가치의 철학적 이해를 높이기 위한 것이다. 그러기 위해 사회, 가치, 그리고 사회적 가치를 이해하는 방식에 대해 철학적 관점을 기반으로 설명했다. 기업에서 사회적 가치를 추구해야 하는 이유, 실현 가능한 영역, 그리고 경제적 가치와의 관계에 관해 설명했다. 사회와 가치의 이해방식에 따라 사회적 가치가 협의로도 광의로도 정의될 수 있다. 본 장에서는 다원적 실재론 혹은 비판적 실재론 입장에서 사회를 구조와 제도의 총체로, 가치의 경우 실재론의 비자연주의와 객관적 관념론을 포함하는 비환원주의적 가치를 추구할 것을 제안했다.

기업이 사회적 가치를 추구할 정당한 이유를 존재론적 이유와 가치론적 이유로 설명했다. 기업과 경영의 존재가 심층 존재론 관점에서 그 토대를 제공받고 가치 추구가 가능하도록 가치론적 기반을 제공받는다는 점에서 사회적 가치를 제공할 이유가 있음을 설명했다. 그리고 사회적 가치가 추구돼야 할 영역은 기업 조직과 사회 전체의 구분, 행위자와 구조·제도의 구분, 그리고 보존과 향상의 구분에 따라 다양한 영역이 존재함을 설명했다.

　마지막으로 논의하고 싶은 주제는 사회적 가치, 넓게는 ESG 추구의 이해에 대한 것이다. 사회적 가치에 대한 요구는 1장에서 설명한 바와 같이 기업과 시장이 과도한 영향력을 행사해 지배적 위치를 차지하게 돼 존재와 역할의 회복인 제자리 찾기와 연결시킬 수 있음을 주장했다. 그러나 이 회복의 위치를 넘어서서 기업의 고유한 정체성과 사명을 상실하게 만드는 과도한 요구는 과유불급이 돼 오히려 이 새로운 주장들의 의미를 퇴색시킬 여지가 생길 수 있다. 그럼에도 기업에 요구되는 것은 사회적 가치를 통해 공동선을 추구하는 것이다. 공동선은 개인에게 좋음과 전체에게 좋음을 동시에 추구하는 것이다(송용원, 2017). 우리 중 사회적 필요를 요구하는 약한 자와 작은 자에게도 좋을 뿐 아니라 우리 모두의 좋음도 추구하는 것에 기업이 관여한다는 것을 말한다. 이것은 타자에 대한 관심사, 즉 현재 시대의 이해관계자와 미래 세대의 관심사를 자발적으로 우리의 의사결정에 고려한다는 것을 의미한다(Hussain, 2018). 즉 네 차원을 염두에 둔 공동선의 추구는 경제와 사회와 환경의 보존과 향상에 관심이 있는 현재 세대의 다양한 타자들뿐만 아니라 이것들에 관심이 있는 미래 세대의 여러 이해관계자들이 마치 우리의 의사결정 테이블에 앉아 있는 것처럼 생각하고 이들이 요구할 수 있는 내용을 고려하여 의사결정에 반영한다는 것을 의미한다. 결국 사회적 가치는 사회적 공존을 지향하고 그 가운데서 행위자들이 저마다의 좋은 삶을 더불어 누리는 지속가능한 공동체를 형성하는 것과 연결돼야 한다.

3장

사회적 가치: 정의, 측정, 의의

문정빈

서울대학교 경제학과를 졸업했다. 그 후 런던정경대학교에서 경제학 석사학위를 받았고 펜실베이니아대학교 와튼 스쿨에서 2007년에 경영학 박사학위를 받았다. 중국 상하이교통대학교를 거쳐 2009년부터 고려대학교 경영대학에서 재직 중이다. 현재 사회적 가치와 지속가능 경영 센터장을 맡고 있다. 연구 분야는 ESG 경영전략, 글로벌 전략, 비시장 전략 등으로 『전략 경영 저널Strategic Management Journal』 『국제 경영 연구 저널Journal of International Business Studies』 『생산 관리 경영Production and Operations Management』 『비즈니스 윤리 저널Journal of Business Ethics』 『경영학연구』 등 다수의 국내외 저널에 논문을 게재했다.

1

사회적 가치의 정의와
추구 방식

기업이 만들어내는 사회적 가치란 무엇인가?

기업이란 이윤 추구를 목적으로 재화나 서비스의 생산과 공급을 행하는 조직으로 정의된다. 이때 기업이 만들어내는 이윤을 경제적 가치economic value라고 부르기도 한다. 사회적 가치social value는 경제적 가치에 대응되는 개념으로서 기업이 생산 활동 중에 경제적 가치에 더해 창조할 수 있는 가치 중 사회적 합의에 기반한 가치 판단이 존재하는 영역의 가치라고 정의할 수 있다. 따라서 사회적 가치는 경제적 가치와 구분되는 실체이며 단순하게 경제적 가치로 환원될 수 없다(Donaldson & Walsh, 2015). 이를 통약불가능성incommensurability이라고 부른다. 즉 경제적 가치와 다른 차원에서 측정되는 사회적 가치가 존재한다. 또한 경제적 가치이면서 사회적 가치이기도 한 교집합도 존재할 수 있다. 고용을 통한 자아실현 기회의 제공, 혁신을 통한 생활 수준의 향상 가능성, 지식의 창조를 통한 인식의 확장 등은 기업이 제공하는 경제적 가치인 동시에 사회적 가치이기도 하다. 경

〈그림 3.1〉 경제적 가치와 사회적 가치 벤 다이어그램

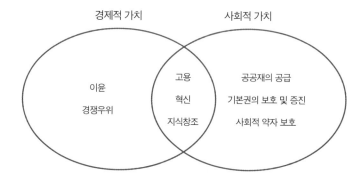

경제적 가치 / 사회적 가치

이윤 / 경쟁우위 / 고용 / 혁신 / 지식창조 / 공공재의 공급 / 기본권의 보호 및 증진 / 사회적 약자 보호

제적 가치인 이윤이 음(-)일 수 있듯이 사회적 가치 또한 음의 값을 가질 수 있다.

이때 사회적 가치의 측정은 경제적 가치와 독립된 다른 축을 필요로 한다. 다음 〈그림 3.2〉와 같이 어떤 기업이 생산하는 경제적 가치와 사회적 가치의 가능한 조합이 사회적 가치를 가로축으로, 경제적 가치를 세로축으로 하는 좌표 평면에서 세 점 P_0, P_1, P_2로 표현된다고 하자. 사회적 가치와 경제적 가치 모두 클수록 좋은 것이므로 P_1은 P_0보다 우월한 결과라는 데 이의가 없을 것이다. 그러나 경제적 가치는 P_1이 더 크고 사회적 가치는 P_2가 더 클 때 P_1과 P_2는 어떻게 비교할 수 있을까?

의사결정을 내리기 위해서는 다양한 선택지들에 대해 순서를 매길 수 있어야 한다. 그리고 다차원 벡터 사이의 서열을 매기려면 어쩔 수 없이 차원 저감dimension reduction이 필요하게 된다. 이러한 차원 저감은 두 가지 방식으로 가능하다.

첫째, 의사결정자의 주관적인 선호를 활용하는 방법이 있다. 경제학에서 무차별 곡선indifference curve이라고 알려진 도구를 활용할 수 있

<그림 3.2> 다양한 경제적 가치와 사회적 가치 조합을 가져오는 결과들

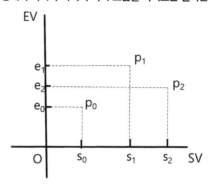

다. 의사결정자가 경제적 가치와 사회적 가치에 부여하는 선호를 함수 형태로 표현하고 이차원 평면에 표시한 것이다. 이때 의사결정자의 선호가 I_1과 같은 무차별 곡선으로 표시될 수 있다면 이 의사결정자는 무차별곡선 I_1 우상방에 놓여 있는 P_2를 무차별곡선상의 P_1보다 선호하는 것으로 볼 수 있다. 이 경우 경제적 가치는 더 낮지만 사회적 가치는 더 높은 결과가 선호되는 것이 가능하다.

다음으로 경제적 가치와 사회적 가치 간의 객관적으로 확립된 변환 관계를 이용하는 방법이 있을 수 있다. 한 사회의 어느 시점에서

<그림 3.3> 의사결정자의 선호를 도입한 경제적 가치와 사회적 가치 조합의 선택

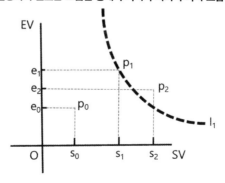

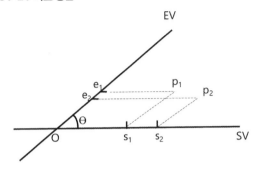

경제적 가치와 사회적 가치가 SV = EV × cosθ의 관계를 만족한다
고 하자. 이때 θ는 사회적 가치 축과 경제적 가치 축 사이의 각도이
고 θ가 작을수록 해당 사회적 가치는 경제적 가치와 밀접한 관계라
고 볼 수 있다. 현재 실시되고 있는 사회적 가치 평가 시스템, 예를
들어 사회성과 인센티브$_{SPC}$ 사업은 이와 같은 구조로 설계돼 있다.
θ가 직각인 경우에는 해당 사회적 가치는 경제적 가치와 독립적인,
즉 아무런 관계를 갖지 않는 경우에 해당한다.

이와 같은 방식에서는 각각의 결과 P_1, P_2에서 어느 한 축으로 수
선의 발을 내려서 대소관계를 비교함으로써 서열을 쉽게 판별할 수
있다. 〈그림 3.4〉의 경우 경제적 가치 축을 기준으로 생각해보면 e_1
+ $s_1 cosθ$ 〈 e_2 + $s_2 cosθ$이므로 P_2가 P_1보다 우월한 결과임을 판단
할 수 있다. 이는 사회적 가치 축을 기준으로 보아도 마찬가지로 s_1
+ $e_1 cosθ$ 〈 s_2 + $e_2 cosθ$가 돼 P_2가 P_1보다 우월한 결과임을 알 수
있다.

물론 이때 사회적 가치 자체를 어떻게 측정하느냐 하는 문제도
존재하며 채터지 등(Chatterji, Levine, & Toffel, 2009)이나 채터지 등

〈그림 3.5〉 경제적 가치와 사회적 가치가 일정한 상관관계를 갖고 연동돼 있을 경우의 선택

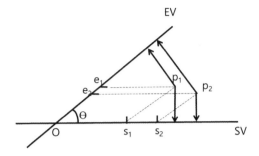

(Chatterji, Durand, Levine, & Touboul, 2016)에 따르면 현존하는 사회적 가치 측정 방식들은 일치된 평가를 보여주고 있지 못하다. 따라서 앞으로 사회적 가치의 측정 방식에 관한 추가적인 연구가 필요하다고 하겠다.

사회적 합의를 이끌어내기 위한 윤리적 기반

사회적 가치를 논의하기 위해서는 사회의 범위를 정의할 필요가 있고 가치에 대한 사회적 합의가 필요하다. 기업과 사회의 관계를 논할 때 주로 사용되는 이해관계자의 측면에서 접근해보았을 때 이해관계자란 기업 활동에 영향을 주고받는 모든 집단을 의미하며 소비자, 협력업체, 임직원, 투자자, 채권자, 정부, 시민단체, 언론, 그리고 자연환경을 포함한다. 또한 공간적인 범위를 기준으로 기업이 위치한 지역공동체, 국가, 그리고 글로벌로 나누어볼 수 있다. 특히 환경 관련 이슈들은 글로벌하게 가치를 인정받는 반면에 역사적 특성으로 인해 한 국가나 한 지역공동체 내부에서만 가치를 인정받는

이슈들도 있다(Donaldson & Dunfee, 1994).

한편 가치에 대한 사회적 합의를 위해서는 사회적으로 받아들여지는 선함, 올바름, 좋음, 정의로움 등의 기준이 필요하며 윤리체계에 대한 이해가 필요하다. 따라서 사회적 가치의 정의와 이해에 필수적인 윤리체계에 관해 간단히 소개하고자 한다(Whetstone, 2001). 우선 코로나19로 인해 벌어지는 의료 제품 및 서비스(백신 등)에 대한 초과수요가 존재하는 상황에서 이를 어떻게 배분할 것인가라는 문제를 통해 사회적 가치와 그 기반이 되는 윤리체계의 관계에 관한 사례를 제공하고자 한다. 바이든 행정부의 코로나19 자문위원인 에마뉴엘 등(Emanuel et al., 2020)은 희소한 의료 자원을 배분함에서 다음과 같은 원칙들을 생각해볼 수 있다고 했다.

첫째 원칙은 의료자원이 갖는 편익을 극대화하는 것으로 최대한 많은 생명을 구하거나 구하는 인명의 기대여명을 극대화하는 목표를 생각해볼 수 있다. 둘째 원칙은 타인에게 혜택을 줄 수 있는 인명에 의료자원 배분을 우선하는 것이다. 예를 들어 백신 개발 시 임상실험에 자발적으로 참여했던 이들에게 우선권을 준다거나 의료 인력에게 우선권을 주는 방식을 의미한다. 셋째 원칙은 공정성을 지키는 것으로 차별 없는 의료자원 배분이라는 원칙이다. 넷째 원칙은 약자에 대한 배려로 우선권을 가장 취약한 인구집단에 부여하는 방식이다. 이와 같은 원칙들은 각각 공리주의(첫째와 둘째 원칙), 의무론(셋째 원칙), 정의론(넷째 원칙)에 기반을 두고 있다. 실생활에 직결되는 중요한 의사결정에 윤리적 기초가 적용됨을 보여주는 좋은 사례라고 할 수 있다. 윤리체계와 사회적 가치에 대해 좀 더 자세히 살펴보자.

공리주의

행위의 선함과 좋음에 대한 기준을 행위의 결과에서 찾는 목적론적 윤리체계는 제러미 벤담Jeremy Bentham과 존 스튜어트 밀John Stuart Mill의 공리주의로 대표된다. 공리주의에서는 행위가 가져온 결과를 개개인의 효용 증가와 감소로 측정한다. 그리고 이렇게 측정된 효용을 사회 전체로 총합해 클수록 윤리적인 행위라고 판단한다.

칸트의 의무론

목적론적 윤리체계에 대비되는 윤리체계는 의무론적 윤리체계이다. 의무론적 윤리체계에서는 인간의 존재 목적이 내재적intrinsic 인권의 보호와 증진을 위한 의무를 추구하는 데 있다고 규정하고 행위의 동기가 이와 같은 의무의 추구에 부합하는지가 윤리적 판단의 기준이 된다. 근대적 의무론을 대표하는 철학자는 칸트이다. 칸트는 인간을 수단이 아니라 목적으로 볼 것, 그리고 보편적으로 받아들여질 수 있는 행동의 준칙에 따라 행동할 것을 정언명령으로 제시했다.

롤스의 정의론

의무론적 윤리체계의 판단 대상을 개인의 행위 차원에서 사회 차원으로 확장한 것이 정의론이다. 존 롤스John Rawls는 정의로운 사회의 기준을 사회의 최약자의 복리 수준에서 찾고 사회의 최약자의 복리 수준이 높은 사회일수록 정의로운 사회라고 볼 수 있다고 주장했다. 롤스의 사고 실험에 따르면, 모든 개인이 출생 전에 어떤 사회에 출생할지를 선택할 수 있다면, 그리고 무지의 장막이 존재해 자신이 출생할 사회에서 어떤 재능과 어떤 조건을 지니게 될지 전혀 모른다면 사회의 최약자의 복리 수준이 높은 사회를 선호할 것이라고 했다.[1] 롤스의 기준에 따르면 한 사회의 사회적, 경제적 불평등은 사회의 최약자에게 가장 높은 복리 수준을 가져다줄 때 정당화될 수 있다.

각각의 윤리체계를 기반으로 한 사회적 가치의 창조 방법

공리주의의 관점에서 본 사회적 가치

공리주의의 관점에서 본 사회적 가치에 대한 이해를 돕기 위해 다음과 같은 가치 막대를 그려볼 수 있다. 막대의 밑바닥은 자연 그대로의 원자재(물, 석유, 공기, 광물 등)가 갖는 가치를 나타내며 막대의 꼭대기는 생산 활동을 통해 나온 재화 또는 서비스에 대해 소비자가 지급할 의사가 있는 최고 수준을 나타낸다. 이 그림에서 기업은 채권자와 주주들에게서 자본을 조달해 임직원을 고용하고 협력업체에 의해 가공된 원자재와 중간재를 공급받아 소비자가 원하는 재화 또는 서비스를 생산한다. 이렇게 생산된 재화 또는 서비스가 판매됐을 때 그 과정에 연관된 이해관계자들은 모두 일정 정도의 보상을 얻게 된다. 협력업체는 납품에 대한 대가를, 임직원은 임금과 기타 보상을, 채권자는 제공한 자본에 대한 이자를, 주주는 이윤으로부터 투자에 대한 배당을, 그리고 소비자는 본인의 지급 의사와 실제 지급한 가격의 차이에서 오는 소비자 잉여를 각각 누리게 된다. 이러한 만족에 대한 가능성이 생산과 소비 과정에 이해관계자들이 자발적으로 참여할 동기를 제공하게 된다.

〈그림 3.6〉 가치막대 모형

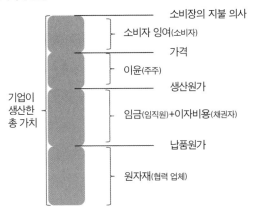

가치막대 모형을 세분화해보면 정부, 자연환경, 지역사회 등 추가적인 이해관계자의 연관성 또한 드러나게 된다. 협력업체는 1차, 2차, 3차 등 연쇄적으로 공생관계를 맺고 있으며, 이의 총합이 소위 산업생태계industry ecosystem를 이루고 있다. 지역사회에 대해 많은 경우 임직원들은 봉사활동의 형태로, 주주들은 기부금의 형태로 본인의 몫을 나누고 있다. 그리고 정부에 대해서는 세금을 통해 기여하고 있다. 법인세, 근로소득세, 부가가치세 등을 통해 사실상 모든 이해관계자들이 세금을 분담하고 있다. 마지막으로 자연환경의 경우 생산과정에서 외부성을 통해 영향을 받는다고 볼 수 있는데, 부정적 외부성(예를 들어 환경 오염)이 발생하면 생산된 재화 또는 서비스의 가치는 시장 가치보다 낮다고 볼 수 있다. 그리고 긍정적 외부성(예를 들어 탄소 고정)이 발생하면 생산된 재화 또는 서비스의 가치는 시장 가치보다 높다고 볼 수 있다.

이렇게 기업이 생산하는 가치를 이해관계자별로 분할해보았을 때 이윤을 증가시키는 방법에는 크게 두 가지가 있다는 것을 알 수

〈그림 3.7〉보다 상세한 가치막대 모형

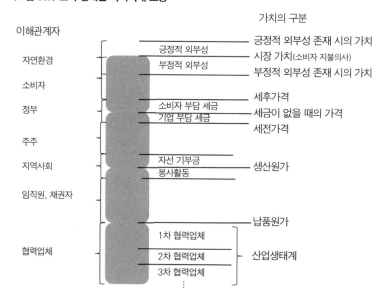

있다. 첫 번째 방법(〈그림 3.8〉 왼쪽 방향)은 이해관계자들을 쥐어짜는 방식으로 이윤을 증가시키는 것이다. 직원에 대한 열정 페이 강요, 협력업체들에 대한 갑질, 환경 파괴 등을 통해 비용을 줄이고 이윤을 증가시키는 방식이다. 두 번째 방법(〈그림 3.8〉 오른쪽 방향)은 기업이 생산하는 총가치를 증가시킴으로써 이윤을 증가시키는 것이다. 이때 고객, 직원, 협력업체, 지역공동체 등의 몫이 이윤과 동시에 증가할 가능성이 있음을 알 수 있다. 이 두 번째 방법은 에드먼스 (Edmans, 2020)가 얘기한 파이 키우기 사고방식과 일맥상통한다.

부정적 외부성의 저감과 긍정적 외부성의 창조

기업의 생산 활동에 있어 사회 전반에 영향을 미치는 외부성이 발생할 가능성은 기업이 창조하는 사회적 가치를 얘기할 때 매우 중요

〈그림 3.8〉 이윤을 증가시키는 두 가지 방법

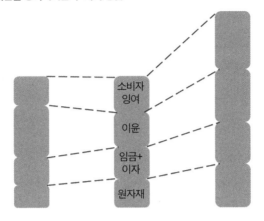

한 부분이다. 기업은 생산 활동을 통해 시장에서 거래되는 재화 또
는 서비스를 생산함과 동시에 시장에서 거래되지 않는다. 하지만 사
회 구성원들에게 영향을 주는 외부성 또한 생산한다. 예를 들어 화
석연료를 사용하는 전력회사들은 이산화탄소를 비롯한 온실가스를
배출하고 중화학 기업들이 생산 과정에서 배출되는 독성 물질들은
정화되지 않으면 토양, 하천, 대기를 오염시키게 된다. 얼핏 생각하
기에 환경오염과 관련이 적을 것 같은 온라인 서비스를 제공하는 플
랫폼 기업들(알파벳 구글, 페이스북, 네이버 등)도 막대한 서버 용량을
유지하기 위해 상당한 전력을 소비한다. 이 와중에 온실가스 배출을
하게 된다. 항공기가 일으키는 소음이라든지 유해 물질을 다루는 공
장의 유출 사고 가능성 등도 부정적 외부성의 예라고 볼 수 있다.

　반면 기업 활동을 통해 긍정적인 외부성이 창조될 수도 있다. 일
례로 아웃도어 의류업체 파타고니아는 다년생 작물인 컨자Kernza®를
재배해 이를 원료로 맥주를 생산한다. 얼핏 보기에 비관련 다각화처
럼 보인다. 하지만 이 사업에는 숨은 뜻이 있다. 컨자는 땅 위의 줄

기보다 땅속의 뿌리가 세 배 이상 깊이 자라는 작물로서 탄소고정을 통해 전지구적 기후변화를 일으키는 온실가스 농도를 줄이는 데 도움이 되는 긍정적인 외부성을 창조한다.

이때 부정적인 외부성을 예전보다 줄이거나 긍정적인 외부성을 새롭게 창조하는 것은 사회 전체의 총효용을 증가시킨다는 점에서 공리주의적 관점의 사회적 가치의 창조 방식이 된다.

공공재의 사적 공급

공공재public goods란 소비에서 비경합적이고 공급에 있어 배제 불가능한 재화 또는 서비스를 말한다. 비경합적이라 함은 한 소비자의 소비가 다른 소비자의 소비 가능성을 낮추지 않는 성질로서, 숨쉬는 공기나 휴일 아침의 시내 도로, 지구 위치측정 체계GPS 위성의 전파, 그리고 지식 등이 소비가 비경합적인 재화의 예라고 할 수 있다. 배제불가능하다는 것은 공급자의 입장에서 가격을 지급한 소비자와 그렇지 않은 소비자를 구분해서 가격을 지급한 소비자에게만 해당 재화 또는 서비스를 제공하는 것이 매우 어렵다는 뜻이다. 항로를 비춰주는 등대의 불빛, 국방, 공공 와이파이 등이 배제 불가능한 성격을 갖는 서비스의 예이다.

이러한 성질들 때문에 공공재는 시장에 의해 사적으로 공급되기보다는 정부를 통해 공급되는 것이 일반적이다. 하지만 기업들은 기술적 역량이 급속도로 발전하고 재무 자원도 많이 늘어나 공공재를 자발적으로 공급하는 경우가 늘어나고 있다(Bergstrom, Blume, & Varian, 1986; Besley & Ghatak, 2007; Kotchen, 2006). 구글의 검색과 유튜브, 번역 서비스, SK텔레콤의 티맵 네비게이션, 페이스북을 통한 소셜 네트워킹 등은 모두 공공재가 기업을 통해 공급되는 예라고 볼 수 있다. 공공재의 공급은 사회 전체의 효용을 증가시킨다는 점에서 공리주의적 관점에서 사회적 가치 창조의 한 방식이다.

2013년에 창업한 영국의 스타트업 왓쓰리워즈닷컴what3words.com의 경우 전지구 표면을 3m×3m의 정사각형으로 나누고 각각의 정사각형에 세 단어 이음(예를 들면 teach, corals, miracles)으로 구성된 주소를 부여했다. 이렇게 지구 표면을 나누면 약 57조 개의 조각으로 나뉘게 된다. 굉장히 큰 수 같지만 세 단어의 조합으로 모든 조각에 이름표를 붙이는 데는 4만 단어만 있어도 충분하다(4만×4만×4만=64조). 이 서비스는 스마트폰 애플리케이션을 통해 무료로 이용할 수 있다. 기존 네비게이션이 미처 잡아내지 못한 세세한 위치 차이(예를 들어 카카오 택시의 출발지 지정)에 따른 불편을 최소화하고 주소체계가 불안정하거나 잘 정비되지 않은 개발도상국에서 물류 서비스의 효율을 높이며 외딴곳에서 조난 시 응급구조에 도움을 주는 등 주소체계라는 공공재를 전 지구적으로 공급함으로써 사회적 가치를 창조하고 있다. 우리나라에서도 다음카카오와 제휴해 세 단어 주소라는 이름으로 2019년 4월부터 한글 서비스를 제공하고 있다.

칸트의 의무론 관점에서 본 사회적 가치

유엔UN의 세계인권선언에 따르면 인간은 누구나 타인에게 양도 불가능한 권리를 가지고 태어난다. 그중에서도 생명권, 자유권, 평등권, 행복추구권 등은 선험적이고 본질적인 권리이다. 이에 추가해 사회가 인정한 권리-재산권, 참정권, 사회권 또한 갖게 된다. 누구나 기본적으로 갖는 내재적 권리intrinsic rights에 대비해 더 나은 결과의 달성을 위해 사회가 보장하기로 약속한 이와 같은 권리를 도구적 권리instrumental rights라고 한다.

물론 권리의 보호에는 자원이 필요하며 국가의 국방, 치안, 사법 활동의 지원이 필요하다. 따라서 누군가가 새로운 권리를 고안해 주장한다고 해서 그것이 곧바로 사회적으로 인정받고 보장되는 것은 아니다. 사회적 합의를 도출하는 과정이 필요하다. 이때 사회적 합의가 도출돼 법적으로 보장된 권리를 '인정된 권리granted rights'라고 아직 사회적 합의에 도달하지 못한 권리를 '주장된 권리claimed rights'라고 한다. 생명권, 자유권, 재산권, 참정권 등은 모두 우리나라에서 인정된 권리이며, 반면 공공장소 흡연권, 총기휴대권, 동물권 등은 2020년 대한민국에서 인정된 권리가 아니라 주장된 권리이다.

일반적으로 기업은 법인격체로서 그 운영과 활동에서 인권을 보호하고 증진할 의무를 진다. 이러한 법적 책임을 뛰어넘어 인권을 보호하고 증진하는 활동은 사회적 가치를 갖는다. 애플의 CEO 팀 쿡Tim Cook은 2014년 주주총회에서 "애플의 기기에 탑재된 시각장애인용 기능들이 애플의 주주이익 극대화에 도움이 되는가?"라는 질문을 받았다. 이에 대해 그는 "우리는 시각장애인들이 우리 제품을 사용하게 할 수 있도록 관련 기능을 탑재할 것인가를 결정할 때 투자수익을 고려해서 하는 것이 아니다. 이는 작업장 안전과 환경 문제에 대한 원칙에서도 마찬가지다."라고 답변했다. 안전보장, 환경보호, 그리고 약자의 권리 보호에서 타협하지 않고 원칙을 지키겠다는 입장을 천명한 사례로 자주 거론된다. 이러한 자세는 의무론의 관점에서 인권의 보호 및 증진을 통한 사회적 가치 추구에 맞닿아 있다.

우리나라의 소셜벤처인 마리몬드의 경우 군 위안부 할머니들의 삶 이야기를 바탕으로 한 꽃무늬 디자인을 활용해 휴대폰 케이스, 가방, 다이어리, 양말 등의 소품들을 제작 판매하고 있다. 제품 자체로는 여느 소품들과 다를 바 없지만 위안부 할머니들의 잃어버린 인권을 회복하기 위한 시도로써 그분들의 이야기를 경청하고 많은 사람이 공감할 수 있게 만듦으로써 사회적 가치를 창조하고 있다. 또다른 스타트업인 시지온Cizion은 라이브리LiveRe라는 소셜 댓글 서비스를 통해 스팸 필터링과 함께 악플을 걸러내는 서비스를 제공하고 있다. 그럼으로써 표현의 자유를 보호하는 동시에 악플로 인한 피해를 줄이는 사회적 가치를 창조하고 있다.

롤스의 정의론 관점에서 본 사회적 가치

사회적 가치를 추구하는 많은 기업이 암묵적으로 롤스의 정의론 관점을 가진 것으로 보인다. 실제로 기업의 사회 공헌 활동에서 행해지는 다양한 활동 중 많은 부분이 사회적 약자의 삶 개선에 초점을 맞추고 있다. 일례로 삼성전자에서는 전신마비 환자들을 위해 아이 마우스를 개발해 눈동자의 움직임과 눈 깜박임으로 컴퓨터를 이용할 수 있게 했다. 현대자동차는 지체장애인들의 이동권 보장을 위해 이들에 맞춰 개조된 차량으로 모빌리티 서비스를 제공하는 ㈜이지무브를 설립했다.

네이버의 경영진이었던 김정호, 이진희 대표가 창업한 베어베터는 발달장애인을 고용해 기업에 필요한 홍보물 및 소모품을 공급함으로써 그들에게 자아실현 기회를 제공함과 동시에 대중들에게 발달장애인에 대한 인식을 개선하는 데 앞장서고 있다. P2P 금융 스타트업인 렌딧의 경우 은행 대출을 받을 수 없는 신용불량자들을 대상으로 대출을 해준다. 렌딧의 핵심성과지표KPI 중 하나는 신용불량자들이 렌딧 서비스를 이용함으로써 사금융을 이용했을 때보다 떨어지는 이자 부담이다. 렌딧은 창업 후 첫 39개월 동안 이용자들에게 100억 원에 달하는 이자를 절약해준 것을 강조한다. 이러한 사회적 약자의 삶 개선 노력은 국내에만 그치지 않는다.

게임회사 출신의 이건호, 이수인 부부가 창업한 에누마Enuma는 교육 환경이 열악한 개발도상국 아동들이 언어와 수리 능력을 키울 수 있도록 게임에 기반한 교육 프로그램인 킷킷 스쿨Kitkit® School을 개발해 태블릿을 통해 전파해 많은 주목을 받고 있다. 이처럼 사회적 약자의 삶 개선을 위한 다양한 시도들이 대기업과 스타트업들 모두에서 활발하게 이루어지고 있다. 이런 노력은 롤스의 정의론적 관점에서 사회적 가치를 창조하고자 하는 시도라고 할 수 있다.

2

사회적 가치와 그 측정에 관한
그간의 연구

사회적 가치의 범위

경영학에서 사회적 가치는 기업의 사회적 책임corporate social responsi-bility, 지속가능성sustainability, 그리고 사회책임 투자socially responsible investing 등의 개념으로 논의돼왔다. 기업의 사회적 책임이란 기업이 내리는 결정이 자연환경과 사회에 대해 미치는 영향들에 대한 책임ISO 26000으로 정의될 수 있으며 경제적, 법적, 윤리적, 자선적 책임으로 구분될 수 있다. 이를 대하는 태도에 따라 적극적, 수용적, 방어적, 부정적 태도가 가능하며 소비자, 자연환경, 직원, 주주, 지역공동체, 협력업체 등의 이해관계자들과의 다양한 이슈를 포괄한다(Carroll, 1979; Freeman, Harrison, Wicks, Parmar, & de Colle, 2010).

지속가능성이란 환경적, 사회적 정의와 경제적 번영을 동시에 추구하는 경영 원리(Bansal & Song, 2017)로써 시스템 사고에 기반해 생태시스템, 사회 시스템의 일원으로서의 기업의 존재를 강조하는 개념이다. 사회책임 투자란 ESG환경·사회·지배구조 측면에서의 긍정적,

부정적 결과를 엄밀한 재무분석의 맥락에서 고려하는 투자과정(SIF, 2006)으로 정의된다. 다양한 이해관계자 측면을 환경, 사회, 지배구조로 요약해 이해하는 단초를 제공했다. 이러한 방식은 최근에 사회적 가치의 범위를 정하는 데 널리 사용되고 있다.

공유가치창출

마이클 포터Michael Porter는 일련의 저작을 통해 사회적 가치와 관련된 논점들을 제시해왔다. 포터와 밴 더 린드(Porter & van der Linde, 1995a; Porter & van der Linde, 1995b)에서는 친환경 혁신이 경쟁우위의 원천이 될 수 있음을 주장했다. 포터와 크레이머(Porter & Kramer, 2002)에서는 자선 활동이 기업의 전략적 도구가 될 수 있음을 주장했다. 그리고 포터와 크레이머(Porter & Kramer, 2006)에서 기업의 사회적 책임CSR을 대응적 사회적 책임과 전략적 사회적 책임으로 구분했다. 그중 전략적 사회적 책임을 통해 기업의 경쟁력을 강화시키는 동시에 사회에도 유익한 결과를 가져오는 공유가치를 창조할 수 있다고 주장했다.

이러한 연장선상에서 공유가치창출(Porter & Kramer, 2011) 개념이 등장하게 됐다. 공유가치창출CSV이란 경제적 가치와 사회적 가치를 동시에 창조하는 기업의 행위로 정의됐다. 공유가치창출 접근법에서 말하는 사회적 가치는 공리주의적 관점에 기반한 외부성의 제거, 거래비용의 감소를 통한 효율성의 증진, 그리고 롤스의 정의론에 기반한 사회적 약자의 삶 향상을 포괄한다고 볼 수 있다.

기업의 사회적 성과

이와 같은 기업의 사회적 책임, 지속가능성, 사회책임 투자는 모두 사회적 성과 측정을 필요로 한다. 기업의 사회적 성과는 다양한 이해관계자와의 상호작용을 두루 살펴봄으로써 기업의 비재무적 성과를 종합적으로 측정하고자 하는 노력의 산물이다.

가장 역사 깊고 널리 활용되는 MSCI 지수 KLD 사회적 성과 데이터베이스의 경우 미국의 러셀 2000$_{Russell\ 2000}$ 지수를 포괄하는 3,100여 개의 상장기업에 대해 지역사회, 기업지배구조, 노사 관계, 소비자 관계, 자연 환경, 인권, 논란이 되는 산업 등의 범주로 사회적 책임을 구분해서 자료를 수집해 매년 발표하고 있다. 이 데이터베이스에는 기부 실적, 지역사회에서 논란이나 분쟁 유발 여부, 환경오염 유발 여부, 제품 이상에 대한 적절한 대응 여부, 경영진에 대한 과다한 보상 여부, 성별이나 인종에 따른 직장에서의 차별 여부, 하청업체의 노동력 착취 여부, 인권상황이 의심스러운 외국 정부와의 협력, 그리고 주류, 담배, 도박, 무기 등 논란이 되는 제품의 판매 등 80여 개의 항목이 포함돼 기업의 사회적 책임을 포괄적으로 측정하는 지표로 광범위하게 사용되고 있다.

레퍼니티브$_{Refinitiv}$의 ESG평가나 MSCI 지수의 무형가치평가$_{IVA,\ Intangible\ Value\ Assessment}$ 등도 널리 사용되고 있다. 국내에서는 한국기업지배구조원이나 ㈜서스틴베스트와 같은 기관에서 상세한 ESG 평가정보를 제공하고 있다. 산업별로 주요 이슈를 선정하고 이슈의 중요성에 따라 가중치를 산정한 후 공시정보와 언론매체, 기업 담당자 인터뷰 정보를 바탕으로 기업별 데이터를 수집하고 비교 분석을 통해 평가점수를 산정하는 과정을 거친다. 일례로 해당기업이 제약업체라고 하면 환경 측면에서 독성 폐수 및 폐기물(11%), 사회 측면에서 제품 안전과 품질(32%), 빈곤층을 위한 의료 접근성(21%), 지배구조 측면에서 부패방지(20%), 윤리경영(11%), 기업 지배구조(5%) 등의 이슈에 대해 평가하며 해당 이슈별로 동종업계 기업들과 비교해 어느 정도 잘 관리가 되는지, 특별한 논란거리는 없는지를 자세히 비교 관찰한다. 각 이슈에 대한 가중치는 해당 산업 내에서의 중요도를 과거 데이터에 기반해서 판단하며 이슈별로 동종 산업 경쟁기업과 비교해 상대적으로 성과를 비교한다. 보톡스 생산업체인 앨러간Allergan의 경우 2012년도 기준으로 독성 폐수 및 폐기물 면에서는 상위 20%의 평가를 받았고 부패방지와 지배구조 측면에서도 상위 30% 이내에 해당하는 우수한 평가를 받았다. 하지만 윤리경영 측면에서의 우려점과 특히 제품안전 및 빈곤층을 위한 의료 접근성 측면에서 매우 낮은 평가를 받아 종합적으로 BB 등급, 즉 평균 이하의 평가를 받고 있다. 반면 동종업계에서 KHK, 머크Merck, 글락소 스미스클라인GSK 등은 가장 높은 평가를 받는 것으로 나타났다(MSCI IVA Report, 2012).

　다음의 〈표 3.1〉〈표 3.2〉는 대표적인 사회적 성과 평가지표인 레피니티브 ESG, MSCI 지수 KLD가 평가하는 항목들을 정리한 표들이다. 이들을 비교해보면 사회적 성과의 평가의 범위의 방대함과 함께 각각 평가지표 간의 유사성과 상이성을 확인할 수 있다. 이외에 광범위하게 사용되는 다우존스의 지속가능경영지수DJSI, MSCI ESG 데이터베이스에 대한 설명과 우리나라에서 대표적으로 사용되는 한국기업지배구조원 평가지표 등은 「5장 사회적 가치와 지속가능경

〈표 3.1〉 레피니티브 ESG 데이터베이스가 커버하는 이슈들

ESG 구분	카테고리	ESG 세부 이슈	
환경 Environment	자원 절감	-총 폐기물량 -저위험 폐기물량 -위험 폐기물량 -총 폐기물 저감량	-총 에너지 사용량 -재생에너지 사용량 -에너지 발자국 저감
	배출가스 저감	-배출가스 저감 정책 -오존층 파괴 물질 저감	-수질오염물질 배출량 -총 온실가스 배출량
	제품 혁신	-친환경 예산지출 -에너지 효율성 정책 -친환경 건물 -친환경 공급망 관리 -친환경 수질 관리 기술	-친환경 연구개발 예산지출 -신재생·청정 에너지 제품 -제품 환경 영향 최소화
사회 Social	고용의 질	-고용의 질과 고용 정책 -봉급 수준 -직원 보너스 플랜 -직원 시상	-이직률 -직원 만족도 -직원 복지 -봉급 분포
	건강과 안전	-건강과 안전 정책 -재해손실 일수	-산업재해율 -재해손실일수
	인적자원 개발	-평균 교육훈련 일수 -경영 교육훈련	-총 교육훈련비
	다양성	-다양성과 기회 정책 -여성관리직 비율	-여성직원비율 -유연근무제 -돌봄시설
	인권	-인권 정책	
	지역공동체	-총 기부액	
지배구조 Governance	이사회 구성	-이사회 구조 정책 -이사회 규모 -이사회 참석율	-이사회 경력과 전문성 -이사회 다양성
	임원 보상	-보수 정책 -이사 보수 -고위 임원 장기 인센티브	-최고 보수 패키지 -스톡옵션 프로그램 -스톡옵션 부여 정책
	이사회 기능	-감사위원회 독립성 -감사위원회 전문성	-보상위원회 독립성
	주주권리 보호	-주주권리 보호 정책 -소유구조	-의결권 -이사회 시차 교차제
	비전과 전략	-CSR 지속가능성 위원회 -CSR 지속가능성 외부감사	-CSR 지속가능성 리포트 -글로벌보고운동 리포팅 가이 드라인 준수

〈표 3.2〉 MSCI KLD 데이터베이스가 커버하는 이슈들

구분	강점	문제점
지역공동체	-충분한 기부 -기부의 혁신성 -주거 지원 -교육 지원 -해외 자선 -자원봉사 프로그램	-투자 논란 -부정적 경제적 임팩트 -원주민 관계 논란 -조세 논란
지배구조	-제한적 보수 -소유구조 건전성 -투명한 커뮤니케이션 -정치적 투명성	-과다 보수 -조세 쟁의 -소유구조 문제 -회계 문제 -불투명한 커뮤니케이션 -정치적 불투명성
다양성	-여성·소수인종 CEO -승진 다양성 -이사회 다양성 -일·가정 양립 혜택 -협력업체 계약 시 여성·소수인종 배려 -장애인 교용 -성소수자 정책	-다양성 논란 -여성·소수인종 부재
노사관계	-건강한 노사관계 -해고 방지 정책 -이익공유 -노사 관여 정책 -퇴직 혜택 -건강·안전 정책	-노사관계 문제 -안전 논란 -감원 -연금 문제
환경	-이로운 제품과 서비스 -재활용 -청정 에너지 -투명한 커뮤니케이션 -청정 건물	-위험 폐기물 -오존층 파괴 화학물질 -온실가스 대량배출 -농업 화학물질 -기후변화 야기
인권	-남아프리카 공화국에서 철수 -원주민 관계 모범 -노동권 보호	-남아프리카 공화국에서 운영 -북아일랜드에서 운영 -버마에서 운영 -멕시코에서 운영 -국제노동문제 -원주민 관계 논란
제품안전	-제품 품질 -연구개발·혁신 -경제적 약자 배려	-제품 안전 논란 -마케팅·공급 계약 논란 -반독점 논란
논란의 소지가 있는 사업		-주류 -도박 -담배 -총기 -군수 -원자력 발전

영」에서 확인할 수 있다. 채터지 등(Chatterji et al., 2016)의 연구에 따르면 대표적인 사회적 성과 평가지표들 간의 상관관계는 그다지 높지 않으며 서로 음의 상관관계를 갖는 경우도 발견된다고 한다. 따라서 사회적 성과의 평가 지표들 간의 일관성과 정확성을 높이는 것은 앞으로 매우 중요한 과제로 보인다.

기업의 사회적 성과와 재무성과의 관계

기업의 사회적 책임을 계량적으로 측정한 후 기업의 재무적 성과와 연관 짓는 연구들이 다수 존재하는데, 과반수의 연구에서 양의 상관관계가 발견되지만 음의 상관관계 또한 무시할 수 없을 정도의 빈도로 존재하는 등 실증 연구에 있어서 합의에 도달하기는 어려운 실정이다(Griffin & Mahon, 1997; Margolis & Walsh, 2001; Orlitzky, Schmidt, & Rynes, 2003). 이러한 실증연구의 난립은 기업의 사회적 책임을 지수화하는 데 따르는 어려움과 산업 및 연구 맥락에 따라 상관관계의 편차가 크다는 데 기인한다.

기업의 사회적 책임이 재무적 성과에 미치는 긍정적인 영향을 미친다는 인과적인 실증 연구결과도 존재하지만 통계 기법상의 문제들이 지적돼 결과가 취약한 경우가 대부분이다(Hillman & Keim, 2001; Hull & Rothenberg, 2008; McWilliams & Siegel, 2000; Ruf, Muralidhar, Brown, Janney, & Paul, 2001; Surroca, Tribo, & Waddock, 2010; Waddock & Graves, 1997). 모든 연구가 다중회귀분석을 이용해 1개년 혹은 2~3개년의 시차를 두고 기업의 사회적 책임과 기업의 재무적 성과를 연관 짓는 방식을 취하고 있으나, 기업의 사회적 책임이 재무성과에 긍정적인 영향을 미치는 데는 상당한 시간이 소요된다고 보는 것이 타당하다. 따라서 이와 같은 연구들은 방법론적으로 근본적인 한계가 있다고 하겠다.

기업의 사회적 성과와 재무성과 간의 인과관계를 확립하고자 하는 시도들은 통제된 실험의 불가능성으로 인해 관측된 데이터에 의존할 수밖에 없다는 한계를 가진다. 기업의 사회적 책임 성과가 우수한 기업에서 재무성과가 우수한 결과가 관측됐다고 해서 그것이 곧 기업의 사회적 책임 성과를 높이면 재무성과가 향상된다는 인과관계로 해석하기는 매우 어렵다. 이를 사회과학 방법론에서는 내생성endogeneity의 문제라고 한다. 이런 경우 기업의 사회적 책임 성과와 재무 성과는 상호결정 관계에 있으며 인과관계를 확인하기 위해서는 현명한 접근법이 필요하다.

대표적으로 플래머(Flammer, 2015)는 미국의 많은 기업에서 지속가능성 관련 주주제안이 발의되는 점에 착안해 지속가능성을 높이는 방향의 주주제안 중 근소한 차이로 가결되거나 부결되는 제안들에 대해 주식시장이 어떻게 반응하는지를 연구했다. 주주제안이 큰 차이로 가결되거나 부결됐다면 주식시장에서도 사전적으로 예측이 가능해 표결 결과가 주가에 영향을 미치지 못할 것이나 근소한 차이로 가결되거나 부결됐다면 마치 무작위 통제 실험에서처럼 원인변수에 무작위로 차이를 가한 셈으로 볼 수 있다(이런 분석 방법을 회귀불연속설계regression discontinuity design라고 한다. 최근 사회과학에서 인과 관계의 분석을 위해 많이 사용되는 방식이다).

이 연구에 따르면, 지속가능성을 높이는 방향의 주주제안이 5%

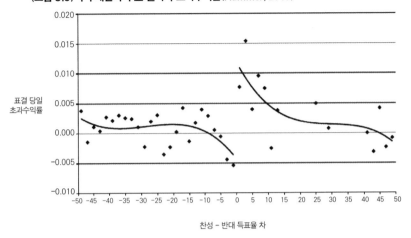

〈그림 3.9〉 주주제안의 투표 결과와 초과수익률(Flammer, 2015)

표결 당일
초과수익률

찬성 - 반대 득표율 차

이내의 근소한 차이로 통과됐을 경우 5% 이내의 근소한 차이로 부결됐을 때보다 주식시장에서 0.92% 포인트의 초과수익률이 발생함을 알 수 있었다. 또한 이러한 기업들을 대상으로 추후 4년 동안 추적 조사해본 결과 총자산수익률ROA, 이윤 마진, 매출 증가율, 노동생산성 등에서 유의미한 증가가 있음을 확인함으로써 주식시장의 반응이 정당화될 수 있음을 보였다.

기업의 사회적 성과가 기업가치에 영향을 미치는 메커니즘

청 등(Cheng, Ioannou, & Serafeim, 2014)에 따르면 사회적 성과가 우수한 기업들이 자본조달에 제약을 적게 받으며 따라서 자본조달 비용이 낮음을 알 수 있다. 이는 이해관계자 관리를 통한 대리인 비용의 절감, 투명성 증가를 통한 정보비대칭성의 감소 등에 기인한다고 볼 수 있다. 엘 고울 등(El Ghoul, Guedhami, Kwok, & Mishra, 2011) 또한 사회적 성과가 우수한 기업들의 주식을 통한 자본조달 비용이 낮음을 밝히고 있다. 특히 노사관계, 환경경영, 제품 안전 측면에서의 사회적 성과, 그리고 담배와 원자력 산업을 피하는 것이 주식을 통한 자본조달비용의 절감을 통해 높은 주주가치와 위험 감소에 도움이 됨을 보이고 있다. 터번과 그리닝(Turban & Greening, 1997), 그리닝과 터번(Greening & Turban, 2000)의 연구에 따르면 사회적 성과가 높은 기업일수록 평판이 높고, 그에 따라 고용주로서의 매력도가 증가함을 알 수 있다. 이는 사회적 성과가 우수한 인력을 채용하는 데 도움을 줌으로써 기업 경쟁력을 강화시키는 데 도움이 됨을 의미한다. 플래머와 캐퍼직(Flammer & Kacperczyk, 2016)에 따르면 사회적 성과가 우수한 기업들이 특허 출원 및 특허 인용 등으로 측정한 혁신 성과 또한 높음을 알 수 있다.

한편 김나현, 문정빈 등(Kim, Moon, & Yin, 2016)에 따르면 신흥시장에서 선진국 기업들이 환경 경영 역량을 활용해 높은 재무성과를 달성하는 것을 볼 수 있다. 플래머와 루오(Flammer & Luo, 2017)에 따르면 사회적 성과가 우수한 기업에서 직원들의 근무 태만이나 결근이 더 적어 노동생산성이 높아짐을 알 수 있다. 또한 워너(Werner, 2015)의 연구에 따르면 사회적 성과가 우수한 기업들은 정책 결정 과정에 참여할 기회가 많아짐으로써 본인들에게 유리한 정책을 도출하거나 본인들에게 불리한 정책의 채택을 막을 가능성이 커진다고 한다. 유사한 맥락에서 플래머(Flammer, 2018)는 사회적 성과가 높은 기업들이 정부조달계약을 더 많이 따내는 데 성공함을 보이고 있다. 이상의 논의를 종합해보면 사회적 성과는 노동, 자본, 그리고 정책 결정에의 접근성 등 핵심적인 경영자원을 확보하고 관리하는 데 중요한 영향을 미친다. 따라서 사회적 성과를 잘 관리하는 기업이 경쟁 우위를 달성할 가능성이 크다는 것을 알 수 있다.

기업의 사회적 성과와 기업가치

위에서 소개한 플래머(2015)의 연구와 같이, 다양한 연구들이 기업의 사회적 성과가 기업가치에 긍정적인 영향을 미침을 보이고 있다. 코 등(Koh, Qian, & Wang, 2014)은 사회적 성과가 기업가치에 긍정적인 영향을 미칠 가능성이 소송을 당할 위험이 큰 기업에서 더 높은 것을 발견해 사회적 성과가 위험에 대한 보험으로서 기능할 수 있음을 밝혔다. 이들에 따르면 사회적 성과가 높은 기업들이 그렇지 않은 기업들에 비해 기업가치가 2-4%가량 높은 것을 알 수 있다. 이는 갓프리(Godfrey, 2005), 갓프리 등(Godfrey, Merrill, & Hansen, 2009)의 연구에서 제안한 사회적 성과의 보험적 기능을 실증적으로 입증한 결과라고 할 수 있다.

크뤼거(Krüger, 2015)의 연구에 따르면 사회적 성과 측면의 문제가 발생했을 때 주가는 하락하며 사회적 성과를 높이기 위한 노력에 대해서는 주가의 변동이 거의 없는 것으로 나타났다. 하지만 상쇄 목적의 기업의 사회적 책임offsetting CSR의 경우, 즉 과거에 발생한 사회적 성과 측면의 문제를 보상하기 위한 목적의 기업의 사회적 책임 활동에 대해서는 주식시장이 긍정적으로 반응하는 것으로 보여지고 있다. 린스 등(Lins, Servaes, & Tamayo, 2017)의 연구에 따르면 사회적 성과가 높은 기업들이 2008~2009 글로벌 금융위기 시기에 그렇지 않은 기업들보다 주가 수익률이 4~7%포인트 높았음을 보이고 있다. 이는 사회적 자본의 축적을 통한 기업과 이해관계자들의 신뢰가 경제 전반에 부정적인 충격이 왔을 때 기업에 도움이 됨을 보여주고 있다. 에클스 등(Eccles, Ioannou, & Serafeim, 2014)은 1993년까지 지속가능성 관련 정책을 채택한 기업들이 16년 이후인 2009년에 더 나은 재무성과를 보이는 것을 밝힘으로써 사회적 성과가 기업가치에 미치는 긍정적 영향을 장기적인 관점에서 입증했다. 문정빈과 박소정(2014)에 따르면 1991년부터 2006년까지 미국 스탠더드앤드푸어스500S&P500 소속 기업들 연구에서 기업의 사회적 성과 측면에서 최우수 등급에 속하는 기업들의 연평균 주가수익률이 최하 등급에 속하는 기업들보다 최대 7.18%포인트 높은 것으로 나타났다(문정빈 & 박소정, 2014).

3

사회적 가치와 관련된 과제들

사회적 가치와 관련된 개념의 정리

사회적 가치social value, 기업의 사회적 책임CSR, corporate social responsibility, 기업의 지속가능성corporate sustainability, 공유가치창출CSV, creating shared value, ESG 경영, 기업시민corporate citizenship, 트리플 보텀라인triple bottom line 등의 용어는 모두 주주가치경영이라는 지난 40여 년간의 경영학의 주류 흐름에 대한 대안을 제시한다는 점에서 유사한 문제의식을 가지고 출발하고 있다(곽수근 외, 2020; 김재구 외, 2018; 김재구 등, 2020). 하지만 이러한 개념들이 추구하는 핵심은 다르지 않음에도 불구하고 각각 개념들의 출발점과 각각의 개념들을 주로 사용하는 그룹들이 달라 이해를 어렵게 하고 불필요한 혼란이 이어지고 있다.

경제학에서 논의되는 이윤극대화 가설과 경영학의 주주가치 경영이 갖는 강점은 단순명쾌함이라고 할 수 있다. 비록 복잡한 현실을 모두 다 반영할 수는 없지만 이윤에 대한 명확한 정의, 측정, 그리고 그에 기반한 주주가치의 계산과 이의 극대화라는 목표 제시는 경영이론과 실천 양 측면 모두에서 매력적인 측면이 있다. 만일 사회가치경영이 주주가치 경영에 대응하는 명백한 대안으로 자리잡기 위해서는 개념의 명확화가 선결 과제이다. 이와 같은 노력의 사례로 기업의 사회적 책임과 지속가능성 개념의 진화를 살펴보자. 많은 기업이 '기업의 사회적 책임 보고서' 또는 '지속가능성 보고서'라는 이름으로 연례 보고서를 발간하는 데에서 알 수 있듯이 이 두 가지 개념들은 현재에 와서 거의 동의어로 사용되고 있다.

그러나 두 개념의 기원은 명확히 구분되는데 기업의 사회적 책임이 윤리학에 기반한 당위, 즉 인본주의에 기원을 두고 있다. 반면 지속가능성은 시스템 이론에 기반한 실증, 즉 자연과학에 기원을 두고 있다. 다시 말해 기업의 사회적 책임은 경영자의 사회와 자연환경에 대한 책임이라는 당위론에서 출발하는 반면 지속가능성은 지구 생태계의 존속과 인류의 경제 시스템 사이의 갈등에서 출발해 각각 기업의 사회적 역할을 고민한다. 이 두 개념은 1990년대에 이윤과 사회, 이윤과 자연환경이라는 각각 더블 보텀라인double bottom line을 추구하는 방식으로 서로 접근하게 되고, 2000년대에 들어서면 트리플 보텀라인 제안으로 결합하게 돼 오늘날에 이어지고 있다. 이 두 개념은 기업의 존재 이유에 대한 접근, 채택하고 있는 인과관계, 그리고 개념의 측정이라는 면에서의 유사성 때문에 사실상 동일한 개념으로 취급되고 있다(Bansal & Song, 2015).

사회적 가치의 측정

경영학의 아버지라 불리는 피터 드러커Peter Drucker가 남긴 명언 중에 "측정되는 것만이 관리된다."는 것이 있다.[2] 경영자의 관심을 받고 조직 내에서 관리가 가능하려면 우선 문제의 대상을 측정할 수 있어야 한다는 의미이다. 이러한 기준에서 볼 때 경영학의 역사는 측정하지 못했던 것들을 측정할 수 있는 도구 개발의 역사이다. 이윤, 원가, 무형 자산, 브랜드 가치, 평판, 고객 경험 등 경영자가 접하는 문제들은 측정하기 어려운 것들투성이다. 이때 대상을 단순화해 개념화하고 조작적 정의를 통해 일관된 측정 방식을 만드는 것은 과학적 경영관리를 위해 반드시 필요한 절차이다.

측정 도구가 일단 만들어지면 그에 대한 비판이 가능해지고 반복적인 개선과 비판을 통해 업계 표준이라는 합의에 도달할 수 있다. 현대에 와서 당연하게 생각하는 회계 기준이라는 것도 역사적으로 끊임없이 진화해 왔으며 새로운 개념과 대상이 등장할 때마다 다양한 견해가 제시되고 그들 간에 치열한 논쟁이 있어왔다. 현재 회계학에서는 비재무적 성과non-financial performance의 측정과 보고에 관한 큰 노력이 진행되고 있다. 이는 이 책의 「10장 사회적 가치와 회계」에서 좀 더 자세히 다루도록 한다.

이런 관점에서 사회적 가치의 측정 방식과 그에 대한 합의는 사회적 가치 기반 경영이 주주가치 경영의 대안으로 자리매김하기 위한 또 하나의 선결 조건이라 할 수 있다.

기업가정신과 사회적 가치

2021년 기준 전 세계에서 가장 주목받는 스타트업 중에 독일의 바이온텍BioNTech이 있다. 2008년에 독일에서 시작돼 2019년에 나스닥에 상장된 의약 업체로 의학박사인 우그르 사힌Uğur Şahin과 외즐렘 튀레치Özlem Türeci 박사 부부가 창업했다. 사힌과 튀레치 박사 부부는 암 치료제 개발에서 메신저 RNA(mRNA)의 역할에 주목해 개인별 맞춤 암 치료제 개발 기술을 연구했고 수많은 논문과 특허를 통해 고유의 지적재산권을 확보했다. 2018년부터 다국적 제약업체 화이자Pfizer와 공동으로 mRNA 기반 독감 백신을 개발하던 중 코로나19 대유행을 맞아 이에 대응하는 백신 개발에 착수하고 가장 먼저 임상 실험에 돌입했다.

바이온텍은 전 세계에서 가장 먼저 승인을 받은 코로나19 백신 개발에 성공한다. 그 결과 바이온텍의 주가는 지속적으로 상승해 시가총액이 80조 원 이상에 이르게 됐다(2021년 11월 기준). 2021년 9월 말 기준 사힌과 튀레치 박사 부부는 존경받는 학자이자 유니콘 기업의 창업자로서 억만장자가 됐다. 코로나19 대유행이 끼친 사회적 비용을 고려해보면 바이온텍의 백신 개발이 갖는 사회적 가치는 엄청나다. 이처럼 본인들의 역량을 크고 중요한 사회적 문제의 해결을 위해 활용하는 기업가정신에 대한 강조는 앞으로 사회적 가치를 논의함에서 가장 중요한 방향 중 하나이다.

4장

기업의 사회적 가치 추구와 리더십

SOCIAL VALUE AND
SUSTAINABILITY IN BUSINESS

이동섭

서울대학교에서 경영학 학사학위와 석사학위를 받았다. 그 후 위스콘신-매디슨 대학교에서 경영학 박사학위를 취득했다. 미국 털사대학교와 서강대학교를 거쳐 2009년부터 고려대학교 경영대학에 재직 중이다. 주된 관심 분야는 동기부여, 리더십, 기업윤리 등이며『응용 심리학 저널Journal of Applied Psychology』『조직 행동과 의사결정 과정 Organizational Behavior and Human Decision Processes』『조직행동저널Journal of Organizational Behavior』『계간 리더십Leadership Quarterly』『비즈니스 윤리 저널 Journal of Business Ethics』『경영학연구』『인사조직연구』등 다수의 국내외 학술지에 논문을 게재했다.

1

리더십의 의미

리더십은 다면적이고 복합적인 개념이다. 기존 문헌은 여러 각도와 초점으로 리더십을 조명했다. 가령 리더십은 개인의 안정적 특질, 역량의 조합, 특정한 행동 유형, 사회적 교환관계의 형태, 권력 행사의 과정 등으로 정의됐다. 일부 연구자들은 리더십 자체의 고유한 실체에 대한 회의를 반영해 리더에 대한 대중의 낭만적 관념(Meindl, Ehrlich, & Dukerich, 1985), 즉 사회적으로 만들어지고 재구성된 현상에 불과한 것으로 규정하기도 했다. 개념화 과정에서 구체적으로 드러난 리더십의 다양한 의미를 인정하되, 본 장에서 합의된 논의를 이어가기 위해서는 여러 리더십 개념에 핵심적으로 공유되는 요소를 찾아 그 의미를 제한할 필요가 있다. 그리고 그러한 핵심적 요소를 기초로 정의한 리더십은 특정 집단에서 한 개인이 집단의 구성원들로 하여금 공통의 목표 달성을 위해 노력하도록 영향력을 행사하는 과정(Bass & Bass, 2008; Northouse, 2021)이라 할 수 있다.

기업의 사회적 목적 추구와 리더십의 관련성을 생각할 때 리더십 개념이 리더와 조직구성원의 관계를 전제한다는 점은 매우 중요하다. 특정 리더의 지위와 역할에 따라 리더십의 영향이 조직 외부로 확대될 수 있겠지만 어떤 형태의 리더십이라도 구성원과의 관계 속에서 작용할 수밖에 없다. 그런 점에서 리더는 구성원에게 일상적이고 심오한 영향을 미치게 된다. 그러나 소위 트리플 보텀라인의 한 요소가 사람이고 사람의 범주 중 기업 활동에 가장 가까운 존재, 따라서 가장 중요하다 할 수 있는 존재가 조직구성원임에도 불구하고 기업의 사회적 책임에 관한 논의에서조차 조직구성원은 정당한 관심의 대상이 되지 못했던 것으로 보인다. 즉 조직구성원은 '사람'의 한 부분집합임이 분명함에도 불구하고, 사회적 책임의 주요 대상으로 조명받지 못한 채 단순히 기업의 사회적 책임을 추구하는 조직의 일부로만 간주됐던 것이다.

이러한 경향은 조직구성원을 바라보는 시각에 관한 한, 기업의 사회적 책임 논의 역시 기업의 목적 실현을 위한 도구로 구성원을 파악하는 전통적 시각에서 크게 벗어나지 못하고 있음을 보여준다. 이는 책임 있는 기업의 사회적 책임 논의라는 차원에서 볼 때 심각한 결핍 혹은 불균형이라 하겠다. 기업의 사회적 책임 논의의 연장이 됐든 극복이 됐든 향후 이어질 사회적 가치 논의에서는 구성원의 존재를 좀 더 균형 있는 시선으로 파악할 필요는 분명해 보인다. 다시 말해 사회적 가치를 구현하는 과정 전반에 걸쳐 리더와 구성원이 영향을 주고받는 맥락을 전제하고 그 전제를 사회적 가치에 대한 리더십의 역할 논의의 출발점으로 삼아야 한다. 구성원과의 관계는 사회적 가치 논의에서 그 자체로서 반드시 다루어야 할 영역이기도 하거니와 본서를 구성하는 경영학 기능 분야에 관한 다른 장들과 구별되는 고유한 영역을 조명한다는 점에서도 의의가 있다.

본 장의 이후 내용은 다음과 같은 순서로 구성된다. 우선, 리더십의 의미를 기초로 리더의 역할을 구체화하고 사회적 가치를 위해 리더가 해야 할 바를 시사하는 관련 연구를 조망한다. 관련 연구로 기업의 사회적 책임 연구, 조직 공정성 연구, 윤리적 리더십 연구를 다룬다. 다음으로 사회적 가치와 리더십 맥락에서 특히 중요한 이해관계자 집단인 조직구성원과 일의 성격을 조명한다. 또한 웰스파고의 유령계좌 스캔들과 최근 여러 이유로 우리 사회의 관심이 집중된 유통기업 쿠팡의 사례를 통해 기업의 사회적 목적과 관련된 리더십 이슈를 찾아본다. 사회적 책임을 다하고 사회적 가치를 구현하려는 기업을 위한 문제 제기와 실천적 방향 제시로 글을 맺는다.

2

리더의 역할과 사회적 가치를 담은 관련 문헌 고찰

리더의 역할

기업을 비롯한 대부분의 조직은 복수의 개인들이 특정한 목표를 이루기 위해 의도적으로 구성한 하나의 체계라는 일반적 특징을 지닌다. 앞서 언급한 리더십의 의미와 관련해 이러한 조직의 전형성은 적어도 다음과 같은 세 가지 차원에서 리더의 역할을 요구한다.

첫째, 사회정치적 역할이다. 하나의 체계이자 행위자로서 개별 기업은 규모에 관계없이 다른 행위자 혹은 이해관계자들과 함께 속한 더 큰 환경체계 내에서 활동한다. 외부 환경 내 다른 요소들과 끊임없이 관계를 맺는 과정에서 리더의 역할은 중요하다. 가령 리더는 기업의 사명mission과 비전vision을 설정하고 주어진 환경에 적응하며 일정한 방향으로 나아갈 수 있도록 조직을 하나의 구성체로 묶어 세운다. 그럼으로써 이해관계자집단과 지속적인 관계를 형성하고 유지하는 과정에 기여한다.

둘째, 리더는 조직의 하위체계들이 각기 기능을 수행하면서도 유기적으로 결합해 조직 전체 목표를 달성하는 데 복무하도록 관리적 역할을 담당한다. 가령 계획된 목표를 이루기 위해 조직의 각급 단위에 과업을 할당하고 제한된 자원을 배분하며 이러한 과정이 효과적으로 이루어질 수 있도록 적절한 제도와 절차를 마련해 구성원의 의사결정과 행위를 규제한다.

셋째, 리더는 상호작용 역할을 한다. 구성원의 존재를 전제로 하는 리더의 지위는 대인관계 과정을 필연적 요소로 내포한다. 리더는 구성원과의 직간접적 관계에서 상사로서 일상적으로 동기부여 활동을 수행할 뿐 아니라 다양한 공식적, 비공식적 상호작용을 통해 일과 삶에 영향을 미친다.

사회적 가치와 리더십 관련 선행 연구

사회적 가치 추구를 위한 리더십의 역할을 의미 있게 시사해줄 기존 연구로 기업의 사회적 책임, 조직 공정성, 윤리적 리더십의 세 분야를 조명한다. 앞서 언급한 세 차원의 리더 역할과 일정한 조응 관계가 있어 관련해 해석할 여지가 상당하다고 판단하기 때문이다. 기업의 사회적 책임 연구는 리더의 사회정치적 차원, 조직 공정성 연구는 조직관리적 차원, 윤리적 리더십 연구는 상호작용적 차원의 역할과 주로 관련된다.

CSR 연구
기업의 사회적 책임에 대한 꾸준한 관심은 상당한 연구의 축적으로 이어졌다. 특히 기업의 사회적 책임의 실질적 기능에 관한 실증 연구는 크게 2000년대 전반을 기점으로 초기 연구와 이후 연구로 나누어볼 수 있다. 초기 연구의 초점은 기업이 사회적으로 바람직한 행위에 가담하는 것이 기업 성과에 어떤 결과를 초래하는지에 집중됐다(Aguinis & Glavas, 2012). 기업의 사회적 성과와 재무성과 간 관계를 통해 기업의 사회적 책임이 경제적 차원에서 정당화될 수 있는지 확인하는 것이 우선 과제였기 때문일 것이다. 이러한 선결과제는 당시 비로소 수용되기 시작했던 기업의 사회적 책임의 규범적 중요성에 반해 여전히 만연했던 경제적 효과에 대한 비관론(예: Margolis & Walsh, 2001; Rowley & Berman, 2000)을 반영한 것이라 하겠다. 오를리츠키 등(Orlitzky, Schmidt, & Rynes, 2003)은 기존 실증 연구를 대상으로 한 정량적 통합연구 기법인 메타분석을 활용해 총 52개의 초기 연구에 대해 다음과 같은 결과를 보고했다. 변수의 측정 오류와 조작화 방식의 차이를 넘어 전반적인 수준에서 기업의 사회적 성과와 재무성과 간에는 유의미한 긍정적 상관관계가 존재한다. 또한 소수자 보호와 투명한 정보공시 등을 아우르는 비환경적 영역의 사회적 성과에 비해 다소 약하기는 하지만 환경적 측면에 직접적으로 관련된 특수한 의미의 사회적 성과 역시 재무성과와 무시할 수 없는 상관관계를 가진다.

이후의 연구 과제는 사회적 성과와 재무성과 간 관계의 존재 여부에 관한 물음으로부터 사회적 성과가 재무성과로 이어지는 과정에 관한 물음으로 이행되는 경향을 보인다. 이러한 경향은 기업의 사회적 책임의 의미를 정교하게 발전시킨 개념적 세분화, 세련된 연구설계, 엄밀한 분석기법을 활용하는 방법적 성숙과 그 궤를 같이한다. 주목할 만한 결과 중 하나는 기업의 사회적 책임이 재무성과로 전환되는 다양한 매개 과정의 탐구이다. 특히 비쉬와나탄 등(Vish-wanathan, van Oosterhout, Heugens, Duran, & van Essen, 2020)은 재무성과에 이르는 인과적 경로로 다음과 같은 네 기제를 제안하고 메타분석을 통해 실증적으로 뒷받침했다.

첫째, 기업의 사회적 책임 활동은 기업의 평판을 높임으로써 구직자, 고객, 투자자를 비롯한 이해관계자가 지각하는 기업 이미지와 기업 매력도를 향상시킨다. 그 결과 더 유능한 구직자들이 지원하고 고객들은 그 회사의 제품과 서비스를 더 많이 구매하고 이용할 뿐 아니라 추가적인 프리미엄을 지불하기도 한다. 기업의 사회적 책임을 기업의 미래 수익에 대한 타당성 있는 신호로 해석하는 투자자들의 경향 역시 커지고 있다(Ioannou & Serafeim, 2015). 둘째, 기업의 사회적 책임 활동은 특정 이해관계자를 대상으로 하는 만큼 해당 이해관계자의 호혜적 보답 행위를 기대할 수 있다. 가령 인격적 대우와 충분하고 공정한 보상에 대해 직원들은 바람직한 직무 태도와 행동으로 보답할 수 있다(예: Bode, Singh, & Rogan, 2015; El Akremi, Gond, Swaen, De Roeck, & Igalens, 2018). 투명하고 자발적인 기업정보 공시에 대해 금융자본 제공자는 정보비대칭 축소에 따른 감시비용 절감의 대가로 해당 기업에 좀 더 유리한 조건으로 자본을 제공할 수 있다(Cheng, Ioannou, & Serafeim, 2014). 셋째, 기제는 기업이 직면하는 위험 자체가 감소하는 점이다. 기업의 사회적 책임 활동을 통해 다양한 이해관계자와 교류함으로써 얻게 되는 폭넓은 관점은 새로운 정보를 접할 가능성을 높이고 획득된 정보는 기업의 위험을 사전에 줄이는 데 직간접적인 도움이 되기 때문이다

(Lee & Faff, 2009; Orlitzky & Benjamin, 2001). 넷째, 기업의 혁신역량 증진이다. 기업의 사회적 책임 활동의 결과로 기업은 시야를 넓히고 이해관계자 집단과 밀접한 관계를 형성할 수 있다. 새로운 관점과 깊어진 이해관계자와의 관계는 지식 획득과 기회 포착의 유리한 입지를 제공한다(Harrison, Bosse, & Phillips, 2010; Tantalo & Priem, 2016). 또한 기업의 사회적 책임 활동 자체가 흔히 새로운 영역에서 새로운 역량의 개발을 요구하는 것이기에 혁신의 기회가 생겨날 수 있을 것이다.

1990년대까지만 해도 미국 투자분석가들의 투자 제안 결정에서 활발한 기업의 사회적 책임 활동을 부정적 정보로 간주했던 정황을 고려할 때(Ioannou & Serafeim, 2015) 이러한 결과는 뚜렷한 진전이다. 향후 연구에서는 기업 성과에만 초점을 둔 제한적 관심을 넘어 기업의 사회적 책임 활동이 정작 사회적 책임의 대상이 되는 구체적 이해관계자들의 이익에도 실질적으로 기여했는지에 대한 탐구로 연구 범위를 확대해야 할 것이다.

조직 공정성 연구

앞서 언급한 바와 같이 조직 공정성 연구는 리더 역할 중 조직관리적 차원에 상응하는 함의를 제공할 것으로 생각된다. 공정성에 관한 초기 연구가 주로 분배 공정성distributive justice에 초점을 두었던 데 비해 최근 연구는 절차 공정성procedural justice과 상호작용 공정성interactional justice까지 포함하는 포괄적 조직 공정성organizational justice으로 공정성의 의미를 확장하고 있다. 조직 공정성은 직장으로부터 얼마나 공정하게 대우받는지 구성원이 지각하는 바를 의미한다(Colquitt,

Conlon, Wesson, Porter, & Ng, 2001). 분배 공정성은 자원과 보상이 할당되는 방식, 절차 공정성은 분배를 비롯한 주요 의사결정의 과정과 방식, 그리고 상호작용 공정성은 조직으로부터 존중과 인격적 대우를 받는 정도를 구체적 내용으로 한다.

기존의 축적된 조직 공정성 연구를 통합한 콜킷 등(Colquitt et al., 2001)의 메타분석에 따르면, 구성원 개인이 경험하는 전반적 조직 공정성과 세부 범주인 분배 공정성, 절차 공정성, 상호작용 공정성 모두 직무만족, 직무몰입, 직무성과, 조직시민행동 등 주요 결과와 긍정적으로 관련됐다. 조직 공정성은 또한 상사와 경영진에 대한 신뢰와 조직 헌신을 상당한 수준으로 예측했다. 후속된 메타연구를 통해 리와 크로판자노(Li & Cropanzano, 2009)는 비록 북미 대륙과 비교해 강도가 다소 약화되기는 하지만 조직 공정성과 직무 및 조직 관련 결과 간 긍정적 관계가 한국을 포함하는 동아시아에서도 여전히 유지된다는 점을 보여주었다.

조직 공정성 연구에서 한 가지 특기할 만한 사항은 상호작용 공정성이 다른 두 공정성 개념에 비해 훨씬 적은 관심을 받아왔다는 사실이다. 분배 공정성이 전통적인 관심사였다면 절차 공정성은 최근 점증하는 관심을 받고 있다. 가령 낮은 분배 공정성의 부정적 효과를 절차 공정성이 어느 정도 상쇄시킬 수 있다는 제안을 포함해 분배 공정성 못지않은 절차 공정성의 중요성이 강조됐다(Colquitt et al., 2001; Li & Cropanzano, 2009). 절차 공정성이 주로 조직의 제도와 정책 등 비인격적 영역을 다룬다면 상호작용 공정성은 리더와의 직접적 교류에 밀접히 관련된다(Rupp, Shapiro, Folger, Skarlicki, & Shao, 2017). 조직과 상사로부터 존엄을 가진 인격체로 대접받지 못하고 신뢰받지 못한다고 느낄 때, 이윤을 위한 도구로만 취급된다고 느낄 때, 직원에게 어떠한 태도와 행동을 기대할 수 있을 것인지 생각해볼 필요가 있다. 조직이 불공정하다고 지각하는 직원일수록 직무와 조직에 대한 태도는 부정적이 되고 비윤리적 행위도 증가한다는 연구결과가 엄연히 존재한다(예: Ambrose, Seabright, & Schminke, 2002; Greenberg, 2002). 조직구성원이 기업의 사회적 책임의 주요 대상임을 고려할 때 상호작용 공정성은 앞으로 깊게 연구해야 할 영역이다.

요컨대 조직 공정성은 구성원의 지각이자 다차원으로 구성된 개념이다. 리더는 조직목표 달성을 위해 조직관리 차원에서 다양한 의사결정을 내리고 제도와 절차를 마련해 실행한다. 조직 공정성 연구는 그 과정에서 주요 이해관계자이자 리더십 과정의 불가분의 파트너인 구성원의 공정성 인식을 높이기 위해 노력해야 함을 시사한다. 이러한 노력은 분배, 절차, 상호작용 차원에 고루 요구된다. 가령 보상과 분배의 의사결정 기준과 정보를 공개하고 준비되고 공유된 제도와 정책에 따라 일관되고 편향 없는 절차를 따르며 일상적 상호작용에서 구성원을 인격적으로 대하기 위해 힘써야 할 것이다. 사회적 책임을 다하고 사회적 가치를 추구하는 기업이라면 마땅히 해야 할 일이다.

윤리적 리더십 연구

다양한 리더십 유형 중 기업의 사회적 목적 혹은 사회적 가치 추구와 밀접하게 관련되는 것으로 윤리적 리더십을 꼽을 수 있다. 영향력의 행사라는 리더십의 요체를 상기할 때 리더십은 구성원의 태도와 가치관에 변화를 줄 수 있기에 상당한 윤리적 부담과 책임이 따른다. 리더는 조직 목표 성취를 위해 상대적으로 더 많은 권한과 권력을 부여받는다. 이에 따라 리더에게 자신의 영향력 활용이 구성원의 삶에 어떤 결과를 초래할지 주의를 기울일 것이 요구된다(Beauchamp & Bowie, 1988). 그런 점에서 리더십의 중심에 윤리가 자리하며 리더의 윤리는 조직의 가치를 정립하고 강화하는 데 실질적 역할을 한다. 모든 리더가 자신의 신념과 관점을 지니며(Solinger, Jansen, & Cornelissen, 2020) 조직의 가치는 리더의 가치를 반영한다. 리더가 제안, 장려, 촉진하는 가치는 조직 전체의 가치에 큰 영향을 미치게 된다.

학문적으로 윤리적 리더십은 리더 자신의 행동과 구성원과의 소통을 통해 규범적으로 타당하게 행동하고 이에 상응하는 구성원의 행동을 촉진하는 과정으로 정의된다(Trevio, Hartman, & Brown, 2000). 윤리적 리더십이 행위의 결과만이 아니라 과정을 중시하고 개인과 공동체에 바람직한 행동과 의사결정 기준을 제시한다는 점에서 사회적 책임과 사회적 가치를 지향하는 기업에서 특히 중요한 역할을 기대할 수 있다. 윤리적 리더십의 핵심은 리더가 구성원에게 윤리적 개인이자 윤리적 관리자로 인식돼야 한다는 데 있다. 규범적으로 올바른 판단과 행동, 구성원에 대한 존중, 사회적 가치의 내면화 등을 통해 '도덕적 개인' 즉 윤리적 행동의 역할 모델로 인식되고 윤리적 기준과 원칙에 대해 구성원과 소통하고 윤리적 책임감을 공유할 수 있도록 평가 및 보상 체계와 같은 제도를 마련하고 분위기를 형성함으로써 '도덕적 관리자'로 인식될 수 있다(Brown, Trevio, & Harrison, 2005). 따라서 윤리적 리더가 사회적 목적을 분명한 지향점으로 제시하고 바람직한 행동과 그렇지 못한 행동을 구분해 적절한 보상과 규제로 명확한 신호를 보낸다면 구성원이 새로운 방향에 대한 의구심과 두려움을 극복하고 사회적 목적에 부합하는 의사결정과 행위에 가담하는 데 큰 도움이 될 것이다.

응과 펠드먼(Ng & Feldman, 2015)은 윤리적 리더십의 효과에 관한 통합적 메타연구로 윤리적 리더십이 직무 태도와 성과에 긍정적으로 관련됨을 보였다. 이 메타연구는 또한 윤리적 리더십과 결과변수 간 관계의 핵심적 매개 기제로써 리더에 대한 신뢰의 역할을 규명했다. 유사한 맥락에서 이루어진 또 다른 메타연구(Bedi, Alpaslan, & Green, 2016)는 윤리적 리더십이 전통적인 태도 및 성과만이 아니라 구성원의 조직 정체성, 웰빙, 스트레스, 상향적 의사소통 등 더욱 확장된 범위의 결과에도 유의미하게 관련됨을 밝혔다.

이러한 결과를 바탕으로 최근의 연구는 윤리적 리더십 개념에 내포된 '윤리적' 효과를 확인했다. 예컨대 이동섭 등(Lee, Choi, Youn, & Chun, 2017)은 윤리적 리더십이 도덕적 문제에 대해 적극적으로 의사를 표현하는 구성원의 윤리적 발언 행위moral voice와 맺는 관계를 탐구했다. 그 결과 윤리적 리더십이 구성원의 도덕적 효능감moral efficacy을 고양시킴으로써 윤리적 발언 행위를 촉진하며 이러한 영향력은 리더와 구성원 간 가치정합성value congruence이 높을 때 기능하는 것으로 밝혀졌다. 구성원의 윤리적 행위와 비윤리적 행위를 예측하는 연구에서 호흐 등(Hoch, Bommer, Dulebohn, & Wu, 2018)은 변혁적 리더십 등 다른 리더십 유형의 역할과 차별화되는 윤리적 리더십 고유의 추가적 설명력을 확인했다. 또한 주도적 성격과 주도적 행동 간 관계에 작용하는 윤리적 리더십의 조절 역할에 주목한 한 연구는 구성원의 주도적 성격이 주도적 행동인 혁신 행동과 문제 예방 행동으로 표출될 가능성은 윤리적 리더십이 존재할 때 비로소 실현됨을 보여주었다(이동섭, 최용득, 조예슬, 2017). 즉 리더십이 개인의 기질 요인과 상호작용하는 상황 요인으로 기능해 주도적 성향을 지닌 개인이라 할지라도 윤리적으로 인식되지 않는 리더하에서는 주도적 행위를 실천에 옮기기 어렵다는 것이다.

요컨대 윤리적 리더십에 관한 연구는 구성원의 성과와의 관련성 여부 확인을 시작으로 해 윤리적 리더십의 진정한 '윤리적' 효과와 실현 과정을 정교하게 파악하기 위한 후속 연구들로 이어지고 있다. 다만, 지금까지의 윤리적 리더십 연구가 주로 리더 개인 차원의 행위가 개별 구성원이나 집단의 태도와 행위에 미치는 영향을 분석하는 데 머물러온 경향은 지적돼야 할 것이다. 이러한 한계를 극복하기 위한 노력으로 구체적인 사회적 조건에서 생성되고 발전해 조직의 경계를 넘어선 도덕적 체계 형성에 도움을 주는 과정으로 윤리적 리더십을 파악하려는 시도(예: Solinger et al., 2020)가 시작돼 향후 발전이 주목된다.

3

사회적 가치의 핵심 대상으로서
조직구성원과 일

조직 변화의 수행자이자 대상으로서 조직구성원

조직구성원은 리더십의 필수 전제이다. 그 사실은 기업의 사회적 목적 추구에서 리더십에 특별한 의미를 부여한다. 구성원은 기업의 다른 가용자원들과 구별되는 고유한 특성을 지닌다. 이는 구성원이 조직 변화의 수행 주체이자 동시에 대상라는 점이다. 변화는 필연적으로 불확실성을 수반하며 적응 문제에서 비롯하는 '비용'을 고려하면 변화에 대해 우리가 느끼는 불안과 불편은 어쩌면 자연스러운 일이다(Giosan, 2004). 나아가 현장에서 시도되는 조직 변화의 대부분(약 3분의 2)이 실패로 끝나고 변화에 대한 구성원의 저항이 조직 변화 실패의 강력한 원인 중 하나라는 점은 이미 잘 알려져 있다(Audia & Brion, 2007; Fiss & Zajac, 2006). 기업이 저항의 주된 원인을 충분히 예상할 수 있음에도 사전에 규명해 적절히 예방하는 데 실패하는 것은 무슨 까닭일까? 적어도 두 가지 잘못된 인식과 관련된 것일 수 있다. 하나는 구성원의 헌신을 지나치게 순진하리만큼 낙관하는 것이고 다른 하나는 구성원을 지시하면 그대로 이행하는 기계적이고 도구적인 존재로 파악하는 것이다. 두 경우 모두 조직구성원이 조직 변화의 수행자이기 이전에 대상이기도 하다는 복합적 성격을 간과하고 있다.

　최근 사회적 가치창출을 위한 조직운영에 대한 의미 있는 논의가 시작됐다. 가령 이경묵(2018)은 전담 조직의 설치, 활용exploitation과 탐험exploration을 나누어 담당할 양면조직의 운영, 평가와 보상 체계 구축, 그리고 조직문화 창달을 '사회가치경영'의 방안으로 제안했다. 성상현(2018)은 사회적 가치의 원천으로 다양성에 주목해 인력 다양성 관리에서 역점을 두어야 할 관리초점과 관리방식을 제안했다. 이러한 논의는 사회적 가치를 추구하는 기업의 실무적 방향과 지침 설정에 잠재적 도움을 제공한다. 그러나 관련 논의의 성숙한 진전을 위해서는 지금까지의 논의가 조직 변화에서 차지하는 구성원의 복합적 성격에 대해서만큼은 여전히 일면적 시각에 머물러 있다는 점 또한 지적돼야 할 것이다. 즉 기존 논의에서 구성원은 적어도 암묵적으로 '합리적 체계'로서의 조직에 '합리적 의사결정'으로 가담해 공동의 목표를 추구하는 비입체적 존재이거나 조직목표를 이루기 위해 활용되고 대체되는 '자원' 혹은 특정한 역할을 부여하고 제도를 만들면 순응하고 따르는 수동적 존재로 가정되는 듯하다.

　그러나 기업의 리더가 조직 변화와 더불어 바뀐 조직목표의 달성을 위한 도구로 구성원을 바라보던 전통적 관점을 극복해야만 사회적 가치를 온전히 구현할 수 있을 것이다. 사회적 가치라는 새로운 방향과 목표를 추구하는 것은 그 자체로 심각한 조직 변화이다. 이러한 변화의 성공적 실현을 위해서는 변화의 직접 대상으로서 구성원과의 관계를 균형 있게 이해하는 것이 필수적이다. 구성원은 기업 활동 여러 영역에서 사회적 목표를 구현해낼 존재일 뿐 아니라 이해관계자 집단의 하나로 기업의 사회적 목표 실현의 직접 대상이기도 하다. 이러한 구성원 인식은 사회적 가치를 지향하는 조직의 진정성을 가늠할 수 있는 유력한 지표이다. 그리고 기업이 구성원을 사회적 책임의 주요 대상으로 여길 때 일과 고용의 문제로 시선이 향할 것이다.

일의 성격과 고용

일터는 많은 사람의 삶에 매우 큰 비중을 차지한다. 재화와 서비스 공급과 더불어 고용의 공급은 기업의 가장 중요한 사회적 기능이다. 일은 우리 삶의 기본 구조를 설정하고 흐름을 규제한다. 결혼 여부에서부터 가정의 규모와 구성, 식생활과 수면의 유형, 휴가의 성격과 패턴에 이르기까지 일의 요구에 따라 삶의 양상이 달라진다 (Budd, 2011; Hartman, DesJardins, & MacDonald, 2020). 따라서 일의 성격에 대한 이해는 개인과 기업 모두에게 중요하다. 구성원이 자신의 일을 어떻게 바라보는지에 따라 업무와 직장에 대한 태도와 행위가 달라지고 기업이 일을 어떻게 바라보는지에 따라 구성원을 대하고 직무를 구조화하는 방식, 즉 고용의 내용과 형식이 달라진다.

'일'이 가리킬 수 있는 바는 다양하다. 본 장에서는 사람의 '활동'이자 '고용'이라는 일의 두 측면에 특히 주목하고자 한다. 즉 순수한 즐거움만이 아닌 목적을 위한 육체적, 정신적 노력과 인내가 수반되는 활동이자 고용자(기업)와 피고용자(직원) 관계인 고용으로서의 일에 초점을 둔다. 사회에서 기업이 차지하는 위상과 비중이 전에 없이 높아진 오늘날 수많은 사회 구성원들이 기업과 이런저런 형태의 고용관계 속에서 살아간다. 산업사회 등장 이래 대부분 노동자에게 고용관계에 기반한 임금노동은 사실상 유일한 생계유지 수단이다. 고용을 통해, 즉 오로지 고용에 의해서만 삶의 수단을 얻을 수 있다는 사실은 일을 활동임과 동시에 고용이라는 관점에서 파악할 필요를 역설한다.

누군가에게 일은 마지못해 행하는 달갑지 않은 도구로서의 경제활동이다. 그러나 일에는 단순히 소득원 이상의 의미가 있기도 하다. 개인적인 성취감, 만족감, 자긍심, 행복감과 함께 사회적 의미도 종종 일하는 이유에 포함된다. 어떤 일은 개인적 또는 사회적 의미가 매우 커서 사람들이 보수와 상관없이 하고 싶어하는가 하면 어떤 일은 보수와 복리후생, 권한과 책임, 안정성, 사회적 지위 등 조건의 결합에 따라 그 가치가 다르게 평가된다. 또다른 한편 생계를 위해 반드시 필요한 수입원이기에 다른 가치를 얻을 가능성 따위는 엄두조차 내지 못하게 되는 일들도 흔하게 존재한다. 그렇다면 기업이 직원을 고용의 주체로서 책임 있게 대하고 이로써 사회적 가치를 추구하기 위해 무엇을 해야 하는가? 일에 관한 전통적 모형인 일상을 위해 견뎌내야 하는 것이거나 욕구 충족을 위한 수단일 뿐이라고 보는 견해와 그 대안 모형의 비교검토를 통해 실마리를 찾을 수 있을 것이다. 대안 모형으로는 소위 '자아실현 모형the human fulfill-ment model of work'과 '자유주의 모형the liberal model of work'을 고려한다.

전통적 모형은 개인 선택의 자유를 강조하고 개인이 만족을 얻기 위해 자신의 노동을 시장에서 거래한 결과로 고용을 파악한다. 이는 기업 세계의 지배적 논리를 제공하는 신고전파 경제학에서 공유되는 가정이기도 하다. 이 모형에서 직원은 오로지 임금을 위해 일하고 기업은 직원을 단순한 생산수단으로 간주하기에 활동으로서 일은 별다른 의미를 지니지 못한다. 이에 반해 자아실현 모형에서 볼 때 일은 단지 참아내야 하는 것으로 묵살해서는 안 되는 그 무엇이다. 자아실현 모형에서 일은 사람이 자신의 가능성을 개발하고 잠재력을 실현하기 위해 행하는 활동이라는 의미를 갖는다(DesJardins, 2020). 목표 달성을 위해 주의를 집중하고 숙고하며 노력을 경주하는 과업 수행 과정을 통해 지적 능력이 향상되고 물리적 기술이 숙련된다. 그렇게 집중하고 인내하고 성실한 태도와 자세는 예로부터 인간의 좋은 삶의 열쇠로 여겨진 '미덕'과 연결되는 것이기도 하다. 즉 일함으로써 좋은 삶을 영위할 수 있는 역량과 덕을 갖추게 되는 것이다. 이러한 관점을 연장해 고용의 내용과 형태가 갖는 함의와 그에 대한 평가 기준을 찾을 수 있다. 어떤 일은 단순하고 지루하고 고단해 육체를 힘들게 할 뿐이다. 일하는 사람의 자율성이 발휘될 여지가 없어 자존감을 북돋우기는커녕 오히려 손상을 가져온다. 더 나아가 실업, 즉 고용의 상실은 개인에게 수입의 상실을 넘어 여러 가지 정신적 손상을 동반할 수 있다. 반면 어떤 일은 일하는 보람과 함께 소속감이나 동료의식과 같은 사회적 의미를 부여함으로써 정체성의 중요한 부분을 이루기도 한다. 요컨대 일의 자아실현 모형은 일을 통해 얻는 금전적 대가만이 아니라 일이 일하는 사람에게 미치는 심오한 영향을 고려할 것을 주문한다.

일에 관한 자유주의 모형은 한편으로 일의 규범적 목적지향성을 거부하고 일의 목적에 관한 개인의 자유로운 선택을 지지한다. 하지만 다른 한편으로 일하는 사람이 일에서 받는 영향을 고려하고 윤리적으로 평가할 필요성을 인정한다(DesJardins, 2020). 따라서 자유주의 모형은 앞서 언급한 전통적 모형과 자기실현 모형의 중간지대에 해당하는 것으로 볼 수 있다. 철학자 노먼 보위Norman Bowie는 고용이 고용인과 피고용인 간 개별 협상에 의한 '자유로운' 선택이기에 기업은 일의 의미와 가치 따위에 신경쓸 필요와 책임이 없다는 전통적 모형의 주장에 대해 자유를 지나치게 왜소하게 해석한 것으로 비판한다(Bowie, 1998).

많은 사람이 절박한 처지에서 선택의 여지 없이 받아들일 수밖에 없어 이루어지는 결정을 진정한 의미의 '자유로운' 선택이라 부를 수 없기 때문이다. 대신 어쩔 수 없이 일하는 사람들이 많은 직장일수록 조금이라도 더 일과 일터의 환경을 인간적인 것으로 만들기 위해 노력할 책임이 있음을 시사한다. 자유주의 모형은 다른 어떤 목적을 위해서도 희생해서는 안 되는 최소한의 보편적 가치와 기업이 보장해야 할 최소한의 책임 영역으로 기본재를 제시한다. 개인의 자율성, 합리적 판단, 육체적 정신적 건강이 그러한 기본재이며, 수동적이고 맹목적으로 따라야 하는 단순하고 고단하기만 한 업무는 바람직하지 못한 일이다(Schwartz, 1982). 기업은 그에 대한 개선 책임이 있다.

카를 마르크스Karl Marx는 자본주의 발전과 함께 일은 시장에서 다른 상품과 교환될 수 있는 경제적 가치로 추상화된 노동, 즉 상품으로 나타난다고 지적했다(마르크스, 2016). 그의 오래전 지적은 일에 관한 전통적 모형에서 크게 벗어나지 못하는 오늘날 많은 직장의 현실에 불행히도 여전히 부합한다. 자아실현 모형이 일에 관한 대안적이고 규범적 방향을 제시한다면 자유주의 모형은 현실적 고려 속에서 시민적 권리의 하나로 노동자의 권리를 보장하기 위한 최소한의 지침이 될 수 있을 것이다.

4

관련 사례

웰스파고 유령계좌 스캔들

웰스파고Wells Fargo는 세계 최대의 금융회사 중 하나이자 미국에서
가장 역사가 오래된 금융회사이다. 그런 회사가 최근까지 전사적 차
원에서 고객들을 대상으로 교차판매cross-selling를 통해 대대적 부정행
위를 저질러 온 사실이 적발됐다. 2016년 9월 미국 소비자금융보호
국Consumer Financial Protection Bureau은 웰스파고 직원들이 기존 고객의 이
름으로 수백만 건의 미승인 신용카드와 예금 계좌를 개설했다고 발
표했다. 웰스파고는 1억 8,500만 달러의 벌금에 동의함으로써 고객
의 동의는 고사하고 안내조차 없이 상품을 판매한 사실을 인정했다.
그런데 1차 조사 발표 때만 해도 2011년부터 2016년 사이 현 고객
의 명의로 150만 건 이상의 허위 유령계좌를 개설하고 50만 건 이
상의 미승인 신용카드를 발급한 것으로 알려졌다. 그러나 후속 조
사를 통해 2011년 이전에도 이미 50만 건 이상의 유령계좌를 만들
고 수십만 건의 허위 보험을 판매한 것까지 추가 적발돼 충격을 더

했다. 결국 2018년까지 웰스파고가 인정한 불법적 미승인 금융상품 판매는 3,500만 건을 넘는다. 조사 결과 직원들이 새 계좌 개설에 필요한 고객의 개인 정보에 거의 제한 없이 접근할 수 있었으며 절차는 간단해 몇 번의 마우스 클릭으로 불법 판매를 완료할 수 있었던 것으로 밝혀졌다. 불법행위에 가담한 직원 규모는 수천 명에 이르렀다. 결과적으로 5,300여 명의 직원이 직장을 잃었다.

세계적 명성을 가진 굴지의 금융회사에서 어떻게 이런 일이 일어날 수 있었을까? 회사의 문화와 제도가 묵시적으로 그리고 명시적으로 부정행위를 부추기고 강요했던 것으로 보인다. 중간관리자들은 감독을 하기는커녕 도리어 직원들의 부정행위를 적극적으로 도운 것으로 밝혀졌다. 고객에게 발각되지 않고 허위 계좌를 개설하는 데 필요한 사인 위조법, 가짜 암호 생성법, 기만당한 고객들이 허위 계좌와 신용카드에 대한 후속 정보를 받아볼 수 없도록 직원 개인의 정보와 허위 이메일 계정을 활용하는 방법 등을 친절하게 전수한 정황이 드러났다. 불법행위에 가담하는 데 회의적인 직원들에게 돌아간 결과는 해고와 금융업계에서 이직에 낙인이 될 부정적 성과 평가였다.

사건 보도 직후 당시 CEO를 비롯한 웰스파고의 경영진은 회사 전반에 걸친 그 대대적인 사건이 일부 비도덕적인 개인의 일탈 행위였을 뿐이라고 주장했다. 그리고 그 일탈적 개인들을 해고함으로써 문제가 해결됐음을 천명하려 했다. 회사에 의한 조직적 음모 따위는 있을 수 없는 일이며 결코 직원들에게 고객이 원하지 않는 상품과 서비스를 판매하라고 지시한 적이 없음을 강조했다. 즉 회사와 경영진은 인지하지 못한 일부 개인의 부정행위라는 것이다. 직원들에게 적어도 '공식적으로' 불법을 지시하지 않은 것은 사실일지 모른다. 법을 지키기 위해 혹은 법망을 피하기 위해 법률전문가들을 직접 고용한 거대 기업이 그런 실수를 저지를 리 없다. 대신 교묘하면서도 더 효과적인, 그리하여 경영진은 직접적 책임에서 빠져나갈 통로를 확보해놓는 방식을 활용했던 정황이 짙다.

웰스파고 최고경영진이 부인했던 것과 달리 의사결정과 행위 그리고 메시지의 톤은 광범위한 부정이 성행할 문화적 토양을 제공했던 것으로 보인다. 가령 당시 웰스파고의 CEO 존 스텀프John Stumpf는 전임 CEO였던 리차드 코바세비치Richard Kovacevich의 슬로건 고잉 포 그레이트Going for Gr-Eight를 변용한 에이트 이즈 그레이트Eight is Great 이라는 표현을 주문처럼 달고 다녔다고 한다. 한 고객에게 여덟 개의 상품을 판매해야 한다는 의미인데 업계의 평균은 그 절반에도 미치지 못하는 수치였다. 그는 회사에 부정행위가 만연하던 그 시기에 기회가 있을 때마다 투자자들에게 상승하는 교차판매 기록을 자랑했다고 한다. 최고경영진이 회사에 만연한 부정과 허위 판매가 공개적으로 알려지기 훨씬 전부터 이를 인지했던 증거 또한 존재한다. 경영진에 보고된 내부자료에는 교차 판매된 상품의 증가세와 고객이 한 번도 사용하지 않은 계좌의 증가세 간 꾸준하고도 분명한 상관관계가 잘 드러나 있었다.

웰스파고의 조직문화는 사기와 부정을 장려하고 정직한 영업을 좌절케 하는 것이었으며 제도적 장치에 의해 더욱 효과적으로 뒷받침됐다. 정직한 방법으로는 달성 불가능한 영업실적 할당제로 인해 목표액 달성에 실패한 직원은 야근과 주말 근무를 해야 했고 승진과 급여 인상에서 배제됐다. 또한 말단 직원부터 임원에 이르기까지 전체 보상액에서 상당한 비중을 차지하는 보너스를 판매 목표액에 연동시키는 등 전반적 보상체계는 구성원 모두에게 무모한 교차 판매를 사실상 강제하는 명백한 메시지를 전달한 것이다. 비윤리적 행위가 발생하는 이면에는 흔히 개인의 의사결정과 행동 판단 과정에서 도덕적 유리moral disengagement를 조장하는 환경이 작용한다(Bandura, 2016). 웰스파고는 사실상 직원들에게 건전한 시민적 상식과 양심 따위는 집에 두고 출근하기를 강요했던 것이다.

쿠팡과 물류업계의 고용과 노동

국가물류통합정보센터의 '생활물류통계'에 의하면, 2020년 총 택배 물량은 33억 7,000만 개로 2019년의 27억 9,000만 개에 비해 20.9% 증가했다. 전년 대비 물동량 증가율은 2018년 9.6%, 2019년 9.7%에 비해 두 배 이상 커진 수치이다. 쿠팡은 2010년 7월 7명의 직원으로 출발해 2020년 11월 기준 여러 자회사와 국민연금 가입자 수 기준 4만 3,000명이 넘는 인원을 고용한 기업으로 성장했다. 물론 성장한 인력의 다수가 일용직을 포함하는 불안정한 노동으로 추정되지만 절대 숫자로만 볼 때 2021년 기준 한국 경제에서 삼성전자와 현대자동차에 이은 고용 규모 3위 업체가 됐다.

쿠팡은 적자를 감수한 공격적 시장지배력 확대 전략을 지속한 결과 2019년 여전히 손실이 7,487억 원에 달함에도 불구하고 전자상거래 업체 중 매출액 1위를 차지했다. 쿠팡의 폭발적인 성장과 함께 시장지배력 확대를 위한 전략이 집약돼 있다 해도 과언이 아닐

'로켓배송'의 이면에 있는 고용과 노동을 평가할 필요성도 제기됐다. 로켓배송 또는 당일배송은 새벽에 이루어지는 분류작업과 물건 이동을 전제로 할 때만 성립하는 개념이다. 당일배송을 위해 고안한 고용과 노동 시스템은 여러 가지 부작용을 노정하고 있다. 이는 구성원에 대한 기업의 사회적 책임과 관련해 숙고해야 할 심각한 과제를 던진다.

먼저 쿠팡의 실제 고용 형태는 배송기사인 '쿠팡맨'을 정규직으로 고용한다는 선전으로 구축했던 소위 '좋은 일자리를 창출하는 착한 기업'의 이미지와 큰 괴리를 보인다. 고용된 쿠팡맨 대부분이 계약직이다. 배송기사인 쿠팡맨들의 뒤에서 일하는 물류센터 직원의 다수도 계약직이거나 일용직이다. 쿠팡 물류센터를 관리하는 자회사 쿠팡 풀필먼트에서도 정규직은 극소수이다. 대부분의 현장 노동자는 일용직, 계약직, 무기계약직으로 나뉜다. 음식배달 서비스 부분을 담당하는 쿠팡이츠의 음식배달 기사(쿠리어)들은 회사가 직접 고용하지 않고 4대 보험의 의무를 지지 않아도 되는 특수고용직, 즉 프리랜서로 활용한다.

또한 사업 확장과 매출 신장에 비례해 노동강도도 높아져 직원들의 건강권이 위협받고 사고와 산업재해가 빈발하는 상황이다. 가령 2020년 10월 쿠팡 경북 칠곡물류센터에서 1년 넘게 일한 27세 남성 노동자의 사망 사건에 관해 근로복지공단이 공개한 업무상 질병 판정서에 의하면 하루 평균 무게 5킬로그램 박스를 최대 100번 나르는 밤샘 야간작업을 한 것으로 드러났다. 그가 일한 작업장은 냉방설비 없이 최고기온 30도 이상의 열대야에 그대로 노출된 시설이었다. 주당 평균 노동시간은 숨지기 전 일주일 동안 62시간 10분이었고 숨지기 전 2주에서 12주간 주간 평균 58시간 18분이었다. 주간노동이 아닌 야간노동 시간이었다.

2021년 1월 쿠팡 동탄물류센터에서 51세 여성 노동자가 야간작업 후 숨지는 사고가 발생하면서 혹한에 난방 설비 없이 운영되는 물류센터 환경문제가 세간의 이목을 끌었다. 회사가 난방을 위해 제공한 것은 '핫팩' 한 장이 다였다고 한다. 사고 뒤 쿠팡은 전국 모든 물류센터가 화물차량 출입과 상품의 입출고가 개방된 공간에서 동시에 이루어지는 특성 때문에 냉난방 설비가 구조적으로 불가능하다고 밝혔다. 대신 방한복 등을 추가 지급할 것이라 했다.

그런데 물류센터에 냉난방 설비를 갖추는 것이 과연 '구조적으로 불가능'한가? 가령 냉난방 공조시스템을 설치해 송풍구를 작업 위치로 향하게 하는 것으로 개선을 도모할 수는 없는 문제인가? 강제성 없는 정부의 가이드라인 또는 설사 법규를 위반한다고 해도 과태료에 그칠 것이기에, 결국 이 문제 역시 사고시 지급할 보상금의 크기, 즉 비용-편익 계산의 문제로 다루어지는 것인가? 혁신으로 유통업계 자체를 변화시키려 한다는 기업의 상상력치고 지나치게 아쉬운 수준임은 분명하다.

'실시간업무속도UPH, Unit Per Hour'는 쿠팡이 집품과 포장 업무를 맡은 사람들을 평가하는 데 활용하는 것으로 알려진 측징치이다. 2020년 9월 공개된 「쿠팡 집단감염, 부천물류센터 노동자 인권실태 조사 보고서」를 보면 쿠팡은 노동자들의 순위를 매겨 경쟁을 부추기는 기준으로 실시간업무속도를 활용했다. 100년 전 '시간동작연구'라는 분석기법으로 육체노동의 효율성을 극대화하려 했던 프레드릭 테일러Frederick Taylor의 과학적 관리법조차 노동자가 어느 정도까지 육체적 노력을 지속할 수 있는지에 대한 적어도 '과학적' 해답을 강조했다. 반면 쿠팡의 측정치 실시간업무속도는 사전에 정해진 그 어떤 합리적인 기준도 없이 무작정 생산성을 높이기 위한 기제로 남용된 것으로 보인다. 이 밖에도 배송량 급증을 이유로 근로기준법상 주당 노동시간 기준을 넘겨 연장노동을 시키거나 최소 휴게시간을 보장하지 않고 물류센터 내 컨베이어 벨트와 같은 위험 설비에 대한 방호장치를 제대로 설치하지 않는 등 근로 기준 분야와 산업안전 보건 분야의 위법 사례 또한 다수 보고됐다.

그늘에 가려져 잘 알려지지 않았던 물류센터 노동과 비교해 상대적으로 조금 일찍 관심을 받게 된 배송노동자의 현실 역시 우려스럽기는 마찬가지이다. 잇따른 과로사 추정 죽음으로 미흡하나마 노동환경 개선 노력이 이어지고 있음에도 불구하고 당일배송 압박이 존재하는 한 상황이 크게 달라지기 어렵기 때문이다. 2020년 12월, 1,860명의 택배 노동자를 대상으로 근무시간과 배송물량, 건강관리 등에 관해 실태 조사한 고용노동부의 발표에 따르면, 비성수기에 14시간 이상 일하는 택배노동자의 비율이 17.6%, 12~14시간이 42.3%, 10~12시간이 28.6%였고 10시간 이상 일한다는 비율을 합하면 88.5%였다. 명절 기간 등 성수기에 상황이 더 악화될 것은 뻔하다. 특히 현재의 관행은 택배 노동자가 당일배송에 실패하면 회사에서 벌점을 받고 재계약에 부정적 영향을 미치기 때문에 아무리 늦은 시간까지 일해야 하더라도 당일배송을 할 수밖에 없는 구조이다. 택배 노동자는 몸이 아파도 일을 중단하고 쉬거나 병원에 가는 대신 무리해서라도 반드시 당일배송을 완료하지 않을 수 없는 처지에 있다.

당일배송은 세계보건기구가 2급 발암 요인으로 지정한 야간노동 없이 이루어질 수 없다. 택배 노동자가 새벽에 간선차를 몰아 물류센터로 물품을 운반하고 또 물류센터 노동자가 새벽에 분류작업을 해야만 하는 근본 원인이 당일배송에 있다는 지적은 타당해 보인다. 당일배송이 유통업계의 규범이 돼가고 있는 지금 그로 인한 편익 증가분에 대비한 사회적 비용과 윤리적 함의를 따져야 한다. 오후 10시까지 주문하면 다음 날 오전 6시까지 배송받는 당일배송은 시간을 과거로 되돌린 듯 열악한 작업 현장에서 숨돌릴 틈 없는 공정 속에 밤새 물건을 포장하고 배송하는 사람들의 극단적인 노동강도에 의해 지탱되는 것이다.

5
기업의 사회적 가치
지향을 위한 제언

기업의 사회적 가치 추구가 성장 위기와 시장 실패로 야기된 부작용에 대한 비판을 모면하기 위한 수사에 그쳐서는 안 될 것이다. 사회적 가치를 위한 경영은 피상적이고 형식적인 변화가 아니라 기업 활동과 운영의 원리에서부터 근본적인 변화를 추구할 때 비로소 가능하다. 근본적 변화에는 당장 정책적 처방에 앞서 기업과 경영의 목적에 대한 리더의 성찰이 우선으로 요구된다. 이를 위해 앞서 논의한 세 차원, 즉 사회적치적, 조직관리적, 상호작용적 차원의 리더의 역할에 거칠게나마 상응하는 몇 가지 사고의 단초를 아래에 제시한다.

사회적 목표 지향의 조직정체성화

기업의 사회적 책임이 강조되면서 기업이 누구를 위해 운영돼야 하는지에 대한 대답으로 그동안 지배적이었던 주주모형 대신 이해관계자모형에 대한 관심이 높아지고 있다. 기업 활동의 수혜자는 누구여야 하는가, 누구를 위한 가치 추구인가 하는 질문에 대해 주주모형은 주주 집단에 특권적 지위를 부여한다. 이에 반해 이해관계자모형은 기업의 의사결정이 다양한 집단에 속하는 사람들에게 영향을 미치고 결과적으로 특정 집단에게 혜택을 주는 대신 다른 어떤 집단에게는 비용을 전가할 수 있음을 인정한다. 또한 주주를 기업의 소유주가 아닌 투자자로 파악하는 입장을 보여 기업 활동에 영향받는 모든 당사자의 이해를 균형 있게 반영할 것을 경영진에 요구한다. 주주모형 옹호자들이 자신의 입장을 뒷받침하기 위해 흔히 인용하는 공리주의의 기본 정신은 사실 모든 관련자를 같은 비중으로 고려함으로써 이해의 균형을 유지하려는 노력에 있다(밀, 2018). 공리주의 원칙은 경영진이 기업의 모든 이해관계자가 겪게 될 결과를 체계적으로 고려할 것을 요구하는 것이다. 따라서 주주모형보다 이해관계자 모형에 오히려 더 가깝다.

이해관계자 모형이 주주모형과 비교해 사회적 책임 추구에 더 적극적이고 윤리적으로 진일보한 관점을 취하는 것은 사실이다. 하지만 다양한 이해관계자 간 우선순위 선정의 어려움에서 발생하는 실행 과정의 모호함은 피할 수 없는 난관이다. 사안별로 달라질 이해관계자 집단을 특정하고 그들 간 이해 균형을 위한 구체적 행위를 선택하는 일련의 실행 과정상 어려움은 이해관계자 집단 중 경영진에게 전통적으로 가장 친숙한 주주 집단이 우선시되는 의사결정으로 귀결되기 쉽다. 이러한 한계를 극복할 하나의 대안으로 사회적 목표를 조직의 사명에 직접 담는, 소위 정체성 모형을 상정할 수 있다. 이 모형의 핵심적 사고는 사회적 목표와 사적 목표 간 구분을 없앰으로써 사회적 목표 달성이 곧 주주 목표 달성이 될 수 있도록 조직의 정체성 자체를 규정할 수 있다는 것이다. 비영리조직과 사회적 기업은 이러한 성격의 조직 형태로 이미 잘 알려져 있다. 비영리조직은 자선, 교육, 의료, 보건 등과 같은 분야에서 명백한 사회적 기여를 목적으로 설립되고 운영된다. 사회적 기업은 영리기업과 비영리기업의 중간 형태로서 공공의 이해를 담은 사회적 목표 달성을 위해 재화와 서비스를 생산하고 판매하는 등의 영업활동을 하는 기업을 가리킨다. 우리나라의 사회적기업육성법이 취약계층에게 사회서비스 또는 일자리를 제공하거나 지역사회에 공헌함으로써 지역주민의 삶의 질을 높이는 등의 사회적 목적을 추구할 것을 사회적 기업 인증 요건으로 명시하듯 사회적 기업으로 간주되기 위해서는 조직의 설립과 운영 목표 자체가 공공의 이익 증진을 위한 사회적 성격이어야 한다.

비영리조직과 사회적 기업은 영리기업에 대비되는 개념이다. 그렇다면 영리 조직으로서 사회적 책임의 정체성 모형에 해당하는 기업 형태는 가능한가? 이에 대한 긍정적 대답의 예로 베네피트_{Benefit} 기업을 들 수 있다. 베네피트 기업은 독립적 비영리기관인 비랩_{B Lab}의 인증을 통해 시작된 사회적 성과와 환경적 성과를 공식적으로 검증받고 기업 운영의 투명성과 설명책임을 높여 사회적 이익과 재무적 이익을 균형 있게 추구하고자 하는 기업 모형이다(Honeyman & Jana, 2019). 2010년 이후 미국 코네티컷주를 비롯한 대다수의 주, 2015년 유럽의 이탈리아, 2018년 남미의 콜롬비아 등에서 특정 요건에 따른 혜택을 보장받는 영리기업 모형으로 법제화가 진행되고 있다.

베네피트 기업은 영리를 추구하기에 비영리조직이 아니다. 또한 기업의 의사결정 과정에서 주주에 관한 결과만이 아니라 구성원, 소비자, 지역공동체, 환경에 관한 결과를 반드시 고려하도록 요구받는다는 점에서 전통적 사기업과 구분된다. 업종 자체는 베네피트 기업이 되는 조건과 상관없다는 점에서 사회적 기업과도 다르다. 이윤 극대화의 협소한 원칙에서 벗어나 사회적, 경제적, 환경적 요구를 함께 만족시키는 과정을 통해 이윤을 추구하고자 하는 선택이 베네피트 기업의 출발점이다. 비랩의 인증은 관리원칙과 지배구조, 직원 처우, 지역사회 공헌, 환경 영향, 고객 영향 등의 평가에 기초하며 2021년 2월 기준 세계 75개국 150개 산업 3,800여 기업이 비콥B Corp으로 인증받아 활동하고 있다. 비콥의 예로 의류 및 신발 제조회사 파타고니아, 탐스Toms, 낙농회사 다농Danone, 펀딩 플랫폼 회사 킥스타터Kickstarter, 위생용품 제조회사 세븐스제너레이션Seventh Generation, 아이스크림 제조회사 벤앤제리스Ben & Jerry's, 수제맥주 제조회사 뉴벨지엄브루어링New Belgium Brewing, 한국의 외식 서비스 업체 오요리아시아OyoriAsia 등이 있다. 베네피트 기업은 이윤 없이 기업 활동을 이어갈 것을 꿈꾸지 않는다. 이윤 그 이상을 추구한다. 이윤이 기업 활동을 위한 필수불가결한 수단일 뿐 그 자체가 목적은 아니라는 것이다. 그들에게 이윤은 더 큰 사회적 목적을 추구하는 데 기업이 책임을 다할 수 있도록 재무적 안정성을 보장하는 수단이 된다.

제도로써 베네피트 기업의 가장 중요한 점은 사회적 목표를 명시적으로 담은 사명을 제공해 경영진과 이사진으로 하여금 그 사명을 지키기 위해 사회적 책임과 사회적 이익을 이윤에 우선할 수 있는 법적 권한을 부여한다는 사실이다(Alexander, 2017; Harmer & Hering, 2017). 최고경영진이 사회적 가치를 아무리 강조한다고 하더라도 사회적 목표와 환경적 목표를 재무적 목표에 우선할 수 있는 권한이 제도적으로 보장되지 않으면 사회적 가치의 강조는 명목적 수사에 그치기 쉽다. 경영자들이 단기 성과와 분기별 손익보고서에 의해 평가받는 조건에서 재무적 이익과 상충되는 사회적 목적은 현실적 이유로 외면당할 것이기 때문이다.

바로 그런 난관에 직면한 경영자에게 이윤 창출을 위한 다른 경로가 있을 수 있음을 인지하도록 촉구하는 것이 베네피트 기업의 정신이다. 베네피트 기업은 경영자에게 사회적 목표를 담은 기업 사명을 실현할 방법을 찾도록 책임을 지움과 동시에 사회적 책임을 다하기 위해 내린 의사결정에 대한 법적인 안전장치를 제공한다. 이러한 제도적 뒷받침은 주주가치 '극대화'가 경영자의 법적 의무인 것처럼 받아들이는 잘못된 인식(Hansmann, 1996; Hartmann, 2010)을 바로잡는 데 실질적 역할을 할 수 있을 것이다.

물론 베네피트 기업 역시 전통적 사기업에 비해 상대적 장단점을 지닌다. 그러나 이러한 대안적 모형의 성공과 확산이 보여주는 것은 좋은 일을 하는 것과 이윤을 추구하는 것이 결코 양립 불가능하지 않다는 사실이다. 오늘날 적어도 지속가능성을 위한 책임만큼은 업종과 조직 형태를 막론하고 모든 기업에 동일하게 부과된 최소한의 윤리적 의무가 됐다. 점점 더 많은 기업이 조직의 사명과 비전에 사회적 목표와 환경적 목표를 반영하고 있다. 재무 성과 보고와 더불어 다양한 형태의 지속가능성 보고를 함께 행하는 현실은 기업이 경제적, 환경적, 사회적 성과를 균형 있게 추구하기를 요구하는 시대적 요청의 반영이라 하겠다.

조직문화와 제도적 뒷받침

공유된 가치체계로서 조직문화는 구성원의 의사결정과 행위를 규제하는 힘을 가진다. 사회적 책임을 다하고 사회적 가치를 만들고자 하는 기업의 조직문화 형성을 위한 리더의 역할은 무엇인가? 문화의 형성은 아래에서부터 이루어질 수도 있다. 하지만 기업이라는 조직의 특성과 리더의 위상을 고려할 때 새로운 방향으로 나아가기 위한 조직문화 형성에서 리더의 역할은 결정적이다.

기업의 책임은 법의 테두리 내에서 이윤을 극대화하는 것이라는 '프리드먼 독트린Friedman doctrine'은 기업 사회에 팽배한 오랜 관념이다. 이 관념에 따라 '책임감 있는' 경영자라면 법이 허용하는 한계치까지 밀어붙여 이윤을 추구하고 명백한 불법이 아닌 한 사회적으로 책임 있는 기업 활동을 한 것이라고 스스로를 변호하기 쉽다. 그러나 '최대화'하기 위해서는 한계에 도전해야 하는 바, 사회적 책임을 다하려는 노력은 더 이상 법이나 윤리의 문제가 아니라 위험 추정을 통한 비용-편익 분석 문제로 환원된다. 이런 사고가 최고경영층을 비롯해 중간관리자와 일선 직원들에게 강요되고 나아가 공유됨으로써 병리적인 조직문화가 형성될 수 있다. 웰스파고의 사례뿐만 아니라 폭스바겐 디젤엔진 배기가스 조작 사건에서도 조직문화의 역할이 여실히 드러났다. 폭스바겐의 기술자들은 양립하기 어려운 세 가지 가치 목표를 동시에 만족시킬 것을 요구받았다고 한다. 세 가치는 고성능, 친환경, 저비용이었다. 이는 곧 엄격한 배기가스 배출기준을 만족시키면서, 타협 불가능한 비용 한계 내에서 성능 좋은 디젤엔진을 개발해야 함을 의미한다. 사건 후 조사 결과에 따르면 성능과 환경기준을 만족시킬 수 있는 계획안들이 제출됐다. 그럼에도 경영진은 그 제안을 비용 증가를 이유로 거부했다. 단기적 이익만을 강조하는 조직문화에서 다른 이해관계자의 이익을 희생해서라도 재무 성과를 높이려는 행위는 어쩌면 자연스러운 일이다. 폭스바겐의 경영진은 고성능, 친환경, 저비용이라는 세 목표 간의 균형을 이루는 것이 불가능에 가깝다는 결론을 받아들이는 대신에 정직한 방식으로 일함으로써 모순적인 목표 달성에 실패한 팀들을 해산하는 조치를 했다. 이로써 경영진은 '폭스바겐의 문화는 목표 달성에 대한 어떤 후퇴나 실패도 용납하지 않는다.'라는 메시지를 분명히 했다.

이처럼 사회적 가치 추구가 기업 세계에 뿌리내린 잘못된 관념과 그에 복종하는 관행을 바꾸려는 노력의 하나라면 단순히 사회적 가치의 중요성을 언급하는 것으로는 충분하지 않다. 2019년 8월 미국 200대 대기업 협의체인 비즈니스 라운드 테이블은 기존의 주주 이익 극대화를 넘어 직원, 고객, 협력업체, 지역공동체 등 모든 이해관계자의 요구를 만족시키기 위한 것으로 기업의 목적을 재정의하는 성명을 발표해 큰 반향을 불러일으켰다. 그런 한편 181명의 CEO가 성명에 서명한 후 1년이 지난 시점까지 '이해관계자 자본주의'를 구현하기 위해 지배구조를 바꾼 기업은 없는 것으로 보인다.

기업사명에 사회적 목표를 반영하는 것이 출발이라면 사회적 목표를 조직구성원이 공유할 핵심가치로 규명해 조직문화 일부가 되게 하고 제도로 뒷받침하는 것은 사회적 목표를 향한 조직의 새로운 움직임에 지속할 동력을 제공하는 것이다. 사회적 가치가 사명에 새로운 목표로 편입돼도, 리더가 추가적이고 구체적인 지침을 주지 않는다면 직원들이 해석할 조직의 메시지는 좋은 것은 좋은 것이고 일단 업무에서는 하던 대로 이윤극대화에 집중하라에 가까운 것이 되기 쉽다. 리더라면 조직이 어떤 목적을 위해 존재해야 하는지 이해한 후 어떻게 그 목적을 실현할지를 스스로 묻고 답해야 한다. 그 결과로서 기업윤리 강령, 사회적 책임 강령, 사회적 가치 헌장 등은 조직 내외 이해관계자들에게 조직의 새로운 방향을 정교화해 전달함으로써 조직에 대한 이해를 돕고 조직의 대외적 평판을 제고함과 동시에 대내적으로 의사결정과 행위 판단에 실질적인 가이드라인을 제공할 것이다.

예산은 곧 가치의 반영이라는 기업 세계의 오래된 통찰이 있다. 한 기업에서 특정 가치가 얼마나 중요하게 여겨지는지를 가리키는 지표는 그 가치 실현을 위해 조직의 제한된 자원, 특히 재무 자원을 할당하는 정도가 된다. 따라서 사회적 목표를 강조하는 기업에서 법무 담당이나 홍보 담당 책임자로 하여금 추가적인 인력과 금전적 지원 없이 남는 시간을 쪼개어 사회적 목표를 담당하는 업무를 겸하게 한다면, 기업의 표면적인 목소리와 달리 사회적 목표에 우선순위를 두지 않는다는 사실을 보여주는 단서가 된다. 반대로 해당 분야의 전문성을 갖춘 인재를 사회적 가치 추구와 관련된 독립적 부서의 책임자로 채용하고 인력과 예산을 지원할 수 있을 것이다. 사회적 목표 추구를 장려하기 위한 조직 시스템적 통합도 필요하다. 제도의 통합에 천편일률적 해답이 있을 수 없기에 사회적 목표 추구 행위를 성과 평가에 반영할 것인지, 반영한다면 어떻게 할 것인지, 어떤 형태의 보상체계를 구축할 것인지에 대한 체계적인 고민을 출발점으로 삼아야 할 것이다. 다만, 사회적 목표를 지향하는 조직문화 형성의 모든 과정에서 조직 상층부의 일관된 주도와 지원이 필수적임을 잊어서는 안 된다. 가치체계로서 문화는 구성원 개인의 믿음으로 전환될 때 비로소 의사결정과 행위를 규제하는 규범으로 기능한다. 문화적 요소 간과 문화와 제도 간 갈등이 있거나 핵심 리더의 참여 태도가 소극적일 때 구성원들은 겉으로 드러난 변화를 믿지 않을 것이다. 그렇게 되면 아무리 고상한 내용의 목표라 할지라도 조직 운영의 힘 있는 규범이 될 수 없음은 자명하다.

일의 성격과 일하는 방식의 재고

일반적으로 일은 삶을 지탱하기 위한 중요한 부분이다. 대부분의 사람들이 최선이 아닌 고용 조건을 받아들이지 않을 수 없는 처지에 있을 것이다. 특히 과거와 비교해 오늘날 직업 안정성은 크게 낮아졌다. 고용에서 임시직, 시간제, 플랫폼 노동, 하청 노동 등 비정규 노동이 차지하는 부분이 점점 커지고 있다. 경력탄력성career resilience이나 고용적합성employability과 같은 표현은 고용의 책임 주체가 기업에서 개인으로 전도되는 현실을 가려주는 역할도 하는 것 같다. 직장 불안정성은 수입 불안정성을 동반하고 결과적으로 개인의 존엄과 웰빙에 심각한 후과를 남길 수 있다. 따라서 여기서는 사회적 가치를 구현할 직접적 장으로서 일과 일터의 문제를 조명한다.

경제학자 에른스트 프리드리히 슈마허Ernst Friedrich Schumacher는 자본주의 사회에서 일이 노동자에게 어떤 나쁜 작용을 할 수 있는지 기술한 바 있다. 나쁜 일은 기계적이고 인위적이고 자연으로부터 유리돼 있으며 인간 잠재력의 최소 부분만을 활용한다. 그리하여 나쁜 일은 대부분의 노동자들을 도전의 여지, 자기완성의 자극, 발전의 기회, 진선미의 요소라고는 찾아볼 수 없는 방식의 노동으로 내몬다(Schumacher & Gillingham, 1980: 27). 슈마허의 지적은 오늘날의 수많은 일자리에 대해서도 유효해 시간을 뛰어넘어 '좋은 일'이란 어떤 것이어야 하는지 시사하는 바가 크다. 쿠팡을 비롯한 유통기업들의 운영을 지탱하는 물류 노동자처럼 필요한 소득을 주지만 정작 자신의 정신적, 육체적 건강을 훼손하고 자존감을 떨어뜨리는 등 나쁜 영향을 남기는 일이 너무나 흔하기 때문이다. 당일배송을 위한 작업시스템에서는 사람보다 짐을 먼저 여기게 된다. 컨베이어벨트 작업대에 마주 서서 작업하는 동료의 얼굴을 확인할 수도 없을 만큼 바빠 1초에 몇 개씩 밀려오는 물품, 밤샘 노동 중 간식 끼니 때우기에도 부족한 쉬는 시간 20분씩 두 번을 합해 총 40분, 부족한 화장실과 휴식공간, 그리고 물량 사정에 따라 임의로 강요되는 연장 노동이 그 결과다.

기업은 일을 향한 접근을 통해 구성원에 대한 사회적 책임을 수행함과 동시에 그 자체로 사회적 목표를 일정하게 실현할 수 있다. 정치철학자 한나 아렌트Hannah Arendt는 인간의 삶을 구성하는 근본 활동에 대해 노동labor, 작업work, 행위action의 세 형태로 구분한다(아렌트, 2019). 노동은 생존과 최소한의 생계유지를 위한 활동을 의미한다. 작업은 기초적인 생명 유지를 넘어선 창조적 제작과 미학적, 예술적 활동을 포괄하는 개념이다. 반면 행위는 인간들 사이의 직접적 상호작용을 전제로 하는 사회적, 정치적 활동을 가리키는 개념이다. 이를 통해 아렌트는 인간의 활동이 근근이 먹고사는 일에만 국한되지 않으며 작업과 행위의 형태로 발전될수록 인간 활동 고유의 독자적 가치가 확보되는 것으로 본 것이다. 이러한 아렌트의 활동 범주 논의에 기초해 오늘날 기업 세계에서 이루어지는 인간 활동이자 고용으로서 일에 대해 다음과 같이 제안한다. 기본적이고 필수적인 요소인 노동에 더해 작업과 행위의 요소가 추가로 결합할수록 더 좋은 일이 된다.

물론 노동, 작업, 행위 세 요소를 고루 갖춘 일이란 이상에 가까워서 현실의 기업 세계에서 구현하기란 어려운 일이다. 생계에 필요한 고용을 위해 근면과 인내로 하면서도(노동) 애착과 장인정신으로 몰두함으로써 미학적, 예술적 즐거움을 느낄 수 있고(작업) 동료와 사회정치적 의미를 주고받으며 상호작용할 기회를 제공하는(행위) 일이 그리 흔할 것 같지 않다. 따라서 현실적 제약과 가능성을 함께 고려한 차선의 대안은 노동을 기본으로 하되 작업 또는 행위의 요소 중 최소한 하나를 어느 정도라도 부가하려는 노력에서 찾을 수 있겠다. 전문직의 경우 작업적 요소의 결합은 상대적으로 쉽다. SAS와 구글에서 직원에게 최대한의 자율성을 부여하기 위해 독립적인 개인 사무공간을 제공하고 업무 시간의 일정량을 개인 프로젝트를 위해 사용하도록 의무화한 선구적 시도는 노동에 작업이 결합될 유리한 조건을 제공한다는 숨은 의미를 지닌다. 사무직이나 생산직도 자율적 작업집단의 활용으로 조직, 집단, 동료에 대한 헌신, 직무에 대한 애정과 몰입의 향상을 기대할 수 있을 것이다. 업무를 자신의 것으로 받아들여 내부화하는 정도에 따라 동기부여되고 직무성과가 높아질 뿐 아니라 개인이 경험하는 일의 의미 또한 고양될 수 있다.

반면 단순한 활동을 요하는 일일수록 작업적 요소를 가미할 여지가 줄어드는 것은 사실이다. 앞서 살펴본 물류센터의 일이 그런 것처럼 기업의 입장에서 볼 때 작업의 단순한 성격상 자율성 부여로 기대할 수 있는 부가가치가 크지 않을 것이다. 그러나 이 영역에서도 일의 관점이나 사람 사이의 상호작용 관점에서 개선의 여지는 존재한다. 일용직 노동자에게도 최초 하루 최소 1시간 이상 안전보건교육을 실시하고 한랭작업의 경우 동상 예방을 위한 조치와 방한 장갑 등 보호용구 지급할 것 등을 요구하는 현행 산업안전보건법의 의무 조항조차 제대로 지키지 않는 것이 관행인 물류작업 현장에서 노동의 안전과 보건에 관련된 기본 의무 조항부터 성실히 이행한다면 적어도 현재의 노동을 좀 더 인간적이고 안전한 활동으로 만들 수 있을 것이다.

기업의 불법행위를 법으로 근절할 수 없듯이 기업의 사회적 책임 역시 법으로 강제할 수는 없다. 대신 기업 활동을 통해 사회적 책임에 충실하고자 하는 기업의 리더라면 일의 복합적 의미와 가치를 중시하고 기업이 일의 제공을 통해 어떤 사회적 목표를 어떻게 이룰 수 있을지 단서를 찾을 수 있어야 한다. 즉 생계를 위해 피할 수 없는 것, 단순한 소득의 원천이라는 협애한 관점을 벗어나 일의 의미를 포괄적이고 건설적으로 파악해 일터의 성격을 다시 규정하려는 시도에 지침을 줄 수 있어야 한다. 최선의 경우, 일이 기업의 가장 중요한 이해관계자인 직원들의 활동을 고양하는 정도만큼 최악의 경우, 생계를 위해 견디지 않으면 안 되는 일이 가능한 한 공정하고 인간적인 과정이 될 수 있도록 하는 만큼, 그 기업은 사회적 책임을 다하고 사회적 가치를 구현하는 것이 될 것이다.

가령 물류 노동자의 고용 형태와 관련해 근로기준과 산업안전보건 관련 분야에서는 법규를 쉽게 위반하는 기업들이 고용관계에서는 기존법규의 인적 종속성 개념에 대한 글자 그대로의 해석에 의존해 노동자임을 인정하지 않으려는 경향이 있다. 기업으로서는 정규직보다는 비정규직, 노동자보다는 사업자로 고용계약을 맺는 것이 노동을 '유연화'하는 길, 즉 더 싼 가격에 노동력을 사용하고 실시간 시장 수요와 노동 공급량을 최대한 일치시켜 비용을 최소화하는 길일 수 있다. 그러나 최근 해외에서 이루어지는 법적 해석은 우리 기업에 지금과는 다른 전향적인 태도를 촉구한다.

2020년 말 독일연방노동법원은 스마트폰 앱을 통해 일감을 받고 페이팔로 보수를 받는 플랫폼 노동자의 노동자성을 인정한 세계 최초의 법률적 판결을 내렸다. 2021년 초 영국대법원은 우버 운전기사들이 노동자임을 만장일치의 판결로 인정했다. 독일 정부는 새로운 노동정책을 통해 플랫폼 경제에서 활동하는 개인 자영업자에 대해 법정 연금보험 편입, 건강보험료의 사업주 부담, 사용자의 고용관계 입증 책임 등 노동법과 사회보장법상 보호를 확대하기 위한 내용을 마련하고 있다. 미국 캘리포니아주에서는 이미 플랫폼 노동자에 대해 업무 수행과 관련해 계약상 또는 실제로 기업의 통제와 지시를 받지 않을 것, 기업의 통상적 사업 범위 외의 업무를 수행할 것, 관례적으로 기업과 독립적으로 설립된 직종이나 직업 또는 사업에 종사할 것의 세 기준 중 하나라도 사용자가 입증하지 못할 때 해당 노동자를 임금노동자로 추정한다(California Labor Code 2750.3(a)).

최근 우리나라의 중앙노동위원회에서도 배송기사를 개인사업자로 분류하는 운송사의 주장과 달리 노동자성을 인정하는 모순적인 사항을 포함한 고용계약 내용 자체가 헌법과 법률에 위배된다고 판단한 바 있다. 일상적 업무 수행과정에서 운송사가 배송기사를 사실상 노동자로 대한다는 점도 함께 지적했다. 또한 2020년 9월 경제사회노동위원회 '디지털 전환과 노동의 미래위원회' 산하 '디지털 플랫폼 노동: 배달업종 분과위원회'는 배달노동자의 산재보험 사각지대 해소를 위한 노사정합의문 체결식을 열었다. 이 과정에서 근로복지공단과 플랫폼사 슈퍼히어로는 정보공유 업무협약을 맺어 배달노동자 중 개인정보 활용에 동의하는 이들의 노동시간, 휴게시간, 임금과 같은 정보를 공단과 공유하기로 한 내용이 알려졌다. 영업비밀이라는 이유로 정보공유를 꺼리는 유사한 기업 대부분의 태도에 비추어볼 때 취약한 입지의 플랫폼 노동자 관련 정보를 정부가 축적하고 사회보장 정책 수립에 반영할 수 있도록 돕는 기업의 책임 있는 행위라 할 만하다. 세계 곳곳에서 변화가 시작됐고 사회적 가치를 위한 혁신과 세계 선도를 열망하는 우리기업이 더 이상 눈감을 수 없는 영역이 됐다.

기업이 사회적 책임을 다하기 위해 이해관계자들의 의견을 반영할 수 있는 의사결정 구조를 마련하는 것은 바람직한 일이나 다양한 이해관계자 집단을 어디까지 포함할 것인지에 대한 제약이 따른다는 점은 이미 언급한 바 있다. 끝으로 주주 집단 외에 어떤 의미에서 다수의 투자자로 구성된 주주 집단보다 오히려 기업 운영에 더 가까운 직접적인 이해관계자라 할 수 있는 직원들이 기업 의사결정에 참여하는 방안을 찾는 것이 현실적 대안이 될 수 있음을 지적한다. 아렌트의 표현으로 노동에 행위적 요소를 결합한 방안이다. 그 예로 노동자들의 경영 참가제도를 들 수 있다. 정치제도로서 민주주의가 아테네식 직접민주주의로부터 현대의 대의민주주의에 이르기까지 다양한 방식과 수준을 포괄하는 것처럼 노동자들의 경영 참가도 다양한 형태와 수준으로 이루어질 수 있다. 일정한 수의 노동자 대표가 이사회의 일원으로 직접 참여하는 것에서부터 이해관계자 자본주의의 대표 국가 중 하나인 독일의 관행처럼 노사가 동수로 참여하는 기업 감독위원회를 두어 이사회의 경영을 감독하게 하는 것에 이르기까지 다양한 대안이 이미 존재한다.

전문성에 관한 우려는 경영진이 변호사와 회계사 등 전문가의 도움으로 기업을 운영하는 것과 마찬가지로 노동자 역시 전문가의 도움을 받음으로써 극복할 수 있는 문제이다. 최근 서울시가 노동조합 추천 인사를 이사회에 참여시키는 노동이사제를 도입한 데 이어 경영협의회 도입방안을 논의하는 것으로 알려져 있다. 노사와 전문가로 구성된 태스크포스를 통한 이 토론의 핵심은 소위 독일식 공동결정제도를 지향해 기존 노사협의회 수준보다 강화된 노동자 참여를 보장하려는 데 있다. 기존 법규가 요구하는 최소한의 사항을 만족하는 데 머무르지 않고 주도적으로 일과 일터를 재조직하려고 하는 것이다. 이러한 공공영역에서의 움직임이 혁신을 동력으로 삼는 기업 세계에 던지는 시사점이 작지 않아 보인다.

6
다시 출발선에서

　리더의 사람 중심성_{people-orientation}은 구성원의 윤리적 행위를 촉진하기 위한 핵심 전제이다. 여기서 사람은 물론 직원과 외부 이해관계자를 함께 의미한다. 따라서 직원을 보호하고 돌보려는 자세를 보이지 않으면서 고객에게 희생하고 심지어 굴욕까지 감수하기를 요구하는 것은 무리를 넘어 비윤리적인 요구가 된다. 그러나 리더 개개인의 마음 자세와 가치관만으로 사회적 책임을 다하는 기업이 되기는 어렵다. 기존 제도와 문화를 바꾸지 않고서 새로운 방향 제시만으로 기업을 이끌려 한다면 그 역시 착각이거나 위선 외에 다른 무엇이기 어렵다.

　기업의 사회적 가치 추구는 이윤극대화가 이윤 추구의 유일한 방법이라는 생각과 이해관계자에 대한 도덕적 책임을 기업 활동에서 회피해야 할 제약으로 보는 시각에서 벗어날 것을 요구한다. 사회적 가치를 위한 리더십의 역할에 대한 고민은 이해관계자 집단 중 사회적 가치의 수행주체인 동시에 직접적 대상이어야 할 조직구성원에 대한 건설적 접근에서 출발해야 할 것이다.

5장

사회적 가치와 지속가능경영
: ESG 현황 및 글로벌 전략

SOCIAL VALUE AND
SUSTAINABILITY IN BUSINESS

이재혁

고려대학교 경영대학에서 학사학위와 석사학위를 받았다. 그 후 미국 오하이오 주립대학교Ohio State University에서 경영학으로 박사학위를 받았다. 산호세주립대학교San Jose State University에서 교수로 재직했다. 고려 대학교 ESG위원회 위원, 국제ESG협회 공동협회장, 한국상장회사협의회 자문위원, 산업정책연구 워킹 그룹 지속가능성분과장, 한국경영학회 부회장 등으로 활동하고 있다. 지속가능성 평가ESG, 기업의 사회적 책임CSR, 지속가능발전목표SDG 등에서 연구 및 저술 활동을 진행하고 있다. 최근에는 한국의 시가총액 상위 200개 기업을 대상으로 지속가능경영 실태조사를 위한 ESG 지표개발 및 평가를 수행하고 있다.

1
기업의 지속가능성

　기업이 수행하는 다양한 경영활동은 크게 세 가지로 구분될 수 있다. 첫째, 인풋input 단계에서는 자원획득과 관련된 경영활동이 수행된다. 천연자원, 금융자원, 인적자원 등 경영활동을 수행하는 데 필요한 자원을 시장으로부터 획득하는 과정이다. 두 번째는 획득한 자원을 기반으로 프로세싱processing을 통해 제품을 만들어내는 단계이다. 세 번째 단계인 아웃풋output 과정에서는 제품을 시장에 판매하게 된다. 제품 판매를 통해 창출된 이윤은 재투자의 형태로 인풋 활동에 연결되는 순환구조가 이루어진다. 만약에 제품의 경쟁력이 약하다면 판매 부진에 따른 재고의 증가로 이어지고 결국 세 가지 경영활동의 사이클이 원활하게 돌아갈 수 없게 된다.

　예를 들어 2019년 코스피 상장기업이 보유한 평균 재고자산은 99.9조 원, 자산회전율은 11.5회, 재고자산이 매출로 이어지는 평균 일수는 31.7일로 악성재고가 늘어났다(김윤경, 2020). 반면 경쟁력이 뛰어난 제품을 만드는 기업은 세 가지 경영활동 사이클이 원활하게 돌아갈 뿐만 아니라 볼륨 자체가 점차 커지게 된다. 따라서 기업의 지속가능성은 이윤창출이라는 본연의 목적을 달성하기 위해서 기업이 경영활동을 계속해 나갈 가능성으로 이해할 수 있다.

현황

경영환경의 변화로 인해 기업들의 지속가능성에 대한 우려가 커지고 있다. 미국의 대표적인 주가지수인 스탠더드앤드푸어스500지수 기업의 절반 정도는 향후 10년 안에 교체가 될 것으로 예상된다. 『포춘』500의 톱 10 리스트의 경우 2000년에 이어 2020년에도 이름을 올린 기업의 숫자는 2개(월마트, 도요타 자동차)에 불과하다.

한국기업의 상황도 예외가 아니다. 2000년 시가총액 톱 10 리스트에 포함된 기업 중에서 2020년 리스트에도 이름을 올린 기업은 단 두 개(삼성전자, SK하이닉스)뿐이다. 비교기간을 2010~2020년으로 좁히고 톱 20로 리스트를 확대하더라도 절반의 기업만이 그 명맥을 유지하고 있다. 산업별 등락도 큰 차이를 보이고 있다. 코스피 업종별 시가 총액의 비중은 2000년 대비 2020년의 경우 제약·바이오와 게임은 각각 8.8%, 2.5% 상승한다. 반면 방송·통신·IT와 금융은 각각 17.4%, 4.2% 감소했다.

사회 전반에 대한 파급력

기업의 지속가능성은 사회 전반에 걸쳐 그 영향력이 매우 크다.

예를 들어 특정한 도시의 흥망성쇠도 기업의 지속가능성과 밀접하게 연관돼 있다. 지역경제 활성화를 목표로 정치권에서 수도권 규제 강화로 대기업의 지방 이전을 유도하는 이유이다. 미국의 경우 아마존이 제2의 본사를 세우겠다고 발표하자 20여 개가 넘는 도시들이 유치전에 사활을 걸었다. 집값과 임대료 상승에 따른 젠트리피케이션에 대한 우려도 존재하지만 고용증진 등 지역사회의 경제활성화를 기대할 수 있기 때문이다. 반면에 한국처럼 지방 도시의 황폐화 현상이 특정한 대기업의 경쟁력 악화 때문에 그 속도가 빨라지는 경우도 비일비재하다.

최근의 코로나19는 제조업 경기 둔화와 함께 한국 기업에는 크나큰 시련을 주고 있다. 재무적 부실 혹은 파산으로 이어질 가능성에 대한 우려도 커지고 있다. 경쟁력을 상실해 어려움을 겪는 한계기업, 즉 이자조차 갚지 못한 상태가 3년째 계속된 기업은 급격히 증가해 2019년에 3,011개, 소속 종업원은 26만 6,480명이었다(김윤경, 2020). 코로나19로 인해 2020년 이후 국내 기업의 부실화 우려는 더욱 확대되고 있다(송단비 & 조재한, 2021). 이런 한계기업이 구조조정을 겪거나 도태되는 경우 해당 기업의 직원에 대한 고용 안정성뿐만 아니라 산업생태계 전체의 생산성에 부정적 영향을 미치는 것은 자명한 일이다.

이해관계자 관점

기업의 지속가능성이 사회에 미치는 영향력을 좀 더 체계적으로 파악하기 위해서는 먼저 기업과 사회의 관계에 대한 검토가 필요하다. 기업이 추구하는 수많은 경영활동의 대상이 사회이다. 기업은 사회와 분리해서 생각할 수 없다. 과거에는 기업을 '생산자'로 판단해 제품생산에 필요한 자원의 '공급자'와 완성품에 대한 '수요자'를 연결하는 역할에 주로 초점을 맞추었다. 따라서 기업이 상호작용해야 하는 대상도 제한적 범위에 머무르는 것으로 판단했다.

하지만 기업의 역할에 대한 인식이 확대되면서 공급자와 수요자 이외에도 종업원이나 주주까지 확대됐다. 최근에는 기업의 의사결정에 영향력을 주고받는 좀 더 광의의 구성원들로 예를 들어 협력사, 지역사회, 미디어, 특수관계자, 경쟁자까지 포함하게 됐다. 즉 오늘날의 기업은 과거보다 훨씬 다양한 집단과 상호작용을 통해 경영활동을 추구해야 한다는 이해관계자 이론stakeholder theory이 등장하게 된다. 이제는 단순한 주주 자본주의shareholder capitalism보다는 이해관계자 자본주의stakeholder capitalism 관점에서 광의의 사회와 기업이 진정한 공존을 모색해야 한다는 주장과 같은 맥락이다.

실제로 비즈니스 라운드 테이블에서는 기업의 목적에 대한 성명을 2019년 8월 발표하면서 이해관계자 자본주의를 선언하기에 이르렀다. 즉 주주만이 아니라 다양한 이해관계자를 염두에 두며, 단기가 아닌 장기적 주주가치의 실현을 추구하고, 배제가 아닌 포괄적 성장을 목표로 하는 경영방식의 변화를 천명했다.

〈그림 5.1〉 기업의 범위 및 개념 변천

〈그림 5.1〉 기업의 범위 및 개념 변천

전통적 생산 관점	→	경영관리적 관점	→	이해관계자 관점
기업의 제품과 서비스에 직접 연관된 협력 업체와 고객들과의 관계에 초점		협력 업체와 고객 이외에도 소유자와 종업원들에 대한 초점의 확대		포괄적 의미의 사회와 기업 사이의 상호작용을 강조

(출처: Carroll & Buchholtz, 2018)

글로벌 관점

기업이 해외시장으로 경영활동을 확대해 나가는 글로벌화는 기업의 지속가능성에 긍정과 부정의 효과를 동시에 지니고 있다. 특정한 국가에 진출함으로써 예를 들어 본국에서 부족한 자원의 획득, 생산비의 감소, 판매처의 확대 등을 통해 기업경쟁력을 증진시킬 수 있다. 반면에 진출하는 국가와 본국과의 경영환경 차이 때문에 외국 기업으로서의 불리함liabilities of foreignness에 직면하기도 한다(Zaheer, 1995). 특히 진출하는 국가의 숫자가 확대되면서 상호작용해야 하는 이해관계자들은 기하급수적으로 늘어나게 된다.

그럼에도 많은 한국기업은 여러 여건상 글로벌 시장에 대한 의존도가 높은 편이다. 총 매출 중 해외 매출의 최근 5년간 비중은 매출 상위 10대 기업은 약 61%, 매출 상위 5대 기업은 약 71%를 차지할 정도다. 매출 기준 1위를 차지하는 삼성전자는 전체 매출의 무려 85.2%가 해외에서 이루어지고 있다. 중소기업도 지속가능성을 높이기 위해서는 글로벌에 관심을 기울여야 한다. 특히 코로나19로 인해 전 세계 가치사슬이 재개편되는 현시점에서 새로운 기회로 삼으려는 노력이 필요하다.

2

지속가능경영

세계 지속가능발전 기업협의회_{WBCSD}에 따르면, 지속가능경영이란 근로자, 가족, 지역사회 등 사회 전반의 삶의 질을 개선시키고 지속가능한 경제 발전을 위한 기업들의 노력을 의미한다. 미국의 기업책임경영_{RBC, Responsible Business Conduct}도 기업이 경제, 사회, 환경적 위험요인만 관리하는 것에 그치지 않고, 기업사회국가의 지속가능한 경제적 성장과 발전에 기여하는 것이 지속가능경영이라는 점을 강조했다. 따라서 기업이 지속가능성 증진이라는 목표를 달성하기 위해서 추구하는 경영활동을 지속가능경영으로 이해할 수 있다.

논의 진행 상황

그동안 지속가능경영과 관련된 다양한 논의가 오랜 기간 진행돼왔다. 1987년 유엔의 세계환경개발위원회_{WCED, World Commission for Environment and Development}에서 '환경적으로 건전하고 지속가능한 발전

〈그림 5.2〉 지속가능발전목표SDGs

(출처: https://www.unglobalcompact.org)

Environmentally Sound & Sustainable Development'이라는 용어가 소개됐다. 「우리 공동의 미래Our Common Future」 보고서가 강조한 것처럼, 사회문제 해결에서 경제성장만으로는 부족하다는 공감대가 형성되기 시작한 시기이다. 1992년 브라질 리우회담에서 지속가능한 발전이 다시 논의되면서 지속가능발전위원회UNCSD, United Nations Commission on Sustainable Development가 설립됐다. 2000년대가 시작되면서 기업이 경제적 성과를 달성하는 과정에서 사회에 대한 책임도 등한시해서는 안 된다는 취지의 기업의 사회적 책임이 강조되면서 경제적 가치와 사회적 가치의 공존에 대해서 본격적 논의가 시작됐다. 2011년에는 국제표준화기구가 기업의 사회적 책임에 대한 표준 가이드라인을 공표했으며 사회적 책임과 관련된 7대 핵심주제(지배구조, 인권, 노동관행, 환경, 공정운영관행, 소비자 권리보호, 공동체 참여와 발전)이 제시됐다.

2015년 9월에는 전 세계가 2030년까지 달성해야 할 목표를 구체화시킨 17개의 지속가능발전목표SDGs와 169개의 세부목표가 UN

총회에서 만장일치로 채택됐다. 자국의 지속가능발전목표 달성을 위해 국가적 차원에서 노력이 필요하고 그 과정에서 기업이 지속가능발전의 도전과제들을 해결하는 것을 요청하기에 이르렀다. 기업 입장에서도 지속가능발전목표를 적극적으로 활용할 수 있다. 예를 들어 17개의 지속가능발전목표를 5P, 즉 사람$_{people}$(지속가능발전목표#1~5), 지구$_{plant}$(지속가능발전목표#6, 12~15), 번영$_{prosperity}$(지속가능발전목표#7~11), 평화$_{peace}$(지속가능발전목표#16), 협력$_{partnership}$(지속가능발전목표#17)로 구분해서 자사의 지속가능성을 검토해볼 수 있다.

연구 동향

지속가능경영과 관련된 경영학 분야의 연구 동향을 분석한 결과 (이재혁 & 양지원, 2019)에 따르면, 2012년부터 2020년 사이에 주요 저널에 게재된 지속가능성 관련 국내 학술논문은 60건, 해외 학술논문은 147건이다. 국내연구는 2012년 6건을 시작으로 지난 9년 동안 꾸준히 증가하고 있다. 특히 분석 대상 기간의 후반부인 최근 3년에 전체 연구의 40%(총 24건)가 집중돼 있다. 분석 대상 논문을 제목·키워드로 구분한 결과 '지속가능경영'이 30건, '지속가능 공급사슬·관리' 8건, '지속가능성' 6건, '지속가능성·지속가능경영 보고서' 5건, '지속가능 발전·개발' 2건, '지속가능성 관리통제 시스템' 2건, '지속가능성 커뮤니케이션' 2건, '지속가능 소비' 2건, '지속가능 책임 투자' '지속가능 경영정보' '지속가능 채권'은 각 1건이었다. 해외 연구 역시 분석대상 후반부인 최근 3년 동안에 전체 연구의 65%(총

96건)가 집중돼 있다. 국가과학기술 표준 분류체계를 기준으로 경영학의 세부 분야를 구분했을 때 국내의 지속가능성 연구는 경영전략·윤리 분야에서 가장 많은 연구(23건)가 진행됐으며 다른 분야가 그 뒤를 이었다(생산관리 분야 14건, 회계 분야 14건, 마케팅 분야 5건, 경영정보, 국제경영, 인사·조직, 재무관리 분야 각 1건). 해외연구에서도 유사한 추세가 발견됐다. 인사·조직 17건, 마케팅 16건, 생산관리 12건, 회계 8건, 국제경영 6건, 재무관리 4건에 비해 경영관리·전략 분야에서 84건의 연구가 진행돼 분석대상의 57.1%를 차지했다. 연구에 사용된 이론적 배경에서는 국내외 연구가 다소 차이를 보인다. 국내에서는 주로 자원거점이론Resource-based view, 제도이론Institution theory, 사회적 자본이론Social capital theory이 사용됐다(Barney, 1991; DiMaggio & Powell, 1983; Nahapiet & Ghoshal, 1998). 반면 해외연구에서는 이 이론들과 함께 이해관계자 이론Stakeholder theory, 정당성 이론legitimacy theory, 자원의존이론resource dependence theory, 동적역량 이론Dynamic capability 등 좀 더 다양한 접근방식이 시도됐다. 연구결과에 따르면, 대체로 지속가능경영이 기업 성과에 긍정적 영향을 미치는 것으로 밝혀졌다.

실천방안

기업의 지속가능성을 증진시키기 위한 구체적 실천방안은 그동안 여러 가지가 제시돼왔다. 국내를 벗어나 글로벌 시장에서의 성장을 위한 글로벌화Globalization가 큰 반향을 일으켰다. 품질의 중요성을 전사적으로 관리Total Quality Management해야 하는 중요성이 강조되기도

했고, 재고관리를 통해 효율적 제조시스템인 적시생산시스템$_{JIT, Just}$ $_{in\ Time}$이 각광받았다. 그 이외에도 e-비즈니스나 플랫폼 비즈니스 등 새로운 비즈니스 모델이 끊임없이 제시됐다. 하지만 시대가 지나면서 기존의 실천방안에 대한 의구심이 일어나기 시작했다. 예를 들어 글로벌화보다는 지역화가 대안으로 등장했다. 코로나19로 인해 재고관리에 있어서 적시생산시스템$_{JIT}$보다는 비상대비시스템$_{JIC, Just}$ $_{in\ Case}$가 더 각광받기 시작됐다.

그렇다면 지속가능경영을 잘해서 소위 말하는 성공을 거둔 기업의 특징은 무엇일까? 지속가능경영의 구체적 실천방안보다는 결과에 초점을 맞춘다면, 성공한 기업의 이미지로 가장 먼저 떠오르는 것은 양적 증가를 이룬 기업일 것이다. 경제 전문지 『포춘』은 매년 매출액을 기준으로 전 세계 톱 500대 기업을 선정한다. 2020년 글로벌 500리스트에서 1위에 오른 월마트의 매출액(52억 3,964만 달러)은 태국의 국내총생산$_{GDP}$(50억 9,200만 달러, 전 세계 25위)보다 더 크다. 이런 거대기업의 지속가능성은 긍정적으로 예측된다. 반면에 경제적 성과가 취약한 기업에 대해서는 지속가능성을 낮게 평가할 수밖에 없다. 재투자를 포함한 경영활동을 계속 수행하기 위해서 일정 수준 이상의 경제적 성과가 기본조건이기 때문이다. 즉 전통적으로 기업 지속가능성은 해당 기업의 경영활동 결과, 즉 재무성과를 근거로 예측돼왔다.

하지만 양적 증가를 성취하는 과정에서 글로벌 기업들의 각종 비리가 끊임없이 드러나면서 새로운 특징에 관심이 높아지고 있다. 예를 들어 가장 존경받는 기업$_{World's\ Most\ Admired\ Companies}$이나 가장 일하고 싶은 기업$_{Best\ Companies\ to\ Work\ For}$ 등과 같이 경영활동의 질적 향상

〈표 5.1〉 기업과 국가의 경제적 파워 비교

순위	기업명	매출 (백만불)	순위	국가명	GDP (백만불)
1	월마트	523,964	25	태국	509,200
2	시노펙 그룹	407,009	26	벨기에	503,416
3	스테이트 그리드	383,906	27	나이지리아	422,976
4	중국석유천연가스그룹	379,130	28	오스트리아	432,894
5	로열 더치 셸	352,106	29	아일랜드	399,064
6	사우디아람코	329,784	30	이스라엘	383,425
7	폭스바겐	282,760	31	아르헨티나	382,760
8	브리티시 페트롤리움	282,616	32	필리핀	367,362
9	아마존	280,522	33	노르웨이	366,386
10	도요타 자동차	275,288	34	이집트	361,875

(출처: Fortune Global 500, International Monetary Fund)

에 주목하게 됐다. 하지만 양적인 증가와 질적인 향상을 동시에 달성하기는 절대 쉽지 않은 것 같다. 최근까지 세 가지 평가인 글로벌 500, 가장 존경받는 기업, 가장 일하고 싶은 기업에서 톱 10 리스트 모두에 이름을 올린 기업의 숫자는 0이다. 다만 아마존이 글로벌 500과 가장 존경받는 기업에서 각각 9위와 2위를 기록했을 뿐이다. 기업의 경영활동 전반에 대한 정보가 이해관계자들에게 쉽게 노출되는 상황에서 경제적 성과라는 결과뿐만 아니라 경제적 성과를 달성하는 과정에 대해서도 주목해야 한다.

〈표 5.2〉 기업의 지속가능성에 대한 양적 vs. 질적 판단

	글로벌 500		가장 존경받는 기업		가장 일하고 싶은 기업
1	월마트	1	애플	1	허브스팟
2	시노펙 그룹	2	아마존	2	베인 앤 컴퍼니
3	스테이트 그리드	3	마이크로소프트	3	도큐사인
4	중국석유천연가스그룹	4	월트디즈니	4	인앤아웃 버거
5	로열 더치 셸	5	버크셔 헤서웨이	5	새먼스 파이낸셜 룹
6	사우디아람코	6	스타벅스	6	로렌스 리버모어 국립 연구소
7	폭스바겐	7	구글 (알파벳)	7	인튜이티브 서지컬
8	브리티시 페트롤리움	8	JP모건 체이스	8	얼티메이트 소프트웨어
9	아마존	9	코스트코	9	VIP키드
10	도요타 자동차	10	세일즈포스	10	사우스웨스트항공

(출처: https://www.fortune.com)

3

ESG 경영활동의 평가 방법

기업의 지속가능경영을 논의할 때 단순한 재무적 성과에서 벗어나 비재무적 성과도 함께 고려하는 것이 필요하다는 공감대가 형성되고 있다. 즉 ESG 경영의 본질은 기업이 지속가능한 성장을 하기 위해서 경제적 수익성뿐만 아니라 사회적 책임, 환경적 위험요소를 함께 고려해 지속적으로 기업가치를 높여 나가야 한다는 것이다. 구성요소인 환경environmental, 사회social, 지배구조governance로 요약된다. 기업 경영활동의 절차적 공정성을 확보하는 것이 지속가능성 증진의 지름길이라는 견해를 반영한 것이다. ESG와 지속가능성과의 연계성을 체계적으로 이해하기 위해서는 평가 방법에 대한 이해가 선행돼야 한다(이정기 & 이재혁, 2020).

한국기업지배구조원 평가 방법

한국기업지배구조원KCGS에서 하는 평가로서 1) 국내 상장기업의 현재 지속가능경영 수준을 점검하고 개선에 활용할 수 있도록 지원, 2) 국내 상장기업에 지속가능한 발전을 제시함으로써 자본시장의 건전한 발전에 기여, 3) 국내 상장기업 지속가능경영 현황 및 문제점 파악과 개선방안 도출 등 관련 정책제언 및 연구에 활용을 주요 목적으로 한다. 2003년 지배구조 평가로 시작해 2011년 ESG 전영역으로 확대해 매년 평가하고 있다. 평가대상은 총 900여 개 기업이다. 국내 유가증권시장(코스피) 상장기업 전체 및 코스닥시장 상장기업 일부(상위 100대 기업), 금융회사, 대기업집단 소속 기업, 기관투자자가 평가를 요청한 상장기업 및 기타 자사 평가를 요청한 기업으로 구성된다.

평가유형은 정량평가의 경우 평가항목에 따라 기본평가와 심화평가 실시되며 정성평가의 경우 정량평가 결과 일정 기준 이상 기업을 대상으로 인터뷰를 한다. 평가항목은 기본평가의 경우, ESG 각 부문별 총 13개 대분류, 242개 평가문항으로 구성되며, ESG 위험을 최소화하기 위한 시스템 구축 여부를 중점적으로 평가한다. 반면 심화평가의 경우 기업가치를 훼손할 우려가 있는 ESG 관련 이슈가 발생했는지를 확인한다. 총 35개 평가항목으로 구성된다. 지배구조 등급, 사회책임경영 등급, 환경경영 등급, ESG 통합 등급 등 4개의 등급을 발표한다. 각 등급은 S, A+, A, B+, B, C, D 7등급으로 구성돼 있다. 2018년의 주요 평가결과에 따르면 유가증권시장 상장회사의 환경, 사회, 지배구조 관행은 2017년 수준과 유사하나 여전히 상당수 기업(79%)이 보통 이하의 수준('B' 이하 등급)을 보인 것으로 나타났다.

환경(E)은 환경 정보를 공개한 기업이 다소 증가했으나 정보의

구분	대분류	중분류
E(환경)	환경전략	최고경영자의 의지 환경전략과 방침
	환경조직	환경조직 문화 환경조직 체계
	환경경영	목표 및 계획수립 친환경 공급망 관리 청정생산시스템 환경위험관리 환경회계 환경성과 관리 환경감사
	환경성과	자원 기후변화 환경법규 및 규제
	이해관계자 대응	친환경 제품 및 서비스 환경보고 이해관계자 대응활동
S(사회)	근로자	고용 및 근로조건 노사 관계 직장 내 보건 및 안전 인력 개발 및 지원 직장 내 기본권
	협력사 및 경쟁사	공정 거래 부패 방지 사회적 책임 촉진
	소비자	소비자에 대한 공정거래 소비자 안전 및 보건 소비자 개인정보보호 소비자와의 소통
	지역사회	지역사회 참여 및 사회공헌 지역경제 발전 지역사회와의 소통
G(지배구조)	주주권리보호	주주권리의 보호 및 행사 편의성 소유구조 특수관계인과의 거래 경영 과실 배분
	이사회	이사회 이사회 내 위원회
	공시	공시 일반 홈페이지 공시
	감사기구	감사기구

질적 수준 향상이 유의미하게 관찰되지 않아 전년도와 평가결과가 유사하며 상위권 기업이 일부 증가했다. 사회(S)는 감점 적용이 일부 늘어났음에도 불구하고 산업안전과 관련한 기업의 관행이 다소 개선됐으며 평균적으로 사회책임경영 시스템을 갖춘 기업이 증가했다. 지배구조(G)는 기업지배구조 자율공시제도CoE 도입 확대, 내부통제 시스템 강화 등 자발적인 지배구조 개선 노력이 이루어진 반면에 감점요인 확대 등으로 2017년도와 유사한 등급 분포를 보였다. 이러한 결과를 바탕으로 한국거래소KRX ESG 테마지수 5종의 종목구성에 활용되고 있다.

한국표준협회 평가 방법

한국표준협회KSA에서 하는 평가로 1) ISO 26000(기업의 사회적 책임 국제표준)을 기반으로 한 지속가능경영 평가 모델, 2) 기업이 지속가능경영 트렌드에 대해 얼마나 전략적으로 대응하는지와 사회와 환경에 미치는 기업 경영활동의 영향을 얼마나 적극적으로 관리 개선하는지를 분야별 전문가와 기업 이해관계자가 직접 조사하는 모델(정성지표), 3) 국내 기업의 사회적 책임 이행 수준을 진단하고 경영전략, 규모, 요구사항에 맞추어 ISO 26000에 대응할 수 있도록 최선의 방안을 도출하는 것을 주요 목적으로 한다.

2009년에 시작해 매년 평가가 시행되며 국내 약 200여 개 기업이 평가대상이다. 총 46개 업종 내 매출액 1,000대 국내 민간 및 공기업의 매출액, 시장점유율, 기업의 사회적 책임 추진 현황, 사회적 관심도 등을 고려해 심의위원회에서 평가대상을 선정한다. 기업 공시자료를 활용한 평가가 아닌 이해관계자 및 전문가의 인식을 바탕으로 한 정성적 평가(온라인 설문)로 지속가능성 트렌드 대응도·임팩트 대응도 등 2개 유형으로 구분해 평가한다. 즉 평가대상 기업을 인지하고 있는 이해관계자 및 전문가가 평가 수행하며 매년 이해관계자 2만 5,000명 이상, 전문가 500명 이상이 평가에 참여한다.

지속가능성 트렌드 대응도의 경우, 글로벌 CSR 트렌드 및 리스크에 대한 국내외 대표 문헌 및 포럼 논의를 바탕으로 항목을 선정한다. 지속가능성 임팩트 대응도는 ISO 26000에서 제시하는 7대 핵심 주제 기반을 평가한다. 평가항목의 경우, ISO 26000에서 제시하는 7대 핵심 주제를 대분류로 구성하고 각 핵심 주제별 중분류를 구분해 총 36개 평가항목(중분류)을 구성하고 있다. 별도의 등급 구분은 없으며 평가결과에 따라 업종별 순위를 산출한다. 평가항목(중분류) 및 문항별 설문점수와 평가항목에 따른 가중치를 통해 산출하며 이해관계자 평가점수 70% + 전문가 평가점수 30%의 비중을 합산해 최종 지수를 산출한다. 2018년의 경우, 총 46개 업종 198개 기업(민간 37개 업종 및 145개 기업·공기업 및 공공기관 9개 업종 및 51개 기업을 대상으로 전문가 397명, 이해관계자 2만 5,400명)이 평가에 참여했다.

ISO 26000의 7대 핵심 주제를 기반으로 한 평가로 국제표준에서 요구하는 요소를 평가항목으로 반영해 업종과 관계없이 모든 기업에 공통으로 적용할 수 있다. 그러나 이는 ESG 부문 중 S(사회) 부문에 편중된 평가항목이라는 한계로 작용하기도 한다. 또한 특정 평가기관에서 기업 공시자료를 바탕으로 평가를 수행하는 타 평가지표와 달리 전문가 및 이해관계자가 직접 평가에 참여하는 방식이다.

〈표 5.4〉 한국표준협회 KSI 평가항목

구분	대분류	중분류
E(환경)	환경	환경오염 방지 지속가능한 자원 이용 기후변화 완화 노력 환경보호 및 자연 서식지 복원 노력
S(사회)	인권	차별과 취약그룹 보호 시민의 정치적 권리 보장 경제, 사회, 문화적 권리 보장 근로에서의 기본원칙과 권리 보장
	노동관행	공정한 고용 및 고용관계 보장 근로조건의 질 향상 사회적 보호 책임 사회적 대화 보장 보건과 안전 보장 인적개발과 교육훈련 기회 제공
	공공운영 관행	부패 방지에 대한 노력 책임 있는 정치 참여 활동 공정경쟁 사회적 책임 촉진 재산권 존중
	소비자 이슈	공정마케팅 소비자 보건 및 안전보호 지속가능한 소비 권장 소비자 서비스, 지원 및 불만분쟁해결 소비자 데이터와 프라이버시 보호 필수서비스에 대한 접근 보장 소비자 교육
	지역사회 참여와 발전	지역사회 발전 참여 지역사회 교육과 문화 발전에 기여 고용창출 기회의 극대화 기술개발과 접근성 지역사회와 부와 소득 창출 지역 보건증진 지역사회 사회적 투자
G(지배구조)	조직 거버넌스	이사회의 책임성 강화 기업 경영의 투명성 다양한 이해관계자 집단의 참여

따라서 평가대상 기업에 대한 인식 등 단순 공시자료로 평가하기 어려운 요소가 반영될 수 있다. 또한 소비재B2C 기업 등 일반 소비자에 친숙한 업종·기업일수록 높은 평가를 받을 수 있다는 한계가 존재할 수 있다.

다우존스 지속가능경영지수 평가 방법

글로벌 금융정보사 스탠더드앤드푸어스 다우존스 지수사와 지속가능경영 평가기관 로베코샘RobecoSAM 사가 개발해 1999년부터 전세계 시가총액 상위 2,500개 기업을 대상으로 기업의 지속가능성을 평가하는 지표이다. 기업의 경제적, 사회적, 환경적 성과를 종합적으로 평가하는 글로벌 평가 모형이며 기업이 지속가능경영 트렌드에 대해 얼마나 전략적으로 대응하는지와 기업 경영활동이 사회와 환경에 미치는 영향을 얼마나 적극적으로 관리하고 개선하는지를 평가하는 특징이 있다.

2009년부터 한국생산성본부와 함께 국내 시가총액 상위 200대 기업을 대상으로 하는 다우존스 지속가능경영지수 코리아DJSI Korea를 개발해 매년 시행 중이다. 다우존스 지속가능경영지수DJSI는 1999년에 시작됐고 다우존스 지속가능경영지수 코리아는 2009년에 시작됐다. 다우존스 지속가능경영지수 월드는 전 세계 유동자산 시가총액 상위 2,500대 기업, 다우존스 지속가능경영지수 아시아-태평양 DJSI Asia-Pacific은 아시아-태평양 지역 시가총액 상위 600대 기업, 다우존스 지속가능경영지수 코리아는 국내 시가총액 상위 200대 기업을 대상으로 한다. 경제·사회·환경적 측면의 3개 측면으로 구분해 재무적 성과와 비재무적 성과인 ESG를 종합적으로 평가하며 평가대상 기업 전체 공통 평가항목 및 측면별 산업에 따른 산업별 평가항목을 조합해 평가하는 방식이며 평가항목 내 관련 이슈들을 평가하는 총 100문항으로 구성돼 있다. 재무적 성과와 비재무적 성과를 종합적으로 고려하는 평가지표이다. 즉 환경·사회·지배구조의 ESG가 아닌 경

구분	평가항목
E(경제)	기업 지배구조Corporate Governance 중대성Materiality 리스크 관리Risk & Crisis Management 윤리강령Codes of Business Conduct 정부정책 참여Policy Influence 공급망 관리Supply Chain Management 조세전략Tax Strategy
E(환경)	환경성과 보고Environmental & Social Reporting 환경효율성Operational Eco-Efficiency 기후변화 전략Climate Strategy 제품 책임Product Stewardship
S(사회)	노동관행 지표Labor Practice Indicators 인권Human Rights 인적자본 개발Human Capital Development 인재 유치 및 유지Talent Attraction & Retention 기업 시민의식 및 자선활동Corporate Citizenship & Philanthropy

제·환경·사회의 EES 측면에서 구분해 평가함으로써 비재무적 성과만이 아닌 재무적 성과 관련 항목에 대한 평가가 함께 이루어진다. 또 다른 특징은 산업별 다양한 평가지표 및 가중치가 적용된다는 점이다. 즉 GICS 산업분류를 바탕으로 자체적으로 구분한 61개 산업분류에 따라 산업별 중요도에 맞게 평가항목 및 가중치를 적용함으로써 산업 특성을 반영하고 있다.

모건스탠리캐피털인터내셔널 지수 평가 방법

(무엇이?) MSCI 지수는 ESG 성과를 고려한 사회책임 투자SRI에 근거가 되는 평가이다. 또한 전 세계에서 가장 널리 사용되는 ESG 투자 목적의 평가지표이다. 투자대상 기업에 대한 ESG 평가를 통해

〈표 5.6〉 MSCI 지수 ESG 평가항목

구분	대분류	중분류 (평가항목)
E(환경)	기후변화	탄소 배출 제품 탄소 배출 환경적 영향에의 자금 조당 기후변화 대응
	천연자원	수자원 관리 원재료 조달 생물다양성 및 토지이용
	오염 및 폐기물	유해물질 배출 전력 사용 포장재 사용
	환경적 기회	친환경 기술에 대한 기회 (투자) 친환경 건축물에 대한 기회 (투자) 재생에너지에 대한 기회 (투자)
S(사회)	인적 자원	노무관리 인적자원 개발 보건 및 안전 공급망 내 노동 규범
	제품에 대한 책임	제품 안전 및 품질 화학 안전 금융상품 안전 개인정보 및 데이터 보호 사회책임 투자 건강 및 인구통계학적 리스크
	이해관계자의 반대	분쟁광물 및 자원 사용
	사회적 기회	정보통신에 대한 접근성 강화 금융에 대한 접근성 강화 의료 서비스에 대한 접근성 강화 영양 및 보건에 대한 접근성 강화
G(지배구조)	기업 지배구조	이사회 다양성 임원 보수 소유 및 통제구조 회계
	기업 행동	기업윤리 반경쟁적 행위 조세 투명성 부패 및 불안정성 금융시스템 불안정성

해당 기업의 장기적인 리스크 관리를 쉽게 하고 있다. 2003년에 시
작했으며 평가대상 기업의 중요 변동사항 발생시 분기마다 ESG 관
련 지수에 해당 내용을 반영한다. 전 세계 7,000여 개 기업(자회사 포

함 시 1만 3,000개)이 평가 대상이며 MSCI 지수에서 산출하는 다양한 ESG 관련 지수에 편입된 기업을 중점적으로 평가한다. 국내기업은 2011년부터 국내 유가증권시장에 상장된 기업 중 100개 기업에 대해 평가하고 있다. 기업 공시자료를 비롯해 각국 정부, NGO, 유관 평가기관에서 제시하는 평가대상 기업의 ESG 관련 정보를 활용해 MSCI 지수에서 직접 평가하는 방식이다. 1,000개 이상의 데이터셋을 통해 수집된 자료와 1,600개 이상의 매체에서 수집된 자료를 활용하며 정량적 평가 이외에도 모니터링을 통해 기업별 ESG 이슈 관련 사건·사고 등을 파악해 평가점수에 반영한다. 순수 정량지표만을 사용한 평가 모델이다. 평가대상 기업 혹은 관련 이해관계자가 응답하는 설문 방식과 달리 다양한 데이터를 활용한 정량지표 중심의 평가이다. 평가 결과는 높은 활용도를 보인다. 즉 MSCI 지수는 ESG 순위를 활용한 ESG 관련 다양한 테마의 주가지수를 구성하고 있으며 전 세계 기관투자자들이 평가결과를 구매해 펀드 등 다양한 종류의 금융상품을 운용하고 있다. 평가대상 기업에 대한 분석결과 리포트 제공으로 기업들은 자사 지속가능경영 성과에 대한 객관적인 평가자료로 활용할 수 있다.

4

글로벌 전략에 대한 시사점

본국에서의 경영활동을 벗어나 글로벌 시장에서 경쟁하는 기업들에 ESG 관련 동향을 파악하는 것은 매우 중요하다. 새로운 법규나 규제가 궁극적으로는 무역장벽의 역할을 할 수 있기 때문이다. ESG 중에서 특히 환경(E)과 관련된 이슈들에 관심을 기울여야 한다. 기후 관련 재앙이 글로벌 경제 손실에 미치는 영향이 매우 크다는 것은 의심할 여지가 없다. 예를 들어 신용평가사 피치Fitch Rating는 정유사들이 2050년 무렵이 되면 생존 자체가 위험한 상태에 도달할 것이라고 분석했다. 그 이유는 주로 환경(E) 관련 리스크가 크기 때문이다. 환경(E)을 포함한 ESG와 관련해 주요 차원별 현황과 고려 사항은 다음과 같다.

대륙·국가 차원

대륙·국가 차원에서 ESG 시대에 가장 관심을 받는 지역은 유럽

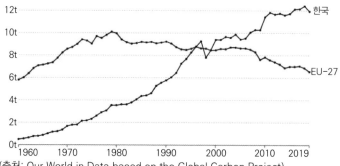

〈그림 5.3〉 1인당 CO2 배출량 비교

(출처: Our World in Data based on the Global Carbon Project)

이라고 해도 과언은 아니다. 세계적으로 지구온난화를 막기 위한 온실가스 감축이 본격화됐다. 하지만 오랜 기간 그 선두에 있었던 것은 유럽이었기 때문이다. 특히 환경(E)과 관련해 유럽연합EU은 기후변화 대응 정책을 지속적으로 추진 중이다. 그 결과 1990년부터 2018년까지 유럽연합의 국내총생산GDP 규모는 61% 증가했지만 온실가스 배출량은 오히려 23% 감소했다. 즉 경제성장과 탄소 감축을 동시에 달성하는 탈동조화Decoupling에 큰 성과를 거두고 있다. 이런 가시적 결과의 연장선상에서 탄생한 것이 유럽 그린 딜European Green Deal이다. 2050년까지 유럽연합을 최초의 탄소 중립 대륙, 즉 탄소 순배출량 제로Zero로 만들겠다는 내용의 유럽기후법안을 통과시켰다.

이런 친환경 정책이 유럽에 진출하려는 기업들에 주는 시사점은 매우 크다. 가장 가시적은 위협은 탄소국경조정제도CBAM, Carbon Border Adjustment Mechanism가 도입될 가능성이 크다는 점이다. 즉 온실가스 배출 규제가 약한 나라에서 생산된 제품을 수입할 때 세금을 부과하는 경우, 탄소 순수출국이며 무역 의존도가 높은 한국 기업에는 새로운 무역장벽이기 때문이다. 유럽연합, 미국, 중국이 탄소국경세를 도입하면 한국 수출 업계에 2023년에는 6,100억 원, 2030년에는 1조 8,700억 원의 추가비용이 발생할 것으로 예측되고 있다(그린피스, 2021).

2021년 7월 14일 유럽연합 집행위는 '핏 포 55Fit for 55'라는 입법 패키지를 통해 2030년까지 역내 온실가스 순배출량을 1990년 대비 최소 55% 감축하겠다고 발표하기에 이르렀다. 2023년 1월 1일부터 5개 분야인 철강, 알루미늄, 비료, 시멘트, 전기에 우선 적용되고 2026년에는 전면 도입될 예정이다. 프랑스에서는 플라스틱 사용 감소를 위해 2040년까지 모든 일회용 플라스틱 포장을 중단하고 2050년에는 플라스틱의 100% 재활용을 천명했다. 그러기 위해 정부는 플라스틱 보조금 및 부과금 제도를 시행하고 있다. 기업들은 재활용 가능한 페트병 수거 기계를 설치하고 있다.

환경에 관한 관심은 미국도 예외가 아니다. 백악관에 입성한 후 바이든 대통령의 첫 업무는 트럼프 전 대통령이 탈퇴한 파리 기후 변화협약에 재가입 절차를 시작하는 것이었다. 기후변화를 인류가 직면한 가장 큰 문제이며 실존적 위협으로 판단해 2조 달러 투자를 통해 2050년까지 넷 제로net-zero의 달성을 천명했다. 환경정책을 새로운 성장전략의 하나로 사용하려는 움직임은 여러 나라에서 이미 시작됐다. 중국은 총 30년간 3단계의 장기 산업정책인 '중국제조 2025'를 추진하는 데 친환경 성장을 주요 목표의 하나로 선정하면서 '에너지 절약 및 신에너지 자동차' 분야를 10대 핵심사업에 포함시켰다. 한국은 국내총생산 대비 제조업 비중이 높은 상태를 유지하고 있다. 2019년 기준 27.8%이다. 이 수치는 다른 주요 국제협력개발기구_{OECD} 국가에 비해 높은 편이다(독일 21.6%, 일본 20.8%, 이탈리아 16.6%, 미국 11.6%, 영국 9.6%). 한국 주요 기업은 제조업 중심의 산업구조, 특히 자동차, 석유화학, 철강, 조선 등의 산업 비중이 높아서 선진국에서 이행되는 환경친화적 정책은 부담으로 작용할 가능성이 매우 크다.

기업·협의체 차원

기업 차원에서도 기후변화 관련 정책에 대한 준비가 바쁘게 진행되고 있다. 탄소 배출과 관련해 그 책임소재를 명확히 하기 쉽지 않다. 가치사슬 전반에 여러 기업이 역할을 맡고 있기 때문이다. 하지만 세계 최대의 글로벌 화학기업 바스프_{BASF}는 이에 대한 새로운 도전을 천명했다. 전 세계 화학기업 중에서 최초로 특정 제품에 대해서 '제품의 탄소 발자국_{Carbon Footprint of Products}' 정보를 제공하는 계획을 2020년 7월에 발표했고 2021년 말까지는 전체 제품(약 4만 5,000개)으로 확대할 예정이기 때문이다. 즉 전과정평가_{LCA, Life cycle assessment}를 통해 원료 구매부터 공장 출시까지의 전체 과정에서 발생하는 탄소 배출의 총량에 대한 정보를 투명하게 공개함으로써 경제적 성공을 환경보존 및 사회적 책임과 연계하려는 노력을 전략적으로 추구하고 있다.

고객사를 포함한 다양한 이해관계자들과 함께 탄소배출의 구체적 현황을 파악하고 향후 해결방안을 모색하려는 바스프의 전략은 환경(E) 관련 법규를 효과적으로 극복할 수단이 될 것이다. 탄소배출에 대해서 좀 더 적극적으로 대처하는 현황도 주목할 필요가 있다. 영국 에너지 회사 드락스Drax는 탄소 포집·활용·저장CCUS, Carbon Capture · Utilization · Storage 기술을 통해 2030년까지 탄소 네거티브Carbon Negative를 달성하겠다고 공표했다. 2050년까지 연간 5,000만 톤의 이산화탄소 포집이 가능할 것으로 추정된다. 이는 영국 목표량의 약 절반에 해당하는 수치이다. 탄소 네거티브를 위한 대열에 마이크로소프트와 이케아 등 다른 기업도 동참하고 있다. 국가 차원의 동참도 주목할 만하다. 탄소 포집·활용·저장 기술의 중요성을 고려해서 미국, 영국, 독일, 일본 등이 관련 기술을 국가 차원의 핵심 전략으로 간주하고 있을 뿐만 아니라 기술개발의 지원 및 세액공제 혜택 제공 등 관련 제도를 개선하고 있기 때문이다.

기업·협의체 차원에서 환경(E)과 관련해 주목해야 할 또 다른 이슈는 재생에너지와 관련된 것이다. 가장 대표적인 것이 RE100, 즉 태양광과 풍력 등 재생에너지로 만든 전력을 2050년까지 100% 사용하겠다는 장기 계획하에 2040년까지는 90%, 2030년까지는 60%를 달성하겠다는 글로벌 기업들의 자율적 캠페인이다. 2015년 51개에 비해 2021년 8월 기준 320여 개 글로벌 기업이 참여하고 있다. 그중에서 53개 기업은 이미 100% 목표 달성했고 90% 이상 달성한 기업도 77개에 달한다. 그뿐만 아니라 애플과 같이 RE100에 참여한 기업들 중 상당수는 자사와 거래하는 협력업체에 대해서도 재생에너지를 100% 사용해 만든 제품을 납품하라고 압력을 가하고 있다.

폭스콘Foxconn이 '자발적으로' RE100에 참여하겠다고 발표한 것도 같은 맥락이다. 즉 코로나19로 인해 글로벌 가치사슬이 재개편되는 과정에서 글로벌 공급망 내 ESG 이슈의 관리가 더욱 강화되면서 개별 기업의 ESG 성적표는 새로운 선정기준으로 급부상하고 있다. 한국의 중소기업이 글로벌 가치사슬에 편입되기 위해서는 환경(E)을 포함한 ESG 차원별 준비사항을 꼼꼼히 사전점검해야 한다.

투자자 차원

세계 최대 자산운용사인 미국 블랙록$_{BlackRock}$이 투자자 차원에서는 투자 의사결정에 ESG 요소를 적극적으로 반영하겠다는 의지를 표명한 것에 주목할 필요가 있다. 총매출의 25% 이상을 석탄화력 생산 및 제조 활동에서 벌어들이는 기업은 기후위기 대응에 동참하지 않는 것으로 간주해 투자대상에서 제외하고 있다. 이와 함께 2050년까지 '넷 제로 경제$_{Net-zero\ economy}$' 달성을 위한 구체적 사업계획을 공개 요구하고 있다. 블랙록은 약 9조 달러를 운영하면서 전 세계 가장 존경받는 기업 25위에 선정되기도 했는데 자사의 투자철학에 부합하지 않는 경우 투자철회와 매각을 하겠다는 계획이다. 이 경우 해당 기업의 평판이 급락하고 궁극적으로는 자본조달 비용 등이 커질 것으로 예상할 수 있다.

엑슨모빌은 세계 최대의 석유 기업이었지만 2020년 224억 달러에 달하는 사상 최대의 적자를 기록하면서 92년 만에 다우존스 산업평균지수에서 제외되는 수모를 겪기도 했다. 탄소 배출을 낮추는 기술개발에 2025년까지 30억 달러를 투자하는 전략의 수립에도 불구하고 친환경 에너지 투자의 확대가 필요하다는 주장이 제기돼왔다. 최근에는 '친환경 행동주의 펀드'를 표방한 민간 투자회사 엔진 넘버원Engine No.1이 엑슨 경영진과의 표 대결에서 승리하면서 기후위기 대응을 위해 자신이 추천한 3명의 이사를 지명할 수 있게 됐다. 직원 22명에 자산 2억 달러에 불과한 엔진 넘버원과 같은 다윗은 탄소 감축이라는 시대적 요구가 늘어남에 따라 다른 산업에서도 등장할 것으로 예상된다.

투자자 차원에서 친환경 에너지 투자의 확대와 직결되는 것은 ESG 관련 정보공시 이슈이다. 2021년 세계 환경의 날을 맞아 자연자본 관련 재무정보공개 협의체TNFD, Taskforce on Nature-related Financial Disclosures가 공식 출범하면서 기존의 기후변화 관련 재무정보공개 협의체TCFD, Taskforce on Climate-related Financial Disclosures와 형식적으로는 유사하지만 그 대상은 더욱 광범위해졌다.

국내에서도 정보공시체계 등 관련 제도나 법규가 갖추어가는 단계이다. 예를 들어 2021년 1월 14일 금융위원회에서는 기업공시제도 개선방안을 발표하면서 'ESG 책임 투자 기반 조성'을 강조했다. 기업의 공시 부담은 줄여주고 투자자 보호는 강화해 '시장친화적인 공시제도'를 수립하겠다는 취지이다. 기업지배구조 보고서 의무공시 대상은 기존의 자산 2조 원 이상 코스피 상장사에서 단계적 확대를 거쳐 2026년부터는 전 코스피 상장사로 확대되고 「지속가능경영 보고서」의 경우 2025년까지 자율공시 활성화를 거쳐 2030년부터 전체 코스피 상장사가 대상이다. 공시 확대 정책과 더불어 발간된 보고서에 대한 제3자 검증이 필요하며 글로벌 전략을 추구하는 한국기업의 경우 공시에 포함시킬 내용에 대해서 글로벌과 로컬 이슈를 동시에 고려하는 이원화된 전략이 필요하다.

2021년 8월 증권거래위원회sec는 새로운 나스닥 규정을 승인했다. 주요 내용은 나스닥 상장기업의 이사회에 여성 최소 1명과 소수 인종 또는 소수 민족 출신 혹은 성 소수자 최소 1명이 포함돼야 한다는 것이다. 기업 및 이사회 규모 혹은 상장 방식에 따라 다른 기준이 적용되지만 매년 이사회 다양성과 관련된 통계의 공개가 의무화됐다. 이사회 다양성에 대한 정보를 투자자에게 제공하겠다는 취지이다. 한국에서도 2021년 1월 이사회 성별 구성과 관련된 자본시장법 개정안이 국회 본회의를 통과했다. 특정 성性만으로 구성됐을 때 초래될 수 있는 집단사고의 오류를 줄이기 위해 자산 2조 원 이상의 상장법인은 이사회의 이사 전원을 특정 성의 이사로 구성할 수 없게 됐다.

향후 고려사항

ESG 시대에 글로벌 경쟁력을 유지하고 확보하기 위해서는, ESG에 대한 전략적 접근 방식과 아울러 글로벌 시장에서 발생할 수 있는 새로운 추세나 요구사항에 대해서 선제적으로 대응할 준비가 필요하다. 글로벌 ESG평가지표는 향후 평가 항목의 숫자가 더욱 늘어날 것이며 평가 기준도 더욱 엄격해질 것이다. 글로벌 리딩 기업들이 각종 이니셔티브라는 이름의 산업별 규범을 이끌어가는 주체로 급부상한다는 점에 주목해야 한다. 각종 산업별 규범이 수면 위에 떠오른 이후에 비로소 대응하는 형태를 답습한다면 한국 기업의 글로벌 경쟁력은 약화될 수밖에 없다. 아직 생소하거나 준비가 부족하지만 향후 중요한 이슈로 등장할 사안에 대해서 선제적 대응이 필요하다.

예를 들어 바이오차Biochar란 각종 플라스틱 음식물쓰레기를 포함한 폐기물과 바이오매스를 열분해함으로써 얻을 수 있는 자연모사 토양유기물이다(Ok, Tsang, Bolan, & Novak, 2019). 국가 차원에서는 중국, 영국, 유럽, 북미 등이 바이오차를 이산화탄소를 포함한 온실가스 저감을 위한 대표적인 탄소 네거티브 기술로 분류하고 있으며, 기업 차원에서는 셸Shell을 포함한 많은 글로벌 기업들이 바이오차에 대해 전략적으로 접근하고 있다 한국기업들도 글로벌 경쟁력 확보를 위해서 ESG 시대의 미래에 대한 철저한 준비가 필요하다.

글로벌 전략의 핵심은 외국 기업으로서의 불리함을 극복하고 해외에서도 경쟁 우위를 유지하고 창출하는 방법을 찾아내는 것이다. 이런 상황에서 글로벌 기업들은 ESG 시대가 가져오는 뉴 노멀new normal의 본질에 대해 정확한 이해가 필요하다. 무엇보다도 빅데이터와 인공지능 덕택에 개별기업의 ESG 관련 자료는 앞으로 더욱 정확하고 더욱 빠르게 시장에 공급될 것이다. 만약 개발도상국가와 같이 ESG와 관련된 각종 규제가 다소 느슨한 국가에 진출했을 때, 본국이나 선진국에서의 경영활동과 다른 이중적 행태를 보이는 경우 해당 국가에서뿐만 아니라 전 세계적인 비난을 벗어나지 못할 것이다.

1994년 북미자유무역협정NAFTA 발효와 더불어 멕시코가 미국기업들의 '오염 피난처pollution haven'로 전락했다. 멕시코의 느슨한 환경규제와 저렴한 인건비, 취약한 노동 법규 때문이었다. 하지만 그런 환경에서 만들어진 제품의 가격경쟁력, 수출경쟁력은 더 이상지속 가능하지 않을 뿐더러 해당 기업의 평판도 훼손될 수밖에 없다. 글로벌화 과정에서 직면할 수 있는 '표준화 대 현지화'(Bartlett & Ghoshal, 1989) 이슈에서 오늘날의 기업들은 진정한 의미의 ESG 경영 표준화를 추구해야 한다. 이를 위해 본국을 포함해 전 세계에서 운영되고 있는 ESG 관련 현황을 정확히 파악해야 한다. 그 이후 ESG 경영의 구체적 목표를 설정하고 달성을 위한 전사적 노력이 수반돼야 한다. 사전 설정한 핵심성과지표KPI와의 연계를 통해 ESG 경영의 결과를 객관적으로 평가하고 기업 내외부 글로벌 이해관계자와 공유해야 한다. 한국 기업은 ESG 시대가 가져오는 각종 경영환경의 변화를 글로벌 관점에서 위협보다는 기회로 활용하는 지혜로운 전략적 대처가 절실하다.

6장

지속가능 공급사슬 운영관리와
사회·환경적 가치창출

SOCIAL VALUE AND
SUSTAINABILITY IN BUSINESS

김대수

서울대학교에서 영어교육 학사학위를 받았다. 그 후 미국 볼링그린주립대학교에서 경영학 석사학위를 받았고 인디애나대학교-블루밍턴에서 경영학 박사학위를 받았다. 미국 마켙대학교 부교수와 SCM 센터장, 고려대학교 기업경영연구원과 경영대학원 부원장, 한국 생산관리학회와 구매조달학회 회장을 역임했다. 현재 고려대학교 경영대학 교수로 재직 중이며 현대모비스 사외이사로 지속가능경영위원회와 보수위원회 위원장 및 글로벌경영학회 회장을 맡고 있다. 최근 연구 분야는 지속가능 공급망 관리, 공급망 리스크 관리, 공급사슬 파이낸싱, 디지털 전환 전략 등이다.『생산과 운영 관리Production and Operations Management』『디시전 사이언스Decision Sciences』『국제 생산경제학 저널International Journal of Production Economics』『유럽 계량경영 학술지European Journal of Operational Research』등 다수의 국내외 저널에 논문을 게재했다. 저서와 역서로는『4차 산업혁명과 기술경영: 혁신과 성장』『글로벌 기업의 사례로 본 경영학』『공급사슬관리: 비전에서 실행까지』등이 있다.

1

공급사슬 운영관리와
사회·환경적 가치 및 지속가능성

　오늘날 기후변화, 환경 폐해, 자원 고갈 등의 환경적 이슈들과 안전보건, 공정거래, 동반성장 등의 사회적 이슈들은 그 어느 때보다 기업의 중요한 사안으로 부상하고 있다. 따라서 기업은 〈그림 6.1〉에서 보이듯이 경제(재무)뿐 아니라 사회·환경(생태계)의 트리플 보텀라인 혹은 3P(경제Profit, 사회People, 환경Planet) 영역의 문제를 해결하고 목표를 달성하기 위한 노력을 해야 한다(Elkington, 1998). 이는 사회·환경적 이슈들의 규제가 강화되고 기업 평가에 반영되고 있고 투자자와 고객들의 요구가 증대되고 있기 때문이다(KPMG, 2021. 2). 나아가 기업은 경제적 가치와 더불어 보다 근본적인 사회·환경적 가치와 연계된 지속가능발전목표를 추구하는 것이 필요하다.

　지속가능성은 1987년 「브런틀랜드Brundtland 보고서」에 의하면 미래 세대의 필요 충족 가능성을 손상시키지 않으면서 현재의 필요를 충족하는 것을 말한다(세계환경개발위원회World Commission on Environment and Development, 1987). 따라서 사회적Social, 환경적Environmental 지속가능성은 현재와 미래의 사회 구성원들People에게 환경 생

〈그림 6.1〉 트리플 보텀라인의 관계와 핵심 콘셉트

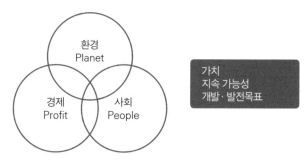

환경
Planet

경제
Profit

사회
People

가치
지속 가능성
개발 · 발전목표

태계Planet에 필요한 가치를 충족하는 것이라 할 수 있다. 하지만 현 오퍼레이션 상태는 트리플 보텀라인의 지속가능발전목표를 달성함 에서 아직은 파레토 효율점에 이르지 못하고 있다(Sohdi, 2015). 본 장은 기업의 여러 영역 가운데 운영관리와 공급사슬 관리를 총칭한 공급사슬 운영관리 부문에서의 지속가능한 사회적, 환경적 가치창 출에 대해서 고찰하고자 한다.

지속가능한 공급사슬 운영관리는 무엇인가? 운영과 공급사슬 관 리 분야에서 지속가능성에 대한 이슈가 대두되기 시작한 것은 1990 년대에 이르러서다. 지속가능 운영관리Sustainable Operations Management는 기업 운영이 자본 자산의 경쟁적 수익률을 달성하는 데 내외부 이 해관계자들의 적법한 니즈를 희생하지 않으면서 사람과 환경에 미 치는 영향을 고려한 비즈니스 프로세스를 구축하고 관리하는 스킬 과 콘셉트의 세트라 정의할 수 있다(Kleindorfer et al., 2005). 지속가 능 공급사슬 운영관리Sustainable Supply Chain Management는 고객과 이해관 계자들의 요구에 기반해 지속가능한 트리플 보텀라인 목표를 수립 하고 공급사슬 내 기업들의 협력과 자재, 자본, 정보의 흐름을 관리 하는 것이라 할 수 있다(Seuring과 Mller, 2008). 이를 종합하면 지속가능 공급사슬 운영관리는 기업이 지속가능한 경제·사회·환경적 가치를 창출하고 제공하기 위한 연구개발, 디자인, 구매, 생산, 물류, 서비스의 제반 가치사슬 활동 및 공급업체와 고객 사이의 자재·제품, 정보, 재화의 양방향 흐름과 관련된 제반 공급·수요 사슬 활동들의 관리라 정의할 수 있다.

그렇다면 기업에서 창출하고 제공하는 사회적·환경적 가치는 무엇인가? 사회적 가치는 기업이 사회 구성원(내외부 이해관계자)들을 위해 창출하고 제공하는 규범적·생산적 가치로(김재구 등., 2018, 2020 참조), 좋은 품질, 안전보건, 웰빙, 공정, 형평성, 다양성, 포용 등을 포함한다. 환경적 가치는 기업이 환경생태계를 위해 창출하고 제공하는 가치로 보존, 회복, 복원, 개선 등을 포함한다. 이와 같은 사회적 가치와 환경적 가치는 때로는 그 경계가 모호하며 상호 영향을 미칠 수 있다(〈그림 6.1〉의 중첩되는 영역 참조). 이러한 가치를 사회·환경적 가치Socio-Environmental Value라고 지칭한다.

기업의 지속가능 공급사슬 운영관리에서 사회·환경적 가치를 창출하는 활동들은 국제표준화기구에서 제정된 ISO 9001(품질경영시스템), ISO 14001(환경경영시스템), ISO 26000(사회적 책임), ISO 31000(기업 리스크 관리), ISO 45001(안전보건경영시스템), ISO 50001(에너지경영시스템) 등과 밀접하게 연관돼 있다. 또한 유엔 글로벌 콤팩트UN Global Compact(2000)의 4대 주제(환경, 노동, 인권, 반부패)와 유엔총회에서 선정한 17개의 지속가능발전목표(2015)와도 연계돼 있다.

나아가 기업의 활동, 보고, 게시 가이드라인을 제시하고 있는 글로벌보고운동(Global Reporting Initiative, 1997, 2018)은 일반(거버넌스 포함), 경제·환경·사회의 다양한 항목들을 포함하고 있다(KPMG, 2021.2). 특히 최근 급속하게 확산되는 ESG(Environmental, Social, and Governance; World Federation of Exchanges, 2015)는 환경·사회·지배구조에 관한 기업의 전략, 활동, 성과에 대한 평가와 연계돼 있다. 대표적인 평가 체계로는 플랫폼 기반의 다우존스 지속가능경영지수$_{DJSI}$와 탄소정보공개프로젝트$_{CDP}$ 및 공시정보 기반의 MSCI 지수 ESG 평가와 블룸버그 ESG 리스크 평가 등을 들 수 있다(KPMG, 2021.2).

이제 구체적으로 지속가능 공급사슬 운영관리와 사회·환경적 가치창출에 관한 국내 대표기업들의 사례(2절), 연구 동향과 주요 이슈(3절), 향후 기업의 방향과 연구 방향(4절)에 대해서 살펴보자.

2

국내 기업 사례

 본 절은 국내 주력산업(전자, 자동차, 통신·정보통신기술, 화학, 철강)의 대표 기업들(삼성전자, 현대자동차, SK텔레콤, LG화학, 포스코)의 지속가능 공급사슬 운영관리의 비전, 전략, 활동들에 대해서 각 기업의 최근 지속가능성보고서, 기업시민보고서 등을 기반으로 분석했다. 〈표 6.1〉은 한국기업지배구조원, 스탠더드앤드푸어스 다우존스 지

〈표 6.1〉 지속가능 공급사슬 운영관리의 환경과 사회 차원의 평가항목

환경	환경전략	환경 전략과 방침
	환경경영	친환경공급망 관리, 청정생산시스템, 환경위험관리
	환경성과	자원: 용수 사용, 폐기물 배출과 재활용 기후변화: 에너지 사용, 온실가스 배출, 신재생에너지 환경 법규 및 규제 준수: 유해물질 관리 친환경 제품 및 서비스: 친환경 구매, 녹색기술 인증, 탄소성적표지 등
사회	근로자	보건과 안전: 정책, 활동, 산업재해 기본권: 인권경영 정책, 실사 및 구제프로그램
	협력사	공정거래, 부패방지 사회적 책임: 동반성장, 윤리경영, 지원프로그램, 협의 채널과 불만 처리 프로세스
	소비자	안전 및 보건: 안전을 고려한 제품·서비스 제공 소통: 제품·서비스에 대한 소비자 의견과 불만 처리
	지역사회	지역경제발전: 지역 공급업체 선정 배려 정책

속가능경영지수, MSCI 지수 ESG 지표 등을 바탕으로 지속가능 공급사슬 운영관리와 관련된 환경과 사회 차원의 평가항목들을 요약 정리하고 있다.

전자 산업: 삼성전자(삼성전자 지속가능경영보고서, 2020)

삼성전자는 2019년 말 기준으로 전 세계에 230개 생산거점, 판매거점, 디자인 센터와 연구소를 보유하고 있다. 한국을 비롯해 북미, 동남아, 유럽, 아프리카 등에 15개 지역별 총괄 체제를 운영하고 있다. 사업부문은 가전제품CE, Consumer Electronics(영상디스플레이, 생활가전, 의료기기), IT와 모바일 커뮤니케이션IM, IT & Mobile Communications(무선, 네트워크), 디바이스 솔루션DS, Device Solutions(메모리, 시스템LSI, 파운드리) 부문으로 구성돼 있다. 가전제품 부문은 2019년 14년 연속 TV 시장 1위를 지키며 QLED 8K TV, 비스포크 냉장고 등의 제품으로 고객의 라이프 스타일 혁신을 주도하고 있다. IT와 모바일 커뮤니케이션 부문은 폴더블폰 등을 출시하며 스마트폰 1위 자리를 유지하며 세계 최초로 5G를 상용화해 차세대 통신 시장을 선도하고 있다. 또한 DS 부문은 3세대 10나노급 D램, 1억 800만 화소 이미지 센서, EUV 첨단공정 등 초격차 기술 리더십을 바탕으로 반도체 업계를 선도하고 있다. 삼성전자의 지속가능 공급사슬 운영관리 활동은 크게 기후변화 대응과 환경 영향 최소화, 순환경제와 제품 책임주의, 착한 기술과 혁신, 지속가능한 공급망 관리에서 나타나고 있다.

- 기후변화 대응과 환경 영향 최소화: 기후변화에 적극적으로 대응하기 위해 에너지 고효율 제품을 개발하고, 탄소배출권 시장에 참여하고 있으며, 온실가스 배출량의 효율적인 저감에 주력하고 있다. 또한 녹색경영을 위해 환경안전방침을 수립하고 ISO 14001(환경경영시스템)과 ISO 50001(에너지경영시스템)을 바탕으로 사업장 환경 분야를 관리하고 있으며 환경안전경영시스템, 온실가스, 수자원, 폐기물 분야의 4대 지표를 설정해 추진 경과와 달성 여부를 관리하고 있다. 예로 포장재에 바이오플라스틱과 지속가능 종이 등 친환경 소재를 사용하고 고효율 충전 기술을 개발했다. 그 결과 미국 환경보호청으로부터 2019 그린파워 리더십 우수상을 받았다.

- 순환경제Circular Economy와 제품 책임주의Product Stewardship: 제품 수명주기 전 단계(개발, 원료구매, 제조, 유통, 사용, 폐기)에서 순환경제 원칙을 수립하고 사회와 환경 영향을 최소화하는 다양한 활동을 추진하고 있다. 제품 개발단계부터 에너지와 자원 사용량 및 부품과 원재료의 유해성을 평가하는 자체적 친환경 평가제도인 에코디자인 프로세스를 구축해 에너지 효율은 높이고 자원 사용은 최소화하며 유해물질이 없는 친환경제품을 개발하고 제품수명을 연장하고 있다. 예로 재생플라스틱, 바이오플라스틱, 지속가능 종이 등 친환경 소재 사용 확대, 비스포크 냉장고, 모듈형 무풍큐브 등 모듈러 디자인 확대 적용, 폐전자제품 회수와 자원 재활용 확대, TV 포장박스에 반려동물용 소품, 소형가구 등을 제작할 수 있는 업사이클링 디자인 적용, 자원 사용 절감, 5G 통합형 기지국의 소형화 등을 들 수 있다.

- 착한 기술Technology for Good과 혁신: C-랩(크리에이티브 랩) 인사이드와 아웃사이드를 운영해 창의적 아이디어를 발굴하고 지원함으로써 다양한 스타트업이 성장할 수 있는 개방형 혁신 생태계를 조성해 기초과학을 지원하고 고객의 균형 잡힌 디지털 기기 사용을 위해 디지털 웰빙 기능을 개발하고 있다. 아울러 빠르게 성장하는 인공지능 기술의 윤리적 사용에 노력하고 있다.
- 지속가능한 공급망 관리: 분쟁과 고위험 지역의 광물 채굴 과정에서 벌어질 수 있는 인권침해나 환경파괴 등 사회와 환경에 미치는 부정적 영향을 최소화하기 위해 '분쟁지역 광물의 책임 있는 공급망에 대한 경제협력개발기구 실사 지침'에 따라 제품에 함유된 탄탈륨, 주석, 텅스텐, 금 등의 분쟁 광물과 코발트와 같은 책임 광물에 대한 관리정책과 체계를 실행하고 있다. 예로 콩고민주공화국을 포함한 아프리카 10개국에서 채굴되는 분쟁 광물 사용을 제한하기 위해 분쟁 광물 충돌 방지Conflict-free 체제를 구축하고 있고 협력사도 공급 부품 및 원재료에 분쟁과 고위험 지역에서 불법 채굴된 광물을 제거하고 관리하는 체계적 점검 프로세스를 구축하게 하고 있다. 또한 새로 확인되는 책임 광물에 대해서 글로벌 이해관계자와 함께 RBA 산하 책임 있는 광물 계획RMI, Responsible Minerals Initiative, 책임 있는 광물 자원을 위한 유럽 파트너십EPRM, European Partnership for Responsible Minerals 등의 협의체에 참여해 공동 대응하고 있다.

자동차 산업: 현대자동차(현대자동차 지속가능성 보고서, 2020)

현대자동차는 1967년 창립 후 2009년 친환경차 양산을 시작했고 다양한 전동화 모델을 출시해왔다. 2013년 세계 최초 수소전기차 양산을 시작하는 등 녹색성장을 견인하고 있다. 특히 매출 100조원을 달성한 2019년에는 친환경전기차 코나의 수출 약진으로 글로벌 전기차 시장 톱 3위, 독일 아우토빌트 소형디젤SUV 비교평가 종합 1위, 2019 북미 올해의 SUV 수상, 2019 워즈오토 세계 10대 엔진 선정, 2018년 런칭한 차세대 수소전기차FCEV SUV 넥쏘의 2019년 글로벌 판매 실적 1위를 달성했다. 한편 ESG 관련해 다우존스 지속가능경영지수 코리아에 편입했고 탄소정보공개프로젝트의 기후변화 대응 최우수기업들의 '아너스클럽'과 '탄소경영섹터아너스(선택소비재)'에 2년 연속 등재했다. 중국사회과학원 CSR 평가CASS-CSR에서 중국 '기업사회책임 발전지수 평가' 4년 연속 자동차 기업 부문 1위 및 전체 기업 순위 4위에 올랐다.

현대자동차는 자동차에서 삶의 동반자로라는 비전하에 인간 중심적·환경친화적 혁신 기술과 포괄적 서비스 기반의 최상의 이동성 구현을 통해 삶을 더욱 편리하고 즐겁게 영위할 수 있는 새로운 공간을 제공하고자 노력하고 있다. 최근 수소 에너지로 글로벌 시장을 선도하며 스마트 모빌리티 솔루션과 도심항공교통UAM, Urban Air Mobility 및 로보틱스 분야에 적극적으로 투자하는 등 2025 전략과 지속가능경영 활동을 바탕으로 자동차 제조를 넘어 '스마트 모빌리티 솔루션 프로바이더'로 도약하고 있다. 구체적으로 사회 임팩트 확산과 지속가능한 기업 생태계 구축이라는 미션하에 공유가치창출csv 전략을 추진함으로써 비즈니스 연계와 혁신으로 사회적 가치를 창출하고 기업 보유역량을 활용해 사회문제 해결에 기여하며 사회적 책임의식을 바탕으로 지역사회 발전을 도모하고 있다. 지속가능한 기업생태계 구축은 친환경, 이동혁신, 교통안전, 미래세대 성장, 지역사회 상생의 영역에서 진행되고 있다. 현대자동차의 지속가능 공급사슬 운영관리 활동은 크게 스마트 모빌리티 기반 고객경험 혁신, 고객 및 제품 안전, 전 과정 친환경 가치 추구, 지속가능한 공급망 조성에서 나타나고 있다.

- 스마트 모빌리티 기반 고객경험 혁신: 기술 혁신을 통해 스마트 모빌리티 디바이스 및 서비스를 확대하고 자율주행차의 상용화와 모빌리티 사업 확대를 통해 자동차와 삶을 연결하는 카투라이프Car to Life 기술 및 증강현실 네비게이션과 차량 내 결제가 포함된 첨단 인포테인먼트 시스템을 개발했다. 즉 사용자의 편의와 접근성을 향상시킴으로써 인간 중심의 가치를 확산시키고 고객 이동의 자유, 도시 교통 문제 해결 등의 사회적 가치를 증대하고 있다. 예로 미국 캘리포니아주에서 현대자동차의 자율주행차 애플리케이션을 통한 승차 공유서비스인 봇라이드BotRide를 시범 운행했고 인공지능을 적용한 국내 첫 라이드 풀링(차량 공유) 서비스인 셔클을 시범 개시했다.
- 고객 및 제품 안전: 기술 변화와 고령화 등으로 인한 신규 위험 요소를 파악해 대응하고 있으며 3세대 플랫폼과 첨단운전자보조시스템ADAS 적용 등을 통해 안전성을 강화하고 있다. 그 결과 자동차 충돌 안전평가에서 우수한 성과를 획득하고 대외 인지

도를 확보하고 있다.

- 전 과정 친환경 가치 추구: 친환경차량 개발을 통해 생산과정과 사용 단계에서의 온실가스를 감축하고 자동차 산업의 글로벌 환경 규제 및 소비자 니즈에 선제적으로 대응하는 환경적 가치 증대에 주력하고 있다. 예로 차세대 자동차 경량화 기술을 통해 연비효율과 친환경성을 높이고 있으며 차량의 온실가스 배출 저감을 위해 태양광 발전 기술과 같은 재생에너지 활용 기술을 차량에 적용했다. 자체 개발한 차량 부품 재질 분석 시스템MAMS, Material Analysis Management System을 이용해 부품별 화학물질 데이터를 관리하고 협력사 정기점검과 부품 실물분석 등을 통해 제품 유해물질을 줄이고 있다. 또한 환경친화적인 폐자동차 처리와 재활용 네트워크를 구축해 폐자동차에서 회수한 재활용 부품을 친환경 재활용 공정을 통해 신차 양산에 적용해 가치를 더하는 자원순환형 재활용 체계를 구축하고 자원선순환을 추구하고 있다. 나아가 수소사회 실현을 위해 자동차에서 선박, 철도차량, 발전기에 이르는 다양한 사업 영역에서 이산화탄소와 매연 및 소음이 사라지는 수소전기차 개발을 통해 석유와 가스 등 화석연료의 해외 의존도를 축소하는 에너지 안보와 탄소 배출 저감 활동을 하고 있다.

- 지속가능한 공급망 조성: 품질, 납입, 기술, 상생협력, 안전관리, 방역, 친환경 기반의 공급망 관리 정책과 협력사의 사회적 책임 이슈를 고려한 공급망 ESG 관리정책을 시행하고 공급망 전반의 ESG 리스크를 관리함으로써 지속가능한 기업생태계를 조성하고 있다. 또한 '구매본부 직원윤리헌장 강령'의 실천을 통

해 투명하고 공정한 구매윤리를 준수하고 '협력사 행동강령'을 통해 가이드라인을 제시하며 협력사의 사회적 책임 실천을 요구하고 있다. 이는 윤리경영, 노동 인권, 안전보건, 합법적 원자재, 경영시스템 등 지속가능한 경영을 위한 실천사항으로 이루어져 있다.

통신·정보통신기술 산업
: SK텔레콤(SK텔레콤 연간보고서, 2019)

SK텔레콤은 유무선 통신사업과 함께 미디어, 보안, 커머스 등 신사업 영역을 구축하고 5G 통신 기술을 기반으로 인공지능, 빅데이터, 사물인터넷, 모빌리티, 양자암호 등 다양한 분야의 기술 발전을 선도하며 글로벌 정보통신기술 리더로 부상하고 있고 경제적 가치와 사회적 가치를 동시에 추구하는 더블 보텀라인을 적극적으로 추진하고 있다. 정보통신기술 복합 기업으로서의 인프라와 기술력을 바탕으로 이해관계자의 행복과 가치를 창출하고 사회와 함께 성장하고자 노력한 결과 2019년 대한민국 3대 고객만족도 조사인 국가고객만족도$_{NCSI}$, 한국산업고객만족도$_{KCSI}$, 한국산업서비스품질지수$_{KS-SQI}$에서 최장기간 연속 1위에 올랐다. 아시아 통신기업 최초로 ESG 성과를 평가하는 다우존스 지속가능경영지수 월드에 12년 연속 편입했다. SK텔레콤의 지속가능 공급사슬 운영관리 활동은 크게 기술 혁신과 서비스를 통한 사회적 문제 해결, 전사적 환경경영, 지속가능한 공급망 관리에서 나타나고 있다.

- 기술 혁신과 서비스를 통한 사회적 문제 해결: 첨단 정보통신 기술인 사물인터넷, 인공지능, 데이터 분석 역량 등을 기반으로 취약계층을 위한 복지서비스를 제공하고 있다. 예로, 사회적 기업 및 지자체와 함께 인공지능 스피커 누구NUGU를 보급해 독거노인의 고독, 안전, 치매 문제를 해소하는 '행복커뮤니티 인공지능 돌봄' 서비스를 출시했다. 정보통신기술 기반의 사회적 기업과 스타트업 촉진을 지원하고 있으며 음성통화에 어려움을 겪는 청각장애인을 위해 국립서울농학교와 전국 청각장애인협회와 함께 '손누리링' 서비스, 청각장애 택시기사 전용 'T맵택시앱' 서비스, 시각장애인에게 무료 음성 콘텐츠를 제공하는 '행복을 들려주는 도서관' 등 다양한 사업을 통해 사회적 난제를 해결해가는 데 기여하고 있다.

- 전사적 환경경영: 정보통신기술 기반의 지속가능한 미래 구현의 비전하에 '2030 그린 패러티2030 Green Parity'를 목표로 설정하고 선제적 기후변화 대응과 환경경영시스템 고도화 및 친환경 녹색 문화의 세 가지 과제를 추진하고 있다. 구체적으로, 제품과 서비스 영역에서 공장에너지관리시스템, 빌딩에너지관리시스템, T렌탈 회수폰 재활용, 유심카드패키지 축소, 판매점용 전자신청서시스템 도입의 환경 성과를 영향 평가에 포함하고, 온실가스와 에너지 소비량 감축뿐 아니라 녹색구매 시행 등 전사 차원의 환경경영을 실천하기 위한 노력을 강화하고 있다. 이를 위해 2009년부터 환경경영 관련 전 사업영역을 대표하는 환경경영 추진조직인 그린 ICT 위원회를 설립해 운영하고 있으며 주요 이슈가 발생 시 SK텔레콤 내 지속가능경영 최고의사결정

기구인 기업시민위원회에 보고해 이사회가 해당 이슈에 대해 의사결정을 하도록 지원하고 있다.

그 일환으로 2015년 12월 온실가스 감축을 위한 파리협정을 준수하기 위해 2019년 2월 세계이동통신사업자연합회GSMA가 설정한 2050년 온실가스 배출량의 넷 제로 목표에 이사회 멤버로서 동참하고자 과학 기반 온실가스 감축 목표 이니셔티브 SBTi, Science Based Target initiative 약정서를 국내 통신사 최초로 2020년 1월에 제출했다. 현재 감축목표 설정을 위한 감축 수단 검토 및 로드맵 수립을 진행 중이며 통신 인프라 장비 저전력화, N/W 효율화, 신재생에너지 도입 등 적극적인 감축 활동을 전개하고 있다. 예로 네트워크 구조 혁신과 망 슬림화를 통한 지속적인 에너지 효율성 향상, 전자청구서 발행, T멤버십 모바일 카드 발급, 단말기 회수 등을 통한 불필요한 자원 낭비 절감, 용수 사용 절감, 폐기물과 재활용 폐기물 배출량 절감 등을 실시하고 있다. 또한 환경원가에 녹색구매비용을 제외한 에너지 소비효율 등급, 고효율 에너지기자재인증, 우수재활용제품품질인증, 환경마크인증, 환경성적표지인증, 탄소성적표지인증, 저탄소상품인증 구매 등을 포함하고 있다.

• 지속가능한 공급망 관리: 네트워크 디바이스 개발과 보급, 네트워크 인프라 구축과 운영, 플랫폼 콘텐츠 개발과 제공 등을 위한 협업 소통체계를 구축하고 사업 운영과정에서 발생할 수 있는 돌발상황에 따른 위기 대처 능력과 유연한 사고를 바탕으로 책임감 있게 가치사슬을 관리하며 경쟁력을 강화해가고 있다. 또한 지속가능한 공급망 선정과 평가 관리를 위해 비즈니스 파

트너 ESG 행동규범을 정의했다. 그리고 당사 및 비즈니스 파트너와 관련된 사업 리스크를 사전에 방지하고자 계약 과정에서 협력사에 원칙 의무 이행을 요구하며 정기적인 모니터링을 통해 적합한 조치를 하고 있다. 나아가 구매 전략과 지속가능성 관리 목표의 연계적 실행을 통해 비즈니스 파트너가 자원을 창출할 수 있도록 노력하고 있다.

화학 산업: LG화학(LG화학 지속가능성 보고서, 2019)

LG화학은 1947년 창립 후 2019년 기준으로 한국 본사를 포함해 중국, 미국, 폴란드, 인도, 베트남 등 전 세계에 62개 생산 및 판매사업장과 연구개발 센터와 지사 등을 운영하고 있다. 화장품 뚜껑에서 배터리에 이르기까지, 고객과 인류의 풍요로운 삶을 위해 석유화학, 전지, 첨단소재, 생명과학 등의 사업 포트폴리오를 바탕으로 글로벌 상위 5대 기업으로 도약하기 위해 지속가능성을 핵심경쟁력으로 정하고 순환경제체제 구축과 탄소중립성장을 목표로 원료-생산-소비-폐기의 전 가치사슬 영역에서 차별화된 가치를 만들어가고 있다. 또한 모든 경영활동에서 환경안전 확보를 최우선시하고 있다. LG화학의 지속가능 공급사슬 운영관리 활동은 크게 고객을 위한 지속가능한 기술 혁신, 환경을 위한 기후변화 대응, 사회를 위한 가치경영에서 나타나고 있다.

• 고객을 위한 지속가능한 기술 혁신: 첫째, 2019년 12월 유럽연

합 그린 딜EU Green Deal 정책의 가장 중요한 구성요소 중 하나인 순환경제의 자원 선순환 활동의 일환이다. 배터리 산업의 환경 규제 강화와 자원 선순환 니즈의 확대에 따른 폐배터리 시장의 활성화에 선제적으로 대응하기 위해 재료-생산-소비-폐기에 이르는 가치사슬 전반의 폐루우프를 구축하고 활동하고 있다. 둘째, 환경생태계 보호를 위해 신규 사업장 폐기물매립제로인 증 의무 적용과 폐플라스틱의 기계적(분리, 선별), 화학적(열분해) 재활용 및 폐기 분해된 배터리에서 금속을 추출해 배터리 원재료로 재활용하고 폐배터리를 활용한 ESS전지 등을 재사용하고 있다. 셋째, 책임 있는 제품 개발과 생산을 위해 연구개발에서 폐기까지 제품생산 전 과정에 걸쳐 환경·경제적 측면의 효율적이고 가치 있는 해결안을 도출해 제공하고자 '에코제품 솔루션파트너' 비전하에 다양한 활동을 전개하고 있다. 그 일환으로 화학제품 친환경성을 보증하기 위해 원자재 구매에서 최종제품 판매에 이르는 전 과정의 규정과 시스템을 구축해 운영하고 있고 2019년 신규 화학물질통합관리시스템 CHARMs 2.0을 리뉴얼했다. 또한 취득한 원자재 정보와 생산 제품 재료명세서 정보 및 규제 정보를 결합해 생산 제품의 위험성 정보를 도출하고 관리하는 플랫폼을 활용하고 있다. 글로벌 제품 환경성 및 안전성, 유해화학물질 규제와 관련된 최신 정보를 제공해 각 사업부 품질 관리 담당자에게 필요한 정보들을 공유하고 있다.

• 환경을 위한 기후변화 대응: 유럽연합의 그린 딜 정책과 미국 지방정부 주도의 기후변화 대응 법제화에 선제적으로 대응하기 위해 2050년까지 온실가스 저감을 통한 탄소중립성장 달성

을 목표로 재생에너지 사용 100%$_{RE100}$ 전환을 위한 재생에너지 사용 확대, 에너지 효율화, 공정·설비 투자와 바이오납사 등의 원료 전환을 추진하고 있다. 또한 수자원 관리를 위해 친환경 가소제공정 내 악성폐수 저감기술 개발과 폐수처리장 내 T-N 저감을 통한 방류 수질 개선 등의 용수 및 폐수 관리 활동을 하고 있다.

- 사회를 위한 가치경영: 첫째, 책임 있는 공급망 개발과 관리를 위해 원재료 공급망 내 환경, 인권, 윤리 등을 고려한 책임구매를 시행하고 있고 인권 및 환경에 문제가 없는 클린 코발트 공급망을 구축하고 있다. 또한 현지 광산 리스크 검증 및 사전예방 프로세스 구축을 통해 공급망 투명성을 강화해가고 있다. 둘째, 환경보건안전이 차별화된 경쟁력을 확보하기 위한 기본요소임을 인식하고 전사 환경안전협의회를 구축해 환경안전 방침을 수립하고 사물인터넷과 인공지능을 활용해 예방점검의 패러다임 변화를 통한 설비 안전을 강화하고 있다.

철강 산업: 포스코(포스코 기업시민보고서, 2019)

포스코는 열연, 냉연, 스테인리스 등 철강재를 생산하는 종합제철 회사로 1968년 4월 설립됐다. 1988년 대한민국 최초 일관제철소로 한국증권거래소에 주식을 상장했으며 연간 약 4,300만 톤의 조강 생산체제를 갖춘 글로벌 철강기업으로 성장했다. 포스코 기업시민 헌장의 '더불어 함께 발전하는 기업시민' 경영이념하에 고객, 구성원, 주주 등 모든 이해관계자와 소통하고 공감하면서 끊임없이 변화하고 혁신해 궁극적으로 더 큰 기업가치를 창출하며 지속 성장하고자 노력하고 있다. 그 일환으로 유엔 글로벌 콤팩트에 2012년 가입해 활동하고 있고 ISO 26000(사회적 책임)을 준수하고 있으며, 2003년부터 에스앤피 다우존스지속가능성 평가와 탄소정보공개프로젝트에 참여해 기후성과를 비롯한 지속가능성 성과를 개선해 나가고 있다. 그 결과 2019년에 철강업종의 다우존스 지속가능경영지수 월드에 편입됐고 탄소공개정보프로젝트 리더십 그룹에 선정됐다. 포스코의 지속가능 공급사슬 운영관리 활동은 크게 사업장 안전보건, 기후변화 대응과 대기환경 개선, 친환경제품 개발과 부산물 자원화, 에너지와 자원 관리, 지속가능 공급망 관리에서 나타나고 있다.

- 사업장 안전보건: 2019년 안전을 핵심가치로 포함하는 기업시민헌장을 선포하고 일하기 안전한 사업장 실현을 위해 제철소 현장에 지능형 CCTV와 로봇 등을 활용한 스마트 안전을 확대 적용해 안전 사각지대를 없애고 위험요소를 사전에 제거하며 작업표준을 철저히 준수하고 있다. 나아가 잠재적 리스크 발견과 대응을 위한 4대 안전 전략 수립과 핵심성과지표 설정으로 현장 중심의 안전관리 체계를 강화하고 있다.

- 기후변화 대응과 대기환경 개선: 에너지 절감과 효율 향상, 스마트 팩토리 실증, 이산화탄소 저감과 황산화물, 질소산화물, 미세먼지 등 대기오염물질 저감을 위한 철강 프로세스 개발 등 혁신기술 개발로 그린 프로세스를 실현하고 있고 에너지 고효율 철강재 개발과 보급 확대로 그린 프로덕트 기반을 다지고 있다. 또한 제철소 지역의 주요 기관과의 협력을 포함한 국내외 탄소

정책 협력과 저탄소 사회를 위한 기업활동을 강화함으로써 그린 파트너십을 구현하고 있다. 예로 2019년 환경부와 '미세먼지 저감을 위한 협약'을 맺고 경상북도대구시와 '미세먼지 저감 공동대응 협약'을 맺어 지역사회 환경 개선에 앞장서고 있으며 그룹 환경에너지 전문연구기관인 포항산업과학연구원RIST 내 미세먼지 연구센터를 설립해 대기오염물질 제거효율 향상과 에너지 사용량 등 환경비용 절감 기술 개발을 추진하고 있다.

• 친환경제품 개발과 부산물 자원화: 환경유해물질 미함유, 전자파·소음·진동 감소, 화석연료 미사용 등을 통한 유해 요소 저감, 자동차 경량화, 공정·열처리 생략, 에너지 효율 제고, 가공성 향상 등을 통한 에너지 절감 및 내부식성·내피로성·내구성 향상 등 제품수명 연장을 통해 환경보호와 생태계 보전 활동을 하고 있다. 또한 폐기물을 다양한 산업 분야 원료로 재사용 가능한 '부산물' 자원으로 인식하고 제철소 생산단계에서 발생한 부산물을 자원으로 재활용하고 폐기물 발생을 최소화하기 위해 '부산물 자원화율'을 핵심경영지표로 설정해 관리하고 있다. 나아가 사용 단계에서 강재 경량화와 사용수명 연장 등을 통해 이산화탄소 배출량을 저감하고 자원 사용과 오염 배출 최소화에 기여하고 있으며 재사용과 재활용률 향상에도 노력을 기울이고 있다.

• 에너지와 자원 관리: 철강 공정 내 에너지효율 증진과 전력 사용 절감을 통한 에너지 관리에 힘쓰고 있다. 2019년에는 빅데이터와 인공지능 기술을 통한 공정 최적화를 실현한 스마트 팩토리 구현으로 세계경제포럼에서 국내 기업 최초 '등대공장'으

로 선정됐다. 또한 수자원의 중요성을 인식하고 지표수 사용 절감, 방류수 수질관리, 폐수 재활용 향상을 3대 핵심 영역으로 선정해 관리하고 있다.

• 지속가능 공급망 관리: 거래하는 모든 기업도 글로벌 기업 시민으로서 책무를 다하게 하자는 취지에서 2010년 6월 공급업체 행동규범을 마련하고 유엔 글로벌 콤팩트가 규정하는 인권, 노동, 환경, 반부패의 기본 규범 외에 공정거래, 품질경영, 동반성장 관련 항목 등을 더해 지속가능 공급망 관리 활동을 적극적으로 추진하고 있다.

비교 분석

〈표 6.2〉는 국내 사례 기업들의 지속가능 공급사슬 운영관리와 환경적·사회적 가치창출 활동들을 정리하고 있고 〈표 6.1〉의 ESG 환경과 사회 차원의 평가항목에 기반해 비교 분석해 요약 정리하고 있다.

첫째, 환경 차원에서 보면 기업의 주력 활동들은 산업에 따른 서로 다른 환경 법규로 인해 다소 차이가 나타나고 있다. 하지만 보편적으로 모든 기업이 환경적 지속가능성을 통한 가치창출과 제고를 위해 환경전략과 방침을 수립하고 있다. 나아가 기후변화에 대응하기 위한 저탄소 경제하의 환경경영 및 순환경제하의 자원선순환, 에너지와 환경자원 관리 활동들을 적극적으로 추진하며 환경 성과를 제고하고 있다.

〈표 6.2〉 국내 주력 산업 대표 기업들의 환경적 · 사회적 가치창출 활동

기업	환경적 가치	사회적 가치
삼성전자	기후변화 대응과 환경 영향 최소화 순환경제와 제품 책임주의	착한 기술과 혁신 지속가능 공급망 관리 임직원 안전, 노동관행, 인권
현대자동차	전 과정 친환경 가치 추구(저탄소·수소 경제, 자원 선순환, 에너지 관리)	스마트 모빌리티 기반 고객 경험 혁신 고객 및 제품 안전 지속가능 공급망 조성 근로자 다양성과 인권
SK텔레콤	IT 기반 전사적 환경경영(선제적 기후변 화 대응, 환경경영시스템 고도화, 친환경 녹색 문화)	혁신과 서비스를 통한 사회문제 해결 지속가능한 공급망 관리 비즈니스 파트너와의 상생
LG화학	고객을 위한 지속가능 기술 혁신(페루 우프 가치사슬, 책임 있는 제품 개발과 생산) 환경을 위한 기후변화 대응	사회를 위한 가치경영(책임 있는 공급망 관리, 환경·보건·안전, 인권과 다양성)
포스코	기후변화 대응과 대기환경 개선 친환경 제품 개발과 부산물 자원화, 에너지와 자원 관리	사업장 안전보건 지속가능 공급망 관리

둘째, 사회 차원에서 보면, 사회적 가치창출 활동들은 환경적 가치창출 활동들에 비해 다소 더 많은 차이가 나타나고 있다. 사회적 지속가능성을 통한 가치창출 활동들은 모든 기업이 보편적으로 지속가능 공급망 관리 활동들을 하고 있으나, 1차 협력사를 넘어 하위 2~3차 공급업체의 관리에서는 차이가 나타나고 있다. 또한 근로자와 소비자의 안전 보건 활동들에서도 약간의 차이가 나타나고 있다. 나아가 기술과 혁신은 기업에 따라 추구하는 방향이 환경적 가치에 더 연관돼 있거나 사회적 가치에 더 연관된 것으로 분석된다. 특히 지역경제 발전과 연관돼 공급업체를 선정할 때 지역 공급업체를 배려하는 정책에 대해서는 명시적으로 기술돼 있지는 않다. 하지만 선진 글로벌 기업들인 만큼 현지 구매체계를 수립하고 관련 활동을 하는 것으로 보이고 있다.

본 절은 공급사슬 운영관리 분야의 환경적 지속가능성과 사회적

3

연구 동향과 주요 이슈

지속가능성을 다루는 연구의 주요 이슈와 동향을 대표적인 문헌조사 논문들을 바탕으로 고찰했다. 이들 연구를 개략적인 타임라인에서 살펴보면 1990년대에는 연구들이 주로 환경 이슈들을 다루고 있다(Angel & Klassen, 1999; Corbett & Klassen, 2006). 2000년대에 들어서 환경 차원의 지속가능 운영관리(Kleindorfer et al., 2005)와 지속가능 공급사슬 관리(Seuring & Mller, 2008)에 관한 연구들이 본격적으로 나타나고 있다. 나아가 2010년대에 이르러서는 그 범위가 더욱 확장돼 환경과 사회적 지속가능성을 다루는 지속가능 공급사슬 운영관리(Mani et al., 2018; Atasu et al., 2020)에 대한 연구가 진행되고 있다.

가장 최근의 문헌조사 연구 중의 하나인 아타수 등(Atasu et al. 2020)에 따르면, 주요 이슈들은 폐루우프 공급사슬, 환경관리와 성과, 저탄소 경제, 혁신 및 사회적 책임과 연계돼 있다. 연구 동향을 개관하면 폐루우프Closed-loop 공급사슬 연구는 조기에 주를 이루고 있고 환경관리와 성과 연구가 그 뒤를 바로 따르고 있으며 그 후에 저탄소 경제, 혁신 및 사회적 책임 연구가 나타나고 있다(Atasu et al., 2020). 이들 이슈는 기업의 내부 가치사슬과 외부 공급사슬의 현재 및 미래 전략적 관점에서 접근할 수 있다(Kleindorfer et al., 2005). 이들 지속가능 공급사슬 운영관리에 대한 연구를 ESG의 환경과 사회 차원의 분류에 따라 재정리해 환경적, 사회적, 사회환경적 가치와 연관된 이슈들을 구체적으로 살펴보자.

지속가능 공급사슬 운영관리와 환경적 가치

환경적 가치창출과 관련된 지속가능 공급사슬 운영관리 연구들은 폐루우프 공급사슬, 환경관리와 성과, 저탄소 경제와 에너지 연구들로 분류될 수 있다.

첫째, 폐루우프 공급사슬 연구는 1990년대 말과 2000년대 초반의 역물류reverse logistics보다 광의의 개념에서 시작됐다. 주로 소비자 반품과 연계된 재활용, 재제조remanufacturing 및 모듈식 제품 디자인과 폐기물 처리에 관한 다양한 연구가 진행됐다(Kleindorfer et al., 2005; Atasu et al., 2020). 최근 회자되는 순환경제의 이론적 초석을 제공하고 있다(Agrawal et al., 2019).

주요 이슈들은 소비자 반품과 연계된 사용가능한 부품의 재활용, 반품 프로세스가 소비자의 반품 의사에 미치는 영향, 품질보증서 니즈의 충족, 반품의 재제조가 수익성에 미치는 영향에 관한 것이다. 또한 재활용 시스템의 운영적·환경적 효율성을 제고하는 방법, 폐기물의 안전한 처리 등 다른 운영 활동들과의 조정 방법들을 포함하고 있다(Atasu et al., 2020).

둘째, 환경관리와 성과 연구는 1990년대에 상당한 활동이 진행됐고 2000년대에 들어서도 지속적으로 진행되고 있다. 대부분의 연구는 계량적 방법론보다는 경험적 방법론에 기반하고 있다(Atasu et al., 2020).

주요 이슈들은 친환경 제품과 프로세스 개발, 린$_{lean}$과 친환경 운영관리의 시너지를 통한 환경 및 안전보건 성과의 제고, 환경자원의 분배에 관한 것이다(Kleindorfer et al., 2005). 또한 오염 컨트롤, 환경관리 활동과 표준(예로 에너지효율 표준, 에코 라벨eco-labels과 같은 정보 관련 매개체, ISO 14000 및 유럽연합집행기관 지침the Directives of the European Commission에 따른 폐기전기전자장비와 폐차 지침), 화학물질의 등록-평가-인가-제한 관련 규제와 표준의 세계적인 채택과 확산에 기인한 유해물질에 관한 정보 전파와 검수 등의 친환경 공급사슬 활동, 환경보호 활동에 대한 증권시장의 반응과 같은 시장 평가 등을 포함하고 있다(Atasu et al., 2020).

셋째, 저탄소 경제Low-carbon economy와 에너지 연구는 글로벌 기후변화 챌린지에 대한 인식의 고취와 이로 인한 비즈니스의 영향에 관한 관심이 증가하면서 주로 배기가스와 에너지 관련 영역을 다루고 있다(Atasu et al., 2020).

구체적으로 배기가스 연구는 주로 탄소배출 규제 효과와 설계에 대한 것으로 탄소세, 탄소배출권거래시스템, 탄소발자국 보고와 회계 메커니즘과 같은 규제와 정보 기반의 방법들이 생산자의 생산 의사결정과 탄소 저감 노력과 기업의 전반적 시장 성과에 미치는 영향을 고찰하고 있다. 에너지 연구는 주로 자원과 관련해 에너지 효율적이거나 청정 생산기술들의 채택이 규제에 따라 장려되는지 혹은 시장의 힘에 영향을 받는지에 대한 분석과 기후변화로 인한 재생에너지 투자 결정과 전통적 에너지원과의 조정 등을 다루고 있다(Atasu et al., 2020).

지속가능 공급사슬 운영관리와 사회적 및 사회·환경적 가치

사회적 및 사회환경적 가치창출과 관련된 지속가능 공급사슬 운영관리 연구는 환경적 지속가능성 연구에 비해 상대적으로 미흡하며(Mani et al., 2018) 기업의 사회적 책임과 혁신 연구로 분류될 수 있다.

첫째, 기업의 사회적 책임 관련 연구는 공급사슬 운영관리 분야에서는 이슈들에 따라 2000년대와 2010년대에 이르러 나타나고 있다. 이는 근로자와 협력사 및 지역사회를 넘어서는 다양한 이슈들을 다루고 있다.

좀 더 구체적으로 살펴보면 이머징 경제Emerging economies 근로자들의 안전과 보건, 삶의 질, 기본권과 관련된 노동 환경 및 관행들에 관한 사례 연구, 공급사슬상의 노동 관련 챌린지를 개선하기 위한 공급사슬의 가시성 확보와 감사Auditing 전략, 부당한 대우를 받는 노동자 계층의 공정한 처우에 관한 공정 지속가능성Just sustainability 기반의 제품, 서비스, 프로세스 및 비즈니스 모델 개발, 공급사슬에서의 포용적 혁신Inclusive innovation의 적용이 사회적 지속가능성에 미치는 영향 등을 다루고 있다. 또한 책임구매, 녹색구매, 동반성장 기반의 공급사슬 조정계약Coordination contract, 협력사에 대한 인센티브 메커니즘, 사회적 책임 활동들이 소비자의 가치평가에 미치는 영향에 대해서 분석하고 있다. 나아가 농업 오퍼레이션스, 빈민 혹은 소외 Underserved 계층에 대한 봉사, 비정부 조직과 비영리단체의 효과성 제고 등의 이슈를 다루고 있다. 아직은 연구가 미흡한 실정이지만 사회적·환경적 영향을 고려하는 추세가 나타나고 있다(Lee & Tang, 2018; Mani et al., 2018; Atasu et al., 2020).

또한 다층Multi-tier 공급사슬 상의 품질관리와 인센티브 전략(Yoo et al., 2020) 및 통합적 소싱과 파이낸싱 전략(Yoo et al., 2021), 다양한 유형의 공급사슬 리스크 관리(Ho et al., 2015; Pournader et al., 2020), 인도주의적Humanitarian 공급사슬 운영관리(Comes et al., 2020)는 사회적 가치를 명시적으로 다루지는 않지만 밀접하게 연관돼 있다. 최근 다층공급망의 지속가능성과 하층Lower-tier 공급업체들의 리스크 취약성 및 기업 이미지를 다루는 연구가 나타나고 있다(Wilhelm et al., 2016; Villena & Gioia, 2018).

둘째, 혁신 연구는 지속가능한 미래를 위한 중요한 수단으로, 주로 공유경제와 같은 비즈니스 모델의 혁신과 클린 테크와 같은 제품 혁신과 서비스의 혁신을 다루고 있다. 이와 같은 혁신의 중요성은 투자나 기업가 및 창업 활동에서도 잘 나타나고 있다(Atasu et al., 2020).

구체적으로 프로세스 개선과 관련해 폐기물을 유용한 부산물로 전환하는 프로세스 변경, 폐기물을 에너지로 전환하는 계획 수립 및 클린 테크나 전기차 등과 같은 선진 기술의 개발과 채택에 관한 이슈들과 방법들을 다루고 있다. 또한 저렴하고 건강한 조명원Lighting

~source~의 제공, 모듈방식의 적용 등 제품과 서비스의 창의적 디자인 등을 다루고 있다. 나아가 크라우드소싱 기반의 물류서비스 제공, 제품의 서비스화 및 공유경제 모델 기반의 지속가능 비즈니스 모델의 혁신을 다루고 있다. 이들 연구는 특히 지속가능한 트리플 보텀 라인의 가치를 추구하는 데 긍정적인 영향을 미친다고 할 수 있다 (Atasu et al., 2020).

4

기업의 지속가능 공급사슬
운영관리 방향과 연구 방향

본 절은 국내 주력 산업의 대표기업들의 가치창출 활동과 기존 연구를 바탕으로 기업의 지속가능 공급사슬 운영관리 방향과 향후 연구 방향에 대해서 제언하고자 한다.

기업의 지속가능 공급사슬 운영관리 방향

오늘날 경제는 공감, 창의, 경험 중심의 글로벌 고객 경제이며 동시에 연결, 지능, 자율 기반의 디지털 네트워크 경제라 할 수 있다. 또한 현시대는 뷰카VUCA(변동성, 불확실성, 복잡성, 모호성)로 인한 글로벌 리스크 경영과 지속가능한 경제, 사회, 환경적 가치를 추구하는 ESG 경영이 요구되는 시대라 할 수 있다. 여기서 나타나는 키워드는 글로벌, 고객, 디지털(혁신), 네트워크(생태계), 리스크(통제 가능성), ESG(지속가능성과 경제, 사회, 환경적 가치)라 할 수 있다. 이에 기업은 이들 키워드를 고려해 한편으로는 기존의 강점을 활용exploitation

하고 또 다른 한편으로는 새로운 기회와 구조를 탐색exploration하는 바이모달Bi-modal 경영을 해야 한다. 바른 성장은 고객 중심적이고 투자에 의하며 혁신에 기반한다. 따라서 기업은 미래를 바라보며 현재에서 전략을 실행하고 지속적 실험Experimentation과 함께 미래에 투자하고 필요 시 민첩하게 변화하고 전략적 인내를 하면서 지속가능한 가치를 추구해가야 한다.

코로나19의 충격은 공급망 붕괴, 수요 쇼크, 비상경영 체계, 유동성 리스크, 임직원 감염, 사업장 셧다운, 지역사회 감염, 도시 및 국가의 록다운, 이동 제한, 비대면 확산, 원격 근무, 고객 가치 변화, 본원적 가치 중시, 환경 영향의 최소화 등으로 나타나고 있다. 이에 위드·포스트 코로나 시대를 맞아 ESG 경영 트렌드가 가속화되고 있다(KPMG, 2020.12; Lee et al., 2020 참조).

준법적, 사회적, 환경적 책임 경영을 넘어 지속가능한 가치경영으로서의 ESG 경영은 평가기관으로부터 최상의 평가를 받는 것을 넘어 기업이 트리플 보텀라인(경제, 사회, 환경)의 본원적 가치를 추구하려는 비전이 있어야 지속가능함을 인지하는 것이 무엇보다 중요하다. 〈표 6.3〉은 기업이 공급사슬 운영관리 부문에서 지속가능 ESG 경영을 추진하는 데 필요한 로드맵을 제시하고 있다. 로드맵은 계획 수립과 실행 순서를 나타내는데 각 포인트는 체크리스트의 역할을 하고 있다.

앞에서 살펴본 ESG 지표, 국내 대표기업들의 사회·환경적 가치 창출 활동, 지속가능 공급사슬 운영관리 연구를 바탕으로 기업이 공급사슬 운영관리 부문에서 기획하고 실행해야 할 전략 과제들은 다음과 같다. 환경 차원에서는 저탄소 경제하의 탄소중립Net-Zero, 순환

〈표 6.3〉 공급사슬 운영관리의 지속가능 ESG 경영 로드맵

1. 내외부 이해관계자의 요구 파악
2. 글로벌 거시환경(PESTEL: 정치, 경제, 사회, 기술, 환경, 법규제 등) 변화에 대한 지속적 실시간 모니터링
3. ESG 비전과 조직문화 및 조직체계 구축 혹은 점검
4. ESG 평가 체계의 구축 혹은 검토
5. 전사와 공급사슬 운영관리 부문의 전략과 실행 목표의 정합성 확립
6. 환경과 사회 차원의 ESG 전략과제 및 지배구조 차원의 변화로 인한 공급사슬 운영관리 부문의 대응 전략과제 도출과 분석 및 실행
7. 조직 내 부문 간은 물론 공급사슬(망)의 1차 협력사를 넘어 하층 2~3차 공급업체와의 소통과 조정 및 협력
8. 체계적인 재무적 및 비재무적 ESG 활동 성과의 분석
9. 조직 내외 이해관계자에게 투명한 성과 보고와 지속적 소통과 공감대 형성

경제하의 폐루프 공급사슬 활동과 자원 선순환, RE100과 신재생 에너지 개발과 사용, 친환경 가치사슬·공급사슬 활동 등을 들 수 있다. 사회 차원에서는 이해관계자들의 필요를 충족할 수 있는 사회 공헌활동, 개인정보보호, 임직원 건강과 안전보건, 협력사 지원(기술, 펀드 등)과 지속가능한 공급망 관리, 디지털 전환 등을 들 수 있다. 지배구조 차원에서는 내부 회계관리 강화와 기업지배구조공시 확대 등으로 인한 공급사슬 운영관리 부문의 변화 관리, 이사회 및 전사적 지속가능경영위원회와의 목표와 전략의 정합, 시스템과 프로세스 및 데이터베이스 구축 등을 들 수 있다.

끝으로 역경에는 궁즉변窮則變, 변즉통變則通, 통즉구通則久, 즉 궁하면 변하라. 변하면 통한다. 통하면 오래 간다는 말이 있다. 기업에 적용하면 기업이 생태계의 변화를 잘 읽고 변화의 중심에 있어야 오래 지속될 수 있음을 의미한다. 오늘날 코로나19 시대 경영의 중심에는 리스크 경영이 있다. 리스크 경영은 변화와 혁신을 수반한다. 이처럼 점점 그 중요성이 더욱 증가하고 있는 ESG 경영도 변화

와 혁신 경영임을 인식하고 이를 통해 지속가능한 경제, 사회, 환경 가치를 추구하는 것이 필요하다.

향후 연구 방향

공급사슬 운영관리 분야의 환경적, 사회적, 사회환경적 지속가능성에 관한 향후 연구는 적어도 다음의 네 가지 측면(저탄소 경제와 에너지, 사회적 책임, 이머징 기술과 혁신, 신보호무역주의와 지정학적 리스크 및 위드· 포스트 코로나 시대의 ESG 경영 전략)에서 더욱 심도 있게 이루어져야 한다.

첫째, 글로벌 기후변화와 자원 고갈에 대응하기 위한 저탄소 경제와 에너지 연구는 기업의 적응과 완화 측면에서 살펴볼 수 있다. 적응Adaptation은 기후변화와 규제 변화로 인한 리스크와 영향을 측정하고, 이에 따른 공급사슬 조정, 설비 배치, 제품-서비스 믹스의 조율 등을 포함한다. 완화Mitigation는 저탄소 경제를 향한 혁신경로 확립과 신기술· 제품 · 서비스 개발 등을 수반한다. 탄소 보고와 규제, 재생에너지원, 전기차와 폐에너지 기술 등의 연구가 있다. 하지만 여전히 혁신과 지속가능 공급사슬 운영관리의 다양한 실무적 이슈들, 규제하의 재활용 시스템에 대한 수명주기 평가와 산업생태계 관점의 접근, 전기차에 사용되는 희귀 금속의 제한적 공급, 법규제와 공중보건 및 환경에 대한 학제 간 연구가 절실히 요구된다(Atasu et al., 2020). 또한 다층 공급사슬에서의 제품 책임주의와 여타 지속가능성 이슈의 확산(Ashby et al., 2012), 학제 간 친환경 신소재 발굴과 개발,

기후변화나 자연재해 등으로 인한 공급중단 리스크의 지속적 모니터링과 공급사슬(망)의 회복탄력성 등에 관한 연구가 필요하다.

둘째, 기업의 사회적 책임 연구는 이머징 경제의 불공정한 대우를 받는 취약계층과 소외계층에게 혜택을 주는 제품, 서비스, 프로세스, 비즈니스 모델의 혁신을 넘어 포용적으로 고려하는 비즈니스 전략 및 기후변화와 신속한 도시화에 초점을 맞춰 글로벌 공급사슬에서 환경적, 사회적 지속가능성을 동시에 고려한 연구 등이 절실히 요구된다(Mani et al., 2018; Atasu et al., 2020). 이와 같은 사회적이나 환경적으로 책임 있는 가치사슬 연구는 상황(이머징, 개발도상 경제)과 목표(경제, 환경, 사회) 및 다양한 이해관계자의 니즈를 고려하는 것이 필요하다(Lee & Tang, 2018). 또한 조직·작업장 문화와 사회적(안전보건, 노동환경, 인권, 다양성 등) 및 환경적 지속가능성 관련 방침과 성과의 관계 등에 관한 연구도 필요하다. 나아가 보다 근본적으로 지속가능성과 가치에 대한 정의, 측정, 실현에 대한 학제 간 토론과 연구가 절실히 요구된다.

셋째, 이머징 기술과 혁신 연구는 가치창출의 새로운 영역을 열수 있을 것으로 기대된다. 이미 가치사슬에서의 사물인터넷, 인공지능, 블록체인, 첨삭제조, 자율성Autonomy 등의 적용에 관한 단용사례 Single use case 연구가 많이 이루어지고 있지만 공정한 사회적, 환경적 지속가능성과 연계된 연구는 미흡하다. 따라서 이와 같은 기술의 확산과 관련된 서비스 디자인, 오퍼레이션스 전략, 공급사슬 관리에 관한 심층적인 연구와 공급사슬의 자국추적가능성, 대규모 센서 기반의 측정 및 데이터 가용성의 사회적 영향력에 관한 연구, 사회적·환경적 책임을 고려한 기술과 데이터 기반의 스마트 시티와 생동적이고 지속가능한 커뮤니티 구축에 대한 학제간 연구도 절실히 요구된 다(Atasu et al., 2020). 이 외에도 소비자가 디자인에 참여하는 공동 창조Co-creation, 플랫폼 네트워크 기반의 오픈 이노베이션과 공동 혁신Co-innovation 및 비즈니스 모델의 혁신과 지속가능성에 관한 연구도 필요하다.

넷째, 무역전쟁과 무역마찰 등으로 인한 신보호무역주의와 지정 학적 리스크 나아가 코로나19 팬데믹은 기존의 인도주의적 재해· 위기관리와는 다른 리스크 속성을 나타내고 있다. 위드· 포스트 코 로나 시대의 기업경영전략으로 글로벌 가치사슬의 재설계, 탈글로 벌화, 디지털 전환, ESG, 고객 중심 경영이 부각되고 있다(KPMG, 2020.11). 또한 업무환경도 대면과 비대면의 병행, 원격근무로 인해 달라지고 있다. 또한 기술의 발전으로 인한 미래 업무환경의 변화와 다양성으로 인한 조직문화의 변화가 빠르게 이루어지고 있다. 따라 서 이와 연계된 공급사슬 운영관리 이슈들(예로 기업의 공급망 내 하층 공급업체에 ESG의 확산, 평판 및 안전보건 리스크, 글로벌 공급망 지역블록 화와 기업의 사회적 가치 등)과 지속가능성에 대한 학제 간 및 산학 연 구가 매우 절실히 요구된다.

끝으로 활발한 연구와 교육을 통해 지속가능한 트리플 보텀라인 의 가치를 추구함으로써 기업 생태계에 필요한 ESG 경영의 프레임 워크와 이론적· 실무적 시사점을 제공하고 현재와 미래 세대의 바 른 가치 형성과 충족에 도움이 되기를 기대한다.

7장
사회적 가치와 마케팅

SOCIAL VALUE AND
SUSTAINABILITY IN BUSINESS

박찬수

서울대학교 경영대학에서 학사학위를 받았다. 그 후 미시간 대학교에서 경영학 석사학위를 받았고 스탠퍼드 대학교에서 통계학 석사학위와 경영학 박사학위를 받았다. 브랜드 자산 측정 분야와 고객 만족 분야에서 활발한 연구 활동을 하고 있다. 『마케팅 리서치 저널Journal of Marketing Research』『매니지먼트 사이언스Management Science』『마케팅연구』등 국내외의 저명 학술지에 논문을 게재했고 『마케팅원리』『신상품마케팅』등의 저서와 역서를 출간했다. 미국마케팅협회American Marketing Association가 수여하는 도널드 레이먼 상Donald R. Lehmann Award과 한국마케팅학회가 수여하는 최우수논문상을 수상했다.

1

마케팅과 사회적 가치창출은 양립할 수 있는가

이 장의 제목이 보여주듯이, 이 장의 목표를 한마디로 표현한다면 마케팅이 사회적 가치를 어떻게 창출할 수 있는지를 다루는 것이다. 그러나 불행하게도 현실의 많은 사람이 마케팅을 '순진한 소비자들을 현혹시키는 저속한 상술'이라고 부정적으로 인식하고 있어서 마케팅과 사회적 가치는 양립할 수 없다고 생각하는 경우가 많다.[1] 또한 마케팅은 고객의 욕구 충족을 강조하고 있어서 종종 환경 오염 또는 파괴를 유발한다는 비판을 받곤 한다. 그래서 서론에서는 먼저 마케팅이 과연 사회적으로 해악만 끼치는 존재인지의 여부를 살펴보고자 한다.

전 세계적으로 마케팅 분야에서 가장 권위 있는 기관인 미국마케팅협회American Marketing Association는 마케팅을 다음과 정의하고 있다 (American Marketing Association, 2013).

마케팅이란 고객, 거래처, 파트너, 그리고 사회 전체에 가치를 제공하는 것들을 창조하고 커뮤니케이션하고 전달하고 교환하기 위한 활동과 제도 및 과정이다Marketing is the activity, set of institutions, and processes for creating, communicating, delivering, and exchanging offerings that have value for customers, clients, partners, and society at large.

위의 정의에서 주목해야 할 부분은 마케팅을 단지 고객이나 거래처를 만족시키기 위해서 가치를 제공하는 것이 아니라 사회 전체에까지 가치를 제공하는 것으로 규정하고 있다는 점이다. 즉 마케팅은 사회적인 가치를 창출할 수 있고 또 그렇게 해야 한다는 것이다.

그러나 앞서 언급한 바와 같이 현실에서 사람들이 마케팅에 대해서 갖는 인식은 위의 정의와는 상당한 거리가 있다. 마케팅에 대한 부정적인 인식이 팽배하다. 경영학을 구성하는 여러 세부 전공 분야들을 떠올려보자. 인사관리, 재무관리, 생산관리 등. 이들 분야 자체에 대해서 일반인들이 부정적인 인식을 하지는 않은 것과 좋은 대조를 이룬다. 물론 마케팅에 대한 부정적인 인식에 근거가 전혀 없는 것은 아니다. 기업이 연루되는 다음과 같은 불법적인 혹은 비윤리적인 사안이 발생할 때 마케팅은 종종 원인으로 지목되곤 한다.

- 상품 결함, 위험한 상품, 성분·효능에 대한 허위 표시, 환경 오염 또는 파괴
- 가격 경쟁의 제한, 기만적인 가격 표시
- 과소비 유도, 물질주의 심화, 경쟁의 제한, 허위 광고, 오도 광고, 취약계층에 대한 광고, 불완전 판매, 뇌물 제공, 파워블로거 등을 이용한 기만적인 추천
- 우월적 지위의 남용

- 개인정보보호 소홀 또는 불법적인 활용

그러나 이는 마케팅이 본질적으로 악하거나 마케터 자체가 나쁜 사람들이라서가 아니다. 기업의 활동 가운에 마케팅이 다른 활동들보다 기업 외부에 더 많이 노출되기 때문이다. 그뿐만 아니라 마케팅을 비난하기 전에 마케팅이 기업의 유기적 성장organic growth을 창출하는 책임을 지고 있다는 점도 고려해야 한다. 즉 위에 열거한 문제들은 마케터가 기업의 성장을 달성하기 위해 노력하는 과정에서 발생하는 일종의 '부작용'이라고 간주할 수 있다. 모든 약에는 부작용이 따르는 것처럼 말이다. 게다가 이러한 '부작용' 중의 상당수는 이미 각종 법률로 규제되고 있다. 어떤 사람들은 기업이 법을 지키는 것은 당연하고 법에서 요구하는 것 이상으로 '부작용'을 줄여야 한다고 주장하기도 한다. 하지만 윤리적인 기업이 되기 위해서 기업의 성장을 희생하기로 하는 것은 말처럼 쉬운 일이 아니다.

그뿐만 아니라 좀 더 균형적인 사고를 위해서 마케팅이 사회에 다음과 같은 긍정적인 영향을 미치고 있음도 상기할 필요가 있다.[2]

- 혁신·개선 촉진, 선택의 자유 제공
- 혁신의 확산 및 생활 수준의 향상
- 반복 구매 혹은 장기적 관계를 형성하도록 함으로써 사회 구성 원들의 총체적인 소비 만족도 및 행복 증대
- 경쟁을 촉진함으로써 가격을 하락시키고 총소비를 증대
- 상품의 유통
- 광고는 미디어·콘텐츠 산업의 자금줄 역할 수행

- **외화 획득**(특히 한국에서는 중요)
- **직간접 고용 효과**(미국의 경우 5명 중 1명이 마케팅 분야에 고용됨)

종합하면, 마케팅은 여러 가지 부작용에도 불구하고 우리가 사는 한국의 경제를 발전시키고 국민의 삶의 질을 높이는 데 상당한 공헌을 했음을 부인할 수 없다.

서론에서 마케팅이 사회적 가치를 창출하는 것이 불가능하지 않음을 다루었다. 2절에서는 마케팅이 사회적 가치를 어떻게 창출할 수 있는지를 좀 더 구체적으로 다루고자 한다. 그러기 위해 마케팅 분야의 권위 있는 학술지에 최근에 게재된 연구 논문의 결과들을 주로 정리하고 소개한다. 그리고 3절에서는 마케팅이 사회적 가치를 창출하는 데 남은 과제들을 제시함으로써 이 장을 끝맺는다.

2

마케팅은 어떻게 사회적 가치를
창출할 수 있는가

 1절에서 우리는 미국마케팅협회가 내린 마케팅의 정의에 '사회'가 포함돼 있음에 주목했다. 그러나 처음부터 이랬던 것은 아니다. 1절에서 인용한 정의는 미국마케팅협회가 2007년에 내놓은 것이자 가장 최근의 것이다. 비교를 위해 그 이전에 내놓은 버전들을 살펴보자.

 1985년과 2004년의 정의를 비교해보면, 가장 큰 차이는 전자는 마케팅을 개인과 조직의 목표를 만족시켜야 한다고 본 반면 후자는 마케팅을 조직뿐만이 아니라 조직의 이해관계자들을 이롭게 해

〈표 7.1〉 미국마케팅협회의 마케팅 정의의 변천

연도	정의
1985	마케팅이란 개인과 조직의 목표를 만족시키는 교환을 창조하기 위해 아이디어, 제품, 서비스의 구상, 가격 책정, 촉진, 유통을 계획하고 실행하는 과정이다.
2004	마케팅이란 조직과 조직의 이해관계자들을 이롭게 하기 위해 고객에게 가치를 창조하고 커뮤니케이션하고 전달하며 고객 관계를 관리하기 위한 조직 내 기능과 과정이다.
2007	마케팅이란 고객, 거래처, 파트너, 그리고 사회 전체에 가치를 제공하는 것들을 창조하고, 커뮤니케이션하고 전달하고 교환하기 위한 활동, 제도, 과정이다.

(출처: Ringold and Weitz, 2007, 미국마케팅협회, 2013)

야 한다고 본 것이다. 여기서 이해관계자란 어떤 조직의 목표를 달성하는 과정에 영향을 미치거나 영향을 받게 되는 모든 개인이나 집단을 가리킨다. 기업의 경우 고객, 유통업자, 공급업자, 지역사회, 일반 대중 등을 포함한다.[3] 이해관계자라는 개념은 기업과 사회 혹은 기업과 사회적 가치를 논할 때 등장하는 중요한 개념으로(문정빈, 2021) 마케팅과 사회의 관계를 논할 때도 역시 빠질 수 없는 개념이다(Vaaland, Heide, & Grnhaug, 2008).

마케팅의 정의에 이해관계자 개념이 도입된 것은 두 가지로 해석할 수 있다. 첫째, 이를 소극적으로 받아들인다면 어떤 조직이 마케팅을 계획하고 실행하는 과정에서 자기 자신의 이익을 얻기 위해 최소한 이해관계자에게 해를 끼쳐서는 안 된다는 것을 의미한다. 둘째, 이를 적극적으로 수용한다면, 어떤 조직이 자기 자신은 물론 이해관계자에게도 이로운 방향으로 마케팅을 계획하고 실행해야 한다는 것을 의미한다. 어떤 조직이 이해관계자의 이익을 자기 자신의 이익 대비 얼마나 중요하게 고려하는가 하는 것은 일률적으로 강제할 수 없으며 현실에서는 다양한 요인에 의해 결정될 것이다. 여기에는 몇 가지 유형이 있을 수 있다. 예를 들어 자기 자신의 이익은 전혀 추구하지 않고 이해관계자의 이익만을 추구한다면 그 조직은 비영리조직이라고 부를 수 있다. 자기 자신의 이익도 고려하기는 하지만 이해관계자의 이익을 훨씬 더 중요하게 고려한다면 그 조직은 사회적 기업에 해당될 것이다. 자기 자신의 이익이 이해관계자의 이익보다 더 중요하다면 그 조직은 우리가 경영학에서 흔히 다루는 영리적인 기업으로 분류될 수 있다.

1985년 버전과 2004년 버전의 마케팅 정의를 비교함으로써 우리는 마케팅에 사회라는 개념이 의미 있게(미국마케팅협회의 입장에서) 도입된 것이 대략 1990년대경이었을 것으로 추정할 수 있다. 2007년 버전의 정의는 2004년 버전의 정의에서 이해관계자라는 용어를 '거래처, 파트너, 사회 전체'로 풀어서 쓴 셈이다. 지금까지 미국의 경우를 살펴보았다. 이를 한국의 상황과 견주어보는 것도 흥미로울 것이다. 마케팅 분야에서 한국의 대표적인 학회인 한국마케팅학회는 2002년에 처음으로 아래와 같이 자체적인 마케팅의 정의를 내놓았다.

마케팅은 조직이나 개인이 자신의 목적을 달성시키는 교환을 창출하고 유지할 수 있도록 시장을 정의하고 관리하는 과정이다(한국마케팅학회, 2002).

위의 정의는 조직이나 개인의 목적 달성만을 언급하고 있고 이해관계자 개념을 반영하지 않고 있다. 2002년에 나온 정의이지만 미국마케팅협회의 1985년 버전의 정의와 유사하며 불과 2년 뒤에 나온 미국마케팅학회의 정의에서 이해관계자 개념을 도입한 것과 큰 차이를 보여준다. 우리나라에서 마케팅을 연구하는 학자들과 마케팅을 업으로 삼고 있는 마케터는 미국과 비교해 이해관계자 개념, 더 나아가서 마케팅과 사회의 관계에 대해서 상대적으로 낮은 인식을 했음을 알 수 있다.

이상에서 우리는 대다수의 마케터와 학자가 이해관계자 개념, 즉 마케팅과 사회의 관계에 주목하기 시작한 것이 비교적 최근의 일임을 알 수 있었다. 2절의 나머지 부분에서는 마케팅이 사회적 가치를 어떻게 창출할 수 있는지를 구체적인 주제별로 나누어 다루고자 한다. 이 내용은 대부분 마케팅 분야의 권위 있는 학술지에 게재된 최근 연구 논문들의 결과에 기초하고 있다.

기업의 사회적 책임

기업의 사회적 책임(이하 CSR)은 널리 쓰이는 용어이지만 누구나 동의할 수 있는 단 하나의 정의가 존재하지는 않는 실정이다. 여러분은 아마도 이 책에서도 여러 개의 정의를 만나게 될 것이다. 이 장에서는 기업의 사회적 가치를 '기업이 이해관계자들의 관심사들을 자발적으로 고려해 자신의 사업 범위 안팎에서 행동하는 것'이라고 정의하기로 한다(Aguilera, Rupp, Williams, & Ganapathi, 2007; Godfrey, Merrill, & Hansen, 2009).

마케팅에서 아마도 가장 널리 사용되는 CSR은 공익 연계 마케팅 (cause-related marketing, 혹은 줄여서 cause marketing)일 것이다. 예를 들어 1984년에 시작된 유한킴벌리의 '우리강산 푸르게 푸르게' 캠페인은 우리나라의 대표적인 공익 연계 마케팅 캠페인이다. 매출액의 1%를 나무 심기에 투자함으로써 기업의 사회적 책임을 수행했을 뿐만이 아니라 기업 이미지 제고와 매출액 증대에도 큰 효과를 거둔 것으로 평가받고 있다.

CSR은 비단 마케팅의 전유물이 아니며 **환경**(예: 재활용 촉진), **상품**(예: 우수한 품질의 상품 판매), **다양성**(예: 장애인 채용), **지배구조**(예: 투명한 의사결정 구조 채택), **종업원**(예: 퇴직 시 다양한 지원 제공), **지역**

사회(예: 자선단체에 기부) 등을 포함하고 있다(Mishra & Modi, 2016). 그러므로 이 책의 여러 장에서 각기 자기 분야의 관점에서 CSR을 다루는 것은 이상한 일이 아니다. 이 절에서는 마케팅 분야의 학술 논문에서 나온 결과들을 다룰 것이다.

마케팅 분야에서 CSR을 다룬 연구 논문들의 주제들은 크게 두 가지—CSR이 고객의 반응에 미치는 영향, CSR이 주주 가치에 미치는 영향으로 분류될 수 있다.

CSR이 고객의 반응에 미치는 영향

CSR을 하는 기업은 그렇지 않은 기업에 비해서 시장에서 구매자들의 선택을 더 많이 받게 될 것이라고 기대할 수 있다. 아커 등(Aaker et al., 2010)은 그 이유를 따뜻함 대 유능함 스테레오타입Warmth vs. Competence Stereotype, 즉 영리기업은 유능하지만 차갑고 비영리기업은 따뜻하지만 무능하다는 평가를 받는 경향에서 찾고 있다. 영리기업이 CSR을 수행하면 유능하면서도 따뜻하다는 평가를 받게 된다. 고객들은 그 기업을 존경하게 되며 해당 기업의 상품을 구매하려는 의향이 높아진다는 것이다.

위의 연구가 기업의 사회적 책임이 기업 이미지를 제고시키는 이유를 설명한 것이라면, 기업의 사회적 책임이 상품 성과product performance, 즉 CSR을 하는 기업의 상품에 대한 선호도나 인식에 어떤 영향을 미치는지를 다룬 연구도 있지만 일치된 결과를 보여주지는 않고 있다.

우선, CSR을 수행하는지의 여부는 그 기업이 우수한 상품을 생산하는 능력이 있는지와 무관하다. 따라서 CSR을 수행하는 기업의 상품이라고 해서 더 높은 선호도나 호의적인 인식을 얻는다고 볼 근거가 없다는 주장도 가능하다(Brown & Dacin, 1997; Keller & Aaker, 1998). 그러나 체르네프와 블레어(Chernev and Blair, 2015)는 기부같이 기업의 핵심 사업과 무관한 CSR을 하더라도 응답자들은 그 기업을 긍정적으로 평가하므로, 그 기업의 상품에 대해서도 긍정적으로 평가한다는 결과를 보고했다(이를 후광 효과라고 부른다). 이러한 긍정적인 평가는 상품 지식이 부족한 사람의 경우에 더 크게 나타난다. 반면 그 기업이 CSR을 수행하는 것이 홍보 효과와 같은 이기적인 동기에서 나온 것임을 응답자들이 알게 됐을 때는 감소하는 것으로 나타났다.

룩스 등(Luchs, Naylor, Irwin, & Raghunathan, 2010)은 상품의 속성 수준에서 이 문제를 다루었는데 윤리적인 기업은 부드러운 이미지를 주기 때문에 부드러움과 관련된 속성이 중요한 베이비 샴푸와 같은 상품에서는 응답자들이 높은 선호도를 보였다. 반면 강력한 효능이 중요한 자동차용 세정제와 같은 상품에서는 응답자들이 낮은 선호도를 보인다는 실험 결과를 보고했다. 이는 CSR이 항상 기업에 좋은 결과만을 가져오는 것은 아니며, 특히 강력한 효능이 중요한 상품을 판매하는 기업에는 CSR이 시장에서 부정적인 결과를 가져올 수 있음을 보여주므로 중요하다. 이러한 부정적인 결과를 지속가능성의 약점sustainability liability이라고 부른다. 앞으로 여러 번 나올 용어이므로 기억해둘 필요가 있다.

CSR은 소비자의 가격 공정성 지각에 부정적 영향을 미칠 수도 있다(Habel, Schons, Alavi, & Wieseke, 2016). CSR에 지출되는 비용이 자신이 구매하는 상품의 원가를 높여서 가격도 높아진 것이 아닌가 하는 의구심을 가질 수 있기 때문이다. 그런데 이러한 부정적 인식은 고객이 CSR의 동기를 내재적, 즉 이타적으로 보느냐 아니면 외재적, 즉 전략적 또는 재무적으로 보는지에 따라 달라지는 것으로 나타났다. 내재적으로 인식할수록 CSR이 가격 공정성 지각에 미치는 영향은 덜 부정적이 된다. 설령 외재적 동기로 인식하더라도 CSR 비용이 가격 인상이 아니라 광고비 절감, 임원 급여 삭감, 또는 이익금에서 나온다는 것을 밝히면 부정적인 영향을 상쇄할 수 있다.

CSR이 주주가치에 미치는 영향

CSR이 주주가치shareholder wealth에 어떤 영향을 미치는지에 관한 연구는 마케팅뿐만이 아니라 다른 많은 분야에서도 이루어지고 있다. CSR이 주주가치에 미치는 영향에 대해서는 두 가지의 상반된 예측이 존재한다.

첫째, CSR은 기업의 한정된 자원의 일부를 법적으로 요구되지 않는데도 자발적으로 사회에 대한 책임을 이행하는 데 전용하는 것이므로 주주가치에 부정적인 영향을 미칠 것이라고 예상할 수 있다. 만약 CSR에 투입할 자원을 통상적인 마케팅 활동에 사용했다면 기업의 매출액이 높아져서 주주에게도 더 큰 가치를 제공했을 가능성이 존재하기 때문이다. 이 예상이 맞는다면 경영자는 한정된 자원 일부를 CSR에 투입하는 것에 대해서 갈등을 느끼지 않을 수 없다.

둘째, CSR은 기업의 이해관계자들에게 여러 가지 긍정적인 영향을 미쳐서 경쟁 우위를 창출하고 궁극적으로 기업의 경제적인 성과를 향상시키며 주주가치에도 긍정적인 영향을 미칠 것이라고 예상할 수도 있다. 예를 들어 CSR을 수행하는 기업에 대해서 고객들은 긍정적인 평가를 하고(2.1.1 CSR이 고객의 반응에 미치는 영향 참조) 해당 기업과 자신을 동일시할 수 있다. 유통업자들은 CSR을 이행하는 기업에 대해서 높은 신뢰감을 느끼게 돼 장기적인 관계를 형성할 가능성도 있다. CSR을 실천하는 기업의 직원들은 높은 애사심을 갖고 고객들에게 더 나은 서비스를 제공할 수도 있다. 이러한 예상이 맞는다면 이해관계자뿐만이 아니라 주주에 대한 책임도 이행하는 것이다. 따라서 경영자는 CSR에 자원을 투입하는 것에 대해서 부담을 덜 느끼게 될 것이다. 또한 CSR을 꾸준히 실행하는 기업은 도덕적 자본moral capital을 축적함으로써 규제 위반 시에 관련 기관으로부터 관대한 처벌을 받게 될 가능성도 존재한다.

CSR이 주주가치에 미치는 영향에 관한 실증적인 연구들은 대부분 2000년대 이후에 등장한다. 혼재된 결과를 보여주지만 종합적으로 분석해보면 CSR은 주주가치에 작지만 긍정적인 영향을 미치는 것으로 알려져 있다(예: Margolis, Eifenbein, and Walsh 2009).

좀 더 최근의 연구결과들은 CSR이 주주가치에 직접 영향을 미치는 것이 아니라 특정한 조건 아래에서 영향을 미친다는 결과를 보고하고 있다. 예를 들어 루오와 바타차랴(Luo & Bhattacharya, 2006)는 어떤 기업이 내놓는 상품에 대해서 고객들이 갖는 인식은 CSR에 의해서만 결정되는 것이 아니라 해당 기업의 혁신 능력이나 우수한 품질의 상품을 만들 수 있는 능력 등에 의해서도 영향을 받는다는 데 착안해(Brown & Dacin, 1997) CSR이 주주가치에 미치는 영향은 기업의 혁신 능력과 품질이 높을수록 커진다는 가설을 세웠고 실증적으로 입증하는 결과를 보고했다. 여기서 흥미로운 것은 혁신 능력과 품질이 낮은 기업의 경우에는 CSR이 주주가치에 부정적인 영향을 미친다는 결과가 발견된 점이다. 이러한 기업이 CSR을 수행하는 동기에 대해서 고객들이 부정적으로 판단하기 때문에 나온 결과로 해석된다.

CSR은 다양한 영역을 포함하고 있다. 따라서 CSR의 영역별로 주주가치에 미치는 영향을 다룬 연구도 있었다. 미시라와 모디(Mishra & Modi, 2016)는 CSR을 환경보호, 상품개발(혁신, 품질, 소외계층 배려), 다양성 제고, 지배구조 개선, 직원 친화, 지역사회 지원(자선, 기부, 봉사)의 6개 유형으로 나누고 각 유형이 주주가치에 미치는 영향을 다루었다. 그 결과 지역사회 지원은 주주가치 증대에 비효과적임을 발견한 반면에 나머지 5개 유형은 효과적임을 발견했다. 여기서 주목할 점은, 이 5개 유형의 CSR은 그 자체로서 주주가치에 직접 영향을 미치는 것이 아니라 해당 기업의 마케팅 역량이 뒷받침될 때만 영향을 미쳤다는 점이다. 이들은 이처럼 마케팅 역량이 중요한 이유를 세 가지로 설명하고 있다. 첫째, 마케팅 역량이 높은 기업은 우수한 커뮤니케이션 역량을 이용해 자사의 CSR을 고객들에게 효과적으로 알릴 수 있다. 둘째, 우수한 마켓 센싱market sensing 능력 덕분에 이해관계자들의 요구에 부응하는 CSR 프로그램을 만들 수 있다. 셋째, 우수한 실행 역량을 활용해 CSR 프로그램을 효과적으로 실행할 수 있다.

한편, 고객이 아니라 기업을 상대로 부품이나 원료를 생산하고 판매하는 B2B 비즈니스를 하는 기업들은 상대적으로 CSR에 소극적인 경향을 보이고 있다. 이런 기업들은 고객의 친환경 압력으로부터 유리돼 있고 원가절감이 무엇보다 중요하기 때문이다. 그러나 그렇다고 하더라도 '고객, 소매업자, 완제품 제조업자, 부품·원료 제조업자'로 이어지는 압력에서 완전히 벗어날 수는 없다(Homburg, Stierl, & Bornemann, 2013). 실제로 미국의 월마트가 지속가능성 드라이브 sustainability drive를 걸자 수많은 납품 제조업체들도 가이드라인을 따르지 않을 수 없게 된 사례가 이를 잘 보여준다(Kotler, 2011).

친사회적인 행동 유도

서론에서도 언급한 바와 같이, 마케팅은 종종 '순진한 고객을 현혹시키는 저속한 상술'이라는 부정적인 인식을 받고 있다. 이러한 인식의 밑바탕에는 마케팅이 고객을 설득해 행동을 변화시킬 수 있는 강력한 힘을 갖고 있다는 믿음이 깔려있다. 이를 뒤집어서 생각해본다면, 마케팅은 고객을 설득해 행동을 친사회적으로 변화시킬 힘이 있는 셈이다. 예를 들어 친환경적인 상품을 판매하는 기업은 마케팅을 통해 잠재 구매자에게 자사의 상품을 구매하게 만들 수 있다. 정부나 기업이 소비자들에게 리사이클링 행동을 하도록 만드는 데서도 다양한 광고 또는 판촉 수단들이 사용될 수 있다. 이것도 마케팅의 일환이다. 이하에서는 이처럼 마케팅이 친사회적인 행동을 일으킬 방안을 다룬 연구결과들을 살펴보기로 한다.

친환경적인 상품 구매 유도

어떤 기업이 친환경적인 상품을 개발했다고 할 때 그 상품이 100% 친환경적이라는 뜻은 아니다. 대개 그 상품을 구성하는 수많은 부품이나 성분 중에서 일부가 친환경적(예: 리사이클된 원료 또는 친환경적인 원료 사용)이라는 의미이다. 그렇다면 소비자들은 어떤 상품이 얼마나 친환경적인지를 어떻게 판단하는 것일까? 거쇼프와 프렐스(Gershoff & Frels, 2015)는 어떤 상품의 친환경적인 특성이 그 상품의 중심적인 속성에 적용되었을 때 주변적인 속성에 적용되었을 때보다 고객이 그 상품을 더 친환경적으로 인식한다는 결과를 보고했다. 예를 들어 컴퓨터의 부품들 가운데 중앙처리장치CPU는 사운드 카드보다 더 중심적인 속성이다. 그런데 만약 리사이클된 재료를 적용한다면 사운드 카드보다 중앙처리장치에 적용해야 고객이 그 컴퓨터를 더 친환경적으로 인식한다는 것이다.

그런데 여기서 고객이 친환경적인 상품을 친환경적이라고 인식하게 만드는 것도 중요하지만 더 큰 숙제는 설령 고객이 어떤 상품을 친환경적이라고 인식하더라도 그것이 반드시 구매 의도를 높이지는 않는다는 점이다. 여기에는 여러 가지 이유가 있을 수 있다. 아마도 가장 빈번하게 언급되는 것은 고객이 종종 친환경적인 상품의 효능(혹은 품질)이 그렇지 않은 상품보다 떨어진다고 생각하는 현상이다. 이를 지속가능성의 약점이라고 부른다고 앞서 소개한 바 있다 (Luchs et al., 2010).

예를 들어 세정제의 경우 중심적인 속성은 세정 성분이지만 친환경적인 성분으로 만든다면(친환경은 부드러운 이미지를 연상시키므로) 고객은 이 세정제의 세정 능력이 떨어진다고 생각하고 구매하지 않을 가능성이 커진다. 따라서 세정제처럼 강력한 효능이 중요한 상품을 판매하는 기업은 어떻게 해야 할까? 기존의 연구결과들은 두 가지 해결책을 제시하고 있다. 첫 번째 방법은 중심적인 속성인 세정 성분이 아니라 주변적인 속성인 포장재를 친환경적인 원료로 만드는 것이다. 이 방법을 택하면 세정 능력이 떨어진다는 인식을 피하면서도 친환경 상품이라고 내세울 수 있는 장점이 있다. 하지만 주변적인 속성을 친환경적으로 만들었으므로 친환경적인 상품이라는 인식이 약해진다는 단점이 있다. 두 번째 방법은 중심적인 속성인 세정 성분에 친환경적인 원료를 사용하되, 세정력이 여전히 강력하다는 정보를 추가로 제공하는 것이다(Luchs et al., 2010). 부드러움 혹은 강력함 대신 다른 속성이 중요한 선택 기준이 되는 상품도 위와 같은 해결책들이 적용될 수 있을 것이다.

끝으로 친환경적인 원료나 성분을 이용한 상품을 내놓는 것과 관련해서 논란이 될 수 있는 문제를 소개하고자 한다. 올슨 등(Olsen, Slotegraaf, & Chandukala, 2014)은 악한 제품vice product, 즉 술, 담배, 탄산음료처럼 건강에 해를 끼치는 상품이 친환경적인 신상품을 내놓으면 선한 제품virtue product, 즉 과일, 샐러드처럼 건강에 좋은 상품의 경우보다 브랜드 이미지가 더 많이 개선된다는 결과를 보고했다. 그런데 이는 고객에게 악한 제품을 선택하는 정당성을 제공하기 때문에 악한 제품의 소비를 촉진할 가능성이 존재한다. 악한 제품을 판매하는 기업이 진정으로 사회적 책임을 생각한다면 친환경적인 신상품을 내놓기 전에 이러한 부작용도 고려해야 할 것이다. 친환경적인 성분이나 포장을 사용하되 이를 고객에게 커뮤니케이션하지 않는 것이 사회적으로 바람직하겠지만 매출액 목표를 달성해야 하는 마케터가 수용할 수 있을지 불확실하다.

윤리적인 상품 구매 유도

우리는 앞에서 친환경적인 상품 구매를 촉진할 방법들을 살펴본 바 있다. 친환경적인 상품도 윤리적인 상품의 일종이므로 앞서 언급된 방법들이 윤리적인 상품의 구매를 유도하는 목적으로도 활용될 수 있다. 그러나 윤리적인 상품이라고 할 때는 환경보호뿐만 아니라 공정 무역, 동물권 보호, 아동의 노동력 착취 방지 등 더 다양한 이슈들을 담고 있다. 따라서 윤리적인 상품을 친환경적인 상품과 완전히 동일시할 수는 없다.

최근의 연구들은 윤리적인 상품의 구매를 유도할 수 있는 몇 가지 루트를 보여주고 있다. 첫째, 윤리적인 상품을 구매하지 않는 고객의 죄의식을 직접적으로 자극하는 방법이다. 예를 들어 후진국의 아동들이 학교에서 공부하지 않고 농장에서 차를 수확하는 모습을 보여주면서 '당신이 마시는 차가 이런 아이들의 희생으로 얻어지는데 어떻게 차를 즐길 수 있습니까?'라는 문구를 집어넣는 것이다. 그러나 이런 방법을 사용하면 고객의 불편한 감정을 일으켜 반발하게 만들기 때문에 그 효과가 의문시되고 있다(Coulter & Pinto, 1995). 둘째, 앞서 지속가능성의 약점(sustainability liability, Luchs et al. 2010)과 관련해 설명한 바와 같이 고객은 윤리적인 상품의 효능이나 품질에 대해서 의구심을 가질 수 있다. 이러한 문제는 윤리적인 속성을 중심적인 속성 대신 주변적인 속성에 적용시키거나 효능이나 품질을 보증함으로써 완화시킬 수 있다. 셋째, 사람들은 어떤 행동을 하기 전에 자신이 그런 행동을 했을 때 이를 본 다른 사람들이 자신에 대해서 어떻게 생각할지를 중요하게 고려한다. 이를 인상 관리impression management 동기라고 부른다. 이를 이용하면 윤리적인 상품의 구매를 촉진할 수 있다. 예를 들어 윤리적인 상품에 대한 판매 촉진을 한다면 다른 사람들이 볼 수 없는 온라인에서 실시하는 것보다 다른 사람들이 볼 수 있는 소매점 내부에서 하는 것이 더 효과적이다(White & Peloza, 2009). 넷째, 사람들은 일관성 있는 자아를 갖기를 원한다. 예를 들어 자아 개념 일관성에 관한 연구에 의하면, 높은 윤리적인 기준을 가진 사람이 한 번 이와 어긋나는 행동을 했을 때 상기시켜 줌으로써 다시 윤리적인 행동으로 돌아가게 만들 수 있다(Peloza, White, & Shang, 2013).

좀 더 최근의 연구들은 윤리적인 상품의 구매를 촉진할 수 있는 보다 구체적인 방법들을 제시하고 있다. 화이트 등(White, MacDonnell, & Ellard, 2012)은 공정 무역 상품을 판매할 때 공정 무역의 필요성만 어필하는 것보다 공정 무역 상품을 구입함으로써 무너진 정의를 회복할 가능성도 함께 보여줄 때 구매 의도가 높아진다는 결과를 보고했다. 파하리아(Paharia, 2020)는 고객이 이미 만들어진 상품을 구입할 때보다 주문 생산한 상품을 구매할 때 생산 과정이 윤리적인지에 더 높은 중요도를 부여한다는 결과를 보고했다. 윤리적인 생산 과정을 거친 상품을 구매했다는 만족감 또는 비윤리적으로 생산된 상품을 구매했다는 죄책감이 주문 생산을 할 때 더 크게 느껴지기 때문이다. 개인적인 주문 생산이 아니라 크라우드 펀딩과 같은 집단적인 주문 생산에서도 동일한 결과가 나올지, 그리고 로컬에서 생산되는지 아니면 먼 곳에서 생산되는지에 따라서 결과가 달라지는지에 대해서 더 많은 연구가 필요하다.

친환경적인 행동 유도

기업이나 정부는 일반 대중들이 리사이클링이나 자원 절약 등을 하도록 설득하는 다양한 광고, 홍보, 판촉 등의 커뮤니케이션을 수행한다. 이러한 커뮤니케이션의 효과를 높이기 위한 연구결과들을 살펴보자.

흥미로운 것은, 친환경적인 행동을 유도하기 위한 커뮤니케이션을 할 때 환경보호를 강조하는 메시지가 반드시 가장 효과적인 것은 아니라는 사실이다. 골드스타인 등(Goldstein, Cialdini, & Griskevicius, 2008b)은 호텔 투숙객들에게 타월을 재사용하게 만들기 위해서는 단순히 환경보호를 강조하는 메시지보다 대다수 투숙객들이 타월을 재사용하고 있다는 사회적 규범을 강조하는 메시지가 더 효과적이라는 결과를 발표했다. 또한 사회적 규범을 강조하는 메시지의 효과는 타깃으로 하는 투숙객의 상황과 가장 유사한 상황을 묘사할 때 극대화됐다. 예를 들어 "이 방에 투숙한 투숙객 대부분이 타월을 재사용하고 있습니다."와 "이 호텔에 투숙한 투숙객 대부분이 타월을 재사용하고 있습니다."[4] 중 전자가 더 효과적이었던 것이다.

환경보호 메시지를 군이 사용하지 않고 친환경 행동을 유도할 수 있는 또 하나의 방법은 디폴트defaults를 활용하는 것이다. 예를 들어 전화 회사는 신규 가입자에게 전화 요금 고지서를 모바일로 받는 것을 디폴트 옵션으로 제시함으로써 종이 고지서를 인쇄하고 우송하는 데에서 발생하는 환경 문제를 줄일 수 있다(Goldstein, Johnson, Herrmann, & Heitmann, 2008a).[5]

모든 커뮤니케이션이 그렇듯이 친환경 행동을 유도하기 위한 커뮤니케이션이 효과적이려면 그 메시지를 듣는 청중들의 현재 상태를 사전에 조사해서 파악하고 설득력을 높일 수 있는 메시지를 선택하는 것이 중요하다. 크론로드 등(Kronrod, Grinstein, & Wathieu,

2012)은 고객이 환경 이슈의 중요성을 높게 인식할 때는 강압적인 메시지(assertive message; Use only what you need.)가 부드러운 메시지(gentle message; Please print only what you need.)보다 친환경 행동을 유도하는 데 효과적이지만, 그렇지 못할 때는 강압적인 메시지보다는 부드러운 메시지가 효과적이라는 결과를 보고했다. 후자의 경우 강압적인 메시지를 사용하면 소비자의 저항을 일으킬 수 있기 때문이다. 그러나 문화권에 따라서 사람들이 선호하는 메시지의 종류가 다른 경우가 있으니 유의할 필요가 있다. 예를 들어 러시아 사람들은 아주 강한 명령조 또는 아주 약한 비명령조의 요청을 선호하는 것으로 알려져 있다. 존대어가 발달한 우리나라도 명령조의 메시지는 역효과를 낼 가능성이 클 것이다. 이 연구결과가 친환경 메시지를 장기간에 걸쳐서 반복할 때도 그대로 유지될 것인지는 불확실하다.

소비자가 어떤 정치적인 이념을 갖는지에 따라서 소비 행동이 어떻게 달라지는지를 다루는 연구들이 최근 이루어지고 있다. 리사이클링을 촉진하기 위한 커뮤니케이션을 할 때 타깃 청중의 정치적인 이념과 매치시키면 효과를 높일 수 있다는 결과도 보고됐다(Kidwell, Farmer, & Hardesty, 2013). 진보주의자에 대한 메시지는 각 개인이 리사이클링에 참여함으로써 다른 사람들과 사회에 기여할 수 있음을 소구하는 것이 효과적이었다. 반면 보수주의자에 대한 메시지는 자신이 속한 집단에 대한 의무를 다하기 위해 리사이클링에 참여해야 함을 소구하는 것이 더 효과적이었다. 진보주의자 혹은 보수주의자가 많이 거주하는 지역을 대상으로 커뮤니케이션할 때 적용해볼 수 있을 것이다.

〈그림 7.1〉 리사이클링을 촉진하기 위한 광고의 예: 재활용품이 새제품으로 탈바꿈하는 것을 보여주는 광고(B와 C)가 그렇지 않은 광고(A)보다 더 효과적이다.

(출처: Winterich et al., 2019)

리사이클링과 관계된 또 하나의 흥미로운 연구결과를 소개해보겠다. 광고에서 재활용품들이 새로운 제품으로 만들어지는 것을 보여주면 리사이클링 행동을 증가시킬 수 있는 것으로 나타났다(Winterich, Nenkov, & Gonzales, 2019)(〈그림 7.1〉 참조). 이는 재활용품들이 새로운 제품으로 탈바꿈하는 장면이 고객에게 영감을 주고 리사이클링을 하도록 고무하기 때문이다.

사회적 가치창출을 위한 마케팅 활동의 역작용

기업이 선의에서 사회적 가치를 제공하기 위한 활동을 전개하더라도 그 결과가 항상 의도했던 대로 나오는 것은 아니다. 우리는 이미 앞에서 그런 예들을 살펴본 바 있다. 가령 친환경적인 상품을 고객이 친환경적이라고 인식하지 못한다든지, 인식하더라도 효능이나 품질이 떨어진다고 인식하는 등의 문제가 생길 수 있다. 이러한 문제들을 완화할 방법들은 이미 다루었으므로 여기서 재론하지는 않기로 한다.

여기서 다룰 문제는 기업의 친사회적인 활동이 다양한 이해관계자 집단 중에서 어느 한 집단에 이익을 안겨주는 반면에 다른 이해관계자 집단에게는 피해를 일으킬 수 있다는 점이다. 대표적인 예로 탐스의 사례를 들 수 있다. 고객이 탐스 신발 한 켤레를 구매하면 다른 한 켤레를 후진국의 아동에게 무료로 제공하는 공익 연계 마케팅으로 많은 주목을 받았다. 탐스의 바이 원 기브 원buy one, give one 모델은 수혜자인 후진국의 아동에게는 이로운 것이었지만 해당 지역의 신발 제조업자와 판매업자에게는 재앙이었다. 또 다른 예를 들면 몇 년 전 SK텔레콤은 서울의 한 재래시장과 협약을 맺고 신용카드 결제 단말기가 없는 영세한 상인들에게 휴대폰을 이용해서 결제할 수 있는 장치를 제공하는 등 여러 가지 지원을 했다. 그 결과 방문객 숫자가 50%나 증가하고 매출액도 10% 높아지는 성과를 거둔 것으로 알려졌다. 그러나 같은 기간 동안 인근 상점들은 방문객과 매출액이 줄어드는 피해를 보았을 가능성이 크다. 이와 같은 사례는 B2B 비즈니스에서도 발생할 수 있다. 월마트가 지속가능성 드라이브를 실행함에 따라 납품하는 공급업자들은 그 수준에 맞추기 위해 여러 가지 투자를 할 수밖에 없었다. 그러다 보니 공급업자 중 약 3분의 2의 수익성이 악화된 것으로 나타났다(Gielens, Geyskens, Deleersnyder, & Nohe, 2018).

이러한 사례들은 기업이 사회적 가치를 제공하는 활동을 하기 전에 다양한 이해관계자 집단에 미칠 긍정적 혹은 부정적 영향을 면밀하게 검토할 필요가 있음을 보여준다. 기업은 중앙정부나 지방정부와 달리 '선출된 권력'이 아니므로 특정 집단을 보호한다는 명분 하에 다른 집단에 손해를 끼칠 정당성을 갖추지 못하고 있음을 기억해야 한다.

3

앞으로 남은 연구 과제는 무엇인가

　앞서 언급한 바와 같이 마케팅이 '순진한 고객을 현혹시키는 저속한 상술'이라는 부정적인 인식에 시달리는 것은 역설적으로 마케팅이 친환경적이고 친사회적인 행동을 하도록 고객을 설득할 수 있는 잠재력이 있음을 보여준다. 마치 총은 강도의 손에 들어가느냐 경찰의 손에 들어가는지에 따라서 결과가 180도 달라지는 것처럼 말이다.

　마케팅 분야에서 지속가능성에 관해 많은 연구를 수행한 캐서린 화이트Katherine White 교수와 그의 동료들은 사람들이 지속가능한 소비 행동을 하게 하는 것이 어려운 다섯 가지 원인을 아래와 같이 정리했다(White, Habib, & Hardisty, 2019).

- 자신 대 타인Self-Other Trade-off: 친사회적 행동은 자기 자신에게는 비용(금전적 또는 비금전적)을 발생시키지만 그 혜택은 자신이 아니라 사회 전체에 돌아간다.
- 먼 미래Long Time Horizon: 친사회적인 행동, 특히 친환경적인 행

동의 결과는 실현되는 데 오랜 시간이 걸린다. 이 때문에 친환경적인 행동이 한 번으로 그쳐서는 안 되고 지속돼야 한다.

- 몸에 밴 나쁜 습관The Need to Replace Automatic with Controlled Processes: 친사회적인 행동을 하도록 만들기 위해서는 기존에 몸에 밴 나쁜 습관(관성)을 바꿔야 한다.
- 손에 잡히지 않는 혜택The Problem of Abstractness: 친사회적인 행동의 결과는 종종 불확실하고 손에 잡히지 않는다.
- 다수의 참여The Challenge of Collective Action: 친사회적인 행동에 다수의 사람이 참여해야 효과를 볼 수 있다.

그리고 이들은 마케팅 및 행동과학 분야의 방대한 관련 연구결과에 기초해 위와 같은 난관을 극복하기 위해서는 다음과 같은 다섯 가지 요인을 활용해야 한다고 정리했다. 그리고 이들은 이 다섯 가지 요인의 앞 글자를 따서 시프트SHIFT 프레임워크라고 명명했다. 여기서는 지면 관계상 이 다섯 가지 요인을 간략히 설명하고 2절의 내용 중 해당되는 것과 연결시키는 데 그치기로 한다. 좀 더 자세한 내용을 공부하기를 원하면 화이트 등(White et al., 2019)을 읽어보기를 권한다.

- 사회적 영향력Social influence: 사람들이 다들 이렇게 행동한다는 것을 알려줌으로써 친사회적인 행동을 하도록 만드는 방법이다. 앞서 '친환경적인 행동 유도'에서 언급했던 골드스타인 등(Goldstein et al., 2008b)의 연구결과가 하나의 예가 될 수 있다. 그리고 '윤리적인 상품 구매 유도'에서 언급된 '인상 관리 동기'

(White & Peloza, 2009)도 사회적 영향력과 관계가 있다.

- 습관 형성Habit formation: 친사회적인 행동을 장기간에 걸쳐서 반복하도록 만들기 위해서는 법규에 따라 처벌을 가하거나 적절한 인센티브를 제공하는 방법이 널리 사용되고 있다. 처벌은 이행 여부를 관찰할 수 있는 쓰레기 분리수거 등의 영역에 사용하면 효과적이다. 하지만 처벌의 강도가 지나치게 심할 경우 반발을 불러일으킬 수 있고 이행 여부를 관찰하기 어려운 행동에 대해서는 효과적이지 못하다. 인센티브의 경우, 제공되는 동안에는 효과가 있지만 제공되지 않으면 과거의 행동으로 돌아가는 문제가 있다. '친환경적인 행동 유도'에서 나왔던 디폴트 옵션(Goldstein et al., 2008a)도 습관 형성을 도울 방법이다.

- 자아Individual self: 사람들이 긍정적인 자아 개념을 유지하려 하고 자아의 일관성을 추구하려 하는 경향 등을 활용하는 것이다. '윤리적인 상품 구매 유도'에서 언급한 자아 개념 일관성(Peloza et al., 2013)이 이와 관련을 맺고 있다.

- 감성과 이성Feelings and cognition: 인간의 행동은 감성적인 루트 아니면 이성적인 루트를 통해서 일어나곤 한다. 그러므로 부정적·긍정적 감정인 죄책감, 공포, 희망, 자부심 등을 불러일으킴으로써 친사회적인 행동을 하게 유도할 수도 있고 정보나 지식을 제공함으로써 친사회적인 행동을 유발할 수 있다. '윤리적인 상품 구매 유도'에서 언급된 죄책감을 직접적(Coulter & Pinto, 1995)으로 혹은 간접적(Paharia, 2020)으로 유발하는 방법 등은 전자에 해당하고 '친환경적인 행동 유도'에서 리사이클을 촉구하는 메시지를 타깃 청중의 정치적인 이념에 부합되도록 설계

하는 것(Kidwell et al., 2013)은 후자에 해당한다.

- 유형성Tangibility: 친사회적인 행동의 결과를 구체적으로 실감나게 보여주는 방법이다. 생생한 이미지나 증언 등을 이용할 수 있는데 '친환경적인 행동 유도'에 나왔던 재활용품이 새로운 제품으로 탄생하는 것을 보여주는 광고가 좋은 예가 될 수 있다(Winterich et al., 2019)(〈그림 X.2〉 참조).

마케팅이 어떻게 사람들의 행동을 친사회적으로 바꿀 수 있는지에 관한 연구는 최근 활발히 이루어졌다. 그 덕분에 상당한 지식이 축적됐지만 아직 갈 길이 많이 남아 있다. 특히 기존 연구들은 대부분 특정 시점에서 응답자들에게 어떤 자극(예: 인센티브, 메시지 등)을 가하고 나서 응답자들이 친사회적인 행동을 하는지나 친사회적인 행동에 참여할 의향을 측정했다. 그러나 이것은 친사회적인 행동의 계속되는지를 알기 어렵다는 한계를 안고 있다. 또한 친사회적인 행동은 일반적으로 바람직하다고 여겨지므로 응답자들이 그런 방향으로 반응할 가능성이 있어서 결과가 실제 이상으로 강력하게 나올 가능성도 존재한다(이를 소셜 디자이어러빌리티 바이어스social desirability bias라고 부른다). 이러한 한계점들을 극복하기 위해서는 장기간에 걸친 필드 스터디field study가 앞으로 더 많이 수행될 필요가 있다.[6]

8장
사회적 가치와 정보기술의 역할

이재남

성균관대학교 공과대학을 졸업했다. 그 후 카이스트_{KAIST}에서 경영공학으로 석사학위와 박사학위를 받았다. 홍콩시립대학교_{City University of Hong Kong}에서 교수를 역임했다. 현재 고려대학교 경영대학의 교수로 재직하고 있다. (주)LG-CNS에서 10년간 근무하면서 정보기술 전략·경영혁신, 정보기술 설계·개발, 정보기술 아웃소싱 등 다양한 프로젝트에 참여했다. 주요 연구 분야는 정보기술 아웃소싱, 인터넷 비즈니스, 비즈니스 생태계 등이며 국내외 저명한 저널에 80여 편 이상의 논문을 게재했다. 또한 국내외 유명 학회에서 다양한 연구를 발표하였으며 그중에 20회 이상 최우수 논문상을 수상하였다. 세계인명사전인 후즈후_{Who's Who}에 수년간 등재되었으며 2016년에는 국제인명센터 International Biographical Center에서 주관하는 전세계 톱 100 교육자 중의 한 명으로도 선정됐다.

1

서론

최근 들어 기업들은 경제적 성장과 더불어 사회적 가치창출에 많은 관심을 가지고 기업의 경제적 성장과 사회적 가치를 연계하고 동시에 추구하는 전략 수립에 초점을 두기 시작했다. 이는 사회적 발전 없이는 기업의 성장과 존속은 불가능하며 기업이 사회적 발전에 공헌하는 것과 경제적 성장을 통한 이윤 창출이 상반된 개념이 아니라 상호 상보성을 가진다는 인식이 확산되고 있기 때문이다.

이와 같은 인식의 변화는 다음의 두 가지 관점에서 설명할 수 있다. 첫째, 2000년대 말 글로벌 금융위기를 겪으면서 기존의 경영 및 경제 모델이 현대 사회의 복잡성을 반영하기에는 한계가 있다는 것을 인식하게 됐고 그러면서 포용적 성장Inclusive Growth, 지속가능한 발전Sustainable Development, 사회적 가치창출 등과 같은 새로운 개념들이 떠올랐다. 이런 개념들의 공통점은 경제적 성장을 넘어 사회 안정과 통합을 추구하고 경제, 사회, 환경적 요소들이 서로 조화를 이룰 수 있는 방향으로 나아가야 한다는 의미를 지니고 있다.

둘째, 자본주의가 팽창하고 기업들의 생산성은 급속히 증가하고 있지만 우리의 환경은 이와 같은 속도를 따라가기에 역부족이고 결국 환경을 해치는 일들이 빈번하게 일어나고 있다. 따라서 단순한 자본주의보다는 환경적인 지속가능한 자본주의Sustainable Capitalism의 중요성이 강조되고 지속가능한 자본주의야말로 기업들이 추구해야 하는 미래의 방향이라고 제시되고 있다. 즉 우리가 사는 지구에 대해 모두가 책임을 져야 하며 사회적 가치에 대한 고려 없이 경제적 가치만을 추구하는 것은 지속가능한 자본주의에 역행하는 것이라고 할 수 있다.

예를 들어 국제연합United Nations이 2000년에 발표한 새천년개발목표MDG, Millennium Development Goals는 2015년에 종료가 됐고 2015년 지속가능발전목표가 새롭게 발표됐다. 이 두 가지 목표의 차이점은 새천년개발목표가 절대적 빈곤에 있는 저개발국이나 개발도상국들의 빈곤을 종식시키는 것에 초점을 두었다면 지속가능발전목표는 저개발국들의 절대적 빈곤뿐만 아니라 존재하는 모든 형태의 빈곤, 불평등, 경제, 사회, 환경, 기후변화 관련 문제들을 모두 포함하고 있다. 지속가능발전목표는 이와 같은 문제들을 해결하기 위해 2030년까지 17개의 주요 목표와 232개의 세부 실행지표들을 제시하고 있다.

이런 목표를 이루기 위한 핵심요소로 정보기술의 중요성과 역할이 강조되고 있다. 지속가능발전목표의 달성을 위한 핵심 전략인 녹색경제Green Economy를 실현하기 위해서 정보기술은 핵심적 요소로 간주되고 있으며 녹색성장, 일자리 창출, 사회 진보, 환경보호 및 지속가능한 미래의 달성을 위한 필요 불가결한 수단으로 고려되고 있다. 특히 새롭게 대두되고 있는 4차 산업혁명 시대에는 지금까지의 산업혁명과는 달리 정보기술의 역할이 더욱 빠르고 광범위하게 경제 및 사회 전반에 변화를 줄 것으로 전망하기 때문에 기술을 통한 혁신은 우리 사회가 직면한 다양한 사회적 문제들(기술 격차의 해소, 기술이전, 지구 온난화, 취약계층의 접근성 확대 등)을 해결하는 원동력이 되고 사회적 가치를 실현시키는 촉진제의 역할을 할 것으로 기대하고 있다.

지속가능한 발전은 특정 국가나 분야에 한정된 문제가 아니라 범국가적, 범사회적 이슈라고 할 수 있다. 그러므로 지구가 처한 환경과 자원의 한계성을 극복하고 경제와 사회의 발전 과정에서 직면하고 있는 많은 문제를 해결하기 위해 어떻게 정보기술을 활용해야 할 것인지에 대한 새로운 이해와 성찰이 필요하다. 특히 4차 산업혁명 시대에서 정보기술의 역할은 현재 전 세계가 직면한 문제를 극복하고 해결할 가장 효과적인 수단임을 인식하고 이에 대한 정책적 고려가 절실히 요구되는 상황이다.

이런 관점에서 사회적 가치에 대한 전반적인 고찰과 실질적인 성과 창출을 위해 정보기술의 역할을 이해하고 모색하는 것은 필수적이다. 1절에서는 정보기술 역할의 변화 과정을 간단히 살펴보고 4차 산업혁명을 이끄는 다양한 기반 기술들인 빅데이터, 사물인터넷, 인공지능, 블록체인 등이 경제적, 사회적으로 어떤 의미를 지니는지를 논의하도록 한다. 2절에서는 4차 산업혁명을 이끄는 다양한 기반 기술들을 활용해서 기업과 정부가 사회적 가치를 창출하는 대표적인 사례들에 대해서 살펴보도록 한다. 마지막 절에서는 1절과 2절에서 언급한 일반적인 내용을 바탕으로 사회적 가치창출을 위한 전략적 프레임워크를 개발하고 그에 대한 가이드라인을 기업과 정부에게 제시하고자 한다.

2

정보기술과 사회적 가치

정보기술은 지난 20세기 동안 급격한 발전을 해왔다. 그 결과 우리는 정보기술이 직간접적으로 제공하는 다양한 문명의 이기를 즐기며 살아가고 있다. 또한 정보기술의 발전으로 인한 경제적 가치의 창출과 사회적 공헌을 부정하기는 쉽지 않다. 하지만 정보기술의 급격한 발전이 정말 우리 사회를 공정하고 조화롭게 만들고 있는지에 대한 논의는 지속적으로 이어지고 있다. 특히 최근에 대두되는 다양한 4차 산업혁명의 기반 기술들이 개인 간, 기업 간, 국가 간의 양극화를 부추기고 나아가 인류를 위협하는 대상으로 여겨지고 있는 것도 사실이다.

정보기술의 중요도가 증가하면서 이와 관련된 부정적인 측면이 부각되고 정보기술이 지속가능한 사회적 발전을 이끌 수 있는지에 대한 의문이 제기되고 있다. 이런 의문의 근본적인 원인은 정보기술로 인한 혜택이 우리 모두에게 공평하게 돌아가지 않는 것에 기인한다고 할 수 있다. 기술을 잘 아는 사람은 새로운 기술을 습득하고 활용하기 쉬운 반면에 그렇지 못한 사람들은 새로운 기술로부터 점점 멀어질 수밖에 없는 것이 현실이다. 이러한 디지털 격차Digital Divide는 기술의 심화를 주도하는 4차 산업혁명 시대에는 더욱 심각해질 것으로 보인다.

정보기술의 이런 부정적 문제를 최소화하고 혜택을 최대화하기 위해서는 지금까지 어떻게 진화돼왔으며 어떠한 경제적 가치와 사회적 가치를 창출해왔고 앞으로 창출할 것인지를 이해하는 것이 필요하다.

정보기술 역할의 진화

정보기술에 대한 개념과 정의는 시간이 지나면서 계속 변화돼왔다(〈그림 8.1〉 참조). 정보기술은 1950년대 단순한 회계전표 처리와 같은 기본적인 거래 처리를 지원하기 위해 사용됐다가 1960년대와 1970년대를 거치면서 기업 내의 한정된 자원의 효율적 관리와 통제를 위한 목적으로 사용됐다. 그리고 1980년대에는 기업 자원의 운영과 관리와 더불어 의사결정 기능을 지원하는 목적으로 사용됐다. 1990년에 들어서면서 기업의 자원과 기능을 총체적으로 통합하는 전사적 자원 관리가 가능하게 됐고 정보기술의 전략적 활용에 초점을 두게 됐다.

2000년대에는 인터넷, 모바일, 웹 기술 등이 등장하면서 언제 어디서나 필요한 정보를 획득하고 활용하는 유비쿼터스 컴퓨팅 환경이 도래했고 정보기술의 전략적 활용이 더욱 주목받기 시작했다. 정보기술의 전략적 활용이란 기업, 산업, 국가의 경쟁력 창출과 확보

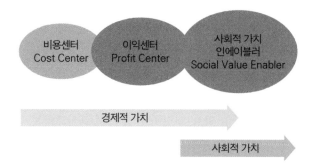

에 정보기술을 직접적으로 활용하는 것을 의미한다. 정보기술을 활용해 시장점유율 확대, 신시장 개척, 이익 증가, 경쟁력 증진 등을 가져오는 다양한 성공사례들이 나타나기 시작한 것이다.

　하지만 이런 급격한 변화에도 불구하고 정보기술은 여전히 기업, 산업, 국가의 목표 달성을 위한 지원 기능Supportive Function으로 간주되는 것이 현실이다. 정보기술의 전략적 활용을 통한 경제적 가치와 사회적 가치가 증가하는 상황에서도 정보기술을 이익센터Profit Center 관점에서 이해하기보다는 비용센터Cost Center 측면으로 받아들이는 것이 일반적인 상황이다. 다시 말해 많은 기업이 정보기술에 앞다투어 투자하지만 투자성과에 대해 확신하지 못하는 것이다. 정보기술에 투자했으나 이에 대한 성과를 확신하지 못하는 주요 이유를 살펴보면 다음과 같다.

　첫 번째 이유는 정보기술 투자에 대한 성과측정상의 방법론적인 문제이다. 많은 기업이 정보기술의 도입을 통해 다양한 온라인 비즈니스 모델을 만들고 실행하고 있지만 아직도 정보기술의 투자 성과를 측정하기 위한 합리적인 기준을 개발하지 못하고 있다. 두 번째 이유는 정보기술을 적용하는 비즈니스 자체적으로 다양한 장벽 요소가 존재하기 때문이다. 특정 기업이 정보기술에 투자했으나 산업 내 협력관계에 있는 기업, 경쟁사, 공급업체, 고객 등의 이해관계 당사자들의 정보기술 수준이 낮아 충분한 투자효과를 얻지 못하는 기업과 산업이 존재한다. 세 번째 이유는 정보기술 투자 대비 산출물 평가를 주로 정량적인 지표들(매출 증대, 시장점유율, 성장률 등)로만 고려하는데 이는 올바른 투자성과 방법이라고 볼 수 없다. 산출물 관점에서의 평가도 중요하지만 산출물을 생성하는 과정 관점에 대한 성과측정 지표도 반드시 고려돼야 한다.

이런 상황에도 불구하고 정보기술은 계속 빠른 속도로 진화하고 있다. 2010년대에 들어서면서 보다 지능화된 정보기술이 나타나기 시작했다. 사물인터넷, 빅데이터, 블록체인, 다양한 스마트 기기, 클라우드 서비스 등의 기술이 도입되고 이런 기술들이 인공지능을 탑재하면서 기존에 존재하지 않았던 혁신적인 제품, 서비스, 새로운 비즈니스 모델을 만들어내고 있다. 4차 산업혁명을 이끄는 이런 기반 기술들은 과거 정보기술이 만들어낸 경제적 가치를 넘어 사회적 가치를 실현하고 촉진할 인에이블러Enabler로 주목받기 시작한 것이다.

기술혁신과 사회적 가치창출

사회적 가치의 중요성이 강조되면서 나타난 또다른 시대적 변화는 4차 산업혁명 시대의 도래이다(〈그림 8.2〉 참조). 18세기 영국에서 시작된 1차 산업혁명은 증기기관 기반의 기계화 혁명으로 농업 중

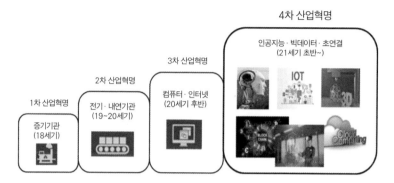

심의 사회를 산업사회로 변화시켰다. 전기를 기반으로 한 2차 산업 혁명과 컴퓨터와 인터넷을 통한 3차 지식정보 혁명은 기술적 진보를 통해 대량생산과 대량소비를 가능하게 해 급격한 경제적 성장을 이끌었다.

21세기 들어 인공지능, 빅데이터, 사물인터넷, 블록체인 등을 기반으로 한 4차 산업혁명은 혁신적인 제품, 서비스, 그리고 새로운 비즈니스 모델을 만들어낼 뿐만 아니라 기반 기술들을 바탕으로 전 세계가 상호 유기적으로 연계되고 국가 간, 지역 간, 산업 간의 물리적 경계를 허물어 지금까지 우리가 경험하지 못한 범국가적, 범사회적 변화를 빠른 속도로 일으킬 것으로 전망하고 있다. 사회적 가치의 창출을 위해 기술 혁신이 반드시 필요한 것은 아니다. 하지만 지식 중심으로 발전하는 4차 산업혁명 시대의 기술 혁신은 사회적 가치창출의 핵심 요소가 될 것은 자명한 사실이다. 이에 대한 주된 이유를 정리하면 다음과 같다.

첫 번째 이유는 4차 산업혁명을 통한 새로운 패러다임의 전환은 경제적으로 뒤처져 있는 저개발국, 개발도상국, 그리고 빈민층과 소외 계층이 경제적, 사회적으로 새롭게 도약할 기본 인프라를 제공할 것이기 때문이다. 두 번째 이유는 과거에 존재했던 물리적, 개념적 분류, 구분, 경계가 무의미해지는 초연결 사회가 도래할 것이기 때문에 과거에는 생각하지 못했던 새로운 경제적, 사회적 기회가 다양한 분야에서 창출될 것이기 때문이다. 마지막 이유는 4차 산업혁명을 통한 변화가 특정 분야, 국가, 산업에 국한되지 않고 전 분야에 걸쳐 나타나고 부가가치의 원천이 물리적 자본에서 무형자산으로 이동하게 되어 누구나 쉽게 새로운 기회를 찾고 현실화할 가능성이 매우 크기 때문이다.

따라서 물리적 경계를 넘어 기업 간, 국가 간, 사회 간 연결성이 강화되는 4차 산업혁명 시대는 기업이 경제적 가치와 사회적 가치를 동시에 증진할 절호의 기회임을 인식해야 한다. 더불어 4차 산업혁명의 기반 기술들을 근간으로 한 다양한 기술 혁신 활동들과 현재 경제와 사회에서 벌어지는 주요 현상들을 전통적인 사고방식의 한계를 넘어 새로운 개념적 틀을 통해 이해하고자 하는 노력이 절실히 요구된다.

3

정보기술을 활용한
사회적 가치창출 사례

정보기술과 사회적 가치창출 연계 비즈니스 유형

급변하는 환경에서 기업의 사회적 가치창출은 피할 수 없는 기업의 거대한 패러다임이다. 기업의 이윤 창출을 넘어 기업 윤리와 책임을 강조했던 과거와는 달리 4차 산업혁명에 접어들면서 기업의 지속가능한 성장과 이를 통해 사회적 이슈를 해결하고 새로운 기회와 가치를 창출해야 한다는 개념으로 확산되고 있다.

지속가능한 성장은 하나의 국가 또는 분야에 한정된 이슈가 아니라 범국가적 그리고 범사회적 이슈이다. 우리가 현재 처한 환경과 자원의 한계성을 극복하고 사회 발전 과정에서 대두되는 다양한 문제들을 해결하기 위해 급속도로 발전하는 정보기술을 어떻게 적용하고 활용할 것인지에 대한 새로운 시각이 절실히 요구되고 있다. 특히 4차 산업혁명 시대에서 정보기술인 빅데이터, 사물인터넷, 인공지능, 블록체인 등의 역할은 우리가 직면한 경제적, 사회적 문제를 해결하고 기업의 사회적 가치를 창출할 가장 효과적인 수단이라는 것을 부정하기는 쉽지 않다.

기업은 4차 산업혁명 시대에 새롭게 대두되는 다양한 정보기술을 활용해서 경제적 가치뿐만 아니라 사회적 문제를 정의하고 이를 반영한 전략적 투자 및 성장을 위한 비즈니스 모델에 관해 지속적으로 고민하고 있다. 다시 말해 사회적 이슈와 환경적 문제를 해결하는 기업이 근본적으로 경쟁력을 확보할 수 있다. 이를 위해서는 경제적 가치와 사회적 가치를 결합하는 새로운 비즈니스 모델의 개발이 필수적이라는 것이다.

다양한 관점에서 여러 형태의 비즈니스 모델 개발이 가능하지만 사회적 가치창출을 위한 지속가능한 비즈니스 모델을 정립하기 위해서는 현재 수준의 명확한 진단과 방향성 정리가 우선돼야 한다. 이런 측면에서 기업의 사회적 가치 모델을 크게 세 가지 유형으로 구분하고자 한다. 즉 사회 공헌형Social Contribution Type, 사회 확산형Social Diffusion Type, 그리고 사회 혁신형Social Innovation Type으로 구분하고 유형별 의미와 특징을 간단히 정리하면 〈표 8.1〉과 같다.

첫째, 사회 공헌형은 근본적으로 사회적 가치보다는 경제적 가치에 초점을 두고 있으며 이해관계자들과의 관계 강화를 통해 가치를 향상시키고 비즈니스의 외부 위험도를 완화하고자 하는 것에 목적을 두고 있다. 둘째, 사회 확산형은 사회 공헌형의 다음 단계로써 현재의 비즈니스와 중요한 사회적 이슈를 연계하고 비즈니스의 기회와 신시장을 발굴하고자 한다. 기업의 전략에 사회적 가치창출 이슈를 반영해 경제적 가치와 사회적 가치를 일관성 있게 연계시키고 사회적으로 긍정적인 인식을 확보하는 데 초점을 둔다. 마지막으로 사회 혁신형의 경우에는 비즈니스 개발 단계부터 사회적 이슈를 고

〈표 8.1〉 사업 영역과 사회적 가치창출 영역의 간접 연계와 직접 연계

유형	사회 공헌형 (1단계)	사회 확산형 (2단계)	사회 혁신형 (3단계)
목적	경제적 가치 및 대외 이미지 증진에 초점	현재의 비즈니스와 사회적 가치의 연계에 초점	사회적 가치 증진을 위한 새로운 비즈니스 전략 수립에 초점
활동	이해관계자들과의 관계 강화를 통한 가치 향상 비즈니스의 외부 위험도 완화	사회적 가치 연계를 통한 비즈니스 기회 창출 기존 비즈니스에 사회적 영향 관련 이슈 반영	사회적 이슈를 근간으로 시장 환경 정의 및 제품·서비스 구축 사회적 혁신을 통한 차별화 추구
특징	일반적인 사회적 가치 활동 장기적인 투자 및 위험 측면에서 사회활동 진행 기업 내 담당부서를 통한 사회적 활동 전개	전사적 전략 방향에 사회적 영향 사항 반영 경제적 가치와 사회적 가치의 일관된 방향성 사회적으로 긍정적인 인식 확보 추구	비즈니스 전략의 필수적인 요소로 사회적 가치창출 포함 경제적 가치 평가보다 사회적 가치 평가의 중요성 강조

려하기 때문에 사회적 가치창출은 비즈니스 전략의 필수적인 요소이다. 따라서 경제적 가치창출도 중요하지만 더욱 중점을 두는 것은 사회적 가치의 창출을 통해 비즈니스의 사회적 차별화를 추구하는 것이라고 할 수 있다.

1단계-사회 공헌형 비즈니스 사례

사회 공헌형 비즈니스의 사례로 푸른바이크쉐어링을 소개하고자 한다. 해당 기업은 제주도에서 관광 사업의 하나로 자전거 대여 사업을 진행하면서 공유와 공생의 개념 아래 지역 기반의 협력 네트워크를 구성했다. 제주도의 물적·인적 자원의 지역적 특성을 활용하고자 지역 내 주민을 영업점의 운영자로 고용하고 지역 업체 및 주민들과의 협력을 통해 자전거 기반의 지역 경제 활성화 네트워크 구성을 사업의 주안점으로 두었다. 푸른바이크쉐어링은 자전거 대여 및 반환을 통해 제주도에서 고객들이 편안히 자전거를 이용할 수 있는 환경을 조성했다. 사업의 주체, 협력자, 그리고 성과에 대한 공유자가 지역 주민을 대상으로 한다는 점에서 자전거 렌탈을 주목적으로 하는 일반 자전거대여업체와 차별성을 가지고 있다.

제주도 지역 내 직영 거점 자전거 대여 스테이션을 설치하고 고객들이 앱 기반 자전거 렌탈 시스템을 통해 오프라인 및 온라인으로 연결될 수 있도록 했다. 거점 렌탈 숍의 관리자로 지역주민을 고용해 지역주민과 여행객을 연결하고 제주도 내 여행 협력업체와 자전거 대여 및 관리에 대한 협력 체계를 만들었다. 특히 제주관광공사와 양해각서MOU 체결을 통해 체류형 관광 상품을 개발하고 민관 협력 체계를 구축했다. 또한 본 사업의 성과를 지역사회와 공유하기 위해 자전거 이용자들의 간접 기부 방식을 도입했고 어린이 자전거 보급, 안전모 보급, 안전 교육 등을 통해 사회적 공헌을 증진하고자 노력했다.

푸른바이크쉐어링은 언제 어디서나 손쉽게 자전거를 대여하고 반환할 수 있도록 모바일 앱 기반의 자전거 공유 시스템 '달콤'을 개발해 제주도 여행자들이 원활히 자전거를 통한 여행이 가능하게 했다. 자전거 공유 서비스 앱인 달콤은 제주도를 여행하면서 주변에 위치한 자전거를 쉽게 검색할 수 있도록 지원하고 예약을 통해 어디서나 자전거를 대여하고 반납할 수 있도록 했다.

또한 제주도 지역사회와의 협력 네트워크 구축을 통해 공생 방안을 마련했다. 자전거 공유 시스템 달콤은 지역 내 음식, 숙박, 관광 관련 개인 사업들과의 제휴 관계를 통해 고객들이 자전거의 대여와 반납을 이들 협력업체에서도 가능하게 했다. 이를 통해 협력업체의 매출 증대와 상호 협력이 가능하게 됐다. 이와 같은 지역 내 협력 네트워크 구성은 단순한 외부적인 영업망 확장을 넘어 신뢰 구축을 통한 상생의 기반 마련을 가능하게 했다.

더욱 중요한 것은 푸른바이크쉐어링의 비즈니스 근간은 경제적 성과 추구와 함께 CSR을 통한 사회적 가치 실현에 있다. 이를 위해 자전거 대여 사업의 활성화가 기업의 사회적 참여가 될 수 있도록 고객들의 자전거 이용 실적이 기부로 이루어질 수 있는 모델을 개발했다. 이를 위해 빅토리Big.tory, Bike Good Story 모바일 앱을 개발하고 달콤 앱과 연동시켜서 '자전거가 만들어내는 아름다운 이야기'라는 뜻으로 자전거를 대여하면서 기부금을 간접적으로 후원할 수 있도록 했다. 빅토리 앱을 실행하고 자전거를 타게 되면 달린 거리 10미터당 1원이 적립되고 후원기업으로부터 매칭 기부가 이루어지게 된다. 고객들은 자전거를 활용한 여가 활동과 함께 기부에 동참하는 의미가 있으며 지역 내 후원기업들은 사회적 책임에 참여하고 제주도를 홍보하고 이미지를 올리는 역할을 하게 된다.

이렇게 모인 기금은 지역 내 아동 자전거 안전 교육과 안전 헬멧 기부 사업 등에 사용되며 지역 아동센터 자전거 기증, 지역 아동센터 자전거 여행 프로그램 지원, 제주 자활센터 재생용 자전거 기증, 시민 단체의 제주도 자전거, 여행 프로그램 지원, 한국 유네스코 대학생 자원 봉사단 자전거 지원 등과 같이 자전거를 필요로 곳을 지원하기 위해 활용된다.

2단계-사회 확산형 비즈니스 사례

사회 확산형 비즈니스의 첫 번째 사례인 LG U+는 모바일 통신서비스 사업을 근간으로 사물인터넷, 인터넷 TV$_{IPTV}$ 등 다양한 정보기술을 활용해 사회문제 해결에 노력하고 있는 기업이다.

LG U+는 독거노인들의 고독사 예방을 위해 사물인터넷 서비스를 지원하고 있다. 예를 들어 '사물인터넷 전기료 알리미' 서비스를 통해 독거노인들이 가정 내 전력 사용량을 모니터링하고 만약 3일간 사용량의 변화가 미비하거나 없어서 평소와는 다른 징후가 발생하게 되면 담당 생활관리사에게 알람 메시지가 발송되는 모바일 앱을 개발해 보급했다. 일반적으로 생활관리사 한 명이 평균 약 30명 정도의 독거노인에게 최소 주 2회 안부 전화를 걸어야 하고 위급상황 시에는 응급센터에 연락해야 한다. 이에 이동통신 요금을 할인해주고 있다.

또한 LG U+는 보건복지부와 한국장애인재활협회 등과 함께 전국의 3,000가구 이상의 청각장애인들에게 홈 사물인터넷 서비스를 무상으로 지원하고 있다. 해당 서비스에는 청각장애인들에 필수적인 현관 CCTV 서비스 도어캠, 가스 잠금, 플러그와 스위치 잠금 등과 같은 서비스가 포함돼 있으며 이러한 기술을 통해 장애로 인한 불편을 없애고 편리한 삶을 누릴 수 있도록 지원하고 있다.

이 외에도 LG U+는 강원도 산간 지역에서 일하는 산업 현장 근로자들의 위치와 동선을 실시간으로 모니터링할 수 있도록 LTE 모뎀과 카메라와 위성 위치 확인 시스템$_{GPS}$ 및 무전 기능 등이 탑재된 사물인터넷 헬멧을 제공해 근로자들과 산림을 효율적으로 보호할 수 있도록 지원하고 있다. 또한 취약계층의 아이들과 아동양육시설에 TV와 인터넷을 통해 다양한 콘텐츠를 제공해 소외계층의 아이들이 양질의 놀이문화를 접할 기회를 주고 많은 아이들을 돌봐야 하는 보육사들이 효율적으로 아이들을 돌보도록 지원하고 있다.

최근 들어 LG U+는 네이버와 한국시각장애인연합회와 함께 시각장애인 전용 콘텐츠를 제공하는 인공지능 서비스인 소리세상을 출시했다. 소리세상은 네이버의 클로바 인공지능 플랫폼에 탑재된 스피커를 통해 한국시각장애인연합회가 보유한 주요 뉴스, 음성 도서, 잡지, 공지사항 등 시각장애인 전용 콘텐츠를 음성으로 편리하게 이용할 수 있는 서비스이다. 예전에는 시각장애인들이 유사한 서비스를 이용하기 위해서 ARS 전화를 통해서만 가능했으나 소리세상 서비스를 활용하면 음성인식을 통해 콘텐츠에 바로 접근할 수 있다. 이와 같이 LG U+는 모바일 통신사업을 근간으로 최신의 정보기술을 활용해 다양한 소외 계층의 사람들이 좀 더 높은 삶의 질을 누릴 수 있도록 사회공헌 활동을 적극적으로 펼치고 있다.

사회 확산형 비즈니스의 두 번째 사례는 인텔Intel 기업이다. 반도체를 생산하는 인텔은 사회적 책임 분야로써 환경의 지속가능성 책임, 공급망에 대한 책임, 그리고 다양성과 포용에 대한 책임을 선정하고 이에 대한 다양한 노력을 진행하고 있다. 특히 인텔은 반도체를 생산하는 과정에서 물이 필수자원이다. 그러다 보니 물에 관한 관심이 높고 2025년까지 반도체를 생산하는데 사용하는 물의 100%를 보존하겠다는 목표를 세우고 있다.

반도체를 생산하는 과정에서 초순수 상태의 물을 사용해 실리콘 웨이퍼의 불순물을 제거하고 제조 시설 시스템 가동을 위해 산업용

수와 재생용수를 사용하고 있다. 지난 20년간 지속가능한 수자원을 관리한 결과 수십억 갤런의 물을 절약했으며 사용한 물의 약 89%를 지역사회로 다시 되돌리는 노력을 했다. 더 나아가 이제는 사용한 100%의 물을 모두 복원하겠다는 목표를 수립한 것이다.

예를 들어 미국 애리조나주 웨스트 클리어 크릭 지역에 있는 베르데 강_Verde River_은 다양한 물고기와 동물 서식지였지만 관개 시설의 영향으로 물의 양이 급격히 감소하게 됐다. 이는 다시 자연환경에 영향을 미치게 됐다. 인텔은 환경보호단체인 네이처 컨서번시_Nature Conservancy_와 함께 해당 지역의 논과 밭에 사물인터넷 기술이 탑재된 데이터 수집 장치를 설치해 농장 토양의 수분 함유량을 분석하고 날씨 데이터를 분석해 최적의 농업용수를 공급하도록 정보를 제공하고 있다. 이 활동을 통해 연간 1,800만 갤런의 물을 절약하고 있다. 또한 오리건주에서는 '사물인터넷 스마트 AG 파일럿_IoT Smart AG Pilot_'을 통해 현지 헤이즐넛 농가와 함께 토양 수분 및 현지 날씨를 실시간으로 원격 모니터링해 농가에서 직접 해당 지역의 특정 위치에 정확한 토양 수분을 확인할 수 있도록 했다. 농작물에 물이 필요한 시점에 급수함으로써 관개 효율성을 높이고 물을 절약하는 효과를 가져온 것이다.

사물인터넷과 빅데이터를 활용한 인텔의 사회공헌활동은 기업이 소비하는 물과 동등한 양의 물을 다시 지역으로 환원하는 지역사회와의 공동 프로젝트를 통해 기업이 사회에 미치는 환경적 영향을 이해하고 정보기술을 활용해 그에 상응하는 보존 활동을 한다는 점에서 의미가 있다.

3단계-사회 혁신형 비즈니스 사례

사회 혁신형 비즈니스로 케냐의 이동통신 회사인 사파리콤을 소개하고자 한다. 이 기업은 단순히 이동통신 회사라기보다는 케냐의 사회적 혁신을 대표하는 기업으로 통신사이기도 하지만 은행이기도 하고 국가의 선거를 관리하는 역할도 하고 있다. 엠페사M-PESA라는 서비스로 제공하는 사파리콤은 정보기술이 우리의 삶을 얼마나 편리하고 풍요롭게 만들 수 있는지를 명확하게 보여주고 있다.

케냐 인구의 30% 미만의 사람들만이 은행계좌를 가지고 있고 은행 지점과 현금인출기가 절대적으로 부족한 상황에서 사파리콤은 2007년 휴대전화를 이용한 간편 모바일 뱅킹 서비스를 할 수 있는 엠페사 서비스를 제공하기 시작했다. 2017년에는 3,000만 명이 넘는 국민의 금융거래 활동을 보다 편리하고 투명하게 만드는 역할을 했다. 이러한 성과를 인정받아 2015년에는 미국 『포춘』은 사파리콤을 세상을 바꾸는 기업 1위로 선정했다.

엠페사 서비스는 휴대전화를 사용해 송금뿐만 아니라 난방비와 수업료 등 일상적인 금융거래를 가능하게 했다. 해당 서비스를 이용해 송금할 때는 먼저 사파리콤 매장에서 송금할 금액과 수수료를 지불하고, 다른 사람에게 휴대전화로 송금액을 명시하고 SNS를 통해 비밀번호를 함께 보내게 된다. 그러면 해당 메시지를 받은 사람은 다른 사파리콤 매장에서 받은 화면과 비밀번호를 제시하고 현금을 바로 수령할 수 있다. 은행을 거치지 않고 금융서비스가 이루어지는 것이다. 은행이 절대적으로 부족한 케냐에서 특히 빈곤층의 큰 호응을 얻게 됐다. 특히 전국에 있는 10만 개가 넘는 다양한 가게들과 대리점들이 본 서비스에 가입함에 따라 매월 약 20억 달러의 송금 서비스가 엠페사 서비스를 통해 이루어지고 있다. 그럼으로써 대출 회수율이 증가하고 부정부패가 급격히 줄어들었고 케냐의 금융 환경 자체가 투명해지는 결과를 가져왔다.

더 나아가 사파리콤은 엠페사 서비스를 근간으로 국민의 생활과 생업을 지원할 수 있는 다양한 서비스를 제공하기 시작했다. 예를 들어 국민에게 저렴한 가격으로 곡물거래소의 농산물 가격 정보를 문자로 제공하기 시작했고 저축 및 대출 서비스를 효율적으로 제공하기 위해 엠스와리 서비스를 통해 은행 업무를 시작했다. 또한 부정 선거를 방지하기 위해 케냐 정부는 사파리콤을 통해 유권자들에게 투표 관련 안내를 하고 투표 결과도 사파리콤이 제공하는 네트워크를 통해 집계했다. 이러한 엠페사 서비스는 점차 난방비, 교육비, 농업용수비, 식수비, 전기비 등을 결제하는 수단으로 확대됐다. 이제는 단순한 금융 서비스가 아니라 새로운 화폐로 인식되고 있다.

사파리콤의 CEO인 밥 콜리모어Bob Collymore는 "사파리콤은 케냐 민주주의 발달에 중요한 역할을 한다."라고 언급하면서 단순히 통신사의 역할이 아닌 그 이상의 역할을 한다는 것을 강조하고 있다. 현재는 케냐 이외에도 아프가니스탄, 남아프리카공화국, 이집트, 인도 등에서도 엠페사 서비스를 이용할 수 있도록 확산돼 있으며 정보기술을 통해 사회의 문제를 해결하고 사회적 가치를 혁신적으로 창출하는 대표적인 사례로 간주되고 있다.

4

정보기술 기반의
사회적 가치창출 전략 및 시사점

정보기술에 따른 미래 사회의 변화

4차 산업혁명의 바탕을 이루는 다양한 정보기술들인 빅데이터, 사물인터넷, 인공지능, 블록체인 등을 통해 미래의 기업과 사회는 급격한 변화를 경험하게 될 것이다. 정보기술의 발전으로 업무 효율성, 성과 향상 등과 같은 긍정적인 변화도 있겠지만 일자리 감소, 불확실성 증대 등과 같은 부정적인 변화도 있을 것이다. 중요한 것은 이와 같은 변화가 더 이상 선택이 아니며 기업과 사회가 변화를 위한 적절한 대응 방안을 모색해야만 한다는 것이다.

기업 측면에서는 빅데이터, 사물인터넷, 인공지능, 클라우드 등과 같이 초연결성에 기반을 둔 새로운 형식의 스마트 비즈니스 모델을 실현하기 위해 디지털 전환Digital Transformation을 진행해야 한다. 이런 디지털 전환은 기존의 산업구조를 변화시키게 되며 새로운 형태의 비즈니스 생태계를 구성하게 될 것이다. 이를 통해 새로운 산업 및 시장이 도래하게 될 것이다.

또한 고용 측면에서도 급격한 변화가 나타날 것으로 예상된다. 단순 반복적인 업무의 대부분은 정보기술로 대체돼 전체적인 고용률의 감소를 가져올 것이다. 예를 들어 현재 직업의 절반 정도가 향후 10년 내 없어질 것으로 예측하고 있다. 반면에 발전된 정보기술의 적용과 활용을 통해 새로운 직군과 산업이 등장할 것이며 고숙련되고 기술 집약적인 직군에 대한 수요가 증가할 것으로 예측하고 있다. 예를 들어 4차 산업혁명과 관련된 주요 정보기술 분야에서 약 200만 개 이상의 새로운 일자리가 창출되고 그중에서 약 70%가 기존에 없던 새로운 직업이 될 것으로 예측한다.

기업들은 미래의 변화를 인지하고 이에 대비하기 위해서 내적 역량에 대한 명확한 분석과 기술 및 산업구조의 변화와 같은 외적 상황에 대한 장기적인 측면의 통찰력이 필요하다. 이를 통해 기업들은 경제적 가치를 넘어 사회적 가치창출을 위한 방안과 대응 전략의 수립이 가능해질 것이다.

정보기술 기반의 사회적 가치창출 전략 및 경로

정보기술을 통한 사회적 가치창출 전략

정보기술 적용 범위와 비즈니스 범위의 관점에서 기업의 사회적 가치창출의 전략 유형은 크게 4개로 구분할 수 있다(〈그림 8.5〉 참조). 즉 비즈니스 문제해결형(사회 공헌형), 비즈니스 확장형(사회 확산형), 비즈니스 특화형(사회 확산형), 그리고 비즈니스 창출형(사회 혁신형)이다(사회적 가치 모델의 구분인 사회 공헌형, 사회 확산형 및 사회 혁신형에 대한 설명은 3장을 참조).

첫째, 비즈니스 문제해결형은 현재의 비즈니스에 집중하면서 효율성을 높이기 위해 정보기술을 활용하는 접근 방법이다. 해당 접근 방법은 주로 현재 수행하는 비즈니스의 경제적 가치와 기업의 대외 이미지를 증진하는 것에 초점을 두고 있어서 정보기술을 통해 업무적인 문제를 효율적으로 해결하고 현재의 비즈니스와 관련된 내외부의 위험도를 줄여서 간접적으로 사회적 가치 활동을 전개하는 것을 목적으로 하고 있다. 따라서 현재의 비즈니스 모델에 대한 큰 변화 없이 기업이 보유한 정보기술 역량을 활용해서 가장 손쉽게 사회적 가치창출을 시작할 수 있다.

둘째, 비즈니스 확장형은 기업이 보유한 정보기술 역량을 통해 현재의 비즈니스를 새로운 분야로 확장하는 접근 방법이다. 새로운 정보기술을 도입하기보다는 현재의 정보기술 역량을 활용해 새로운 비즈니스로의 확장을 추구하는 것이어서 비즈니스 문제해결형보다는 비즈니스 측면에서 발전된 형태의 사회 가치창출 전략이라고 할 수 있다. 특히 비즈니스 확장형은 현재의 비즈니스 모델에 사회적 이슈를 연계하고 새로운 비즈니스 기회와 시장을 개척하는 데 적절하다. 따라서 기업이 경제적 가치와 사회적 가치를 연계시키고 일관되게 비즈니스를 추진할 수 있다.

셋째, 비즈니스 특화형은 현재의 비즈니스 성과를 높이기 위해 새로운 정보기술을 도입하고 적용하는 것을 의미한다. 현재의 비즈니스를 확장하거나 새로운 비즈니스를 창출하기보다는 진보된 정보기술을 활용해서 현재 비즈니스의 이해당사자들인 고객, 공급자, 경쟁자 등에게 보다 효과적이고 편리한 서비스를 제공하고 그럼으로

〈그림 8.3〉 정보기술을 활용한 사회적 가치창출 전략의 유형

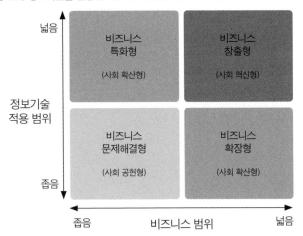

써 사회적 가치를 창출하고자 하는 데 초점을 두고 있다. 비즈니스 확장형과 유사하게 현재의 비즈니스 모델에 사회적 이슈를 연계시키기는 하지만, 가장 큰 차이점은 주로 새로운 정보기술을 심도 있게 활용해 사회적 가치를 창출하고자 한다는 것이다.

마지막으로 비즈니스 창출형은 새로운 정보기술을 도입하고 활용해 지금까지 고려하지 않았던 새로운 비즈니스 모델을 생성하는 전략적 접근 방법이다. 기존의 비즈니스를 확장하거나 특화하는 것이 아니라 사회적 가치창출을 위해 진보된 정보기술을 활용해 새로운 비즈니스 모델과 전략을 수립하는 것이 목적이다. 비즈니스 창출형은 경제적 가치와 사회적 가치를 모두 고려하지만 궁극적인 목표는 사회적 가치창출에 초점을 두고 있다.

정보기술을 활용한 사회적 가치창출의 접근 경로
위에선 언급한 4개 전략은 현재의 시점에서 기업이 어떤 유형의

사회적 가치창출 전략을 채택할 것인지를 단기적인 관점에서 설명하고 있다. 현재의 비즈니스 상황과 보유한 정보기술의 역량을 고려해 경제적 가치와 더불어 사회적 가치를 창출할 수 있는 가장 적절한 전략적 대안을 선택하게 된다.

하지만 사회적 가치를 창출하는 것은 단기적인 측면과 함께 장기적인 관점에서 평가하고 판단할 필요가 있다. 현재의 비즈니스 확장을 통해 사회적 가치를 추구하는 것도 방법이기는 하지만 새로운 비즈니스 모델의 생성을 통해 기업의 경쟁 우위를 이루고 이를 통해 사회적 가치창출을 극대화하는 것에 궁극적인 목표를 두어야 한다. 이런 관점에서 정보기술을 활용해 현재의 비즈니스 문제들을 해결하는 것을 시작으로 새로운 비즈니스를 창출하는 궁극적인 목표 지점까지 갈수 있는 전략적 접근 경로는 크게 세 가지로 구분할 수 있다(〈그림 8.6〉 참조).

첫 번째 가능한 경로는 비즈니스 문제해결형 → 비즈니스 특화형 → 비즈니스 창출형이다(A→C→D). 정보기술 역량을 자체적으로 보유하고 있거나 외부의 정보기술 역량을 상대적으로 쉽게 접근할 수 있는 기업에게 유리한 접근 방식이다. 정보기술에 대한 투자와 집중을 통해 현재 비즈니스의 효율성과 성과를 향상시키고 그럼으로써 장기적으로 사회적 가치를 최대화할 수 있는 비즈니스 창출형으로 진입하고자 하는 것이다.

두 번째 고려 가능한 경로는 비즈니스 문제해결형 → 비즈니스 확장형 → 비즈니스 창출형이다(A→B→D). 정보기술을 통한 사회적 가치창출의 기회를 만들기보다는 비즈니스 측면에서 새로운 고객 또는 시장으로의 확장과 외부 기업들과의 협력을 통해서 사회적

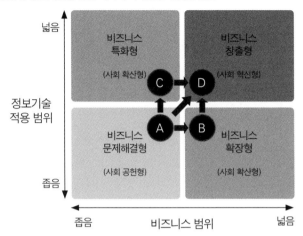

〈그림 8.4〉 정보기술을 통한 사회적 가치창출의 접근 경로

가치를 창출해 새로운 비즈니스로 확장하고 궁극적으로 사회적 가치를 창출하고자 하는 접근 방법이다. 기업의 정보기술 관련 역량이 높지 않거나 속해 있는 산업 자체가 기술 집약적이지 않은 경우에 주로 채택할 수 있는 경로이다.

　마지막으로 기업들이 고려할 수 있는 경로는 비즈니스 문제해결형 → 비즈니스 창출형이다(A→D). 위에서 설명한 두 가지의 경로와는 달리 비즈니스 특화형과 비즈니스 확장형을 거치지 않고 바로 비즈니스 창출형으로 진입하고자 하는 접근 방법이다. 비즈니스 특화형이나 비즈니스 확장형을 통한 접근 방법은 기업이 현재 가진 정보기술 역량 또는 비즈니스 역량을 최대한 활용하고 이를 기반으로 비즈니스 창출형으로 진입하고자 한다. 따라서 기업은 시간과 노력 측면에서 효율적 배분이 가능하고 발생할 수 있는 위험요인을 비즈니스 창출형에 진입하기 전에 대부분 경험하고 해결할 수 있다는 장점이 있다.

비즈니스 문제해결형에서 비즈니스 창출형으로 바로 진입하는 기업들은 정보기술과 비즈니스 측면에서 단기간에 집중적인 투자가 필요하고 예상되는 위험요인들을 시간적 여유를 가지고 해결할 수 없다는 단점이 있다. 반면에 비즈니스 창출형에 성공적으로 진입한다면 새로운 시장에 대한 선점 효과와 새로운 시장의 리더가 될 수 있다는 장점이 있다. 따라서 해당 접근 경로를 채택하는 대부분 기업은 정보기술과 비즈니스 측면에서 모두 높은 역량을 가지고 있어야 한다.

정보기술을 통한 사회적 가치창출의 선결과제

현재의 비즈니스 환경은 기업들이 경제적 가치창출만으로 사회적 정당성을 얻기에는 힘든 상황이다. 지금까지 고객의 문제를 해결해 경제적 가치를 창출했다면 이제는 사회적 문제를 해결함으로써 기업의 사회적 가치를 증명해야 한다. 특히 기업들은 4차 산업혁명의 핵심 정보기술들을 활용해 경제적 가치창출에서 사회적 가치창출로의 전환을 시도하고 새로운 비즈니스 기회를 만들기 위해 노력해야 한다. 이런 측면에서 정보기술을 통한 사회적 가치창출을 위해 기업이 고려해야 하는 주요 선결과제들을 정리하면 아래와 같다.

첫째, 정보기술 역할에 대한 인식의 변화가 요구된다. 정보기술을 단순히 비즈니스의 지원 기능 또는 비용센터로 간주하기보다는 디지털 전환을 통해 기업의 비즈니스 모델을 새롭게 변화시켜서 경제적 가치뿐만 아니라 사회적 가치를 창출하는 핵심 요소로 인식해야 한다.

둘째, 기업 문화와 가치에 대한 재조명이 필요하다. 기업이 추구하는 것이 경제적 가치를 넘어 사회적 가치와 공헌을 지향한다는 것을 모든 기업 구성원들이 공유하고 인지해야 한다. 다시 말해 최고경영진과 모든 직원이 사회적 가치창출의 의미와 전략적 시사점을 이해하고 이를 통해 기업의 변화를 촉진해야만 한다.

셋째, 경제적 가치와 사회적 가치창출의 연관성에 대한 이해와 연계가 요구된다. 기업 입장에서는 사회적 가치창출이 중요하다는 것을 인식하더라도 이것이 경제적 가치창출과 비즈니스 측면에서 어떻게 연계됐는지를 설명할 수 있어야 한다. 경제적 가치창출이 어떻게 사회적 가치로 전환이 되고 다시 사회적 가치가 어떻게 경제적 성과로 피드백 효과가 있는지를 전략적으로 연결시켜야 한다. 그럼으로써 기업이 추구하는 경제적 가치창출과 사회적 가치창출이 무엇인지를 구체화할 수 있게 된다.

마지막으로 경제적 가치와 사회적 가치를 통합된 관점에서 측정할 수 있는 성과지표의 개발이 반드시 필요하다. 특히 정보기술을 비즈니스에 적용해 사회적 가치를 추구하는 경우에는 장기적인 관점에서 명확한 성과지표의 개발과 적용을 통해서 정보기술의 효과를 좀 더 명확히 평가할 수 있게 된다. 그래야만 모든 구성원이 정보기술의 역할을 인지하고 각 구성원이 무엇을 어떻게 해야 성과지표를 달성할 수 있는지를 이해하게 된다. 기업 입장에서도 이를 통해 효율적인 자원배분을 이룰 수 있다.

5
결언

4차 산업혁명은 경제적, 사회적 패러다임을 변화시킬 가장 핵심적인 원동력으로 대두되고 있다. 따라서 급격하게 변화하는 정보기술들에 대한 본질을 이해하고 이를 혁신적인 디지털 사회로 전환하는 인에이블러로 활용해야 할 필요성이 제기되고 있다.

하지만 4차 산업혁명이 기업과 사회에 어떠한 영향을 줄 것이고 새로운 비즈니스 환경에서 누가 승자가 될 것인지는 여전히 불확실한 상황이다. 시시각각으로 변화하는 글로벌 패러다임을 단순히 이해하고 따라가기보다는 4차 산업혁명의 핵심 정보기술들을 우리의 기업 환경에 적절히 적용함으로써 한국형 디지털 전환을 생성하는 새로운 접근과 전략이 필요한 시점이다. 그러기 이루기 위해서는 기존의 제도와 문화를 탈피하고 새로운 변화를 수용하기 위한 사회 각층의 참여와 노력이 필요하다. 이런 노력은 기업과 사회가 정보기술을 통한 새로운 비즈니스 생태계와 새로운 성장 동력을 창출하는 원동력이 되고 궁극적으로 기업들이 추구하는 사회적 가치가 실현되는 기반이 될 것이다.

사회적 가치와 재무

SOCIAL VALUE AND
SUSTAINABILITY IN BUSINESS

김우찬

서울대학교 국제경제학과를 졸업했다. 그 후 하버드대학교에서 정책학으로 석사학위와 박사학위를 받았다. KDI국제정책대학원을 거쳐 현재 고려대학교 경영대학에서 재무금융 분야 교수로 재직 중이다. 기업지배구조가 주요 연구 분야이다.『재무 경제학 저널Journal of Financial Economics』『국제 경제학 저널Journal of International Economics』『계량경제학 저널Journal of Econometrics』『은행 금융 저널Journal of Banking and Finance』『재무연구』등 다수의 국내외 저널에 논문을 게재했다.

1

재무 분야에서의 변화

기업의 사회적 책임이 점차 더 중요해지면서 재무 분야에서도 몇 가지 중요한 변화가 일어났다. 먼저 더 활발해진 경영자의 사회적 가치 활동이 자본을 투자한 주주 및 채권자에게 영향을 주고 있다. 경영자의 사회social, 환경environment 등 비재무적 분야에서의 가치 증진 활동은 회사에 자본을 제공하는 주주와 채권자의 투자자산 가치와 그 수익률에 영향을 주고 있다. 둘째, 사회, 환경 등의 문제를 중요시하는 일부 기관투자자들은 회사의 사회적 가치 활동을 수동적으로 기다리기보다는 오히려 주도적으로 경영자의 사회적 가치 활동을 이끌고 있다. 비공개 대화, 의결권 행사, 주주제안 등 다양한 주주권한을 행사해 회사의 좀 더 적극적인 사회적 가치 활동을 요구하고 있다. 셋째, 경영자는 주주의 이익을 위해 경영해야 한다는 재무관리의 기본원칙이 도전받고 있다. 사회적 가치 활동의 대상인 종업원, 고객, 수급사업자, 환경 등 다른 이해관계자의 이익은 주주의 이익을 달성하기 위한 도구가 아니라 오히려 경영자가 종국적으로 추구해야 할 이익이고 주주의 이익은 이 과정에서 파생되는 결과일 뿐이라는 주장이 제기되면서 현재 이에 대한 논의가 재무 분야 학계에서 활발히 진행되고 있다.

이 글에서는 이러한 세 가지 변화를 보다 구체적으로 살펴보고자 한다. 이를 위해 우선 2절에서는 그동안 재무경제학에서 사회적 가치를 주제로 다룬 주요 연구결과를 소개한다. 다음 3절에서는 주주가 회사 경영자의 사회적 가치 활동에 어떻게 영향력을 행사할 수 있는지를 좀 더 잘 이해하기 위해 투자자 유형별로 그 구체적인 사례들을 소개한다. 끝으로 4절에서는 기업경영에서 사회적 가치가 주주 이익에 우선해야 한다는 최근 일부 학계의 주장을 살펴보고 그에 대한 반론도 함께 소개하고자 한다.

2

재무 분야에서의
연구결과

재무경제학 분야에서도 사회적 가치에 관한 연구가 최근 들어 폭발적으로 증가하고 있다. 그동안 크게 다섯 갈래로 연구가 진행됐다. 가장 먼저 경영자의 사회적 가치 활동이 주주 이익에 부합되는지 그리고 만약 부합되지 않는다면 왜 경영자는 그러한 활동을 하는지에 관한 연구가 활발히 진행됐다('사회적 가치 활동의 주주 이익 부합 여부와 그 동기'). 둘째, 투자 포트폴리오를 구성할 때 환경, 사회 등 기업경영의 비재무적 요소에 문제가 있는 회사를 제외하거나 반대로 우수한 회사만 포함시키는 방식의 투자, 즉 소극적 형태의 사회적 책임 투자SRI, socially responsible investing가 그러한 요소를 고려하지 않는 투자 방식보다 더 높은 투자수익률을 실현하는지 그리고 만약 그렇지 못한다면 그 이유는 무엇인지에 관한 연구가 진행됐다('사회적 책임 투자의 성과와 지속성'). 셋째, 사회적 책임 투자의 성과가 불확실함에도 왜 많은 펀드 매니저들은 계속해서 이 투자 방식을 사용하고 또 왜 고객들은 이러한 펀드에 자신의 돈을 맡기는지에 관한 연구가 진행됐다('사회적 책임 투자의 동기'). 넷째, 주주가 회사 경영자에 영향력을 행사해 회사의 사회적 가치 활동 수준에 영향을 미칠 수 있는지, 그리고 가능하다면 그에 따른 재무적 성과는 어떤지에 관한 연구가 진행됐다('사회적 가치 활동에 대한 주주의 영향력 여부와 그 성과'). 이상과 같이 재무경제학 분야에서 사회적 가치에 관한 연구는 주로 '주주'를 중심으로 진행됐다. 하지만 최근에는 채권자에 초점을 맞춘 연구들도 나오기 시작했다. 즉 사회적 가치 활동이 차입비용이라고 할 수 있는 채권 수익률에 미치는 영향, 녹색채권green bond의 수익률 수준, 녹채채권 발행 이후 회사의 주가 반응이나 환경 등급 변화 등에 관한 연구가 진행됐다.

사회적 가치 활동의 주주 이익 부합 여부와 그 동기

사회적 가치를 증진하는 활동이 주주 이익에도 부합되는가? 즉 사회적 가치 활동을 하나의 투자 프로젝트로 인식했을 때 이 프로젝트가 양(+)의 순현재가치를 갖고 있어 투자를 집행하면 기업가치를 증진시키는가에 대한 물음은 회사의 목적을 주주 이익 극대화로 보는 전통적인 재무경제학의 입장에서 매우 중요한 질문이다.

사회적 가치 활동이 주주 이익을 제고시키는 몇 가지 경로를 생각해볼 수 있다. 한 가지는 사회적 가치 활동이 해당 회사의 제품을 다른 회사 제품으로부터 차별화해 매출과 이윤을 늘리는 경우이다('상품 차별화 경로'). 예컨대 공정무역fair trade 제품은 다른 제품에 비해 비싸다. 하지만 공정무역 제품을 구매해 사회적 가치를 창출하고자 하는 소비자가 있어 오히려 매출과 이윤이 늘어나는 경우를 생각해볼 수 있다. 이에 대한 직접적인 증거는 아니지만 한 실증분석 연구 결과에 따르면 고객 만족도가 높은 회사일수록(Luo & Bhattacharya, 2006) 또는 고객으로부터의 인지도가 높은 회사일수록(Servaes & Tamayo, 2013) 회사의 사회적 가치 등급과 기업가치 간에 정(+)의 관계가 강화되는 것으로 나타났다.

또 다른 경로는 사회적 가치 활동이 회사에 대한 이해관계자들의 신뢰 수준을 높여 위기가 닥쳤을 때 더 쉽게 이들의 지원을 받고 위기를 극복할 수 있다는 것이다('사회적 자본 경로'). 한 실증분석 연구결과에 따르면 2008~2009년 글로벌 금융위기 때 사회적 가치 등급이 높은 회사가 그렇지 못한 회사에 비해 주가수익률, 수익성, 매출 증가율, 종업원 1인당 매출액에서 더 좋은 성과를 보인 것으로 나타났다(Lins, Servaes, & Tamayo, 2017). 그밖에 사회적 가치 활동은 두 회사 간 합병 후 성과(post-merger performance)를 높이거나(Deng, Kang, & Low, 2013) 소송위험을 줄여(Koh, Qian, & Wang, 2014) 기업가치에 도움을 줄 수도 있다.

하지만 이와 같이 분석대상 표본을 특수한 경우(예컨대 광고선전비가 높은 회사)나 특수한 상황(예컨대 글로벌 금융위기, 합병, 소송)에 국한시키지 않을 때는 사회적 가치 등급과 기업가치 양자 간에 약하지만 역(-)의 관계가 있는 것으로 나타나고(Servaes & Tamayo, 2013), 사건연구에서는 사회적 가치와 관련돼 회사에 호재가 있는 날에도 약하지만 주가가 하락하는 것으로 나타나(Krüger, 2015) 사회적 가치 활동이 오히려 주주 이익을 침해할 수 있다는 실증분석 결과들도 있다.

사회적 가치와 관련된 활동이 주주 이익에 반할 수 있는 이유 중

하나는 바로 대리인의 문제agency problem이다. 즉 회사 경영자는 대리인으로서 회사와 그 이면에 있는 전체 주주의 이익을 위해 사회적 가치 활동을 해야 하지만 현실에서는 그렇지 못하고 오히려 본인의 사적 이익을 극대화하는 방향으로 사회적 가치 활동을 하기 때문에 기업가치가 떨어진다는 것이다. 이러한 주장은 실증적으로 입증되고 있다. 예컨대 앞서 소개한 사건연구에서 부채비율이 낮거나 현금 보유 비중이 높아 대리인의 문제가 의심되는 회사일수록 주가가 더욱 크게 하락하는 것으로 나타났다(Krüger, 2015). 또 다른 연구에 의하면 최고경영자의 소유 지분이 낮을수록 회사 재원을 사용한 기부금이 증가하고 최고경영자와 개인적으로 관련된 비영리법인에 더 많이 기부하는 것으로 나타났다(Masulis & Reza, 2014).[1]

회사 경영자가 사회적 가치 활동을 추구하는 또 다른 이유 중 하나는 경영자 본인이 가진 사회적 가치관 때문일 수 있다. 예컨대 한 연구에 따르면 최고경영자가 딸이 있으면 여성에 대한 가치관이 형성돼 그렇지 않은 최고경영자에 비해 회사를 경영하는 데서도 젠더 다양성을 더 중요시하는 것으로 나타났다(Cronqvist & Yu, 2017). 회사 경영자가 사회적 가치 활동을 추구하는 또 다른 이유로 다른 회사의 영향을 생각해볼 수 있다. 한 연구에 따르면 한 회사의 사회적 가치 활동 변화는 경쟁관계에 있는 다른 회사의 사회적 가치 활동 변화에 영향을 주는 것으로 나타났다(Cao, Liang, & Zhan, 2019). 또 다른 연구에 따르면 원사업자customer의 사회적 가치 활동 변화는 수급사업자supplier의 사회적 가치 활동에 영향을 주지만 그 반대의 경우는 성립하지 않는 것으로 나타났다(Dai, Liang, & Ng, 2020).[2]

사회적 책임 투자의 성과와 지속성

사회적 책임 투자의 방식도 세부적으로 들어가면 매우 다양한 종류가 있다. 그중에서 가장 대표적인 방식은 환경, 사회 등 기업경영의 비재무적 요소에 문제가 있는 회사를 제외하고 투자하는 소극적 선별 방식과 우수한 회사에만 투자하는 적극적 선별 방식이 있다. 소극적 선별방식의 경우 주류, 담배, 무기, 도박 등의 사업을 영위하는 죄악 주sin stock나 화석연료 발전회사 등을 제외한다.[3] 적극적 선별방식의 경우 사회적 가치활동 등급이나 국제규범 준수여부를 통해 선별한다(norm-based screening). 사회적 가치등급이 높은 회사에 대한 투자비중이 그렇지 못한 회사에 비해 높다는 것이 두 방식의 공통점이다.

그밖에 투자수익률을 높이든지 위험을 줄이기 위해 여러 비재무적 요소 중 해당 종목과 가장 밀접한 관련이 있는 요소를 재무적 요소와 통합해서 투자 의사결정에 반영하는 ESG 통합ESG integration 방식이 있다. 이 또한 앞서 설명한 두 선별방식과 마찬가지로 경영자에게 영향을 미치는 전략이 아니라는 점에서 소극적 형태의 사회적 책임 투자 방식이라 하겠다. 마지막으로 회사 경영자와 대화하고 필요할 경우 압박을 가해 사회적 가치경영과 기업지배구조 개선을 유도하는 ESG 인게이지먼트ESG engagement 방식이 있다.[4]

사회적 책임 투자가 정상수익률(위험을 보상하는 데 필요한 수익률)을 상회하는 양(+)의 초과수익률을 만들어낼 수 있는지에 관한 연구는 주로 소극적 형태의 사회적 책임 투자를 중심으로 이루어졌는데 그 실증분석 연구결과들은 뒤섞여 있다.[5] 예컨대 한 연구에 따르면 친환경 등급eco-efficiency score이 낮은 회사에 투자했을 때보다 등급이 우수한 회사에 투자했을 때 주가수익률이 더 높게 나타났다(Derwall, Guenster, Bauer, & Koedijk, 2005). 또 고객 만족도가 상위 20%에 해당하는 회사의 수익률이 다우존스지수 수익률의 2배에 이르고(Fornell et al., 2006) 일하기 좋은 100대 회사(best companies to work for)의 초과수익률은 연간 3.5%인 것으로 나타났다(Edmans, 2011).

하지만 세계 각국의 사회적 책임 투자펀드와 통상적인 펀드 간에 위험조정 수익률에 차이가 없다는 연구결과가 있으며(Bauer, Koedijk, & Otten, 2005; Renneboog, Ter Horst, & Zhang, 2008a, b), 사회적 책임으로 높은 평점을 받는 회사(7개 부문, 51개 요소를 고려한 KLD 점수 사용)의 주가수익률이 시장수익률에 비해 높지만 통계적으로 유의하지 않은 것으로 나타났다(Khan, Serafeim, & Yoon, 2016). 더 나아가 주류, 담배, 무기, 도박 등의 사업을 영위하는 죄악 주에 투자하는 전략이 오히려 양(+)의 초과수익률을 만들어내는 것으로 나타났다(Fabozzi, Ma, & Oliphant, 2008; Hong & Kacperczyk, 2009). 이러한 결과는 죄악주 선별이 분산투자를 어렵게 하는 제약조건으로 작용할 수 있다는 점, 죄악 주가 사회규범을 의식한 기관들의 투자 기피로 저평가돼 있을 수 있다는 점으로 설명된다(Hong & Kacperczyk, 2009; Pedersen, Fitzgibbons, & Pomorski, 2020).

물론 이러한 실증 분석결과에 대한 반론이 없지 않다. 먼저 기업의 사회적 책임 정도는 평가하기 매우 어렵기 때문에 투자자나 학자들이 사용하는 지표는 불완전할 수밖에 없고 이러한 지표에 입각한 실증 분석결과 또한 신뢰할 수 없다는 입장이 있다(Edmans,

2020; Kotsantonis & Serafeim, 2019). 둘째, 죄악 주가 높은 수익률을 시현하는 이유는 투자자들이 높은 위험을 감수하는 것의 대가일 뿐이라는 입장이 있다(Edmans, 2020). 즉 죄악 주는 사회규범으로 자유로운 일부 투자자만이 집중적으로 보유할 수밖에 없다. 그런데 그렇게 되면 이들이 과도한 위험을 부담하게 돼 높은 수익률이라는 보상이 뒤따른다는 입장이다. 셋째, 회사마다 중요성이 큰 사회 또는 환경요소가 다르다는 점을 도외시하고, 모든 사회 및 환경요소에 동일한 가중치를 주게 되면 사회적 책임 투자의 성과가 과소평가될 수 있다는 입장이다. 실제로 중요도가 높은 요소에서 높은 평점을 받고 중요도가 낮은 요소에서 낮은 평점을 받는 회사의 경우 시장 수익률을 4.83%포인트 상회하는 수익률을 보인다는 실증 분석결과가 있다(Khan et al., 2016).

한편 선별screening 방식을 사용하는 소극적 형태의 사회적 책임 투자가 양(+)의 초과수익률을 만들어내지 못하는 이유는 효율적 시장 가설efficient market hypothesis로도 설명될 수 있다. 즉 효율적 시장 가설에 따라 자본시장 참여자들이 회사의 모든 정보에 접할 수 있다(물론 내부 정보는 제외). 이러한 정보가 새로 생성될 때마다 주가에 즉각적이고도 정확히 반영된다고 가정하면 친환경 등급이나 일하기 좋은 직장과 같은 정보는 이미 주가에 반영돼 있다. 따라서 이 정보를 활용해서 양(+)의 초과수익률은 달성할 수 없다.[6]

기업 지배구조corporate governance 정보를 활용한 투자가 1990년대에는 양(+)의 초과수익률을 실현하다가 2000년대 들어서 초과수익률이 사라진 것이 이러한 주장을 뒷받침해준다.[7] 지난 20년 동안의 이러한 경험이 앞으로 환경, 사회 등 다른 비재무적 요소를 활용한 사회적 책임 투자에도 그대로 적용될 가능성이 있다. 즉 지금처럼 사회적 책임 요소에 대한 회사별 정보가 부족하고 주가에 미치는 영향을 제대로 이해하지 못하는 상태에서는 이들 정보가 주가에 정확히 반영돼 있지 않기 때문에 사회적 책임 투자를 통해 양(+)의 초과수익률을 달성할 수 있었다. 그러나 앞으로 사회적 책임 요소에 대한 회사별 정보가 충분해지고 주가에 미치는 영향에 대해서도 학습을 통해 제대로 이해하게 된다면 양(+)의 초과수익률은 모두 사라지게 될 수 있는 것이다.[8]

한편, 자본시장 비효율성 아닌 다른 이유로 양(+)의 초과수익률을 설명하려는 노력이 최근 학계에서 진행되고 있다. 먼저 사회적 책임 활동에 관한 정보를 고려하지 않는 투자자들이 존재하고 비중도 상당히 높다면 환경, 사회 등에 대한 정보가 주가에 반영되는데 한계가 있을 수 있다는 견해가 있다(Pedersen et al., 2020). 또 사회적 책임 활동 등급이 높은 종목은 위험 해지 기능이 있어 주가수익률이 낮아야 하지만 시간이 지나면서 환경, 사회문제에 대한 고객이나 투자자들의 관심을 끌어올리는 사건들이 계속해서 발생함에 따라 결과적으로 높은 주가수익률을 실현하게 된다는 견해가 있다(Pástor, Stambaugh, & Taylor, 2020). 이러한 주장들이 맞으면 수년이 지난 후에도 사회적 책임 투자에 따른 초과수익률은 사라지지 않을 수 있다.

사회적 책임 투자의 동기

이상과 같이 사회적 책임 투자가 양(+)의 초과수익률을 만들어낼 수 있는지는 불확실하다. 그럼에도 그 운용 규모는 앞서 언급한 대로 계속해서 늘어나고 있어 그 이유에 대해 의문을 품지 않을 수 없다. 즉 펀드 매니저들은 특별히 높은 수익률을 낼 수 없음에도 불구하고 왜 계속해서 사회적 책임 투자 방식을 고집하는가? 그리고 고객들은 왜 계속해서 그들에게 여유자금을 맡기고 있는가?

이에 대한 가장 유력한 설명은 펀드 매니저와 고객들이 사회적 책임 투자를 오로지 높은 수익률을 실현하기 위한 수단으로만 보기보다는 본인들이 추구하는 사회적 가치를 실현하기 위한 수단으로 보기 때문이라는 것이다. 즉 본인들이 감수하는 투자위험을 보상받을 수 있을 정도의 정상수익률만 제공받는다면 본인들이 중요하게 생각하는 사회적 가치 실현을 위해 정상수익률 이상의 초과수익률은 기꺼이 포기할 의향이 있다는 것이다.

이러한 설명을 뒷받침하는 연구들이 계속해서 축적되고 있다. 한 연구에 따르면 상대적으로 진보적인 미국 민주당에 정치자금을 기부하는 미국 뮤추얼펀드 매니저가 그렇지 않은 매니저에 비해 자신이 구성한 포트폴리오에 죄악 주를 더 적게 편입하는 것으로 나타났다(Hong & Kostovetsky, 2012). 또 다른 연구에 따르면 사회적 책임 투자펀드는 통상적인 뮤추얼펀드에 비해 투자금 유출입에서 그 변동성이 낮고(Bollen, 2007) 성과가 나빠도 고객으로부터의 환매 위험이 낮은 것으로 나타났다(Renneboog, Ter Horst, & Zhang, 2011). 또 2016년에 처음으로 발표된 모닝스타Morningstar의 지속가능성 등급sustainability rating에서 낮은 등급을 받은 뮤추얼펀드는 대규모 투자금 유출을 경험한 반면에 높은 등급을 받은 뮤추얼펀드는 대규모 투자금 유입을 경험한 것으로 나타났다(Hartzmark & Sussman, 2019). 또

일련의 연구들은 설문 또는 실험을 통해 사회적 가치를 중시하는 투자자들이 그렇지 않은 투자자들에 비해 사회적 책임 투자를 더 많이 하는 것을 발견했다(Bauer & Smeets, 2015; Nilsson, 2008; Riedl & Smeets, 2017).

이상의 연구결과는 주주가 재무적 성과만을 추구한다는 재무경제학의 전통적인 가정이 현실에 맞지 않는다는 것을 보여준다. 최근 학계에서는 주주의 다양성을 인정하고 서로 다른 목적함수를 갖고 있을 때 어떤 결과가 있게 되는지에 관한 연구가 이루어지고 있다(Hart & Zingales, 2017). 한 연구에 따르면 공적연금은 사회 및 환경 문제에서 상대적으로 진보적이고, 대형 뮤추얼펀드는 보수적인 것으로 나타났다(Bolton, Li, Ravina, & Rosenthal, 2020).

한편, 사회적 평판social reputation도 사회적 책임 투자펀드에 투자하는 이유로 제시되고 있다. 즉 투자자 본인이 사회적 가치에 큰 관심이 있기보다는 사회적 책임 투자펀드에 가입함으로써 다른 사람으로부터 좋은 평판을 얻을 수 있어서 하는 경향이 있다는 것이다. 한 연구에 따르면 평상시 본인의 투자활동에 대해 다른 사람과 이야기 나누는 것을 즐기는 투자자일수록 그렇지 않은 투자자에 비해 사회적 책임 투자펀드에 더 높은 비율로 가입하는 것으로 나타났다(Riedl & Smeets, 2017).

사회적 가치 활동에 대한 주주의 영향력 여부와 그 성과

사회적 가치 활동은 회사 경영자에 의해서만 주도되는 것이 아니다. 회사에 투자한 주주의 적극적인 설득이나 압박으로도 촉발될 수 있다. 한 연구에 따르면 2010년 브리티시 페트롤리엄BP, British Petroleum의 딥워터 호라이즌Deepwater Horizon 기름유출 사고가 있을 때 기관투자자 지분이 높은 회사일수록 그렇지 않은 회사에 비해 사고 이후 사회적 가치 등급이 더 크게 향상된 것으로 나타났다. 환경 문제에 대한 기관투자자들의 관심이 높아진 이후에 투자 대상 회사의 등급이 올라갔으므로 이들 기관투자자가 영향력을 행사해서 그런 것으로 해석되고 있다(Dyck, Lins, Roth, & Wagner, 2019). 같은 연구에 따르면 기관투자자 중에서 특별히 유엔 책임 투자원칙UN PRI, UN Principles for Responsible Investment에 서명한 기관투자자 지분이 높은 회사일수록 또는 사회적 책임에 대한 기대 수준이 높은 유럽의 기관투자자 지분이 높은 회사일수록 사회적 책임 등급이 더 많이 올라간 것으로 나타났다.[9]

영향력을 미치는 방법과 관련해서 환경, 사회 등 기업경영의 비재무적 요소에 문제가 있는 회사를 제외하고 투자하는 소극적 선별 방식을 사용하거나 우수한 회사에만 투자하는 적극적 선별 방식을 사용함으로써 기업의 사회적 책임 활동이 유도됐다는 연구결과는 아직 없다. 하지만 적극적으로 회사 경영자와 대화하고 필요할 때 압박을 가하는 주주의 관여 활동shareholder engagement이 있는 경우에는 사회적 책임 활동에 영향력을 미칠 수 있는 것으로 나타났다(Dyck et al., 2019; Krueger, Sautner, & Starks, 2020).

앞서 회사 경영자가 주도한 사회적 책임 활동은 주주 이익에 부합되는 경우도 있지만 그렇지 않은 경우도 있다고 설명했다. 하지만 주주의 관여 활동으로 사회적 책임 등급이 향상된 경우에는 주식

가치가 올라가 주주 이익에 부합하는 결과를 가져오는 것으로 나타났다(Dimson, Karakaş, & Li, 2015). 주주에게는 대리인의 문제가 없을 뿐만 아니라 본인에게 경제적 손해를 초래하는 방식으로 사회적 책임 활동을 요구할 유인이 없기 때문일 것이다. 또 사회적 가치 활동과 관련된 주주제안을 분석한 연구에 따르면 주주제안이 통과됐을 때 기업가치가 1.77% 상승하는 것으로 나타났다(Flammer, 2015).

여기서 추가로 언급하지 않을 수 없는 중요한 점은 주식 가치가 올라가는 과정에서 관여 활동을 한 주주들은 양(+)의 초과수익률을 실현하게 된다는 것이다. 이는 소극적 형태의 전통적인 사회적 책임 투자가 대개 양(+)의 초과수익률을 실현하지 못하는 것과 대비되는 부분이다. 중요한 차이점이 있기 때문이다. 전자의 경우 사회적 가치 등급이 향상되기 전에 이미 주식을 보유하고 있다. 반면 후자의 경우에는 등급이 올라간 후에 주식을 매입한다는 점에서 차이가 있다. 효율적 시장가설이 성립할 때 후자는 양(+)의 초과수익률을 기대할 수 없다. 그러나 전자의 경우에는 효율적 시장가설과 무관하게 양(+)의 초과수익률을 기대할 수 있다.

사회적 책임 활동과 채권

사회적 책임 활동이 차입비용이라고 할 수 있는 채권수익률에 미치는 영향에 관한 연구는 아직 많지 않다. 한 연구에 따르면 사회적 책임 활동과 채권수익률 간의 관계는 발행회사가 위치일 때는 사회적 책임 활동 수준에 따라 결정된다(Stellner, Klein, & Zwergel, 2015).

국가 전체의 사회적 책임 활동 수준이 평균 이하일 때는 개별 회사가 사회적 책임 활동 수준을 높여도 크게 도움이 되지 않을 뿐만 아니라(예컨대 공정무역 제품을 출시해도 팔리지 않는다) 이러한 활동이 대리인 문제에서 비롯됐을 가능성이 크기 때문에 기업의 사회적 책임 활동은 오히려 위험 수준을 높여 채권수익률을 높이는 것으로 나타난다. 반면 국가 전체의 사회적 책임 활동 수준이 평균 이상일 때는 그 반대의 결과가 나타났다.

채권에 대한 또 다른 연구는 최근 그 발행물량이 급증하는 녹색채권green bond에 대한 연구가 있다. 녹색채권이란 환경 관련 프로젝트에 필요한 자금을 조성하기 위해 발행되는 채권으로 2007년 유럽 투자은행European Investment Bank이 처음으로 발행한 이후 꾸준히 그 발행금액이 증가해 2021년 6월 말 기준 누적 발행액은 미화 1조 3,000억 달러에 이른다(Climate Bonds Initiative, 2021). 우리나라에서도 2018년부터 발행되기 시작해 2021년 6월 말 기준으로 한국거래소에 상장된 녹색채권의 누적 발행 규모는 약 11조 3,000억 원이다.[10]

환경 문제를 중요하게 생각하는 투자자들의 높은 수요를 고려한다면 녹색채권의 차입비용이라고 할 수 있는 채권 수익률이 낮아야 한다. 하지만 녹색채권 연구에 따르면 녹색채권의 수익률은 일반 채권과 비교해 0.02% 정도밖에 낮지 않은 것으로 나타났다(Zerbib, 2019). 한편 녹색채권 발행은 사회적 책임 활동에 대한 회사의 의지를 신호하는 효과가 있는 것으로 나타났다(Flammer, 2021; Tang & Zhang, 2020). 즉 회사의 녹색채권 발행이 공시된 직후 주가가 상승했다. 그 상승 정도는 인증된 녹색채권일수록 그리고 첫 녹색채권 발행일수록 높게 나타났다. 또 녹색채권 발행 회사는 그렇지 않은 회사에 비해 환경 관련 등급이 더 개선되고 이산화탄소 배출량이 더 줄어드는 것으로 나타났다. 단순히 환경 친화적인 기업 이미지를 갖기 위해 녹색채권을 발행한다는 친환경 위장green washing 주장은 뒷받침되지 않았다(Flammer, 2021). 물론 이는 평균적으로 그렇다는 것이다. 친환경위장이 전혀 없다고는 할 수 없다. 우리나라에서도 녹색채권 발행 회사가 동남아시아의 석탄화력발전소에 투자해 문제가 되고 있다.

3

재무 분야 주요 사례
: 주주의 적극적인 ESG 관여 활동을 중심으로

주주들이 투자대상 회사의 사회적 가치 활동을 높이기 위해 구체적으로 어떠한 관여 활동을 하는지를 이해하기 위해 최근의 사례들을 살펴보았다. 아래 표는 사례들을 투자자 유형별로 정리한 것이다.

이들 유형 중 스튜어드십 서비스 회사stewardship service providers와 비영리단체non-profit organizations는 지분을 직접 보유하고 있지 않으면서 주

〈표 9.1〉 투자자 유형별 관여활동 사례

투자자 유형	투자자 이름	대상회사 이름	영역
공적연금	뉴욕시공무원연금 APG, 뉴욕시공무원연금	JP모건 체이스 아마존	E S
헤지펀드	자나 파트너스 밸류액트 캐피탈 엔진 넘버원	애플 HEI 엑슨모빌	S E E
인덱스 펀드	블랙록	엑슨모빌, 볼보 등	E
스튜어드십 서비스회사	페더레이티드 허미스 (EOS)	G4S	S
비영리단체	애즈유소우 머조리티 액션	월마트 스텀루거	E S

주들을 대신해서 관여 활동을 한다는 점에서 다른 투자자 유형과 구분된다. 성공적으로 경영진에게 영향력을 미친 사례도 있고 실패한 사례도 있다. 이 글을 집필하는 2021년 10월 기준 진행 중인 사례들도 포함돼 있다. 사회적 책임 영역별로 살펴보면 환경(E) 영역의 사례가 5개 사회(S) 영역의 사례가 4개이다. 공개된 자료에서 찾았다. 그러다 보니 대부분 사례가 적대적인 관여 활동 사례이다. 하지만 실제 이루어지는 주주 관여 활동은 비적대적인 경우가 오히려 더 많다.

공적 연금의 주주 관여 활동

공적연금public pension funds은 가입자인 공무원 또는 공립학교 교사의 퇴직연금을 운용하는 연금인 만큼 환경과 사회문제에 매우 관심이 높은 투자자 유형이다. 또 민간 보험회사나 뮤추얼펀드 회사와는 달리 투자대상 회사를 상대로 사업을 하지 않기 때문에 영업상의 이해관계를 고려할 필요 없이 주주 관여 활동을 적극적으로 할 수 있는 투자자 유형이다.

2020년 4월 뉴욕시 공무원연금을 관리하는 감사관 스콧 스트링거Scott Stringer는 JP모건 체이스의 리 레이몬드Lee Raymond 사외이사 재선임에 반대한다는 입장을 밝혔다. 미국 최대 금융지주회사인 JP모건 체이스는 2016~2019년 기간 동안 화석연료 사업에 무려 2,690억 달러를 제공해 세계에서 화석연료 사업에 가장 많은 자본을 제공하는 금융회사의 불명예를 얻고 있었다. 사외이사 리 레이몬드는 엑슨모빌 CEO 출신으로 대표적인 화석연료 옹호론자였다.[11] 참고로 뉴욕시 공무원연금은 미국 시 단위의 공적연금 중에서 규모가 가장 크다(2019년 기준 기금 규모=2,000억 달러).

뉴욕시 공무원연금의 캠페인에는 뉴욕주 공무원연금, 펜실베이니아주 공무원연금 등 다른 공적연금 이외에도 엑슨모빌의 전신인 스탠더드 오일의 창업자인 존 D. 록펠러John D. Rockefeller의 후손들도 참여했다. 공적연금들의 압력에 JP모건 체이스는 2020년 5월 3일 리 레이몬드의 선임 사외이사직 사임을 공식화했다. 하지만 사외이사직 재선임 입장은 굽히지 않았다. 결국 5월 19일 주주총회에서 표 대결이 이루어졌다. 많은 투자자가 재선임 안건에 반대했다. 하지만 지분율이 높은 블랙록 등 인덱스 펀드 운용사들의 소극적인 태도로 리 레이몬드는 재선임에 성공했다.[12]

2020년 3월 말 아마존의 물류센터 직원들은 마스크와 위험수당 지급을 주장하며 거리 시위에 나섰다. 뉴욕에서 처음 시작된 시위는 다른 도시로도 퍼져나갔다. 하지만 회사는 시위를 주도한 직원들을 해고하는 등 초강경 대응에 나섰다. 4월에는 아마존 IT 직원들이 물류센터 직원들의 상황을 이해하기 위해 온라인 행사를 기획했다. 그런데 회사 측은 행사 관련 사내 이메일과 캘린더 기록을 일방적으로 삭제해 행사를 방해한 것은 물론 주관한 두 명의 직원을 해고했다. 이에 대한 항의표시로 IT 직원들은 병가를 내 참여하는 두 번째 온라인 행사를 거행했다. 아마존은 여론이 악화되자 4월 30일 코로나19 대책을 내놓았다.[13]

이러한 상황에서 아마존의 좀 더 책임 있는 행동을 독려하기 위해 네덜란드 공무원 및 교사 연금APG과 뉴욕시 공무원연금이 나섰다.[14] 5월 14일 공동명의로 아마존 보상위원회 위원장 주디스 맥그레이스Judith McGrath에게 공개서한을 보내 4개 사항에 대해 5월 27일 개최 예정인 주주총회에서 밝혀달라고 요청했다. 4개 사항에는 (1) 확진자 현황, 확진에 따른 근무 손실일, 산업안전보건청 신고 건수, (2) 위원회가 방역 관련 전문가의 조언을 듣는지 여부, (3) 내부고발자 보호제도가 제대로 작동되고 보복해고 금지원칙이 제대로 준수되는지 여부, (4) 코로나19 확산 이후의 위원회 개회 횟수가 포함됐다. 5월 27일 아마존 주주총회는 전자 주총 형태로 개최됐다. 하지만 제프 베이조스Jeff Bezos는 직원 안전과 방역이 문제없이 잘 관리된다는 점만 강조하고 공개서한 요구사항에 대해서는 아무런 언급을 하지 않았다.

헤지펀드의 주주 관여 활동

행동주의 헤지펀드activist hedge fund는 효율적인 자본 사용이나 지배구조 개선 등 주주의 이익만을 위해 관여 활동을 하는 것으로 알려져 있지만 최근 들어서는 일부 헤지펀드를 중심으로 사회적 책임을 위한 주주 관여 활동도 이루어지고 있다(Insightia, 2021).[15] 특별히 환경 관련 주주 관여 활동이 주를 이루고 있다. 이는 기후변화를 투자 위험이자 기회로 인지하기 때문이다. 헤지펀드에 투자하는 공적 연금들이 자산 배분 과정에서 점차 사회적 책임 투자 비중을 늘리고 있는 것도 또 다른 요인일 것이다.

2018년 1월 뉴욕에 본부를 둔 자나 파트너스와 캘리포니아주 교사연금은 '아이들에 대해 다르게 생각하라Think Differently About Kids'라는 제목의 공개서한을 애플에 보냈다. 이 서한을 통해 어린이와 청소년들의 아이폰 중독 문제를 제기했고 애플이 이를 기술적으로 해결할 것을 촉구했다. 이를 위해 관련 분야 저명학자는 물론 예술가인 스팅Sting과 종교인 패트리샤 달리Patricia Daly 등의 조언을 구했고 다양한 연구결과물을 인용했다. 중독문제 해결은 고객에게 다양한 선택권을 주는 것으로 주주 이익에도 부합됨을 강조했다. 애플의 응답은 오래 걸리지 않았다. 애플은 2018년 6월 스크린 타임Screen Time을 선보였다. 즉 자녀가 아이폰을 통해 접근할 수 있는 앱의 종류와 사용 시간을 부모가 제한할 수 있는 기능을 iOS 업데이트를 통해 다운로드받을 수 있게 한 것이다.[16]

2018년 10월 미국 샌프란시스코에 본부를 둔 밸류액트 캐피털은 사회적 책임 투자에 특화된 밸류액트 스프링 펀드를 통해 하와이안 일렉트릭 인더스트리스HEI, Hawaiian Electric Industries의 지분을 매입하고 CEO 콘스탄스 라우Constance Lau의 교체를 공개적으로 요구했다. 전기 발전에서 재생에너지 의존도를 2045년까지 100%로 끌어 올린다는 하와이 주정부의 목표를 달성하는 데 하와이안 일렉트릭 인더스트리스의 친척 속도가 너무 늦다는 것이었다. 하와이안 일렉트릭 인더스트리스는 하와이 전기생산의 95%를 차지하는 하와이안 일렉트릭 컴퍼니HECO, Hawaiian Electric Company의 모회사이다.

11월만 해도 하와이안 일렉트릭 인더스트리스는 이사회 의장 제프 와타나베Jeff Watanabe를 통해 최근 스탠더드앤드푸어스500 지수 수익률을 상회하는 회사의 높은 경영 성과를 언급하면서 밸류액트 캐피털의 요구를 무시했다. 하지만 계속되는 압박에 12월 마침내 자회사인 와이안 일렉트릭 컴퍼니의 CEO를 앨런 오시마Alan Oshima에서 스콧 세우Scott Seu로 교체한다고 발표했다. 하지만 밸류액트 캐피털은 계속해서 모회사인 하와이안 일렉트릭 인더스트리스의 CEO 교체를 요구했다. 양보 없던 양쪽은 2020년 주주총회 개최 직전 2월에 극적으로 합의가 이루어졌다. 하와이안 일렉트릭 인더스트리스는 CEO를 교체하지 않는 대신 밸류액트 스프링 펀드의 책임자 에바 즐로토니카Eva Zlotnicka를 사외이사로 선임하기로 한 것이다.[17]

2020년 12월 엔진 넘버원Engine No.1은 설립되자마자 미국의 거대 석유회사 엑슨모빌에 서한을 보내 4개 사항을 요구했다. 즉 (1) 에너지 분야 경험이 많은 독립적인 사외이사의 선임, (2) 낮은 유가와 가스 가격에도 경제성을 잃지 않는 프로젝트에 한정해서 자본 지출, (3) 친환경 에너지에 대한 투자계획 수립, (4) 임원 보수의 성과 연동을 요구했다. 참고로 엑슨모빌의 CEO 대런 우즈Darren Woods는 4년간 회사 시가총액이 2,000억 달러 감소했음에도 불구하고 7,500만 달러의 보수를 받았다.

공개서한 발송 직후 캘리포니아주 교직원연금 등의 지지 선언이 있었다. 하지만 회사 경영진의 반대로 결국 위임장 대결상황이 전개됐다. 엔진 넘버원은 요구사항의 구체적인 내용과 정당성, 추천 사외이사의 이력 등이 포함된 홈페이지(reenergizexom.com)를 개설해 지지를 호소했다. 비록 엔진 넘버원은 0.02%의 지분밖에 없었고 캘리포니아주 교직원연금의 지분을 합쳐도 0.1%에 불과했지만 상당수의 개인 주주들이 주주총회에 참석하지 않는 상황에서 18.57%의 지분 소유한 블랙록 등 인덱스 펀드들과 나머지 톱 10 투자자들이 엔진 넘버원의 손을 들어주면 사외이사 선임에 성공할 수 있다는 전망이 나왔다.

2021년 5월 14일 주주총회를 12일 앞두고 세계 최대 의안분석 회사인 인스티튜셔널 셰어홀더 서비스ISS, Institutional Shareholder Service가 엔진 넘버원 추천 후보 4명 중 3명에 대해 찬성 권고를 했다. 주주 총회 하루 전에는 6.7%의 지분을 보유한 블랙록이 이들 3명에 대해 찬성했음을 공시했다. 결국 엔진 넘버원이 추천한 4명 중 2명은 주총 당일 사외이사로 선임됐고 1명은 재검표 이후 6월 2일 선임돼 모두 3명의 엔진 넘버원 측 후보가 사외이사로 선임됐다. 예상대로 상당 지분을 소유한 인덱스 펀드들의 지지가 결정적인 역할을 했다.

인덱스 펀드의 주주 관여 활동

글로벌 금융위기 이후 미국에서 상장지수펀드ETF, exchange-traded fund 가 큰 인기를 끌면서 이를 주로 판매하는 블랙록, 뱅가드, 스테이트 스트리트 글로벌 어드바이저State Street Global Advisors(이하 '빅3')의 운용 규모가 급격히 늘어났다. 허스트와 법척Hirst and Bebchuk(2019)에 따르면 2008년 스탠더드앤드푸어스500 기업 지분의 13.5%를 보유하던 빅3는 2017년 말 20.5%를 보유하게 됐고 5% 이상의 지분을 보유한 회사의 수도 급격히 증가했다. 블랙록과 뱅가드는 사실상 스탠더드앤드푸어스500 지수에 포함된 모든 회사에 대해 5% 이상의 지분을 보유하고 있는 것으로 나타났다. 또 주총에서 의결권을 행사하지 않는 상당수의 개인 투자자들을 제외하면 스탠더드앤드푸어스500 기업에 대한 빅3의 의결권 비중은 지분 비중보다 높은 25.4%

에 이르는 것으로 나타났다.

이렇게 막강한 지배력을 가진 이들 인덱스 펀드들은 사회적 책임 투자에 소극적이라는 비판을 받아왔다. 2018년 우르게발트Urgewald, 뱅크트랙BankTrack 등 유럽 환경운동 단체들에 따르면 빅3 중 가장 규모가 큰 블랙록은 56개 석탄연료 발전회사에 무려 110억 달러를 투자함으로써 세계에서 석탄 발전 사업에 가장 많은 자본을 제공한 것으로 밝혀졌다. 같은 해 발표된 또 다른 연구에 따르면 블랙록은 세계에서 유전, 가스전, 탄광에 가장 많이 투자하는 자산운용회사인 것으로 밝혀졌다(Influence Map, 2018).

환경운동 단체들로부터 화석연료 산업에 대한 지분매각 압력을 받아오던 블랙록은 2020년 1월 9일 마침내 기후 행동+100Climate Action+100에 가입함으로써 이전과 달라진 모습을 보이기 시작했다. 기후 행동+100은 온실가스 배출에 책임 있는 회사에 압력을 가해 온실가스 배출을 줄이고자 2017년에 만들어진 전 세계 기관투자자들의 모임이다. 또 같은 해 1월 14일에는 투자대상 회사 CEO에게 공개서한을 보내 (1) 기후 관련 재무정보 공개 TF(TCFD)의 권고사항 이행 여부와 (2) 파리협약에서 설정한 목표 달성을 위해 회사가 수립한 온실가스 감축 방안의 공개를 요구했다. 그리고 이행 정도가 충분하지 못하면 이사 선임에 반대할 것임을 경고했다.[18]

블랙록은 실제로 2020년 6월까지 탄소집약도가 높은 440개 회사 중 55개 회사에 대해서는 이사 선임에 반대했고(엑슨모빌, 에브라즈, KEPCO, 볼보 등) 191개 회사는 유의종목에 포함시켰다. 하지만 같은 해 개최된 여러 회사 주주총회에서 온실가스 배출감축을 요구하는 소액주주들의 주주제안에 반대하거나 기권함으로써 주주 관여 활동의 한계를 보여주었다.

　블랙록과 같은 인덱스 펀드가 환경 또는 사회문제와 관련해서 적극적인 주주 관여 활동을 할 수 있을지에 대해서는 의견이 엇갈린다. 비록 운용 수수료가 매우 저렴(운용자산 규모의 10bp)한 인덱스 펀드이지만 급팽창한 기금 운용 규모에 비해 주주 관여 활동에 수반되는 비용은 이제 무시할 수 있을 정도로 작아졌다는 점, 인덱스 펀드의 특성상 문제 되는 종목을 쉽게 매각할 수 없다는 점에서 인덱스 펀드의 주주 관여 활동이 앞으로 더 강화될 것이라는 견해가 있다.

　반면, 벱척 등(Bebchuk, Cohen, & Hirst, 2017)은 인덱스 펀드로부터 큰 기대를 할 수 없다는 입장이다. 먼저 적극적 주주 관여 활동을 통한 주식가치 증가(ΔV)가 관여 활동에 수반되는 비용(C)을 초과하더라도 성과 수수료를 받지 않고 운용자산의 일정 비율(a)만 수수료로 받는 펀드 매니저 입장에서는 주주 관여 활동을 통한 수수료 증가($a\Delta V$)가 주주 관여 활동에 수반되는 비용(C)보다 낮을 가능성이 커 주주 관여 활동을 적극적으로 할 경제적 유인이 없다는 것이다.[19]

　물론 인덱스 펀드는 주주 관여 활동을 주도하지 않으면서도 중요한 역할을 할 수 있다. 상장회사에 대한 보유지분이 워낙 높아서 주주 관여 활동을 주도하는 공적연금이나 헤지펀드 등 다른 투자자의 우군으로서 주주총회에서 단순히 이들에게 유리한 방향으로 의결권 행사만 해주어도 큰 힘이 될 수 있기 때문이다.[20]

　한편 인덱스 펀드를 운용하는 자산운용 회사는 투자 대상 회사와 영업상의 이해관계를 갖고 있기 때문에 적극적인 관여 활동은 물론 책임 있는 의결권 행사조차 제대로 하지 못한다는 연구결과도 있다. 50/50 기후 프로젝트50/50 Climate Project에 따르면 30대 자산운용 회사는 2015년에 주요 석유 및 가스 회사의 기업연금 자금 320억 달러를 운용하면서 1.16억 달러의 운용 수수료를 번 것으로 나타났다. 예컨대 블랙록은 30억 달러 규모의 브리티시 페트롤리엄 기업 연금을 운용하면서 200만 달러의 운용 수수료 수입을 번 것으로 나타났다.

스튜어드십 서비스 회사

중소형 기관투자자들 입장에서는 주주 관여 활동을 담당할 전담 조직을 내부에 새롭게 만들기보다는 외부 전문기관에 위임하고 일정한 수수료를 지급하는 것이 더 경제적일 수 있다. 이러한 외부 전문기관을 스튜어드십 서비스 회사stewardship service providers라고 한다. 대표적인 회사가 페더레이티드 허미스Federated Hermes 소속의 주식 소유 서비스EOS, Equity Ownership Service이다. EOS의 경우에도 인스티튜셔널 셰어홀더 서비스, 글래스 루이스Glass Lewis & Co. 등 대표적인 의안 분석회사와 마찬가지로 의안 분석 서비스도 제공한다. 하지만 EOS의 경우 가중 중요한 서비스는 고객인 기관투자자를 대신해서 투자 대상 회사에 대해 주주 관여 활동을 하는 것이다.[21] EOS는 주주 관여 활동을 함에서 비적대적, 비공개적인 전략을 사용하기 때문에 그 활동이 언론 기사를 통해 보도되지는 않지만 EOS 홈페이지를 통해 사례연구의 형태로 확인된다. 2020년 8월 기준으로 60개의 주주 관여 활동 사례가 정리돼 있다.

이들 사례 중 하나는 EOS가 2009년부터 주주 관여 활동을 한 G4S의 사례이다. G4S는 런던에 본부를 둔 세계 최대의 보안업체로 2004년 영국의 시큐리코Securico와 덴마크의 그룹4 팰크Group4 Falck 간의 합병으로 설립됐다. EOS가 G4S를 대상으로 관여 활동을 하게 된 계기는 2008년도 회사 연차보고서를 통해 보안요원 사망자 수가 무려 54명인 것으로 밝혀졌기 때문이다.

EOS는 2009년부터 지속적으로 안전 문제를 놓고 G4S와 대화하면서 적극적으로 자문과 설득에 나섰다. 처음에는 선임 사외이사 겸 이사회 부의장이 EOS의 협의 상대방이었지만 나중에는 회사의 CEO, 이사회 의장, CSR위원회 의장과 대화를 나누었다. 그 결과 2011년 감사위원회 내 소위원회였던 CSR위원회를 독립시켜 별도의 이사회 하부위원회로 격상시켰다. 2013년에는 도로 안전 프로그램을 만들어 시행하고 안전교육 강화에 나섰다. 2015년에는 안전사고에 따른 근무손실일수를 발표하기 시작했다. 2016년에는 월간 안전평가제도와 자체평가제도를 도입해 실시했다. 이러한 노력은 정량지표의 개선을 가져왔는데 2011년 76명으로 늘어났던 사망자 수는 2019년에 20명으로 감소했다.

비영리단체

비영리단체도 스튜어드십 서비스 회사와 마찬가지로 대상회사 주식을 직접 보유하고 있지 않으면서 주주 관여 활동을 한다. 스튜어드십 서비스 회사와 다른 점은 (1) 기관투자자를 고객이 아니라 비영리단체가 주도하는 주주 관여 활동에 동참을 호소해야 하는 대상 또는 감시의 대상으로 본다는 것, (2) 주주 관여 활동을 통해 수입을 창출하는 것이 아니라 기부금 재원을 활용해서 한다는 것이다. 이들의 주주 관여 활동은 주주제안shareholder resolutions, 주주연대 구축coalition building, 인덱스 펀드 등 기관투자자 감시, 특정 사외이사 선임 반대, 관련 보고서 발간 등으로 이루어진다.

2019년 12월 미국의 대표적인 주주운동단체인 애즈유소우As You Sow는 다음 해 6월 3일 개최되는 월마트 주주총회에 대비해 주주제안을 신청했다. 월마트가 해양 생태계 파괴의 주범인 일회용 플라스틱 쇼핑백을 여전히 사용했기 때문이다(연간 180~200억 개 사용하는 것으로 추정). 당시 월마트는 사용량을 공개하고 있지 않았을 뿐만 아니라 감축 계획도 갖고 있지 않았다. 반면 경쟁회사인 크로거Kroger는 일회용 플라스틱 쇼핑백 사용을 단계적으로 줄여 2025년에는 그 사용을 전면 중단할 계획을 발표한 상태였고 코스트코Costco, 트레이더 조Trader Joe's, 홀푸드 마켓Whole Foods Market은 이미 일회용 플라스틱 쇼핑백을 사용하고 있지 않았다.

주주제안의 내용은 간단했다. 일회용 플라스틱 쇼핑백 사용에 따른 「환경영향평가보고서」를 발간하라는 것이었다. 하지만 6월 3일 개최된 주주총회에서 찬성표는 17%밖에 나오지 않았다. 1992년부터 활동을 한 애즈유소우의 모든 주주제안이 이렇게 낮은 지지를 받는 것은 아니다. 2019년의 경우 총 93건의 주주제안이 이루어졌는데 그중 30건은 주총 개최 전에 해결됐고 주총 안건으로 채택된 21건의 경우 평균 27%의 지지를 받았다.[22]

또 다른 주주운동단체인 머조리티 액션Majority Action은 미국 최대의 총기생산 업체인 스텀루거Sturm, Ruger & Co의 2019년도 주주총회에서 이 회사 이사회 의장인 마이클 자코비Michael Jacobi와 사외이사인 산드라 프로먼Sandra Froman의 재선임 안건에 기권할 것을 주주들에게 촉구했다.[23] 재선임 기권을 촉구한 이유를 설명하려면 전년도 주주총회로 거슬러 올라가야 한다. 2018년 플로리다주 파크랜드 총기난사 사고Parkland massacre 직후 개최된 스텀루거 주주총회에서 블랙록 등 기관투자자들은 주주제안을 통해 총기안전에 대한 보고서 제출을 요구했다. 이 안건은 무려 68.8%의 지지를 받았다.

　스텀루거는 어쩔 수 없이 총기안전에 대한 보고서를 제출했다. 이 보고서는 핵심적인 총기안전 조치들이 모두 빠진 보고서였다.[24] 이에 더해 산드라 프로먼은 1992년부터 전미총기협회NRA, National Refile Association의 이사로 재직하면서 총기 규제에 반대 입장을 피력해왔다. 또한 2000년에는 총기안전장치 강화를 추구해온 스매스 앤 웨슨Smith & Wesson 회사 제품 불매운동을 주도해 거의 도산 위기까지 몰고 갔던 인물이다. 이에 머조리티 액션은 2019년 주주총회에서 CEO를 전혀 견제하지 못하는 이사회 의장 마이클 자코비와 총기 규제 반대론자인 산드라 프로먼 사외이사 재선임 안건에 기권할 것을 주주들에게 촉구했다.[25] 주총 전 의안 분석 회사인 ISS의 기권 권고로 고무됐지만 정착 주총에서 28%의 지분을 가진 블랙록과 뱅가드가 찬성표를 던지는 바람에 기권표의 수는 높지 않았다.

4

기업은 누구를 위해
경영돼야 하는가

기업의 사회적 가치 활동이 점차 활발해지면서 최근 재무경제
학 분야에서도 기업이 누구를 위해 경영돼야 하는지에 관한 질문
을 다시 던지게 됐다. 본 장에서는 특별히 사회적 가치창출이 기업
의 종국적인 목표가 돼야 하고 주주의 몫인 이윤은 그 과정에서 파
생되는 부대 이익일 뿐이라는 에드먼스(2020)의 주장을 소개하고
자 한다. 그리고 이에 대한 반론으로 벱척과 탈라리타Bebchuk and Tal-
larita(2020)의 입장을 정리하고 필자의 평가로 마무리 짓고자 한다.

사회적 가치가 이윤에 우선한다는 견해

알렉스 에드먼스가 본인의 2020년 저서 『ESG 파이코노믹스, 사
회적 가치와 이윤을 동시에 창출하는 전략Grow the Pie, How Great Compa-
nies Deliver Both Purpose and Profit』을 통해 제시한 핵심 논지는 다음과 같다.
첫째, 사회적 가치 추구를 주주의 몫인 이윤 창출의 도구로 보지 않

는다. 기업이 종국적으로 추구해야 하는 것은 사회적 가치이지 그 일부에 불과한 이윤은 아니며, 이윤은 사회적 가치를 추구하는 과정에서 발생하는 부대 이익일 뿐이라는 것이다. 즉 사회적 가치추구의 도구주의적 접근instrumental view를 배척한다.[26] 에드먼스(2020)는 사회적 가치 추구의 본질주의적 접근intrinsic view을 지지한다.

둘째, 기업이 사회를 위해 창출한 모든 가치의 총합을 파이pie로 보고 이를 주주와 다른 이해관계자 간에 어떻게 나눌 것인가에 집중하기보다는 어떻게 키울 것인가에 집중해야 한다고 강조한다. 즉, 제로섬 게임zero-sum game을 하기보다는 포지티브섬 게임positive-sum game을 해야 한다고 강조한다. 그리고 사회를 위한 가치창출 과정에서 이윤의 크기가 오히려 더 커질 수 있다고 본다. 알렉스 에드먼스는 이에 대한 자신의 이론체계를 파이코노믹스Pieconomics라고 부른다.

셋째, 좀 더 큰 사회적 가치를 창출해 파이를 키우기 위해서는 무엇보다 기업의 우수성이 중요하다고 본다. 우수성이란 기업이 본연의 사업core business을 수행함에서 최고를 지향한다는 것을 의미한다. 머크Merck는 제약회사로서, 네트워크 레일Network Rail은 철도회사로서, 그리고 마텔Mattel은 완구회사로서 최고가 됨으로써 사회에 기여할 수 있다는 것이다. 이윤은 기업이 이러한 우수성을 추구하는 과정에서 만들어지는 부산물에 불과하다고 본다. 또한 단순한 기업의 사회적 책임 활동(피해입은 이해관계자들을 위해 이루어지는 단순한 기부나 봉사활동)은 기업 본연의 사업이 아닐 뿐만 아니라 이러한 활동만으로는 파이를 키울 수 없다고 본다.

넷째, 기업이 파이를 키우기 위해서는 우수성에 더해 목적이 분명해야 함을 강조한다. 목적이란 기업이 이 사회에 존재하는 이유를 의미한다. 기업은 그 존재함으로 인해 이 세상이 어떻게 더 좋아졌는지에 관한 물음에 답할 수 있어야 한다는 것이다. 예컨대 제약회사는 약품 개발을 통해 시민의 건강과 생명을 지키고, 철도회사는 교통수단을 제공해 사람들을 연결시키고, 완구회사는 완구 생산을 통해 어린이들에게 즐거움과 교육을 제공할 때 그 존재 이유가 있음을 분명히 할 필요가 있고, 이윤은 기업이 이러한 목적을 추구하는 과정에서 만들지는 부산물에 불과하다고 본다. 그리고 목적이 명확한 기업이 더 많은 사회적 가치를 창출할 수 있는 이유는 크게 두 가지로 설명된다. 먼저 목적이 있으면 이 목적에 동의하는 이해관계들의 적극적인 참여와 희생이 뒤따라온다고 본다. 가치 있는 목적은 종업원들에게 동기를 부여하고 자긍심과 소속감을 심어준다. 목적에 동의하는 고객은 가격이 비싸도 구매하고 투자자는 수익이 덜 나도 계속 투자할 수 있게 된다. 둘째, 목적이 분명하면 기업에게 좀 더 쉽게 우선순위를 정할 수 있게 해준다. 우선순위가 높은 사업과 이해관계자 집단을 위해 더 많은 자원을 투입하고 노력을 기울일 때 사회적 가치가 좀 더 효과적으로 창출될 수 있다고 본다.

다섯째, 이윤 추구가 종국적인 목적이 되면 전체 파이의 크기는 물론이고 이윤조차 줄어들 수 있다고 본다. 가까운 장래에 수익이 날 것으로 확신하는 안전한 사업에만 투자한다면 새로운 제품개발과 새로운 기술혁신에 도전하지 못하게 되고 결과적으로 더 큰 이윤을 창출할 기회를 놓칠 수 있기 때문이다. 에드먼스(2020)는 이를 누락의 오류error of omission라고 부른다. 가치평가가 매우 어려운 무형자산의 중요성이 더욱 커진 오늘날의 경제에서는 더욱 그러할 수 있다.[27]

여섯째, 기업이 사회적 가치를 추구함에서 경영자의 계산보다는 판단에 의존해야 함을 강조한다. 사회적 편익과 비용은 사실상 측정 불가능할 뿐만 아니라 설사 가능하더라도 사회적 편익과 비용이 귀속되는 각 이해관계자 집단들에게 가중치를 어떻게 달리 부여할지는 더욱 알기 어렵기 때문이다. 그렇다고 경영자가 아무런 원칙도 없이 판단해서는 안 된다. 사회적 가치를 효과적으로 창출하고 그 과정에서 이윤이 늘어나려면 다음의 세 가지 원칙이 지켜져야 한다.

먼저 곱셈의 원칙principle of multiplication이 지켜져야 한다. 이는 사회적 가치 활동에 따른 사회적 편익social benefit이 사적 비용private cost을 상회해야 한다는 원칙이다. 예컨대 종업원들에게 사내 체력단련실을 만들기 위해서는 이를 통해 얻게 되는 종업원들의 편익(사회적 편익)이 회사의 설치비용(사적 비용)에 비해 커야 한다는 것이다. 문제는 상당수의 사회적 가치 활동이 이 원칙을 어렵지 않게 충족할 수 있다는 데 있다. 사회적 목적이 뚜렷한 비영리법인에 기부했을 때 창출되는 사회적 편익이 회사가 지급해야 하는 사적 비용을 상회할 가능성이 크기 때문이다.

이 때문에 추가로 필요한 원칙이 비교우위의 원칙principle of comparative advantage으로서 우리 회사가 다른 기관에 비해 해당 활동으로 더 많은 사회적 가치를 창출할 수 있어야 한다는 것이다. 예컨대 노숙자들에게 음식을 제공하는 봉사활동은 애플이 제공하는 것보다 전문 봉사단체가 제공하는 것이 더 효과적이다. 이들 전문 봉사단체가 노숙자들이 어디에 있고 필요한 음식이 무엇인지 더 잘 알기 때문이다. 따라서 이 경우에는 애플이 식사를 직접 제공하기보다는 종업원에게 더 높은 보수를 지급하든지 투자자에게 더 높은 이윤을 돌려주든지 해서 전문 봉사단체에 기부할 수 있도록 하는 것이 더 효과적이다. 반면 회사가 직접 통제할 수 있는 영역은 모두 해당 회사의 비교우위 영역이 된다.

예컨대 애플 제품에 대한 포장은 애플이 결정한다. 따라서 제품 포장에 플라스틱 사용을 최소화하는 것은 애플이 가장 높은 비교우위를 가질 수밖에 없다. 또 전문성이 있는 영역에 비교우위가 있게 마련이다. 예컨대 의료봉사단체는 약품을 개발도상국 공항까지 운반할 수는 있지만 이를 각지에 흩어져 있는 환자들에게 운반하는 데는 오히려 코카콜라에게 비교우위가 있다. 이 세상 어느 곳에도 코카콜라가 팔리지 않는 곳이 없기 때문이다.[28] 한편 비교우위의 원칙은 프리드먼(1970)이 회사의 목적을 설명하는 과정에서 간과한 부분이기도 하다. 회사는 이윤 창출에만 전념해야 하고 사회적 가치 활동에 기웃거려서는 안 된다고 주장한 이면에는 회사가 사회적 가치 활동을 직접 수행하더라도 주주나 종업원이 창출한 사회적 가치보다 높을 수 없다는 전제가 있었는데 틀렸다는 것이다.

회사가 직접 통제하는 영역이거나 전문성이 있는 영역일지라도 해당 이해관계자 집단이 회사 입장에서 중요한 집단인지 따져야 한다는 것이 중요성의 원칙principle of materiality이다. 중요성에는 두 가지 종류가 있다. 그중 하나는 사업상의 중요성business materiality이고 다른 하나는 본질적인 중요성intrinsic materiality이다. 사업상 중요한 이해관계자 집단이란 사업 성공에서 중요한 이해관계자 집단을 의미한다. 예컨대 애플 입장에서는 코닝Corning이나 피니사Finisar 같은 수급사업자가 사업 성공에서 매우 중요한 이해관계자 집단이다. 그래서 애플은 선진 제조업 펀드를 만들어 이들을 지원한다. 또 싱가포르 농업회사인 올람Olam은 코코아, 커피, 견과류, 향료, 쌀을 재배하고 있는 만큼 지역 주민과 환경이 사업상 가장 중요한 이해관계자 집단이다. 이들 집단이 특별히 중요한 의미를 갖는 것은 회사가 이들 집단에 집중할 때 사회적 가치 활동이 회사의 이윤 창출에도 기여할 수 있기 때문이다.[29] 한편, 본질적으로 중요한 이해관계자 집단이란 사업 성공과 무관하게 진정으로 도와주고 싶은 이해관계자 집단을 의미한다.[30] 이들 집단을 위한 활동은 사업 성공에 직접적으로 도움을 주지 못하지만 활동 취지에 동의하는 투자자, 종업원, 고객, 하도급 사업자 등을 끌어들이는 데 기여할 수 있다.

다원적 이해관계자주의의 허구성과 위험성

벱척과 탈라리타(2020)는 경영을 함에서 주주 이외의 다른 이해관계자의 후생도 고려해야 한다는 이해관계자주의stakeholderism를 크게 두 가지로 나눈다. 그중 하나는 주주 이외의 이해관계자 후생을 고려하지만 이는 어디까지나 주주 이익을 극대화하기 위한 수단이라고 보는 도구주의적 이해관계자주의instrumental stakeholderism이다. 종국적인 목적이 주주이익이라는 점에서 전통적인 주주 우선주의shareholder primacy view와도 본질적으로 차이가 없다. 다른 하나는 주주 이외의 이해관계자 후생을 주주의 이익과 동일하게 또는 주주이익보다 오히려 더 중요하게 보는 다원적 이해관계자주의pluralistic stakeholderism이다. 에드먼스(2020)의 파이코노믹스가 여기에 해당한다.

벱척과 탈라리타(2020)는 다원적 이해관계자주의에 대해 세 가지 차원에서 반론을 제기하고 있다. 먼저 다원적 이해관계자주의는 본질적으로 가진 개념상의 문제점conceptual problems으로 인해 이행 자체가 불가능하다는 입장이다. 둘째, 이행 가능하다고 하더라도 경영자들에게 이행할 유인이 없다고 본다. 즉 에드먼스(2020)가 상정하는 경영은 이루어질 수 없는 환상illusory promise으로 본다. 셋째, 사회적 가치창출이 기업의 종국 목적이 된다면 매우 위험peril한 부작용을 가져올 수 있다고 본다. 차례대로 살펴보면 다음과 같다.

우선 다원적 이해관계자주의는 여러 가지 개념상의 문제점을 갖고 있다고 본다. 우선 사회적 가치창출의 대상인 이해관계자의 범위가 명확하지 않다고 지적한다. 미국의 상당수 주들은 이사가 주주 이외의 다른 이해관계자에 대해서도 책임이 있다는 이해관계자규정constituency statute을 두고 있다. 이를 살펴본 결과 주마다 열거하는 이해관계자의 범위가 다르다.[31] 구체적인 상황을 설정하고 따지기 시작하면 그 범위 또한 모호하다. 예컨대 어느 회사가 공장의 위치를 옮길 때 폐쇄되는 공장의 직원과 지역 주민만을 고려해야 하는지 아니면 신설되는 공장의 직원과 지역주민만 고려해야 하는지 명확하지가 않다.[32] 다원적 이해관계자주의 옹호론자들은 이 어려운 문제들을 모두 경영자의 재량에 맡긴다. 그런데 이는 매우 위험한 부작용을 일으킬 수 있다는 것이 뱁척과 탈라리타(2020)의 입장이다.

또 다른 개념상의 문제는 창출한 사회적 가치를 금전으로 환산할 수 없다는 것이다. 예컨대 종업원의 심리적인 만족감 제고, 고용에 따른 범죄 감소, 탄소배출량 감소의 효과를 금전으로 환산하는 것은 사실상 불가능하다. 또 이것이 가능하다고 하더라도 다원적 이해관계자주의 옹호론자들은 창출된 이들 가치를 어떤 가중치를 사용해서 합산할 것인지에 대해 아무런 가이드라인을 제공하고 있지 않다. 또 이해관계자 간의 이익 상충이 비일비재하게 발생할 수 있는데 어떻게 해결할 것인지에 대해 명확한 답을 내놓지 못하고 있다는 것이다. 결국 이들 문제도 모두 경영자의 재량에 맡겨질 수밖에 없다. 그런데 이는 매우 위험한 부작용을 일으킬 수 있다고 본다.

뱁척과 탈라리타(2020)의 두 번째 반론은 다원적 이해관계자주의가 이행 가능하더라도 경영자들이 이를 이행할 유인이 없다는 것이다. 먼저 사외이사와 CEO의 보수가 주주가치에 연동돼 있지만 다른 이해관계자 가치에 연동돼 있지 않다는 점을 강조한다.[33] 또 미국의 경우 글로벌 금융위기 이후 주주총회에서 임원 보수 정책에 대한 권고성 표결이 이루어진다는 점과 의안 분석 회사proxy adviser들이 이에 대한 찬반을 권고할 때 주주가치 연동 여부를 고려한다는 점에서 임원 보수의 강한 주주가치 연동성은 더욱 공고해졌다고 본다.

둘째, 사외이사나 CEO가 본인의 자리를 유지하고 싶다면 다른 이해관계자가 아니라 주주 이익에 충실할 수밖에 없다는 점을 강조한다. 재임 시 주주 이익에 반하는 결정을 한 사외이사는 주주총회에서 재선임될 확률이 낮고, 재임 시 주가가 하락한 CEO는 이사회에 의해 교체될 확률이 높기 때문이다. 또 기업가치가 낮은 경우에는 적대적 인수 시도나 위임장 대결의 가능성도 크다. 결국 보수compensation, 노동시장labor market, 지배권 시장control market을 고려했을 때 사외이사와 CEO는 주주 이외의 다른 이해관계자 이익을 위해 주주의 이익을 희생할 경제적 유인이 없다고 본다.

물론 경영자의 이익과 이해관계자의 이익을 일치시키기 위해 경영자 보상제도나 이사 선임제도 자체를 개편하는 방안도 고려해볼 수 있다. 하지만 이는 매우 어려운 일이라는 점을 지적한다. 먼저 경영자 보상을 사회적 가치에 연동하고자 한다면 일단 이해관계자의 범위가 명확해야 하고, 이들에게 귀속되는 사회적 가치를 정량적으로 측정할 수 있어야 하고, 각 이해관계자에게 창출되는 사회적 가치를 합산하기 위한 가중치가 필요한데 명확한 기준이 없다는 점을 지적한다. 둘째, 이러한 문제점들 때문에 사회적 가치 측정에서는 상당한 재량권을 경영자에게 줄 수밖에 없다. 그런데 경영자가 본인의 사익 실현을 위해 재량권을 남용할 수 있다. 예컨대 더 높은 보수를 받기 위해 큰 노력 들이지 않고 쉽게 달성할 수 있는 사회적 가치 창출 목표를 경영성과 목표로 설정할 수 있다. 셋째, 현재의 시스템에서는 경영자 보상이 이해관계자들이 아니라 주주와 주주에 의해 선임된 사외이사들에 의해 설계 및 통제되는 것이기 때문에 경영자 보상을 주주 이익이 아닌 다른 이해관계자 이익에 연동시킬지의 가능성이 거의 없다는 것이다.

이해관계자의 이익을 대변하는 이사를 선임하는 것도 현실적으로 매우 어려운 일임을 지적하고 있다. 먼저 여러 이해관계자 집단 중에서 어느 집단의 이익이 대변돼야 하는지 그리고 집단별로 몇 명의 이사를 배정해야 하는지 명확한 기준이 없다. 둘째, 이해관계자들에게 이사 선임에 필요한 의결권을 부여하고 싶어도 구체적으로 누구에게 의결권을 주어야 할지 알 수 없는 경우가 많다. 예컨대 고객의 경우 분산돼 있고 가변적이고 대부분 회사 사정도 잘 모르기 때문이다. 환경의 경우에는 이를 정하는 것이 더욱 난감하다. 셋째, 이사로 선임된 이후 이해관계자의 이익에 충실하도록 담보할 수 있는 장치가 필요한데 이러한 장치가 없다. 반면, 주주에 의해 선임된 이사들은 주식연계보상 보유, 주주에 의한 위임장 대결, 기관투자자의 감시 등으로 견제받는다.

　지금까지 살펴본 것처럼 다원적 이해관계자주의는 개념상의 문제점으로 이행하기도 어렵고 경영자들 입장에서 이행할 유인도 크지 않다. 하지만 이는 실행의 문제일 뿐 특별히 누군가에게 피해를 주는 것이 아닌 만큼 반대할 필요가 없다는 반론이 가능하다. 그러나 뱁척과 탈라리타(2020)은 이에 동의하지 않는다. 다원적 이해관계자주의가 채택되면 심각한 부작용을 일으킬 수 있다고 보기 때문이다. 먼저 다원적 이해관계자주의는 경영자를 위한 참호구축 효과가 있고 그로 인해 기업의 성과가 떨어질 것으로 본다. 주주에게는 선임된 이사가 주주 이익에 충실하도록 담보하는 여러 가지 수단을 갖고 있다.

　하지만 앞서 설명한 바와 같이 이해관계자들에게는 이러한 수단이 없다. 이런 상황에서 사회적 가치창출이 기업의 목적이 되면 경영자는 그 누구에게도 책임을 지지 않는 상태가 될 수 있기 때문이다. 둘째, 기업의 목적이 사회적 가치창출이 되면 이해관계자를 보호한다는 명분으로 경영자 견제에 필요한 주주권한을 약화시키는 움직임을 가져올 수 있다. 대표적인 예가 종업원과 지역주민의 이익 보호를 명분으로 지배권 보호장치를 허용하거나 주주 이외 이해관계자 이익 추구를 위해 이사 임기를 5년으로 연장하자는 제안들이다. 이상과 같은 경로를 통해 경영자 참호가 더 공고해지고 기업성과가 떨어지면 종국적으로 주주 이외의 다른 이해관계자에게 돌아갈 몫도 줄어들 수 있다.

　다원적 이해관계자주의의 또 다른 위험은 이해관계자 보호를 위해 꼭 필요한 제도개혁 노력을 크게 약화시킬 수 있다는 점이다. 즉 근로기준법, 소비자보호법, 공정거래법, 하도급법, 환경보호법 등을 강화할 때 효과적으로 이해관계자를 보호할 수 있음에도 불구하고 기업이 사회적 가치를 창출할 수 있다는 환상을 갖게 되면 이를 위한 입법 운동을 약화시킬 수 있다는 것이다. 시민단체들은 국회나 정부에 대한 압박을 줄일 것이고, 국회의원들은 스스로 제도개혁의 필요성을 못 느낄 것이며, 제도개혁에 반대하는 세력들에게는 좋은 반대 논거가 될 것이기 때문이다.

평가와 전망

재무경제학자들은 기업의 사회적 책임과 관련해서 오랫동안 밀턴 프리드먼의 입장을 따라왔다. 그의 생각은 1970년 9월 『뉴욕타임스』에 게재된 기고문 「밀턴 독트린: 기업의 사회적 책임은 이익을 늘리는 것이다A Friedman Doctrine: The Social Responsibility of Business is to Increase Its Profits」에 잘 드러나 있다. 이에 따르면 경영자는 대리인으로서 이윤 창출에 전념해야 하고 이렇게 창출된 이윤을 사회적 가치 활동에 사용할지 말지는 이윤을 분배받은 주주가 결정할 사안이라는 것이다. 만약 경영자가 회사의 재산을 사회적 가치 활동에 사용하면 이는 재산권 침해에 해당한다고 보았다. 경영자가 회사 재산을 사회적 가치 활동에 사용하는 것은 과세를 통해 확보한 재원으로 사회적 가치 활동을 하는 정부와 유사한데 전자는 전혀 민주적 통제를 받지 않는다는 점에서 문제가 크다고 지적했다.

이러한 사고에 대한 비판은 알렉스 에드먼스 이전에도 줄곧 있었다. 그런데 왜 알렉스 에드먼스의 파이코노믹스가 특별히 주목을 받고 재무경제학계에 큰 반향을 불러일으켰을까? 그가 다른 학분 분야의 학자가 아니라 정통 재무경제학자라는 점 그리고 그가 제시한 논리체계가 그동안 제시됐던 다른 이해관계주의보다 더 설득력이 있다는 점 때문일 것이다.

벱척과 탈라리타(2020)가 제기한 문제점들에 대해서도 파이코노믹스는 나름대로 반론을 제기할 수 있다. 먼저 파이코노믹스는 사회적 가치를 정량적으로 측정할 수 있다고 고집하지 않는다. 오히려 경영자의 계산보다는 판단에 의지해야 한다고 주장한다. 더 나아가 이윤을 추구함에서도 모든 것을 계산하려고 하면 누락의 오류로 인해 이윤이 오히려 줄어들 수 있음을 지적한다. 둘째, 이해관계자의 범위나 우선순위 설정 문제와 관련해서도 기업이 그 설립 목적을 분명히 하면 집중해야 하는 이해관계자 집단이 자연스럽게 정해져서 우선순위를 고민할 필요가 없다는 것이다. 셋째, 파이코노믹스에서는 사회적 가치 활동의 원동력을 경영자의 경제적 유인이 아니라 사명감에서 찾는다. 따라서 경영자들이 사회적 가치 활동을 추구할 경제적 유인이 없다는 지적은 큰 의미가 없다. 넷째, 파이코노믹스는 자칫 경영자에게 지나친 큰 재량권이 부여되는 문제를 해결하기 위해 사회적 가치 활동의 3대 원칙을 내놓았다. 곱셈의 원칙, 비교우위의 원칙, 중요성의 원칙이 그것이다. 또 회사 목적을 설정하는데 주주의 의견을 보다 직접적으로 반영하기 위해 회사 목적에 관한 안건을 주주총회에 상장하고 표결에 부치는 회사목적심의제도say-on-purpose vote를 제안했다(Edmans & Gosling, 2020).

이러한 반론에도 불구하고 우려되는 대목이 없지 않다.

먼저 사명감만으로 사회적 가치 활동을 할 경영자가 얼마나 있을지 의문이다. 이는 2019년 비즈니스 라운드 테이블 선언문에 서명한 회사들의 기업지배구조 모범 규준을 살펴보면 더욱 그러하다. 벱척과 탈라리타(2020)에 따르면 이들 회사 CEO들은 선언문에서 경영자는 주주뿐만 아니라 다른 이해관계자들에 대해서도 동일한 책임이 있다고 했지만 정작 본인들이 경영하는 회사의 기업지배구조 모범규준에는 이를 반영하지 않고 있는 것으로 드러났다.[34]

둘째, 사회적 가치창출이 회사의 목적이 되면 설사 사회적 가치 활동의 3대 원칙이 정치하게 만들어져 있다고 하더라도 따를지 말지는 어디까지나 경영자의 재량이라는 점, 경영자가 이를 따르지 않더라도 책임을 추궁할 주체가 없다는 점, 회사 목적에 대한 주주 투표도 어디까지나 권고성 투표에 불과하다는 점 등을 고려했을 때 사회적 가치활동을 핑계 삼아 자신의 사익을 추구하는 경영자의 등장을 막지 못하는 문제가 있다. 사회적 가치 활동을 장기간에 걸쳐 지속적으로 해야 한다는 것을 핑계로 복수의결권주식 발행 등 지배권 보호장치의 도입을 주장할 수도 있다.

셋째, 기업 설립 목적을 분명히 하고 좀 더 집중해야 하는 이해관계자 집단을 특정할 필요가 있다. 하지만 이로 인해 의도하지 않은 결과가 일어날 수 있다. 즉 중요한 이해관계자의 이익을 추구하는 과정에서 다른 이해관계자의 이익이 침해될 수 있는 것이다. 예컨대 아마존의 비전은 지구에서 가장 고객 중심적인 회사가 되는 것이다 earth's most customer-centric company. 아마존은 이 비전을 상당 부분 달성했다. 하지만 열악한 작업 환경에서 일해야 했던 물류센터 직원들이나 아마존의 수요독점으로 인해 헐값에 제품을 팔 수밖에 없었던 군소 생산업자들을 생각하면 과연 파이의 전체 크기가 커졌는지는 의문이다.

넷째, 기업의 사회적 가치 활동이 제대로 이루어지지 않고 있음에도 불구하고 그에 대한 막연한 기대로 인해 정부나 국회의 제도개혁이 동력을 상실한다면 이해관계자들의 이익은 더욱 침해받을 수 있다.

이러한 문제점에도 불구하고 다원적 이해관계자주의에 대한 관심은 앞으로 더욱 커질 것으로 보인다. 세계 각국에서 정부나 정치인에 대한 신뢰가 높지 않은 상태에서 이들이 해결해야 하는 부의 양극화, 지구 온난화 등 사회 및 환경 문제는 더욱 심각해지기 때문이다. 그렇다고 가까운 장래에 다원적 이해관계자주의가 전폭적인 지지를 받는 것도 불가능해 보인다. 앞서 지적한 문제점들은 쉽게 해결될 수 있는 성질의 것들이 아니기 때문이다. 따라서 앞으로도 상당히 오랜 기간 다원적 이해관계자주의에 대한 논쟁이 지속될 것으로 보인다.

10장

사회적 가치와 회계

한승수

서울대학교 경영학과를 졸업했고 동 대학원에서 회계학으로 석사학위를 받았다. 그 후 미국 일리노이대학 회계학 박사학위를 받았다. 싱가포르 경영대학을 거쳐 2009년부터 고려대학에서 국제회계, 재무보고 품질 및 공시, 기업지배구조 및 경영자 보상에 관한 연구와 강의를 수행하고 있다. 현재 회계학 연구 편집위원장, 중소기업연구 부편집위원장, 금융감독원 회계심의위원회 위원, 한국공인회계사회 회계연구위원회 위원, 대신경제연구소 ESG 자문위원 등을 맡고 있으며 다수의 국내외 회계관련 소송의 전문가 증인으로 활동한 바 있다.

1

사회적 가치와 회계

: 역사 그리고 프레임워크

회계의 역사와 수탁책임

회계는 고대 바빌로니아에서 사람들 간의 물물 거래를 기록하기 위해서 처음 시작되었고, 이후 중세시대 장원을 소유하고 있던 영주로부터 땅을 빌려 농사를 짓던 소작인들이 영주에게 내는 세금을 기록하게 되면서 서서히 발달하게 되었다. 영주와 소작인이 세금을 주고받는 과정에서 소작인들의 영주에게 그 해 경작된 농산물과 농장의 관리상태를 보고해야 할 책임이 생겼다. 이것이 수탁책임stewardship이라는 개념이 등장하게 된 이유이다. 특히 소작인 측과 영주 측으로 나누어 기록함으로써 향후 복식부기double-entry book keeping 시스템 형성에 기초가 되었다. 그 후 이탈리아의 베네치아, 피렌체 등의 도시국가를 통해 해상무역이 발달하면서 복식부기 시스템이 더 발전하게 되었다. 1494년 이탈리아 출신 수학자이자 수도승이던 루카 파치올리Luca Pacioli가 저술한 책 『산술, 기하, 비율 및 비례 총람』에서 처음 체계화되어 소개되었다.[1] 18세기 산업혁명을 계기로 주식회사 형태가 최초로 등장하면서 현대적 복식부기 시스템이 완성되고 현대 회계학이 정립되었다.

그러면 무엇이 산업혁명 이후에 등장한 회계와 이전의 회계를 구분해주는가? 그것은 바로 보고의 대상, 즉 수탁책임을 지는 대상이 다르다는 것이다. 중세시대에는 봉건영주가 땅의 주인, 즉 지주였고 땅이 주요한 생산수단이었기 때문에 봉건영주로부터 땅을 빌려 경작을 하던 소작인이 지주에게 소작물에 대한 수탁책임accountability을 이행하는 과정에서 회계가 사용되었다. 한편 산업혁명 이후 주식회사의 형태의 기업이 등장하면서 기업의 주인이라고 할 수 있는 주주로부터 경영을 위임받은 경영자가 주주에게 재무제표라는 형태로 수탁책임을 보고하게 된 것이다. 이처럼 사회체계의 변화로 단순히 보고의 대상만 바뀐 것이 아니라 보고의 형식도 바뀌게 되었다. 그 이유는 주식회사의 경우 보고의 대상이 중세시대의 영주와 같이 소수의 대면 가능한 귀족이 아니라 다수의 일반 주주들이기 때문이다.

이러한 다수 주주의 이해관계는 자신의 부를 기업가치의 증대를 통해서 달성한다는 점에서는 일치할지 모르지만 구체적인 투자목적은 상이하다. 예를 들어 기업의 장기적 성장을 기대하며 높은 장기투자수익률을 목표로 자신의 의결권을 행사하는 투자자도 있지만 기업의 재무정보를 이용한 주식거래를 통해 단기적 자본이득을 얻고자 하는 투자자도 있다. 투자목적뿐 아니라 보고대상인 주주들의 개인적 선호에 따라서 중요하게 생각하는 정보의 종류에서도 차이가 존재한다. 위험회피적 투자자에게는 부채 규모와 관련된 정보가 상대적으로 더 중요할 것이고, 유동성을 강조하는 투자자는 유동자산의 비율이나 현금흐름과 관련된 정보가 더 중요할 것이다. 이러한 이유에서 회계정보는 다양한 측면의 재무적 성과를 표준화된 여러 가지 표를 통해서 투자자에게 제공된다. 그것이 우리가 현재 '재무적인 성과를 보여주는 여러 가지 표'라는 의미의 '재무제표'를 이용해 회계보고를 하는 이유이다.[2] 이처럼 수탁책임과 그에 따른 회계보고의 개념은 사회체계의 변화에 따라 보고 대상이 바뀌게 되었고 그에 따라 보고내용과 형식도 보고 대상에게 맞도록 진화해왔다.

재무보고와 지속가능경영보고: 누구를 위한 보고인가?

18세기 산업혁명 이후 주식회사 형태의 기업이 등장하면서 자본주의가 급속히 발달하였고 주주를 주요한 대상으로 하는 재무보고 financial reporting 개념의 현대회계가 시작되었다. 전통적인 견해를 따르면 주식회사 형태를 띤 기업은 자본투자를 한 주주가 기업의 주인이므로 경영자는 주주가 맡긴 자본에 대한 회계 책임을 갖는다고 주장한다. 이러한 견해는 저명한 경제학자인 밀턴 프리드먼에 의해 강조가 된다. 그는 『자본주의와 자유』라는 1962년 저술에서 다음과 같이 말했다.

"기업은 단 한 가지의 사회적 책임만 가지고 있다 - 기업이 가진 자원들을 이용하여 이익을 증가시키기 위한 활동들을 하는 것이며 그것은 속임수나 사기가 없이 공개적인 자유경쟁을 통해 경기의 규칙 내에서 이루어져야 한다."

이러한 밀턴 프리드만의 이익창출을 통한 주주 부의 극대화 논리는 미국 지배주주 관련 법안 형성의 이론적 기반이 되었다. 또한 주주와 경영자의 이해관계를 일치시키는 주식매수선택권stock option 부여의 급격한 증가나 주주의 이익 이외의 이해관계자의 이익은 고려되지 않는 적대적인 인수합병 증가의 이면에는 이러한 주주 우선주의가 자리잡고 있다.

한편 이러한 주주 자본주의shareholder capitalism에 반발하여 이해관계자 자본주의stakeholder capitalism가 등장하게 되었는데 노벨 경제학상 수상자인 스티글리츠Joseph Stiglitz가 이를 주장한 대표적인 학자이다. 그는 일찍이 주주 자본주의가 시장에서 자리잡기 시작하던 1970년대에 주주 자본주의는 공공복리를 최대화하지 못한다는 것을 증명하였다. 외부효과externalities의 대표적인 예로 사용되는 기후변화나 시장지배력market power을 가진 대형은행과 기술 기업의 경영행태를 보면 그 이유를 쉽게 이해할 수 있을 것이다. 이해관계자 자본주의의 관점에 따르면 회계정보는 이익·손실이나 자산·부채·자본 등의 재무적 정보만을 포함하는 단순한 재무보고financial reporting가 아니라 기업의 다양한 이해관계자들(예를 들어 종업원, 소비자, 정부, 그리고 공급자 등)의 다양한 측면(예를 들어 환경, 인권, 지배구조 등)을 포괄하는 지속가능보고sustainability reporting가 되어야 한다는 것이다. 이러한 지속가능보고를 통하여 어떤 기업이 지난 기간에 각 측면에 대하여 얼마만큼의 공공복리를 증가시켰는지 알 수 있으며 미래에 어떻게 이해관계자들의 삶을 더욱 풍요롭고 행복하게 만들어 줄 수 있을지 그 방향을 제공할수 있다는 것이다. 사업가 데이비드 록펠러도 "기업은 회계법인이 감사하는 연간 재무제표 외에도 이와 유사하게 감사를 받는 사회적 감사보고서를 발행하도록 요구받을 때가 올 것"이라 예상하였다.

통합보고와 트리플 보텀라인

이러한 이해관계자 자본주의의 이론을 실제로 기업보고와 연결시키려는 노력의 일환으로 1997년 존 엘킹턴John Elkington은 저서 『포크를 든 야만인』에서 회계적인 이익뿐만 아니라 사회적, 환경적 성과를 합하여 트리플 보텀라인이라는 용어를 만들고 이를 사용하기 시작하였다. 물론 환경적, 사회적 이슈에 대한 논의가 완전히 새로운 것은 아니며 앨킹턴이 트리플 보텀라인이라는 용어를 사용하기 전부터 사회적, 환경적 이슈를 회계학에 포함시키려는 노력은 이루어져 왔다. 예를 들어 1995년 미국 환경보호청EPA, Environment Protection Agency은 1992년부터 환경회계 프로젝트the Environment Accounting Project를 시작하였으며 연구 프로젝트 결과물을 토대로 경영관리의 도구로서 환경회계에 관한 보고서를 발표하였다. 같은 해인 1992년 유럽연합에서도 제5차 유럽 환경행동 프로그램을 발표하고 제품의 시장가격에 환경 관련 외부원가를 내부화하는 전부원가full costing 개념을 제시하였다.[3] 앨킹턴이 제시한 트리플 보텀라인이라는 관점은 이러한 이해관계자 자본주의 논의들의 핵심을 파악하고 체계화한 것이다.

사실 과거의 회계정보는 기업의 경제적 활동 및 그 성과를 측정하는 것에 국한되어 있었고, 사회와 환경에 관련된 정보는 이해관계자 자본주의 관점에서 매우 중요함에도 불구하고 기업의 비경제적 활동에 대한 보고 및 감사는 적절하게 이루어지지 않았다. 또한 과거의 비재무적 논의가 주로 환경에 국한된 것이었다면 엘킹턴이 말하는 트리플 보텀라인은 더 포괄적인 성과정보로 이익과 같이 전통적인 재무성과와 함께 사회적, 환경적 성과가 연차보고서에 포함되어야 함을 강조하고 있다. 사회적, 환경적 영향을 기업에 보고하게 함으로써 사회·환경과 관련된 핵심 성과지표들KPIs, key performance indica-tors을 식별하고 이를 기업의 성과평가에 사용하게 하는 유인을 제공할 수 있다는 것이다.

전통적 이익의 개념과 트리플 보텀라인 관점에서의 이익

그러면 기업이 전통적 의미의 경제적 이익만이 아닌 사회적, 환경적 성과를 보고해야 하는 이론적 근거는 무엇인가? 흥미롭게도 이 질문에 대한 대답은 전통적인 이익측정 이론에서 그 힌트를 찾을 수 있다. 경제학자인 힉스는 우리가 현재 사용하고 있는 '이익income'의 개념을 저서인 『가치와 자본』(1939)에서 다음과 같이 제시한 바 있다.

"한 사람의 이익은 기말에도 기초에 누리고 있었던 복리를 유지하면서 그 기간 동안 그가 소비할 수 있는 최대의 가치를 말한다."

힉스의 정의에 따르면 이익을 측정하기 위한 가정은 기초의 복리를 기말까지 유지하는 것이다. 이것이 바로 현대의 회계에서 사용되는 자본의 유지 개념이며 이것이 이익의 측정에 기본이 된다. 재무성과 중심의 주주 자본주의에서의 자본은 주주가 투하한 자본, 즉 인간이 만든, 그리고 시장에서 거래가 될 수 있는, 재무적으로 측정 가능한 자본을 의미한다. 따라서 전통적 관점에서의 이익은 이러한 경제적 자본을 사용하여 재화나 서비스를 생산하고 판매함으로써 만들어지며 기초자본과 기말자본을 비교하여 추가로 증가한 자본을 이익으로 측정하게 된다. 그러나 이러한 이익측정 방법은 자연자원과 같은 시장에서 거래되지 않거나, 시장가치가 없는 자본은 고려

하지 않는다. 트리플 보텀라인의 관점에서는 재화나 서비스를 제공하기 위해 사용되는 여러 종류의 자본 중에서 거래되지 않거나 재무적으로 측정이 쉽지 않은 자본들까지 포함한다. 이러한 자본의 대표적인 예가 자연자본이다. 자연자본은 생산과정에서 투입되는 원료나 자원, 에너지를 제공하는 바다, 숲, 산 등 지구 생태계를 구성하는 요소들을 말한다. 현재의 회계시스템에서도 기업이 소유하고 있는 자원의 고갈은 고려되지만 소유되지 않은 자연자본의 고갈이나 파괴에 대한 회계는 이루어지지 않고 있다.

트리플 보텀라인 관점에서는 이러한 자연자본과 더불어 재화나 서비스의 생산, 판매와 밀접한 관련이 있는 종업원, 고객, 지역사회 등 사회적 자본[4]에 대하여도 자본 유지의 개념을 적용하여 이익을 측정한다는 점에서 전통적인 이익의 개념과는 큰 차이가 있다(〈그림 10.1〉 참조). 2016년 발간된 지속가능성을 위한 회계그룹A4S, Accounting for Sustainability의 보고서에 따르면 기업가치의 20%만이 금융자산이나 유형자산과 같은 경제적 자본에 의해 설명이 되고 나머지 80%는 인적자본, 인적 네트워크, 천연자원에 대한 접근성 등 사회적 자본과 자연자본으로 설명된다고 하였다.

경제적 · 사회적 · 자연 자본과 자본유지

앞절에서 살펴본 자본유지의 개념에서 유념해야 할 점은 트리플 보텀라인에서 정의하는 자본 모델은 단순이 경제적 자본과 함께 사회적 자본과 자연자본을 포함하는 것에서 그치는 것이 아니라는 것이다. 전통적 관점에서의 자본유지는 자본총액의 유지이며 경제적 자본 내의 자본 간에는 상호 대체가 가능하다. 즉 이익을 창출하기 위하여 사용된 경제적 자본에 대하여는 항상 대체가 가능하므로 총액이 같다면 자본이 유지되는 것으로 본다. 또한 비재무적 자본은 고려되지 않으므로 재화와 용역의 제공을 위해 사용된다고 하더라도 무한히 제공되거나 대가가 없이도 사용될 수 있다고 가정한다. 그러나 트리플 보텀라인 관점에서의 자본유지 개념은 사회적 자본이나 자연자본과 같이 비재무적인 자본이 포함되기 때문에 상호 대체가 불가능하거나 대체가 어려운 경우가 발생하기 때문에 각각의 자본의 유지가 필요하다.

트리플 보텀라인 관점에서는 이처럼 기업의 성과측정은 단기간에 창출한 재무적 성과가 아니라 장기간에 걸쳐서 지속가능한 포괄적인 성과측정이 되어야 한다고 본다. 사회적 자본이나 자연자본의 유지를 통해서 창출된 이익이 진정한 이익측정 방법이라 보는 것이다. 이것은 앞서 논의하였던 이해관계자 관점stakeholder perspective을 정확하게 반영하는 것으로 기업의 이해관계자들이 기말의 복리가 기초와 비교하여 동일하거나 상향된 경우에만 재무적 성과측정이 의미가 있으며, 이것이 지속가능한 재무적인 성과로 보는 것이다. 트리플 보텀라인 개념을 실제 적용하기 위한 선행연구들이 대부분 '지속가능성'이라는 용어를 사용한다. 그 이유도 트리플 보텀라인에서의 두 가지 비경제적 성과지표인 사회적·환경적 성과가 바로 이 지속가능성을 측정하는 것이기 때문이다.

트리플 보텀라인 관점과 자본유지를 위한 원가 내부화

그러면 트리플 보텀라인의 관점의 기업보고는 기존의 재무보고와 어떻게 다른가? 이미 시장에서는 「지속가능경영보고서」라는 이름의 별개의 보고서가 발간되고 있고 전통적 의미의 재무보고인 재무제표와는 크게 관련이 없는 정성적qualitative이며 주관적subjective인 보고서로 인식되고 있으며 「지속가능경영보고서」의 정보 효과는 크지 않다는 주장도 있다 (민재형, 하승인, 김범석, 2015). 트리플 보텀라인은 재무적인 정보와 함께 지속가능성에 대한 보고를 함께 제공하는 통합보고integrated reporting로 세 가지 지표들의 상호 관련성에 대한 이해가 중요하다. 사실 세 가지 성과지표들이 상호의존적이지만 상충적인 면 도 가지고 있다. 트리플 보텀라인은 이러한 세 가지 성과지표가 상호 독립적으로 존재하는 것이 아니라 오히려 이해관계자들이 사회적 성과, 환경적 성과, 그리고 재무적 성과의 관계를 이해할 수 있도록 이를 통합하여 보고함으로써 보다 종합적인 기업의 성과를 알 수 있게 한다.

그러나 사회적 자본이나 자연자본의 유지와 관련된 원가는 기업의 경제활동과 관련된 외부효과의 측정이 어렵기 때문에 기업의 전통적인 재무보고에 포함되지 못한다. 예를 들어 기업이 제품을 생산할 때 발생하는 이산화탄소는 대기의 오존층을 파괴하여 지구 온난화 등 사회적인 비용을 치르게 되는데 이러한 이산화탄소의 과다 배출로 인한 환경적 비용은 측정하기 힘들어 시장에 맡길 때 시장

실패market failure가 일어나게 된다.[5] 트리플 보텀라인은 이러한 외부효과에 영향을 받는 이해관계자에게 사회적 자본과 자연자본에 대한 외부효과를 기업보고를 통해서 내재화시키도록 유도함으로써 지속 가능한 경영을 하도록 만든다.[6]

트리플 보텀라인 관점의 실행을 위한 노력

세계 각국의 다양한 기관과 단체에서 트리플 보텀라인 관점의 재무적·비재무적 성과지표의 관점을 실행시키기 위한 여러 가지 노력을 하고 있다. 영국의 찰스 황태자가 처음 시작한 '지속가능성을 위한 회계그룹은 연결보고 프레임워크The Connected Reporting Framework를 처음 제안하여 지속가능성 정보를 기업보고에 포함시키는 운동을 시작하였다. 2009년 지속가능성그룹A4S, 국제회계사연맹IFAC, International Federation of Accountants, 글로벌보고운동GRI, Global Reporting Initiative 등 전 세계에 사회적 가치에 관심이 있는 주요 단체가 모여서 국제통합보고위원회IIRC, international Integrated Reporting Council를 설립하고 전세계적으로 인정되는 통합보고IR, integrated reporting 프레임워크[7]를 관장하도록 하였고 2020년국제통합보고위원회와 국제회계사연맹 등은 '지속가능한 발전목표 공시SDGD, The Sustainable Development Goal Disclosure'를 제안하여 지속가능한 발전을 위한 바람직한 통합보고체계를 논의하였다.

미국의 경우 증권거래위원회 연차보고서 양식에 적용가능한 비재무정보 공시기준 개발을 목적으로 비영리조직인 지속가능회계기준위원회SASB, Sustainability Accounting Standards Board가 2011년 설립되었다. 앞서 유럽을 포함한 전세계를 대상으로 활동하는 글로벌보고운동이 글로벌 상장·비상장 기업에 적용이 되는 기준을 제정하는 반면 비영리조직인 지속가능회계기준위원회는 기준 제정 시 미국 상장 기업을 주요 적용대상으로 삼고 있다.[8]

한편 온실가스 배출로 인한 지구 온난화로 2015년 12월 196개국 대표가 파리에 모여 파리기후협정을 체결되었고 기후 관련 재무보고를 위한 태스크포스TCFD, Task Force on Climate-related Financial Disclosure가 설립되었다. 이후 기후 관련 재무보고를 위한 태스크포스에서는 재무공시 자료를 제공하는 기업이 쉽게 적용할 수 있고 국제적으로 공인될 수 있는 정보공개 프레임워크를 개발하고 공시 권고안을 발표하였다. 기후 관련 재무보고를 위한 태스크포스에서는 연간사업보고서에 기후 관련 재무적 정보를 지배구조 및 리스크 관리 측면에서 공시하고 전략, 평가기준, 그리고 목표의 관점에서 중요한 정보의 경우에도 사업보고서에 공시하도록 권고하고 있다.

결론

현재의 회계시스템은 우리의 사회 체계의 변화를 진실하게 반영하고 있으며 미래를 위해 변신할 준비를 하고 있다. 산업혁명 이후 눈부신 경제성장을 가능하게 했던 주주 자본주의가 그 발전의 한계에 도달하였고 이제 미래를 위한 이해관계자 자본주의라는 새로운 패러다임이 이를 대체하고 있다. 새로운 패러다임에 맞는 회계시스템을 구축하기 위한 노력의 하나로 경제적, 사회적, 그리고 환경적 성과지표가 통합된 통합보고가 제시되었고 이의 실현을 위한 다양한 노력이 현재 이루어지고 있다. 미래에는 전통적인 재무적 자본유지 뿐만 아니라 사회적 자본과 자연자본을 포함하는 지속가능한 자본유지를 전제로 기업의 성과를 보고해야 한다. 이를 위해서 지속가능성과 관련된 회계기준을 제정을 위한 노력이 이루어지고 있으며 기업 수준에서 지속가능성 향상 및 이의 측정을 위한 노력도 이루어지고 있다. 물론 사회적 자본과 자연자본과 관련된 원가는 측정하기가 힘들고 다양한 이해관계집단이 존재하므로 재무적 자본을 토대로 했던 과거의 재무보고 수준의 통합보고를 달성하기 위해서는 많은 난관을 극복해야 한다. 결국 트리플 보텀라인이 통합된 기업보고 이슈는 단순한 회계학의 의제가 아닌 기업의 장기적인 경영전략, 기업 내부의 단기적 운영, 그리고 정부정책과 기업 내외부의 여러 이해관계자들의 관점 등이 모두 포함되는 포괄적인 의제이며 단기간에 국제적인 표준이 제정되기는 쉽지 않을 것으로 예상된다.

2

사회적 가치의
측정과 통합보고

사회적 가치 측정의 원칙 및 방법론

어떤 기업이 사회적 기업이 되기 위해서는 사회적 가치를 창출해야 하고, 이를 위해서는 창출된 가치의 측정과 평가가 필수적이다. 현대경영학의 아버지 피터 드러커의 "측정되지 않는 것은 관리할 수 없다."라는 말은 사회적 가치의 창출에도 정확히 적용된다. 만약 기업이 사회적 가치의 필요성을 인식하고 이의 창출을 위한 노력을 하고자 한다면 사회적 가치는 정확히 측정되어야 하며 측정된 사회적 가치는 정보이용자, 즉 이해관계자에게 보고되어야 한다. 이러한 가치의 측정과 보고의 영역은 회계의 전문 영역이다. 특히 사회적 가치의 경우 비재무적 측면이 많고 재무적 측면이라 하더라도 그 가치를 측정하기가 쉽지 않기 때문에 측정과 공시를 위한 원칙principles과 방법론methodology이 명확해야 하고 전문가에 의한 검증verification이 필수적이다.

우선 사회적 가치의 측정과 평가에 관련하여 두 가지 이슈가 존재한다. 첫 번째 이슈는 자본 간의 서열체계에 관한 것이다. 사회적 가치를 구성하는 트리플 보텀라인 중에서 사회적, 환경적 자본을 경제적 자본과 동등한 가치로 보고 각각을 독립적으로 측정할 것인지 (병렬적 접근법), 아니면 경제적 가치를 궁극적으로 추구할 상위 가치로 보아 사회적, 환경적 자본유지와 관련된 가치를 경제적 가치에 내재화하여 측정할 것인지(계층적 접근법)에 대한 이슈이다. 두 번째 이슈는 측정에 적용할 방법론적인 측면의 문제이다. 국제회계기준 IFRS, international financial reporting standards에서 사용되는 원칙중심principle-based 방법론과 미국 회계기준US-GAAP, US generally accepted accounting principles에서 사용되는 규칙중심rule-based 방법론으로 나누어 볼 수 있다. 이러한 두 가지 이슈에 대하여 자세히 살펴보자.

사회적, 환경적, 재무적 자본의 서열체계

자본의 서열체계는 기업에 투하된 자본과 그 자본을 제공한 주체의 부를 극대화한다는 내용과 밀접한 관련이 있다. 그중에서 사회적, 환경적, 경제적 자본 간에 서열이 존재하지 않고 서로 동등하게 보는 병렬적 접근법은 이해관계자 자본주의를 토대로 기업이 각 이해관계자의 가치를 극대화해야 한다는 관점이다. 각 자본의 특성을 고려하여 재무적·비재무적 지표들이 사용되기 때문에 상대적으로 적용이 용이하고 각 자본의 특성을 잘 반영하고 있다는 점에서 회계정보의 질적 특성 중 충실한 표현faithful representation 측면에서 장점이 있다. 또한 사회적, 환경적 자본의 효과가 장기적임을 고려할 때 기업의 지속가능성을 반영하는 미래지향적인 측면이 강조되는 접근법이다. 반면 사회적, 환경적 자본의 경우 비재무적 요소들이 많이 포함되어 있어

〈표 10.1〉 병렬적 접근법과 계층적 접근법 비교

	계층적 접근법	병렬적 접근법
주요 보고대상	투자자 (주주)	이해관계자
상위 자본	경제적 자본	없음 (대등)
정보 특성	계량적, 과거지향적	비계량적, 미래지향적
성과 측정	단기적	중-장기적
장점	신뢰성, 비교가능성 높음	표현의 충실성 높음
단점	표현의 충실성 낮음	측정의 주관성, 검증 가능성 낮음
적용 사례	온실가스배출권 회계	지속가능보고서
관련 기구	가치보고재단(지속가능회계기준위원회와 국제통합보고위원회)	글로벌보고운동

서 추정이 필요한 경우가 많아서 주관성이 개입될 우려가 있고 검증 가능성도 상대적으로 낮다는 단점이 있다. 또한 사회적, 환경적, 경제적 자본 간의 상호 보완적 혹은 상충적 관계에 대한 이해가 부족하여 이해관계자들 전체의 가치가 최적화optimalization가 되지 못하고 부분 최적화sub-optimalization되는 현상이 발생할 수 있다.

한편 경제적 자본이 사회적, 환경적 자본보다 상위의 개념이라고 보는 계층적 접근법hierarchical approach은 주주 자본주의shareholder capitalism를 기반으로 하며 주주의 부로 간주되는 경제적 자본의 극대화에 초점을 두는 관점이다. 전통적으로 회계학에서 측정되어왔던 경제적 자본을 주요한 측정대상으로 하기 때문에 계량적이고 주로 과거 기업의 영업·투자·재무 활동으로부터의 재무적 성과를 중시하는 등 단기적 측면이 강하다. 장점으로는 측정된 가치가 경제적 자본을 중심으로 계량화되어 비교가능성이 높고 하위에 존재하는 사회적, 환경적 자본과의 관련성이 고려된 경제적 자본유지 개념이므로 상대적으로 신뢰성과 이해가능성도 높다. 반면 사회적, 환경적 자본 중 계량화되지 않은 많은 부분이 누락될 우려가 있어서 충실한 표현 측면이 상대적으로 낮다고 할 수 있다.

이러한 계층적 접근방식은 후생경제학의 논리에 기반을 두고 있다. 사회적·인적 자본과 환경자본의 경우 자유시장경제에 맡길 경우 부정적 외부효과가 발생하게 된다. 이러한 외부효과를 해결하는 방법으로 후생경제학에서는 시장기반 의 정책을 통해 문제를 해결할 것을 제안한다. 예를 들어 환경 오염물질의 배출이 문제가 되는 경우 정부가 오염물질 배출권을 거래하도록 하거나 피구세Pigouvian tax[9] 를 부과함으로써 사회적 가치를 경제적 가치로 변환하여 경제적 자본유지에 포함시키도록 유도한다.

이러한 접근법들을 지지하는 그룹들은 유럽을 중심으로 하는 글로벌보고운동이나 국제통합보고위원회와 미국을 중심으로 하는 지속가능회계기준위원회나 기후공시기준위원회CDSB, Climate Disclosure Standards Board 등 두 진영으로 나뉘어 활발한 활동을 펼치고 있다. 두 진영은 이론적 기반이 서로 다르지만 사회자본과 환경자본의 유지를 통해서 지속가능한 경영을 추구한다는 점에서 상호 공감대를 형성하고 있다. 두 진영의 대표격인 지속가능회계기준위원회와 글로벌보고운동은 2020년 7월 지속가능경영 보고의 투명성과 호환성 강화를 위한 사업계획을 발표하였다. 코로나19로 촉발된 전대미문의 전세계 위기 상황은 비재무적인 정보가 실제로 재무 측면에 중요한 영향을 미칠 수 있음을 실증하였다. 두 진영의 공동 작업을 통해서 기업의 이해관계자가 어떻게 글로벌보고운동과 지속가능회계기준위원회의 표준을 이해하고 이를 서로 보완적으로 사용할지에 대한 방법론을 제시할 것이며, 실제 보고서를 기반으로 두 가지 표준을 함께 사용할 수 있는 예시자료를 개발할 예정이다.

사회적 가치 측정의 방법론

사회적 가치는 다양한 측면이 존재한다. 경제적 가치와 같이 화폐가치로 쉽게 계량화해 측정할 수 있는 활동 (예를 들어 제품이나 서비스를 제공한 대가로서의 매출)이 있는 반면 계량화하기 쉽지 않은 활동(예를 들어 인적자원의 다양성)도 있다. 이처럼 사회적 가치와 관련된 다양한 활동을 측정하기 위한 방법론은 크게 두 가지가 있다. 첫 번째로 규칙중심rule-based의 방법론이다. 이는 미국 회계기준에 적용되는 방법론으로 지속가능회계기준위원회의 접근방법이라고 할 수 있다. 주로 하향식 접근 방법, 즉 기준을 설정하는 위원회가 표준화된 평가체계를 구축하고 이를 의무공시 사항으로 규제하는 방법을 취한다. 이러한 방법론은 명확한 기준을 가지고 있어서 상대적으로 기업이 적용하기가 용이하다. 또한 명확한 평가 기준을 가지고 있어서 상대적으로 기업 간 성과 비교를 할 수 있다. 반면 객관적으로 측정할 수 있는 것만 측정되기 때문에 포함되는 범위가 상대적으로 제한적이다. 또한 기계적으로 일괄적인 기준이 적용되기 때문에 실질적인 평가가 되지 못하고 형식적인 평가가 될 우려가 있다.

둘째로 원칙중심의 방법론이다. 규칙중심 방법론과 달리 상향식 접근방식이라는 특징이 있어 전반적인 원칙하에서 각 기업이 거래나 활동의 실질에 맞는 측정방식을 사용한다는 점에서 차이가 있다. 특히 전반적인 조직현황이 아닌 투자자나 이해관계자가 관심을 두는 핵심 목표들을 달성하기 위한 실적을 측정 대상으로 하기 때문

	규칙 기반	원칙 기반
사례 (툴)	GIIRS, BPI 등	변화이론, SROI 등
주안점	객관성, 책무성, 용이성	조직주도, 동기부여, 역할 강화
구성 성격	하향식 의사결정	상향식 의사결정
구성 내용	표준화된 평가체계	일반적인 가이드라인
측정 주체	주로 외부기관	조직 자체
측정 대상	조직 현황	조직 성과
장점	접근용이, 비교가능성	목표와 성과의 공감대 형성, 능동성 회복
단점	측정범위의 한계, 관료화·수동화 우려	조직적 피로감, 측정 결과 주관성 우려

(출처: 2016년 NPO의 소셜임팩트 프레임워크 가이드북 수정)

에 보다 목적적합한 방법이라고도 할 수 있다. 단점으로는 기업의 입장에서 구체적인 가이드라인이 없이 일반적인 원칙을 토대로 성과를 측정하는 경우 주관적인 측정이 될 위험이 있으며 기업 스스로 논리를 개발·적용해야 하므로 실행하기 용이하지 않아 적용 시 조직적 피로감을 느낄 수 있다.

사회적 가치 관련 지속가능경영보고서 발간 동향 및 관련 조직 설립 동향

기업의 목표가 전통적인 주주의 이익극대화에서 발전히여 이해관계자의 가치를 극대화한다는 견해는 과거 일부 학자들에 의해서만 제시되고 최고경영자의 관심을 끌지 못했다. 그러나 2019년 8월 19일 미국을 대표하는 경영자의 모임인 비즈니스 라운드 테이블에서 181명의 경영자가 모여 이해관계자 모두에게 가치를 제공할 것을 약속하면서 큰 흐름의 변화를 알리게 되었다. 고객뿐 아니라 종업원에 대한 투자, 그리고 공급업체와의 윤리적인 거래, 지역사회지원 등을 통하여 주주를 위한 구체적인 장기적 가치창출 기회를 제공함으로써 더 가치 있는 삶을 추구하는 것을 목표로 삼게 된 것이다. 미국의 유통 공룡인 아마존은 2040년까지 탄소 배출 넷 제로 net zero carbon emission를 선언하고 2025년까지 100%를 재생에너지로부터 조달할 것을 선언하였다. 미국의 대표적 소프트웨어 기업인 마이크로소프트도 1975년 창립 이후 배출한 모든 탄소를 2050년까지 모두 상쇄시키겠다고 발표하고 이를 위해 2025년까지 100% 재생에너지를 사용하겠으며 이를 위해 10억 달러의 혁신펀드를 설립한다고 하였다. 이처럼 기업의 환경 및 사회적 가치와 관련된 투자가 증가하고 있는 추세이며 이러한 투자자금을 공급하는 금융기관들의 활동도 강화되고 있다. 대표적으로 미국 블랙록의 최고경영자인 래리 핑크Larry Fink가 ESG 중심의 자산운용을 할 것임을 천명하였다. 예를 들어 화석연료 사용이 25%를 넘는 기업들은 투자 대상에서 제외한다고 하였다. 국내에서도 최근 SK, 포스코, 현대자동차 등주요 대기업을 중심으로 사회적 가치에 기반한 경영활동 및 투자가활발히 이루어지고 있다. 2020년부터는 국민연금도 ESG 평가를 자산운용에 반영하기 시작하였다. 이처럼 점점 더 많은 기업이 사회적가치 관련 활동들을 활발하게 진행하고 있고, 이러한 활동을 측정하여 이를 기존의 투자자 혹은 미래의 투자자에게 보고하는 보고시스템이 구축되어 가고 있다. 이러한 사회적 가치 관련 활동에 대한 보고서가 바로 지속가능경영보고서이다.

〈그림 10.2〉 국내외 「지속가능경영 보고서」 발간 동향

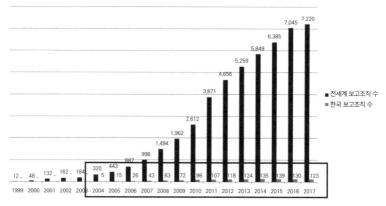

(출처: GRI Sustainability Sisclosure Database/ISP 대한민국 지속가능경영 팩트북 2017)

지속가능경영보고서 발간 동향

최근 발간된 글로벌보고운동의 데이터베이스에 따르면 1999년 이후 사회적 가치를 측정하여 보고하는 지속가능경영보고서를 발표하는 조직은 전 세계적으로 꾸준히 증가하고 있다고 한다. 2017년을 기준으로 전세계 7,220개의 조직이 보고하는 것으로 조사되었다. 2020년 G&A 인스티튜트의 자료에 의하면 미국 스탠더드앤드푸어스500대 기업 중 지속가능경영보고서를 발간하는 기업 수는 2011년 20%에서 2019년 90%로 증가한 것으로 나타났다. 전세계 49개국 100대 기업들도 2017년 기준 75%가 보고하고 있다. 반면 한국의 경우 IPS 대한민국 지속가능경영 팩트북에 따르면 2004년 5개 조직을 시작으로 꾸준히 증가하여 왔으나 2015년 139개 조직으로 정점을 찍은 이후 지속가능경영보고서 발간기업 수가 증가하지 않고 정체되어 있다. 한국의 이러한 동향은 전세계 추세와 비교해 보았을 때 상당히 우려스럽다. 세계시장에서 우리나라 기업들은 국경이 없이 경쟁하고 있는데 전세계 공급사슬망에서 사회적 가치와 관련된 국제 흐름에 뒤처지게 되는 경우 급속한 경쟁력 저하로 이어질 것이기 때문이다. 이처럼 지속가능경영보고서가 중요한 기업보고서로 등장하면서 지속가능성과 관련된 주요한 경영 이슈들은 필수적으로 보고되어야 한다는 요구가 이어졌으며 전세계적으로 지속가능경영보고서에 포함될 내용과 형식에 대한 논의가 활발하게 진행되고 있으며 표준화된 기준을 제정할 공식기구의 설립도 차근차근 이루어지고 있다.

지속가능경영보고서와 관련된 기구설립 동향

지속가능경영보고서의 작성을 위해서는 작성의 프레임워크와 이를 실행하기 위한 기준 제정이 필요하다. 이러한 기준 제정에 관여하는 두 개의 대표적 조직이 글로벌보고운동과 가치보고재단(지속가능회계기준위원회와 국제통합보고위원회 통합조직)이다. 글로벌보고운동은 네덜란드의 암스테르담에 본부를 두고 있는 국제조직으로 앞서 살펴본 바와 같이 재무적 자본과 사회적·환경적 자본이 서로 균형적으로 보고되어야 한다는 병렬적 접근법을 따르고 있으며 사회적 환경적 자본을 지속가능보고서와 같은 독립적 형태로 광범위한 이해관계자에게 보고할 것을 권장한다. 한편 지속가능회계기준위원회는 미국 캘리포니아주 샌프란시스코에 본부를 두고 있으며 재무적 자본이 사회적·환경적 자본보다 상위에 있다고 보는 계층적 접근법을 따르고 있다. 따라서 비재무적인 요인 중에서 재무 상태나 영업 성과에 중요하게 영향을 미친다고 생각되는 정보를 투자자에게 제공할 것을 권장한다. 지속가능회계기준위원회는 재무적 자본

〈표 10.3〉 IIRC 기업보고 8개 구성요소

조직 개요와 외부환경	이 조직은 어떤 일을 하고 어떤 환경 속에서 운영되고 있는가?
거버넌스	조직의 거버넌스가 단기·중기·장기적 가치창출 능력을 어떻게 뒷받침하고 있는가?
비즈니스 모델	기업의 비즈니스 모델은 무엇인가?
리스크와 기회	조직의 단기·중기·장기적 가치창출 능력에 영향을 주는 리스크와 기회는 어떤 것이 있으며 조직은 이에 대해 어떻게 대응하고 있는가?
전략과 자원배분	조직은 어떤 목표를 가지고 있으며 어떠한 방식으로 이를 달성하고자 하는가?
성과	조직의 전략적 목표를 보가 기간 동안 어느 정도까지 달성했으며 자본에 미친 영향이라는 측면에서 결과는 어떠했는가?
전망	조직이 전략을 수행하며 겪게 될 문제와 불확실성은 무엇이며 비즈니스 모델과 미래전망에 대한 어떠한 잠재적 영향이 있는가?
작성 및 표시기준	조직은 통합보고서에 포함해야 할 사항들을 어떻게 결정하고 정량화 및 평가하는가?

과 관련된 부분이 중요하므로 프로젝트 베이스 모델project-based model, 즉 전반적인 사회적·환경적 성과를 보고하는 것이 아니라 사안별로 재무적인 영향이 있는 주제에 대하여 산업고유가industry-specific의 공시원칙과 규정을 만드는 방식을 사용한다. 이러한 정보는 공식적인 재무보고, 예를 들어 미국의 10-K 보고서에 주로 투자자를 대상으로 보고된다.

지속가능회계기준위원회와 같은 기준제정기구와 더불어 재무적 정보와 비재무적 정보를 통합하여 제공하는 프레임워크에 대한 제안을 하는 기구도 존재하는데 국세통화보고위원회가 그것이다. 2020년부터 통합논의를 진행하던 지속가능회계기준위원회와 국제통화보고위원회는 2021년 6월 지속가능회계기준위원회와 국제통화보고위원회는 공식적으로 통합을 선언하고 가치보고재단VRF, Value

Reporting Foundation을 창립하였다. 한편 국제통화보고위원회에 의해 주도되었던 통합보고서에 대한 논의에서는 기업보고에 다음과 같은 8개의 구성요소를 포함해야 한다고 제안한다 (〈표 2-3〉 참조).

이러한 구성요소들은 서로 유기적으로 관련되어 있으며 상호 배타적이지 않다. 주목해야 할 점은 통합보고서가 구성요소 간의 관계가 명확하게 드러나도록 공시되어야 한다는 점이다.

위와 같은 회계기준 제정 기구의 등장 및 표준적이며 일반적으로 적용할 수 있는 프레임워크를 만들고자 하는 움직임과 더불어 보다 구체적이면서 현재 기업들이 직면한 현실적인 이슈에 집중하려는 움직임도 있다. 주로 환경 이슈들과 밀접한 관련이 있는 조직들인데 기후관련 정보 공시 프레임워크와 기준을 제정하는 기후공시기준위원회와 기후 관련 재무공시 태스크포스TCFC, Task Force on Climate-related Financial Disclosures가 그것이다. 한편 글로벌보고운동, 지속가능회계기준위원회, 국제통화보고위원회, 기후공시기준위원회, 국제회계기준, 재무회계기준위원회FASB, Financial Accounting Standards Board 등 모든 회계기준 제정기구를 하나로 모아 하나의 거대한 공통체계를 구축하려고 하는 기업보고대화CRD, Corporate Reporting Dialogue도 진행되고 있고 조직 간 이합집산이 활발하게 이루어지고 있다.

결론: 통합보고의 체계와 현황 그리고 향후 전망

사회적 가치는 다양한 무형의 가치를 반영하고 있어서 많은 경우 재무적 가치보다 그 측정이 더 어렵다. 따라서 사회적 가치를 보고함에서의 어려움은 측정의 어려움과 맞닿아 있다고 할 수 있다. 만약 경제적 자본유지 개념을 재무보고의 기반이 되는 전제로 본다면 경제적 가치와 사회적 가치를 포괄하는 통합보고의 프레임워크는 사회적 자본과 경제적 자본 간의 서열체계를 어떻게 가져가는가가 핵심 이슈가 된다. 이러한 서열체계를 정하기 위해서는 기업의 목표가 무엇인가에 따라서 주주가치의 극대화인 경우는 재무적 가치가 상위의 개념으로 규정되고 이해관계자 가치 극대화인 경우 투자자도 이해관계자 중 하나이기 때문에 경제적 가치와 사회적 가치는 병렬적 개념으로 규정할 수 있다.

이러한 두 가지 다른 서열체계에 따라 측정 및 보고와 관련된 다양한 기준들과 보고체계가 제안되고 있으나 합의된 통합적 보고체계가 아직 확립되지 않은 채 기업들이 다양한 사회적 가치 관련 보고서를 내는 것이 작금의 현실이다. 빠르게 변화하는 사회에 발맞추어 사회적 가치 보고의 프레임워크와 공시 기준들도 변화되어야 한다. 경제적, 사회적 가치를 포괄하는 기업의 성과보고서는 가까운 미래에 통합적인 프레임워크가 정립되고 기업의 주요한 보고서가 될 것으로 예상되는 바 더 많은 국내 기업들이 통합보고를 실행, 발전시키기를 기대한다.

3

사회적 가치창출을 위한
회계의 역할과 과제

사회적 가치 측정기구의 통합 및 표준화와 관련된 주요 이슈

사회적 가치의 창출을 유도하기 위해서는 창출된 가치의 측정과 이에 대한 평가가 반드시 수반되어야 한다. 앞선 2장에서 살펴본 바와 같이 현재까지는 유럽식의 원칙중심의 접근법과 미국식의 구체적인 규정중심 접근법이 혼재되어 있다. 최근 이 두 진영의 흐름에 큰 변화가 생기고 있다. 두 진영의 대표격인 지속가능회계기준위원회와 글로벌보고운동이 2020년 7월 지속가능경영 보고의 투명성과 호환성 강화를 위한 공동의 사업계획을 발표한 것이다. 또한 2020년 9월에는 5개의 대표적인 국제기구(탄소정보공개프로젝트, 기후공시기준위원회, 글로벌보고운동, IIRC, 국제회계기준위원회)가 함께 하나의 ESG 보고기준 제정을 위하여 일할 것이라는 의향서statement of intent도 발표하였다. 이러한 두 접근법에 대한 통합 논의와 더불어 회계기준의 표준화를 위한 노력에도 박차를 가하고 있다. 이와 관련하여 2021년 11월에 국제회계기준을 제정하는 국제회계기준위원회IASB, International

Accounting Standards Board)의 활동을 관장하는 국제회계기준IFRS 재단이 제26차 유엔기후변화협약 당사국총회COP26에서 세 가지 중대사안을 발표하였다. 그 내용은 고품질의 지속가능성 공시기준을 제정하기 위해 국제지속가능성위원회ISSB, International Sustainability Standards Board를 설립하는데 기존의 지속가능성 기준제정기구인 기후공시기준위원회와 가치보고재단을 2022년 6월까지 국제회계기준위원회에 통합하며 2022년 2분기에 환경-기후와 관련된 공시기준 공개 초안을 발표한다는 것이다. 국제회계기준 재단의 전략은 국제회계기준과 마찬가지로 재단이 가진 국제기준제정 경험을 십분 활용하여 국제적으로 인정되는 단일의 지속가능성 공시기준을 만들어 주도권을 잡으려는 것이다. 이를 위한 방법론으로는 개별국가가 국제지속가능성위원회가 제정한 기준을 적용하되 재단의 허가를 얻어 각국의 사정에 맞게 기준의 수정을 허용하고, 공시의 의무화 여부에 대하여도 각국에 자율성을 부여한다는 것이다. 결국 국제회계기준 재단은 산하에 국제회계기준위원회와 국제지속가능성위원회 등 두개의 기구를 통하여 국제회계기준위원회는 국제회계보고기준을 국제지속가능성위원회는 지속가능경영보고기준을, 제정하게 된다는 것이다. 이러한 국제회계기준 재단의 노력에 대하여 IOSCO, WEF, FSB, 국제회계사연맹, G20 등 많은 기관과 국가들이 이를 공식적으로 지지하고 있다.

그러나 이러한 노력에도 불구하고 이러한 표준화의 노력이 어떻게 결실을 보게 될지는 확실하지 않다. 그 이유는 통합된 기구가 기준의 표준화를 담당하여야 하는데 기존의 ESG 기준 제정기구 간에 보고내용이나 방법에 대한 합의가 아직 완료되지 않았기 때문이다. 물론 최근 기준제정 기관들이 통합되면서 매우 상이한 의견들이 급

속하게 수렴되고는 있으나 당분간은 적어도 두 개의 진영, 즉 원칙
중심과 규칙중심의 보고기준이 공존할 것이라는 것을 예측 가능하
게 한다. 참고로 현재 회계보고기준 제정기구는 원칙 중심의 국제회
계기준위원회와 규칙 중심의 미국 재무회계기준위원회로 양분되어
있다. 그러면 과연 사회적 가치 측정의 주요한 이슈들은 무엇인지
구체적으로 살펴보도록 하자.

사회적 가치 측정의 신뢰성과 비교가능성의 문제

사회적 가치 측정을 위한 ESG 보고기준 제정기구가 통합되어야
하는 가장 큰 이유는 너무 많은 보고기준이 존재함으로써 ESG 보고
의 신뢰성과 기업간 비교가능성에 문제가 발생하기 때문이다.

베르그 등Berg et al. 2019)은 가장 공신력 있는 6개의 평가기관인
MSCI 지수 Stats KLD, 서스테이널리틱스Sustainalytics, 비지오 아이
리스Vigeo Eiris(무디스), 로베코샘RobecoSAM(스탠더드앤드푸어스 글로벌),
Asset4(레피니티브), MSCI 지수의 평가자료를 사용하여 800개 기업
의 평가에 대하여 일치하는 정도를 연구하였다. 그 결과 이들 6개
평가기관의 ESG 평가에 대한 상관계수는 겨우 0.54에 불과하였다.
반면, 전통적인 재무자료를 사용하여 기업의 신용을 평가하는 무디
스와 스탠더드앤드푸어스 평가의 상관계수는 0.99이었다. 「2020
경제협력개발기구 비즈니스 앤드 파이낸스 아웃룩!OECD Business and
Finance Outlook!(2020) 보고서도 베르그 등(2019)과 유사하게 기관별로
ESG 평가의 격차가 매우 심하다는 결과를 보고하였다. 〈그림 10.4-
1〉은 5개의 ESG 평가기관과 3개의 전통적인 신용평가기관의 평가
수치의 분포를 제시하고 있는데, ESG 평가기관의 분포가 신용평가

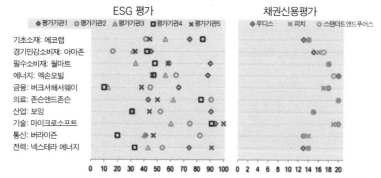

〈그림 10.3〉 ESG 평가와 전통적 신용평가 분포 비교

Note: Sample of public companies selected by largest market capitalisation to represent different industries in the United States. The issuer credit ratings are transformed using a projection to the scale from 0 to 20, where 0 represents the lowest rating (C/D) and 20 the highest rating (Aaa/AAA).
Source: Refinitiv, Bloomberg, MSCI, Yahoo finance, Moody's, Fitch, S&P; OECD calculations.

기관의 분포보다 훨씬 넓게 퍼져 있는 것을 볼 수 있다. 이는 전통적인 신용평가는 평가기관별로 거의 차이가 없어서 신뢰할 수 있지만, ESG 평가는 모든 산업에서 평가기관별로 큰 차이가 있어 평가정보의 신뢰성에 문제가 있음을 시사한다. 실제로 기업들이 자신이 원하는 평가결과를 얻기 위하여 평가기관을 선택하여 평가를 받는 일명 'ESG 평가 쇼핑'이 발생하고 있는 실정이다.

평가기관 간 차이의 근본 원인

지속가능보고서를 평가하는 평가기관들은 비재무정보의 성격상 기업이 발간한 지속가능보고서 이외에도 다양한 평가기초자료를 이용할 것이다. 환경 부분에 강점이 있는 평가기관도 있을 것이며 사회 부분에 전문성을 갖춘 기관도 있을 것이다. 따라서 어떠한 전문성을 가진 기관이 평가하는가에 따라 평가항목 간 가중치와 평가방법에도 차이가 있을 것이며 따라서 상이한 평가결과가 나오는 것은 너무나 자명하다. 그럼에도 불구하고 정반대의 평가결과가 나오는 가장 중요한 원인은 지속가능경영보고서의 작성과 평가에 포함되어야 하는 정보에 대한 표준화된 보고기준이 없다는 것이다. 재무보고의 예를 들면 재무보고에서는 필수적으로 공시해야 할 의무공시사항과 기업이 스스로 공시할 수 있는 자율공시사항을 표준제정기구인 국제회계기준위원회와 미국 재무회계기준위원회가 규정하고 있다. 이러한 '조율된 보고체계'가 지속가능경영보고서에는 없어서 보고서의 작성책임이 있는 기업들이 큰 혼란에 빠져 있는 것이다. 이를 이용하는 정보이용자들도 지속가능보고서의 신뢰성에 의문을 제기하는 것이다. 코로나19로 촉발된 전세계 위기 상황은 비재무적인 정보가 실제로 재무 측면에 중요한 영향을 미칠 수 있음을 실증하였고 그 결과 신뢰할 수 있고 비교가능한 지속가능보고서의 중요성이 그 어느 때보다 커졌다고 할 수 있다. 이를 위해서 보고기준 제정기구의 통합은 필연적이라고 할 것이다.

만약 보고기준 제정기구가 전세계 단일기구로 통합되지는 않는다고 해도 재무보고와 같이 유럽 중심의 기구와 미국 중심의 기구 등 크게 두 개의 진영으로 재편된다고 하면 앞서 언급한 문제들이 상당히 줄어들 것으로 예상된다. 두 진영은 공동 작업을 통해서 투자자를 포함한 기업의 이해관계자들이 자신들의 정보 이용 목적에 따라 보고서를 이용하고 이를 서로 보완적으로 사용할 수 있도록 하는 방법론을 제시할 수도 있을 것이다. 실제 보고서를 기반으로 두 가지 표준을 함께 사용할 수 있는 예시 자료도 개발될 것으로 기대된다. 통합된 공식 보고기준 제정기구의 발족은 다양한 측면이 포함되는 지속가능보고서의 성격상 필연적으로 수반되는 부작용들을 상당히 감소시킬 것이다.

사회적 가치창출을 위한 기업의 변화 방향

  사회적 가치의 창출을 위한 평가기구의 설립이나 평가 기준의 제
정도 사회적 가치창출을 위한 인프라라는 측면에서 중요하지만 사
회적 가치를 창출하는 주체는 당연히 기업이다. 따라서 사회적 가치
의 창출을 위해서는 기업의 변화가 필수적이다. 앞선 1장에서 살펴
본 바와 같이 기업의 목표도 변화해야 하며 이러한 변화된 목표를
달성하기 위해 기업 내 평가 및 보상시스템이 변화해야 한다.

기업별 목표의 재설정과 지배구조 강화

  모든 기업은 직면하고 있는 경영환경이 제각기 다르다. 속해 있는
산업의 특성상 환경 이슈와 밀접하게 연관된 기업들도 있으며(예를
들어 철강, 화학, 건설업 등), 사회적 이슈가 중요한 기업들도 있을 것
이다. 각 기업은 자신이 속해 있는 업종에서 가장 중요하다고 판단
되는 분야에서 사회적 가치를 증대시키기 위한 구체적인 목표를 설
정할 필요가 있다. 경제적 성과와 더불어 비경제적 성과 목표의 적
절한 조합은 평가기관의 통합이나 평가 지표의 표준화로 달성될 수
있는 것이 아니다. 개별기업의 지배기구(이사회)에서 기업이 가진 장
단점을 파악하여 자신에 맞는 목표를 설정하고 그에 적합한 미래의
비즈니스 모델을 결정해야 한다. 어떤 기업은 더 경제적 성과에 비
중을 두는 기업도 있을 것이고 어떤 기업은 비영리기업에 가까운
비경제적 성과에 치중하는 기업도 있을 수 있다. 기업이 가지고 있
는 역량과 처한 경영환경을 고려하여 기업의 목표를 사회적 가치창
출의 맥락에서 재설정할 필요가 있다.

〈그림 10.4〉 스탠더드앤드푸어스500 기업의 ESG 관련 소위원회 현황

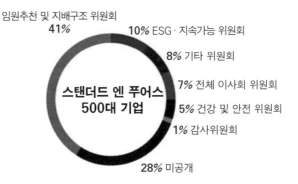

(출처: 딜로이트 2019~2020 프록시 리서치)

이러한 기업목표의 재설정에 관련된 의사결정은 적정한 지배기구를 통하여 투명하게 이루어져야 한다. 기업의 목표를 설정하고 이를 강력히 추구하기 위한 기본적인 전제 조건은 강화된 지배구조이다. 러셀 인베스트먼트Russell Investment의 자산운용가를 대상으로 한 설문조사에 따르면 응답자의 82%가 ESG 중에서 G가 투자 의사결정

〈그림 10.5〉 국내주요기업 이사회 역할 강화

주요 기업 이사회 역할 강화

SK하이닉스	사회이사후보추천위원회 전원 사외이사로 구성 '투자전략위원회'의 위원장 사외이사 담당
(주)LG	이사회 내 ESG위원회 및 내부거래위원회 신설 감사위원회 사외이사 4인 전원으로 확대 계획
한화그룹	그룹 내부 출신 사외이사 배제 사외이사 중심 감사위원회 구성
현대차그룹	사외이사로만 '지속가능경영위원회' 확대 개편
삼성물산	이사회 의장으로 사외이사 최초 선출 거버넌스 위원회 ESG 위원회로 확대 개편
포스코	사외이사를 위원장으로 한 ESG위원회 출범

(자료: 서울경제, 2021.3.24)

에 가장 큰 영향을 끼친다고 하였다(Russell Investment, 2020). 이는 기업의 목표를 적절히 설정했다고 하더라도 이사회를 비롯한 기업의 지배기구가 이를 올바르게 실행되도록 제어하지 않는다면 기업의 지속가능성을 위한 진실된 경영이 아닌 단지 기업의 홍보를 위한 형식적인 구호에 그칠 것이기 때문이다.

최근의 기업의 지배구조 현황을 살펴보면 이러한 외부 이해관계자의 견해와는 달리 기업이 변화하고 있지 않다는 것을 알 수 있다. 설리반 등Sullivan et al. 2020)이 스탠더드앤드푸어스500 기업의 의결권 위임장Proxy Statements을 분석한 결과에 따르면 ESG 관련 이사회 내의 소위원회 활동에 대하여 공시하지 않은 기업이 28%나 되며 ESG 실행을 위한 ESG위원회를 이사회에 두고 있는 기업이 겨우 10%밖에 되지 않았다.

기업의 이사회가 ESG의 중요성을 인식하게 하는 방법은 ESG의 중요성을 충분히 인식하는 이사로 교체하는 것이다. 이사회 구성원 중 일부가 ESG 전문가로 교체된다면 새롭게 설정된 ESG 기반의 목표 추진이 더 용이할 것이다. 이와 더불어 고려할 수 있는 것은 이사회 내에 ESG를 전담하는 별도의 위원회를 설립하여 ESG 관련 위험과 기회의 평가, 측정, 성과평가와 보상, 보고 등을 전담하도록 하는 것이다. 이미 풀무원, KB금융, 신한금융 같은 한국 기업들도 이사회 내에서 ESG 소위원회를 운영하고 있으며 SK하이닉스, LG, 현대자동차 등의 기업들도 2021년부터 ESG위원회를 신설하여 주요한 의사결정 기구로 격상시키고 있는데 이는 매우 바람직한 방향이라고 생각된다.

이처럼 이사회 내에 전문적인 ESG 소위원회를 구성하는 것이 가장 좋은 방법이지만, 이의 대안으로 기존의 각 위원회가 ESG 관련 책임을 나누어서 맡는 형태를 갖출 수도 있다. 예를 들어 위험관리 위원회는 ESG 관련 위험을, 평가보상위원회는 ESG 목표 달성과 관련된 평가와 보상을, 감사위원회는 ESG 관련 공시를 관장하는 형태이다. 특히 ESG 관련 공시는 재무정보의 공시와 같이 엄격한 관리 하에 이루어지는 것이 바람직하다.

효과적인 사회적 가치의 창출을 위한 실행방안의 고안

세라핌Serafeim(2020)에 따르면 많은 기업이 ESG 활동을 실행하는 것만으로 사회적 가치창출의 충분한 임무를 다하고 있다고 생각하고 있지만, 이사회가 지속가능성과 관련한 기업의 목적을 선별하여 명확히 제시하고 그 목적을 토대로 하여 조직 내의 견고한 문화를 구축해야만 ESG 경영이 실질적인 사회적 가치를 창출할 수 있다고 하였다. 가텐버그 등(Gartenberg, Prat, & Serafeim, 2019)은 직원 간의 강한 동료애와 경영의 명료성이라는 특징이 있는 기업은 미래의 이익과 주가수익률에서 유의하게 높은 성과를 달성하는데 기업의 목표가 영향력이 높은 경우에high purpose firms 이러한 특성을 가진다고 하였다. 기업의 목표가 영향력이 높다는 것은 직원들이 자신의 업무에 대하여 깊은 의미를 부여하고 자신의 업무가 사회에 큰 영향력을 발휘할 수 있다고 믿을 수 있도록 목표를 설정하는 것이다.

이와 같이 기업의 목적이 영향을 가지도록 만들기 위하여 실행 목적 이니셔티브Enacting Purpose Initiative에서는 ESG 기반 목표를 설정하는 프레임워크를 제시하고 있는데 스코어SCORE라고 한다(Eccles, 2020b). 이는 목표를 설정함에서 이사회가 반드시 고려해야 하는 5개의 요소를 의미하는 것이다. 기업은 ESG 경영의 위하여 목표를 재설정하고 이를 실행할 때 다음에 기술한 5개의 요소를 고려해볼 만한 가치가 있을 것이다.

- 단순화Simplify : 목표는 모두가 이해할 수 있도록 단순하고 직관적이어야 한다. 즉 목표는 단순하고 분명해야 한다.

  이를 위하여 사회의 요구를 충족하면서 기업을 지속가능하게 하기 위하여 창조해야 하는 가치가 무엇인지를 분명히 해야 하며, 감소 또는 제거해야 하는 부정적 영향은 무엇인지를 기업의 목표에서 분명히 해야 한다. 특히 기업의 목표는 다른 기업과 차별되는 메시지를 포함해야 한다. 다른 경쟁자도 따라할 수 있는 것이 아니라 기업 자신만의 고유의 것이어야 한다.

- 연결Connect : 목표는 ESG 전략 및 자원배분과 연관되어야 한다. 예를 들면 미국의 딕스 스포팅 굿즈Dick's Sporting goods는 수익률이 높은 총기 판매를 포기하였다. 이처럼 기업은 이익 자체를 포기해야 할 경우도 있다. 메드트로닉Medtronic은 코로나19를 퇴치하기 위해서 인공호흡기ventilator의 상세한 설계를 일반에 공개하였다.

- 소유Own : 이사회가 오너십을 가지고 조직 구조와 통제시스템 등을 설계하고 실행해야 한다.

  조직의 모든 사람이 목적을 책임을 지고 공유하고 따르도록 이사회가 적극적으로 앞장서야 한다. 오너십을 가지기 위하여 기업의 목표 재설정에는 모든 이사가 참여해야 하며 서명해야 한다.

- 보상Reward : 이사회가 승진과 보상에 적용할 평가지표를 만들어

야 하며 기업의 목적을 달성했는지를 평가할 수 있는 평가체계와 보고체계를 갖추어야 한다.

이때 재무적 이익뿐만 아니라 사회적 성과와 관련된 목표의 달성에 따라 보상받을 수 있어야 한다. 이를 위하여 장기 성과를 측정할 수 있는 재무적 및 비재무적 평가지표를 설계해야 하며, 결과outcome과 충격impact에 대한 지표가 중심이 되어야 하고, 이 지표와 성과평가가 연동되어야 한다.

- 예시Exemplify: 목적과 어떻게 목적이 성취될 수 있는지가 양적 질적인 측면에서 쉬우면서 구체적인 예로 표현되어야 한다.

예를 들어 재무적 성과와 비재무적 지속가능 관련 성과가 어떻게 연관되어 있는지를 예를 들어 구체적으로 보여주어야 하며, 이 예에는 질적으로는 기업이 어떻게 목적을 달성할 수 있는지에 대한 스토리를 포함해야 한다. 파타고니아는 '우리는 우리의 지구를 지키기 위한 비즈니스를 한다We're in business to save our home planet.'라는 비전에 따라 기업의 모든 활동이 이루어진다. 이를 위해서 어떤 활동을 해야 하는지를 실제 사례와 스토리를 통해서 설명한다. 예를 들어 어떻게 환경친화적인 의류를 생산할 수 있는지, 의류를 어떻게 하면 더 오래 입을 수 있는지, 어떻게 수선해서 입을 수 있는지를 웹사이트에서 설명한다. 심지어는 헌 옷을 구입한 후 수선해서 매각하는 것을 실행하기도 한다.

사회적 가치 측정을 위한 새로운 회계방법론: 임팩트 어카운팅

변화이론에 따르면 기업은 목표를 달성하기 위한 활동은 투입 input, 처리process, 산출output, 그리고 결과outcome 등으로 구분되고, 결국 결과로 인한 임팩트가 산출된다고 한다. 이를 회계정보에 비유한다면 결국 직접재료, 직접노무, 제조간접비 등을 이용하여 제품을 만들어내고 영업활동을 통하여 이익이라는 경제적 성과(산출)을 만들어낸다고 볼 수 있다. 그러한 경제적 성과와 더불어 기업의 재화나 용역을 제공하는 활동이 사회를 변화시킬 수 있는데 이를 임팩트라고 한다.[10]

문제는 이러한 임팩트에 대한 측정이 아직 잘 이루어지지 않아서 잘 관리되거나 통제되지 못한다. 특히 사회적 가치에 미치는 결과나 사회에 미치는 임팩트 문제는 비재무적인 성과를 측정함에서 필수적이다. 성과와 가치의 측정이 전제되어야 관련 지표들을 의사소통의 수단으로 활용하여 기업이 지향하는 가치를 내부구성원에게 전달하고 기업의 목적에 부합하는 의사결정을 유도하여 기업문화를 공고히 다질 수 있으며 사회적 가치를 충실히 반영하는 지속가능보고서를 통하여 투자자를 비롯한 외부 이해관계자들로부터 신뢰를 구축할 수 있다.

이러한 사회적 임팩트를 측정하기 위한 새로운 접근방법으로 임팩트 가치평가Impact Valuation가 있다. 임팩트 가치평가란 후생경제학에 기반하여 기업의 경영활동이 사회에 미치는 긍정적 그리고 부정적인 영향을 금전적 가치로 환산하는 과정으로 정의할 수 있다. 임팩트 가치평가는 기업의 가치를 금전적으로 측정할 수 있다는 전제

<그림 10.6> 변화이론

를 깔고 있으며 <그림 10.7>에서와 같이 기존의 성과측정체계를 산
출과 임팩트로 확장하여 기업의 경영이 국가경제, 고용, 환경오염
등 인류의 삶과 복지에 미치는 가치를 측정하는 것이다.

임팩트 가치평가의 기본 개념은 여러 연구자에 의해서 정립이 되
고 있으며, 임팩트 가치를 측정하는 모형들을 제시하는 연구들도 활
발히 진행되고 있다(Serafeim & Trinh, 2020). 하지만 기업의 입장에
서 임팩트 가치평가의 적용이 어려운데 그 이유는 관련 개념들의
취합, 실제 가치평가에 적용하는 방법, 그에 따른 효과, 현재까지 개
발된 가치평가기법들의 한계, 가치평가에 필요한 임팩트 자료의 확
보 등과 같은 현실적인 문제들을 아직 해결하고 있지 못하기 때문
이다.

<그림 10.7> 임팩트 가치평가의 전개 과정

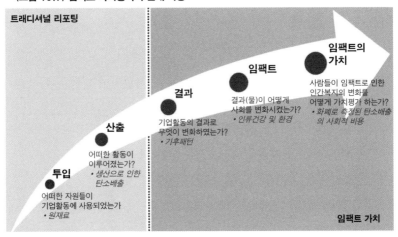

이와 같은 한계점들을 극복하기 위하여 2015년에 임팩트 가치평가 협의회IVR, Impact Valuation Roundtable가 설립되었다. 임팩트 가치평가 협의회는 바스프, DSM, 네슬레, 노바티스, SAP 등 임팩트 가치의 측정과 실행을 추진하는 여러 기업이 창설한 비공식적 모임으로, 참여 기업들은 기업경영이 인류의 건강과 복지 그리고 지구 환경에 미치는 경제, 환경, 사회 가치를 측정함에서 임팩트 가치평가 접근법이 가장 효과적이라고 믿고 있다. 임팩트 가치평가 협의회의 목적은 기업이 사회에 미치는 영향에 대하여 외부 이해관계자들과 소통하고 통합적 보고를 하는 것에서 한 걸음 더 나아가 기업들이 우선되어야 할 사업을 정하고 경영위험에 대한 더욱 정교한 평가를 하여 기업의 미션을 달성하는 의사결정을 할 수 있도록 지원하는 것이다.

기업이 주도하는 임팩트 가치평가 협의회에서는 임팩트 가치평가의 적용 및 실행을 위한 프레임워크와 기준들을 개발하고 있다. 자연 및 사회자본 프로토콜Natural and Social Capital Protocols과 ISO 14007, 14008 기준은 임팩트 가치평가 협의회 활동의 산출물이다. 또한 유엔의 지속가능발전목표와 같은 국제기구의 활동도 지원하고 있다. 임팩트 가치평가 협의회는 기업 간의 비교가능성을 제고하기 위하여 공급사슬망의 단계마다 적용할 수 있는 섹터 고유의 영향을 분류하고 임팩트 지표들마다 목적을 명확히 정립하며 다양한 임팩트들을 경제적 가치라는 궁극적인 계량지표로 측정하고자 한다.

결론: 사회적 가치 측정과 회계의 미래

사회적 가치의 중요성 증대로 인하여 다양한 평가기관과 평가기준이 등장하고 있다. 사회적 가치창출의 중요성이 점점 강조되고 있으며 보다 많은 기업이 이에 동참하고 있다는 점은 긍정적이지만 신뢰성과 비교가능성을 증가시키기 위하여 평가기관의 통합과 보고기준의 표준화는 매우 필요하다. 이러한 사회적 가치 측정을 위한 인프라 구축과는 별개로 기업이 주체가 되어 사회적 가치를 실질적으로 창출하려는 노력이 필요하다. 이를 위해서는 기업이 가지고 있는 역량과 기업이 직면하는 사회적 가치와 관련된 이슈들을 중요성의 측면에서 파악하고 기업이 추구해야 할 궁극적인 목표를 재설정할 필요가 있다. 이러한 과정들은 반드시 기업의 최고 지배기구인 이사회에서 결정되어야 하며 특히 사회적 가치와 관련된 이슈들에 대해서는 이사회 내에 ESG 위원회가 설립되고 관련 이슈들을 적극적으로 대처해 나가야 할 것이다.

최근 사회적 가치창출에 적극적인 기업들이 주축이 되어 사회적 임팩트를 측정하고 이를 강화하기 위한 조직인 임팩트 가치평가 협의회가 설립되어 활발하게 임팩트 가치평가 프레임워크와 임팩트 가치평가의 적용과 실행을 위한 기준들을 개발하고 있다. 향후 이러한 방법론이 공식적인 보고기준에 포함되고 기업들이 이를 토대로 창출된 사회적 가치를 체계적으로 작성-보고함으로써 기업의 다양한 이해관계자들에게 창출된 사회적 가치를 이해하고 보고 기업의 지속가능성을 평가할 수 있는 회계 환경으로 변화할 것으로 예상한다.

11장

경영과 사회적 가치
: 의의 그리고 한계

SOCIAL VALUE AND
SUSTAINABILITY IN BUSINESS

문정빈

서울대학교 경제학과를 졸업했다. 그 후 런던정경대학에서 경제학 석사학위를 받았고 펜실베이니아대학교 와튼 스쿨에서 2007년에 경영학 박사학위를 받았다. 중국 상하이교통대학교를 거쳐 2009년부터 고려대학교 경영대학에서 재직 중이다. 현재 사회적 가치와 지속가능경영 센터장을 맡고 있다. 연구 분야는 ESG 경영전략, 글로벌 전략, 비시장 전략 등으로 『전략 경영 저널Strategic Management Journal』 『국제 경영 연구 저널Journal of International Business Studies』 『생산 관리 경영Production and Operations Management』 『비즈니스 윤리 저널Journal of Business Ethics』 『경영학 연구』 등 다수의 국내외 저널에 논문을 게재했다.

1

경영에서의 사회적 가치

지금까지 본 저서에서는 경영학의 전 분야 – 경영관리, 국제경영, LSOM,[2] 마케팅, 경영정보시스템, 재무금융, 회계 – 를 망라하고 철학적 관점을 더해 경영에서 사회적 가치가 의미하는 바와 그 구체적인 실천 사례들을 다각도로 조망해보았다. 맺음말에 해당하는 본 장에서는 사회적 가치가 갖는 문명사적 의의 및 경영학 연구, 교육, 실천에 대한 함의를 정리해보고 사회적 가치 추구가 갖는 한계에 대해서도 함께 생각해보려 한다.

기후변화와 사회적 가치

유엔 기후변화 정부 간 패널IPCC, Intergovernmental Panel on Climate Change 이 2021년에 발간한 제6차 보고서에 따르면 인류의 활동으로 인해 대기, 해양, 육지 기온이 올라간 것은 분명하다. 기후시스템 전반에 걸쳐 일어나는 최근의 변화의 범위는 지난 수천 년간에 걸쳐 전례가 없다고 한다. 구체적으로 산업화 이전 대비 2011~2020년 10년 간의 지구 표면 평균 온도는 섭씨 1.09도 상승했다. 현재와 동일한 수준의 온실가스 배출량을 유지한다고 가정했을 때 2040년까지 섭 씨 1.5도 상승이 예상된다(IPCC, 2021). 복잡계인 기후시스템에서 지 표면 온도의 빠른 상승이 정확히 어떤 결과를 가져올지를 예상하기 는 대단히 어렵다. 다만 최근 빈번해지는 여름철의 산불, 더 큰 파괴 력의 태풍과 폭우, 가뭄과 폭염 등으로 미루어볼 때 지금과는 매우 다른 환경일 것이라는 점은 분명하다.

인류는 지구상에 등장한 이후 숱한 환경 변화의 도전에 직면해 왔고 그에 적응하며 생존해왔다. 따라서 현재의 기후변화 위기 또한 종말론적인 관점으로 바라보는 것은 지양해야 한다(셸런버거, 2020). 다만 현재와 같은 속도의 온실가스 배출은 생태계와 인류 모두에게 너무나 빠른 기후변화를 야기함으로써 적응에 큰 어려움을 가져올 수 있다. 이에 전 지구적 합의를 바탕으로 한 기후 의제climate agenda들 이 제시됐고 탄소 배출 제로net carbon zero로 요약할 수 있다. 탄소 배출 제로란 인류가 경제활동으로 배출하는 온실가스에 맞먹는 양을 대 기 중에서 포집해 지각, 해양, 그리고 생태계로 환원시킴으로써 탄 소의 순배출을 0으로 만드는 목표이다(게이츠, 2021). 이 목표의 달 성을 위해서는 인류 경제활동의 핵심인 기업들이 주도적으로 참여 해야 하는 것은 당연하다.

실제로 애플, 마이크로소프트, 아마존, 인텔을 비롯한 글로벌 대 표 기업들은 가까운 미래에 탄소 배출 제로를 달성하기 위한 로드 맵을 제시하고 글로벌 공급망에 속해 있는 협력 업체들에 공지한 상황이다. 예를 들어 마이크로소프트는 2030년까지 공정상에서의 탄소의 직접 배출은 물론이고 전력 사용에 따른 간접 배출, 그리고 협력사, 고객사, 물류 등을 포괄하는 기타 배출을 모두 포괄해 탄소 배출 제로를 달성하고 추가 흡수, 상쇄를 통해 탄소 네거티브를 달성하겠다는 목표를 제시하고 있다. 우리나라의 주력 수출산업인 반도체의 경우 주 고객사 중 하나인 마이크로소프트의 이런 목표에 발맞추지 않으면 글로벌 공급망에서 탈락할 수도 있는 절체절명의 상황인 셈이다. 환경적 가치의 추구가 기업의 생존에 직결된다고 얘기할 때 이보다 더 극적인 예를 찾기도 어려울 것이다.

인류 인식의 지평 확장과 사회적 가치

기업들의 존재 목적이라고 할 수 있는 사명이 1980년대까지는 자국 내에 한정됐다가(예: 삼성의 사업보국) 1990년대 세계화의 물결을 타고 글로벌 차원으로 확장됐다면 현재 글로벌 대표 기업들의 미션은 인간 세상만이 아니라 지구 생태계, 더 나아가 지구 바깥까지도 포함하는 규모로 확장되는 추세이다. 예를 들어 테슬라의 미션은 세계의 지속가능한 에너지로의 이행 가속화이다. 테슬라의 CEO 일론 머스크Elon Musk가 창업한 우주 탐사 기업 스페이스X의 미션은 인류 문명의 다행성화이다. 파타고니아의 미션은 우리의 모행성인 지구를 살리기 위한 사업이다. 기업의 사명까지는 아니지만 기아자동차는 최근 지구를 위한 여정이라는 홍보 캠페인을 시작했고 삼성전자의 경우 갤럭시 13 시리즈 출시와 함께 지구를 위한 갤럭시 Galaxy for the Planet라는 프로그램을 통해 휴대전화 제품의 생애주기 전체에 걸친 지속가능경영을 추구하고 있다.

이와 같은 사례들에서 인류는 과학과 기술의 발달로 자신의 존재를 객관화해서 바라볼 수 있게 됐고 지구가 태양계 일부이며 태양계 또한 우리 은하계의 일부이듯이 기업은 사회경제 시스템의 일부이며 사회경제 시스템은 지구 생태계의 일부라는 인식을 새롭게 하게 된 것이라고 할 수 있다. 따라서 기업이 사회경제 시스템, 지구 생태계와 관계를 맺는 방식에 큰 전환이 필요하다. 이러한 시대적 요청에 부응하는 방식이 바로 사회적 가치를 추구하는 지속가능경영이라고 할 수 있다.

2

학계와 경영 현장에서의
사회적 가치의 함의

경영학 연구와 교육에 대한 함의

사회적 가치에 대한 논의가 경영학 연구와 교육에서 갖는 함의는
무엇일까? 여러 가지가 있겠지만 여기에서는 세 가지 정도로 요약
을 하고자 한다. 첫째는 기업의 존재 목적에 대한 이해이다. 지난 30
년간 기업의 존재 목적에 대한 경영학의 교과서적 답변은 주주 가
치 극대화였다. 주주 가치 극대화론이 갖는 학문적 단순명료함과 사
회적 영향력 때문에 경영학 연구와 교육에서 이 주장이 표준으로
받아들여져 왔음은 의심의 여지가 없다.

하지만 주주가치 극대화가 기업의 존재 목적이라는 사상이 지배
적인 사상이 된 것은 생각보다 오래지 않으며 프리드먼(Friedman,
1962)에서 시작해서 젠슨과 메클링(Jensen and Meckling, 1976)에 이
르러 대세가 됐다고 볼 수 있다. 이에 대해 스타우트(2021)는 역사
적 관점에서 그리고 기업이론의 관점에서 주주 가치 극대화라는 사
상이 당연한 것이 아니라는 점을 설파하고 있다. 사회적 가치에 대

한 논의는 주주 가치 극대화에 대한 비판과 대안을 제시한다는 점에서 경영학의 연구와 교육에서 중요한 함의를 갖는다.

다음으로 사회적 가치에 대한 논의가 갖는 함의는 경영학에서 융합적 접근의 필요성에 대한 요청이다. 이 책의 독자들은 이미 깨달았겠지만 사회적 가치에 대한 논의는 기존의 경영학 테두리에서만 다뤄질 수 없다. 기업의 목적을 다루는 법학과 경제학은 물론이고 사회적 가치를 정의하고 측정해온 행정학, 정치적 존재로서의 기업을 다루는 정치학, 사회의 다양한 측면을 바라보는 시각을 제시해주는 사회학, 이해관계자와의 소통을 다루는 커뮤니케이션학, 그리고 환경 과학과 철학까지 아우르는 융합적 접근이 반드시 필요하다. 학문적 순혈주의가 특별히 강한 우리나라 학계에서 다양한 학문적 배경과 관점을 가진 학자들을 경영학 논의의 장으로 인도하고 이를 통해 창발적인 담론을 형성해 내는 것은 연구와 교육 양 측면에서 경영학계에 반드시 필요한 과제라고 생각된다.

마지막으로 사회적 가치에 대한 논의가 갖는 함의를 측정할 수 없는 것을 측정하기Measuring the unmeasurable 측면에서 바라볼 수 있다. 인류 문명의 역사는 측정할 수 없다고 여겨지던 것을 측정할 수 있게 만들어온 역사라고도 볼 수 있다. '인간 생명의 가치를 어떻게 화폐 단위로 측정한단 말인가?'라는 회의론에도 불구하고 거대한 생명보험 산업이 탄생해 생명의 가치를 일상적으로 측정하고 평가하고 있고 공중보건에서는 삶의 질 환산 수명QALY, quality adjusted life years과 같은 개념이 의사결정의 지표로 제안돼 유용하게 쓰이고 있다(맥어스킬, 2017). 한때 곤란하게 여겨졌던 무형자산 가치평가 또한 상당 부분 표준화가 이루어졌다. 측정과 평가는 측정 대상과 평가 방식을 어떻게 정의하는가에 대한 사회적 약속에 의존한다. 따라서 비록 현재에는 사회적 가치의 측정이 어렵게 보일지라도 앞으로 얼마든지 발전할 가능성이 있으며 미래에는 사회적 가치의 측정, 비교, 평가가 일상화될 수 있다. 2장에서 논의한 통약불가능성에 대한 고민과 가치들의 합산 가능성에 대한 논의 등을 고려해볼 때 인접 학문과의 소통을 통한 융합적 접근이 반드시 필요함은 물론이다.

경영 현장에서의 함의

사회적 가치를 추구하는 경영자가 맞닥뜨리는 근본적인 딜레마는 이해관계자들 사이의 이해와 갈등 조정이며, 특히 주식회사의 경우 법적으로 신인 의무를 지는 주주들에 대한 책임을 얼마나 우선시할 것인가에 대한 문제가 핵심적으로 제기될 수 있다. 기후변화의 도전에서 볼 수 있듯이 주주들의 당면 요구만을 따르는 것이 사회적으로 최적의 결과를 가져오지는 않을 것이다. 반면 경영자에게 너무 많은 재량권을 부여하게 되면 주주는 물론 어느 이해관계자로부터도 견제받지 않고 책임을 지지 않을 수 있는 위험성이 존재한다. 앞으로의 경영자에게는 이와 같은 상충 관계를 인식하고 적절한 균형을 찾을 수 있는 자질이 반드시 필요하다고 하겠다.

사회적 가치의 추구와 주주에 대한 책임 사이에서 균형을 잡는 데 경영자가 유념해야 할 사항들에 대해 앞서 9장에서 기술한 에드먼스의 원칙을 다시 한번 강조하자면 다음과 같다(Edmans, 2020). 첫 번째는 곱셈의 원칙으로 기업이 이해관계자를 위해 1달러를 지출했을 때 해당 이해관계자가 1달러 이상의 혜택을 얻는지를 고려하는 원칙이다. 이해관계자가 얻는 혜택이 기업이 지급하는 비용보다 클 때만 사회적으로 의미 있는 결정이라고 할 수 있다. 두 번째는 비교우위의 원칙으로 기업이 어떤 활동을 할 때 다른 기업보다 더 많은 가치를 이해관계자에게 제공하는지 생각해보고 가장 많은 가치를 제공할 수 있는 활동에 집중해야 한다는 것이다.

흔히 볼 수 있는 직원들을 동원한 단순한 봉사활동은 곱셈의 원칙도, 비교우위의 원칙도 만족시키기 어렵기 때문에 사회적 가치를 추구하는 바람직한 방식이라고 보기 어렵다. 반대로 회사만의 기술력을 활용해 혁신적인 친환경 제품을 만들거나 장애인을 위한 제품과 서비스를 만들어 제공할 수 있다면 위의 두 가지 원칙을 만족한다고 할 수 있다. 마지막 원칙은 중요성의 원칙으로 해당 이해관계자가 기업에 중요한 영향을 미치는지를 사업적 중요성과 본질적 중요성 측면에서 따져 보고 중요한 이해관계자부터 우선으로 배려해야 한다는 것이다. 고객, 자연환경, 주주, 지역공동체, 직원 등 다양한 이해관계자를 대할 때 이윤을 뛰어넘는 본질적 중요성을 종합적으로 고려해 우선순위를 정할 것을 제안하고 있다.

경영진의 입장에서도 주요 이해관계자와 관련된 이슈들의 중요성 정도를 잘 파악해 경영의 우선순위를 정하는 것이 한정된 경영 자원의 효율적 활용의 측면에서 필수적이다. 이를 위해 중대성 평가를 하는 기업들이 늘어나고 있다. 아래 〈그림 11.1〉에 인용된 유한 킴벌리의 「2021년도 지속가능성보고서」를 보자면 외부 이해관계자의 의견과 기업 내부의 전략적 중요성을 함께 평가해 제품안전, 고객 위생과 건강관리, 개인정보보호, 친환경 제품과 서비스, 윤리 및

〈그림 11.1〉 중대성 평가 예시(유한킴벌리, 2021)

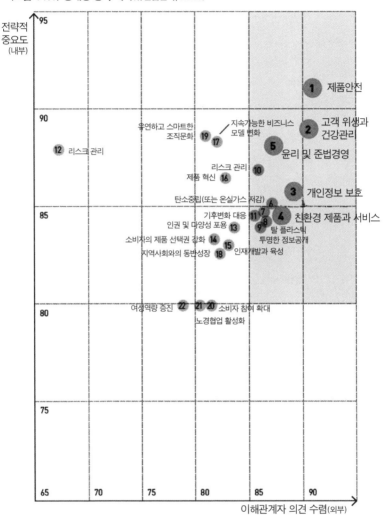

준법경영 등을 다섯 가지 최우선 과제로 꼽았음을 알 수 있다.

3

사회적 가치 추구가 갖는 한계

사회적 가치에 대한 학술 서적으로서 사회적 가치에 대한 소개와 더불어 그 한계에 대한 지적은 필수적이라고 할 수 있다. 이 책을 마무리하면서 사회적 가치 추구를 통해 기업이 모든 사회문제를 해결할 수 있는 것은 아니며 그 한계를 뚜렷이 이해하는 것이 모두가 바라는 더 나은 사회를 만들어가는 데 중요하다는 점을 명확히 하고자 한다. 구체적으로 다음 두 가지 측면에서 사회적 가치의 추구가 갖는 한계점을 논의하며 마무리하고자 한다.

위장 환경주의

위장 환경주의로 번역되는 그린워싱greenwashing은 실제로는 친환경적으로 운영되지 않는 기업이 대외적으로는 친환경 이미지를 내세우는 위선적 태도를 말한다. 친환경 이미지가 기업의 매출과 주가에 도움이 된다는 점을 악용하는 현상이다. 일례로 BP는 21세기를 맞아 기업 로고를 녹색 해바라기 모양으로 바꾸고 회사의 약자인 BP가 역사적으로 알려진 대로 영국 석유회사 브리티시 페트롤리움British Petroleum을 의미하는 것이 아니라 석유를 넘어서Beyond Petroleum라는 뜻이라고 광고했다. 하지만 2010년 4월에 멕시코만에서 딥워터 호라이즌Deepwater Horizon 석유시추선의 침몰과 그 후 석 달 동안 벌어진 원유 유출 참사가 일어났고, 이는 BP가 본인들의 주장만큼 친환경 기업이 아니라는 것을 명백히 보여주었다(하르트만, 2018).

단지 환경 측면뿐 아니라 노사 관계, 지역사회에 대한 공헌, 개발도상국에서의 인권 문제, 협력업체에 대한 처우, 소수주주에 대한 보호 등 모든 이해관계자를 대하는 데 위장 환경주의와 같은 문제가 발생할 수 있다. 겉으로는 이해관계자의 이익을 추구하는 것처럼 포장돼 있지만 사실은 비용 절감과 이윤 증대를 위한 기업 활동이 벌어질 수 있는 것이다. 최근에는 ESG 경영의 확산을 타고 위장 환경주의의 확장판이라고 할 수 있는 위장 ESG주의(ESG 워싱)라는 표현도 쓰이고 있다. 이러한 위장 환경주의의 확산은 사회적 가치 추구에 대한 냉소주의를 확산시킬 뿐 아니라 실제로 사회에 해악을 끼치기 때문에 반드시 제어돼야 한다.

많은 사람을 잠깐 속일 수도 있고 몇몇의 사람을 오래 속일 수도 있다. 하지만 많은 사람을 오랫동안 속일 수는 없다는 격언처럼 위장 환경주의는 반드시 탄로가 나게 돼 있다. 그 경우 기업은 소비자의 불매 운동, 정부 제재, 투자 철회 등에 직면하는 값비싼 대가를 치르게 된다. 따라서 기업 입장에서 위장 환경주의의 유혹에 빠지지 않기 위해서, 그리고 이해관계자 입장에서 위장 환경주의와 위장 ESG주의를 행하는 기업들을 식별하고 옥석을 가려 진정한 의미의 친환경, 사회적 가치 경영을 추구하기 위해서 사회적 가치에 대한 정확한 이해가 반드시 필요하다.

포용적 관점의 필요성

기업의 사회적 가치 추구는 현상태에 대한 좋은 어쩌면 최선의 대안이라는 것이 이 책의 주장이다. 그러나 그것이 모든 사회문제를 해결해줄 것이라는 환상에 대해서는 경계해야 한다. 샌델(2020)은 기회의 균등에 기반한 경쟁적 희소 자원배분이 승자에게는 도덕적 정당성을 주고 패자에게는 도덕적 열패감을 주고 마는 능력주의의 한계를 강조하며 보다 적극적인 의미의 평등에 관한 관심을 환기한다. 우(2020)의 지적처럼 기업들의 이윤, 시장가치, 그리고 성공한 기업가들의 자산 총액이 매년 신기록을 세워가는 현실에서 기업의 사회적 가치 추구 또한 승자에게 도덕적 우월성을 안겨 주는 도구적 수사에 그쳐서는 안 될 것이다.

인도 출신의 작가 아미타브 고시_{Amitav Ghosh}는 제3세계의 관점에서 선진국 기업들의 환경적 가치 추구가 개발도상국에 이중의 굴레가 될 수 있음을 설파한다(고시, 2021). 산업혁명 이후 주로 선진국에서 배출한 온실가스로 인한 기후변화의 영향에 제일 먼저 노출된 것도 주변부의 주민들이고(고시는 그런 의미에서 이들을 미래를 가장 먼저 겪는 이들이라고 명명한다), 다른 한편으로 선진국 기업들이 선도하는 친환경 기술과 제도가 지우는 의무를 추가적인 부담으로 느끼는 것도 이들이라는 것이다. 탄소배출권 거래나 탄소 배출 제로와 같은 새로운 친환경 제도들이 가져오는 운영비용 상승으로 인해 회사 운영의 어려움을 겪고 문을 닫기도 하는, 글로벌 공급망의 제일 아래에 위치한 개발도상국의 소기업 운영자의 입장에서 생각해보자. 그럼 그들이 느끼는 억울함을 짐작해볼 수 있을 것이다.

영국의 언론인 데이비드 굿하트David Goodhart는 영국 국민을 크게 두 부류로 나누었다. 한 부류는 애니웨어anywhere로서 이동성이 높고 성취욕이 강하며 새로운 사람을 만나고 새로운 장소에 사는 것이 두렵지 않다(굿하트, 2019). 이에 대비되는 다른 한 부류는 섬웨어somewhere로서 자기가 태어나고 자란 지역에 대한 소속감과 유대감을 강하게 가지고 있으며 급격한 변화에 불안을 느낀다. 이러한 분류가 영국뿐 아니라 다른 나라에도 적용될 수 있다. 많은 이들이 브렉시트Brexit와 미국에서 트럼프 대통령의 당선과 같은 예측 불가의 정치 현상들을 설명하는 데 통찰력을 제공한다고 동의한 분류이다. 사회적 가치 추구를 강조하는 많은 글로벌 대기업의 임원들과 경영전문대학원 교수들은 주로 애니웨어의 특징과 사고방식을 가지고 있다. 그러다 보니 섬웨어들의 두려움과 불만에 대한 이해가 부족할 가능성이 있다. 이러한 한계를 인정하고 일방적이 아니라 포용적인 입장에서 사회적 가치를 추구하는 노력이 필요할 것이다.

미국의 언론인 아난드 기리다라다스Anand Giridharadas는 엘리트가 주도하는 시장친화적인 사회 변화에 주목하면서 좋은 일을 함으로 성공한다는 믿음이 현대 사회의 신화로 자리잡을 가능성에 대해서 비판적인 시각을 제공하고 있다(기리다라다스, 2019). 그에 따르면 오늘날 미국의 엘리트들은 누구보다도 친환경, 사회정의, 저개발국의 빈곤 구제 등에 관심이 많으며 이를 위한 목표를 설정하고 실천적 노력을 기울이는 듯이 보인다. 그럼에도 상황이 썩 나아지는 것 같지는 않다. 미국에서 또 전 세계적으로 불평등은 오히려 증가하고 엘리트들이 해결하고자 하는 문제들은 개선의 여지가 보이지 않거나 도리어 악화되는 것처럼 보인다. 이에 기리다라다스는 세상을 더 나은 방향으로 바꾸겠다는 엘리트들의 신념이 현상 유지status quo를 오히려 강화하고 마는 것은 아닌가 하는 의문을 던진다.

이와 같은 비판적 시각들의 존재를 인식함으로써, 사회적 가치를 지고의 가치로 여기고 맹목적으로 추구하는 것이 아니라 다른 이들 - 경쟁의 낙오자, 주변부, 섬웨어, 비엘리트 - 의 시각에서 생각해 보는 포용적인 시각이 필요함을 독자들에게 마지막으로 강조하고자 한다.

미주

1장

1. 본 장의 원고를 읽고 유익한 피드백을 주신 김영신 교수님(서울신대), 김정태 대표님(MYSC), 문정빈 교수님(고려대), 이동섭 교수님(고려대)에게 감사를 드린다.

2. 이런 주장을 담고 있는 저술의 예는 콕스(Cox, 2016), 월리스(Wallis, 2010) 등이 있다.

3. "Development that meets the needs of the present without compromising the ability of generations to meet their own needs."

4. 센(1987)에 의하면 공학과 관련된 기원의 경우 목적은 주어진 것으로 보고 이 목적을 달성하기 위한 적절한 수단을 발견하고 그것을 위한 계산논리적 문제들과 주로 관련이 있는 반면에, 윤리학적 기원은 궁극적 목적, 선의 증대, 그리고 어떻게 살아야 하는지에 대한 내용들에 관심을 가진다.

5. 『국부론』은 1776년에, 그리고 『도덕감정론』은 1759년에 출간됐다.

6. ESG와 사회적 가치와 관련된 보다 급진적인 접근은 기존의 사회경제 시스템에 대한 근본적인 성찰을 요구한다. 이 관점은 기업을 본질적으로 반사회적으로 파악하고, 반세계화 운동과 맥을 같이하며, 경제는 전체 사회의 체계 속의 부분적인 체계인데 이런 경제를 사회적으로 재구성하자는 논의이다(고동현, 이재열, 문명선, 한술, 2018 참조). 결국 이 관점은 거시 시스템의 변혁을 요청하고 있는 것이고 근본적인 변화를 담지하는 자본주의의 대두를 요청하고 있다.

7. 그는 『옥스퍼드 사전』의 2016년 단어로 선정된 탈진실post-truth에 대해 논의하면서 특정 관점은 그것을 지지하는 스토리를 얼마든지 선택할 수 있음을 설명한다. 그는 파이 키우기 전략을 주장하면서 재무학 교수답게 확실한 '증거에 기반한 접근법'을 전개한다. 그러나 특정 사회의 어느 시점에서 어떤 관점이 좋은 것인지 등에 대한 가치론적 논의 자체가 충분히 전개된 것은 아니다.

8. 좀 더 구체적인 논의와 쟁점에 대해서는 이 책의 9장 참조.

9. 네 차원 분석틀은 배종석·강철(2020)에서 가져온 것이다. 이후 네 차원 설명도 이 논문의 내용(pp. 50~53)에 기반해 작성한 것이다. 이 분석틀은 우리가 생각해볼 수 있는 방향성을 다 고려하는 포괄적인 분석틀로서 인격, (사회적) 가치, 경영 등에 응용할 수 있는 일반적 틀로 이해될 수 있다. 이 네 차원은 사람됨의 측면들, 즉 인격의 포괄적 차원이 반영된 것이며, 따라서 경영에 네 차원이 적용되는 것은 인간 본성의 확장으로 이해될 수 있다.

10. 이런 접근은 미국 원주민들이 중요한 의사결정을 할 때 고려했다고 알려져 있다. 그들은 다음 세대와 그들이 거주하는 땅에 어떤 영향을 끼칠지를 따진 후에 결정했다고 한다(Wallis, 2010).

11. Logistics, Service and Operations Management

12. 김재구 외(2020) 책에서도 사회적 가치 실현을 위해서는 조직 전체의 DNA가 바뀌어야 함을 강조하고 있다.

2장

1. 본 장의 원고를 읽고 좋은 피드백을 주신 강철 교수님(서울시립대), 김영신 교수님(서울신대), 김정태 대표님(MYSC), 문정빈 교수님(고려대), 이동섭 교수님(고려대)에게 감사를 드린다.

2. 여기서 설명하는 사회의 개념에 대한 접근방식은 바스카(Bhaskar, 2015)와 이기홍(2017)에 기반한 것이다. 존 설(Searle, 2010)에 따르면 사회 세계의 형성은 제도적 사실institutional fact에 의해 이

루어진다. 제도적 사실은 원초적 사실brutal fact에 지위기능status function이 추가된 것을 말한다. 지위기능이란 집단적으로 인정된 지위가 존재하고 그 지위가 그것을 지닌 사람들이나 대상들이 그 기능들을 수행하도록 하는 것을 의미한다. 가령 동일한 모양의 종이조각과 달리 지폐는 화폐 기능을 수행할 지위를 가진 제도적 사실이 된다.

3 관행과 관례로 표현된 것은 영어로 practices, routines, and precedents로 표기되는 것들이다. 이것은 행위의 조건과 구별된 행위 자체로 규정된다(Fleetwood & Hesketh, 2010).

4 최근 사회적 행위자에 대한 존재론적 이해와 관련해 논쟁이 됐던 것도 이것과 연관성이 있다. 사회적 행위자를 추상적 개념으로 이해하는 주장(Hwang & Colyvas, 2020)에 대해서 자연과학의 존재론과 구분되는 사회적 존재론 입장에서 비판하는 주장(McBride & Packard, 2020)이 제기됐다. 이런 논쟁의 근저에는 사회적 실재와 사회적 행위자의 철학적 이해의 차이가 작동한다.

5 초월적 실재성의 특성을 가진 사회를 알기 위해서는 초월논증에서 논의하는 '실재성의 인과적 기준'을 통해서 설명이 가능하다. 초월논증에 대해서는 이기홍(2014), Collier(1994), Stern(2019)을 참조. 초월논증을 좋은 경영에 응용한 내용은 배종석·강철(2020) 참조.

6 규범적 이론들은 무엇이 좋은지 혹은 나쁜지, 그리고 무엇을 해야만 하는지 혹은 하지 말아야 하는지에 대한 당위적인 가치의 원리들(예: '거짓말을 하지 말아야 한다')을 가치 판단이나 가치 평가에서 사용하도록 제시한다. 이와 달리 메타 규범적 이론에서는 규범적 이론에서 제시하는 규범적 원리들의 정당성 및 성립 가능성의 근거를 따지는 작업을 한다(김영정, 2005).

7 여기서 설명하는 가치의 구분 논의는 오디(Oddie, 2013)를 기반으로 작성된 것이다.

8 본 논문은 앞서 언급했듯이, 다원적 실재론을 주장한다. 다원적 실재론 입장은 다원적 양상을 수용하며(양상이론에 대해서는 배종석(2016)을 참조) 또한 다층적 성격이 있음을 인정한다. 존재론적 측면에서 심층 존재론 입장을 취하지만, 가치론에 있어서도 동일하게 다원성을 고려한다. 그리고 가치적 사실을 독특한 종류의 사실로 인정하는 것 역시 다원적 실재론의 한 귀결이기도 하다.

9 마치 '삼각형은 크림슨색인가?'라는 질문과 동일하게 생각할 수 있다. 즉 삼각형과 크림슨색이 연결이 되지 않듯이 기업과 사회적 가치도 연결이 되지 않는다고 보는 것이다.

10 물론 반실재론에도 오류이론error theory, 표현주의expressivism, 허구주의fictionalism 등 다양한 이론들이 있다(cf., Chrisman, 2017; Oddie, 2013).

11 객관적 관념론은 마음에 의존적이라는 측면에서 관념론에 해당하지만, 객관적이라는 측면에서 실재론적 특성을 지니고 있다.

12 이러한 논의는 재무경제학에서 에드먼스(2021)의 사회적 가치의 이유에 대한 우선성 주장과 이에 대한 같은 분야 학자의 비판적 시각에서 동일하게 나타난다(이와 관련된 내용은 이 책의 9장을 참조).

13 여기에 설명하는 가치의 속성은 배종석·강철(2020)을 기반으로 작성한 것이다.

14 본 논문은 이와 같은 포괄적 의미에서 사회적 가치를 설명해야 한다고 주장한다. 그 까닭은 이런 접근이 인간의 본성과 사회의 특성에 대해 관찰되는 (또는 주어진) 현상들에 대한 '최선의 설명에 이르는 추론inference to the best explanation'(cf., Lipton, 2004)이라고 보기 때문이다. 이 정의를 도출하는 데 강철 교수님과의 토론이 도움이 됐다.

15 사회적 가치 추구에 대한 정당화 방식, 즉 사회적 가치를 추구해야하는 정당성 확보 방법론에 대한 몇 가지 입장이 있다. 첫째, 보편이론으로 결과주의, 더 구체적으로 공리주의 입장이 있을 수 있다. 이것은 개별 기업의 입장이 아니라 사회 전체적으로 결과 혹은 효용이 높아진다면 사회적 가치를 추구할 정당성이 확보된다는 접근이다. 둘째, 이와는 반대로 전략적 접근도 가능하다. 이것은 사회 전체의 효용 증대가 아니라 개별 기업 단위에서 좋은 결과를 도출하는 것이면 사회적 가치를 추구할 이유가 된다는 입장이다. 사회적 가치가 기업의 경제적 가치에 도움이 된

다면 추구할 수 있다는 수단적 접근에 해당한다. 이 접근에서는 주관주의적이며 개체주의적 입장에서 사회적 가치를 다룰 가능성이 클 것이다. 셋째, 사회계약론적 입장이 있다. 이 접근은 기업과 사회 구성원은 암묵적으로 사회적 계약을 맺고 있다고 본다. 그런데 이 계약은 특정 권한을 부여하면서 그것에 대한 교환으로 특정 책임도 부여했다고 주장한다(Donaldson, 1982). 기업이 우리 사회에서 여러 다양한 역할을 하고 사업 활동을 할 수 있었던 것은 상호의존적 사회 시스템이 있었기 때문에 가능했다고 본다. 따라서 기업은 당연히 사회적 문제해결과 더 나은 사회를 위한 책임을 지는 것이 요구된다는 것이다. 마지막으로 기업 시민성corporate citizenship 접근이다. 새로운 경제 체제하에서 기업 시민성은 기업이 사회와 환경이 미치는 영향에 대한 깊은 성찰과 고려를 요청하며 새로운 사회적 파트너십과 연관이 있다(Zadek, Hojensgaard, & Raynard, 2001). 인간은 기본적으로 사회적 공존에 대한 관심을 가지고 있다(Shionoya, 2005). 모든 개인이 사회적 공존에 관심을 가지듯이 기업도 시민으로서 공동선을 창출하는 데 참여해 사회적 공존에 대한 책임에 동참하는 것이 필요하다는 것이다.

16 기업의 현재의 모습과 지금의 성공도 누군가의 도움과 기여 혹은 과거에 발생한 누적된 불의의 결과로 인한 행운임을 인식할 수밖에 없는 것이다. 이렇게 보면 현재의 준법이나 윤리적 경영 자체로는 부족하다고 생각할 수 있다. 이것은 또한 개별 기업 수준에서는 성과를 논의할 때 왜 단지 주주들의 이익만이 아니라 이해관계자들의 가치를 고려해야 하는지를 근본적으로 설명해 준다.

17 가치론적인 이런 논의는 1장에서 논의한 도덕 경제로의 회복과 밀접한 관련이 있을 것이다. '사회적인 것의 복원' 전략과 관련해 도덕 경제에 대한 논의는 고동현 외(2018)의 저서 1장을 참조.

18 사회적 가치에 대한 다양한 영역과 내용의 구분에 대해서는 김재구 외(2018)의 2장과 박명규·이재열(2018)의 1장을 참조. 이들 논의에서 사용된 것들은 유엔의 지속가능발전목표SDGs와 유사한 측면이 있다. 그러나 이러한 제안된 영역들은 영역별 수준이 동일한지와 상호배제와 전체포괄(MECE: mutually exclusive and collectively exhaustive)의 기준을 만족시키는지 명확하지 않다.

19 상품을 통한 가치의 창출은 마케팅에서도 중요한 과제 중 하나이다(이 책 7장(박찬수, 2021) 참조).

20 이하 경제적 가치의 두 가지 특징에 관한 내용은 시오노야(Shionoya, 2005)에 기반한 것이다.

21 도치적 공생 관계는 에치오니(Etzioni, 1996)가 공동체주의 사회에서 개인의 권리와 사회적 책임, 개인성과 공동체성, 그리고 자율과 사회적 질서의 관계를 설명하면서 사용한 개념인데, 이것을 본 장에서 경제적 가치와 사회적 가치의 관계를 설명하기 위해 응용한 것이다.

3장

1 이는 암묵적으로 개인들이 위험회피적 성향이 있음을 의미한다. 이에 대해 노벨경제학상 수상자인 존 하사니John Harsanyi는 위험중립적인 개인을 가정한다면 무지의 장막 뒤에서 공리주의적 사회를 선택할 것이라고 반박했다. 공리주의적 사회는 개인 복리의 총합을 극대화하고자 추구할 것이다. 이는 곧 개인의 기대효용이 극대화될 것임을 의미하기 때문이다.

2 Klaus, P.(2014) Measuring Customer Experience, Ch. 7, p.81

7장

1 이를 잘 보여주는 사례로 박찬수(2016) 참조.

2 마케팅이 사회에 미치는 긍정적인 영향 대부분은 윌키와 무어(Wilkie & Moore, 1999)에 근거했음.

3 경쟁자는 이해관계자에 포함되지 않음에 유의해야 한다. 기업의 목적을 달성하기 위해서(예: 시장점유율 확대) 경쟁자에게 해를 입히는 것(예: 경쟁자의 고객을 빼앗아 오는 것)은 불가피하다.

4 이 연구결과는 리차드 세일러Richard Thaler와 캐스 선스타인Cass R. Sunstein의 책 『넛지』에서 소개돼 대중들에게 널리 알려진 바 있다.

5 디폴트 옵션 역시 『넛지』에 소개됐다.

6 이러한 필드 스터디의 예로는 화이트와 심슨(White and Simpson, 2013)을 참조하시오.

9장

1 또 다른 연구에 의하면 회사 기부금은 회사가 영위하는 산업을 관장하는 상임위원회 소속 정치인이 직접 이사로 재직하고 있는 비영리법인이나 해당 정치인 지역구에 위치한 비영리법인에 특별히 많이 제공되고 있는 것으로 나타났다. 즉 표면적으로만 기부했고 실상은 정치자금을 제공한 것으로 나타난 것이다(Bertrand et al., 2020).

2 너무 당연한 것이지만 회사가 위치한 국가의 법체계legal origin나 정부 정책도 회사의 사회적 가치 활동에 영향을 줄 수 있다. 하지만 이는 경영자 자신의 자발적인 동기라고 보기 어렵다. 한 연구에 따르면 대륙법계 국가civil law countries에 위치한 회사들이 보통 법계 국가common law countries에 위치한 회사들에 비해 사회적 가치 활동 수준이 높은 것으로 나타났다(Liang & Renneboog, 2017). 한편 정부 정책이 영향력을 준 대표적인 사례는 이사회 내 젠더 다양성 제고를 위해 여성 이사의 선임을 강제한 경우이다. 연구결과 이러한 여성 이사 할당제는 회사의 주식 가치를 떨어뜨렸을 뿐만 아니라 기업공개까지 꺼리는 원인으로 작용한 것으로 나타났다(Ahern & Dittmar, 2012). 성 다양성이라는 가치 자체에 문제가 있어서 이러한 결과가 초래된 것은 물론 아닐 것이지만 그 원인에 대해 아직 만족할 만한 설명이 이루어지지 않고 있다.

3 소극적 선별전략을 가장 활발히 사용하는 투자자는 노르웨이 국부펀드로 상당수의 우리나라 회사도 투자배제exclusion 또는 관찰observation 회사 명단에 그 이름을 올리고 있다(대한해운, 케이티앤지, 포스코, 포스코 인터내셔널, 풍산, 한국전력, 한화는 배제, 현대건설은 관찰).

4 사회적 책임 투자 규모는 해마다 증가하고 있다. 한 통계에 따르면 2016년 말 전 세계적으로 미화 23조 달러를 밑돌던 사회적 책임 투자 규모는 2020년 말 미화 35조 달러로 증가했다고 한다(Global Sustainable Investment Alliance, 2021).

5 투자자가 사회적 책임 투자로 양(+)의 초과수익률을 실현하는 것이 회사 입장에서는 오히려 부담된다는 것을 분명히 할 필요가 있다. 투자자가 양(+)의 초과수익률을 시현했다는 것은 회사 입장에서 같은 기간 동안 높은 자기자본 조달 비용을 부담했다는 것을 의미하고, 투자자가 음(-)의 초과수익률을 시현했다는 것은 회사 입장에서 같은 기간 동안 낮은 자가자본 조달 비용을 부담했다는 것을 의미하기 때문이다(Pástor, Stambaugh, & Taylor, 2020).

6 초과수익률을 달성하려면 정보가 주가에 더디게 반영under-reaction되거나 과도하게 반영돼 over-reaction 주가가 과소undervaluation 또는 과대평가overvaluation돼야 하지만 시장이 효율적이라면 그런 상태는 존재할 수 없고 설사 존재해도 오래 지속될 수 없다.

7 즉 기업지배구조에 대한 정보가 부족하고 기업지배구조가 주가에 미치는 영향을 제대로 이해하지 못했던 1990년대에는 기업지배구조 정보가 즉각적이고 정확히 주가에 반영되지 않았기 때문에 기업지배구조 정보를 활용한 투자가 양(+)의 초과수익률을 실현했지만 기업 지배 구조에 대한 정보가 충분해지고 기업 지배 구조가 주가에 미치는 영향에 대해 충분히 학습한 2000년대에는 양(+)의 초과수익률이 모두 사라졌다(Bebchuk et al., 2013).

8 이에 대한 반론 또한 없지 않다. 먼저 환경, 사회 등의 요소들은 무형자산에 해당되고 이로 인해 가치평가가 매우 어렵다는 근본적인 한계가 있기 때문에 이들 정보가 주가에 제대로 반영돼 있지 않을 수 있다는 것이다(Edmans, 2011; Edmans, 2020).

9 RPI는 2005년 당시 UN 사무총장이었던 코피 아난Kofi Annan 주도로 만들어진 6개 조항의 사회적 책임 투자 원칙으로 2020년 말 기준으로 미화 103조 달러를 운용하는 3,038개 기관이 서

명했다.

10 참고로 사회적 책임 활동과 관련해 발행되는 채권에는 녹색채권 이외에도 사회적 채권social bond과 지속가능채권sustainability bond이 있다. 사회적 채권은 사회문제와 관련된 프로젝트에 자금을 조달하기 위해 발행되는 채권이고 지속가능채권은 환경 또는 사회문제와 관련된 프로젝트에 자금을 조달하기 위해 발행되는 채권이다. 세계적으로 발행물량에 있어서는 녹색채권이 압도적으로 많다. 이 때문에 연구도 녹색채권에 집중돼 있다.

11 리 레이몬드는 1993년부터 2005년까지 12년간 엑슨Exxon과 엑슨모빌의 CEO를 역임했고, JP모건 체이스에서 사외이사를 무려 33년(1987~2020), 그리고 선임 사외이사lead director를 19년(2001~2020) 역임하고 있었다.

12 참고로 JP모건 체이스는 이사를 다수결의plurality vote가 아니라 과반결의majority vote로 선임한다.

13 40억 달러의 비용이 드는 이 대책에 따르면 회사는 (1) 충분한 마스크 지급, (2) 완벽한 건물 방역, (3) 사회적 거리두기, (4) 시간제 근로자 임금인상, (5) 코로나19 자체진단 능력 개발 등을 약속했다.

14 APG는 세계에서 다섯 번째로 기금운용규모 큰 공적연금이다(2019년 기준 5,380억 유로).

15 자나 파트너스Jana Partners(주요 인물: Barry Rosenstein), 인클루시브 캐피털 파트너스Inclusive Capital Partners(주요 인물: Jeffrey Ubben, Eva Zlotnicka), 엔진 넘버원(Engine No.1)(주요 인물: James, Charlie Penner), The Children's Investment Fund(주요 인물: Chris Hohn, Michael Hugman), 임팩트 캐피털(Impact Capital)(주요 인물: Lauren Taylor Wolfe, Christian Alejandro Asmar), 이데스 캐피털(Ides Capital)(주요 인물: Robert Longnecker, Dianne McKeever), 블루벨 캐피털(Bluebell Capital)(주요 인물: Marco Tarrico, Giuseppe Bivona), 클리어웨이 캐피털Clearway Capital(주요 인물: Gianluca Ferrari) 등이 여기에 해당된다.

16 자나 파트너스는 2001년 배리 로젠스타인Barry Rosenstein에 의해 설립된 헤지펀드로 당시 21억 달러 상당의 기금을 운용하고 있었다. CalSTRS는 미국에서 CalPERS에 이어 두 번째로 큰 주 정부 공적연금으로 2019년 말 기준으로 기금 규모가 2,460억 달러에 이른다. 공개서한 발송 당시 이 두 투자자는 애플 주식을 20억 달러 상당 보유하고 있었다.

17 이후 4월 밸류액트 스프링 펀드는 HEI에 대한 지분을 더 늘려 2.97%를 보유하게 됐으며 7월 밸류액트 캐피탈의 창립자 제프리 어빈Jeffrey Ubben이 사회적 책임에 특화된 새로운 헤지펀드 회사를 설립함에 따라 밸류액트 스프링 펀드가 보유하던 HEI 지분은 새로 설립된 인클루시브 캐피털 파트너스Inclusive Capital Partners로 이관됐다.

18 기후 관련 재무정보공개 태스크포스Task Force on Climate-related Financial Disclosures(TCFD)는 2015년 G20의 요청으로 금융안정위원회Financial Stability Board에 설치된 TF로 2017년 기후변화에 따른 위험과 기회를 회사들이 4개 영역(지배구조, 경영전략, 위험관리, 지표 및 목표설정)에 걸쳐 사업보고서 등을 통해 공시할 것을 권고했다. 파리협약은 2015년 12월 12일 파리에서 개최된 유엔 기후변화회의에서 채택한 국제조약으로 지구 평균 온도 상승 폭을 산업화 이전 대비 섭씨 2도 이하로 유지하고 더 나아가 온도 상승 폭을 섭씨 1.5도 이하로 제한하자는 목표를 설정했다.

19 물론 주주 관여 활동을 통한 주식 가치 증가로 인덱스 펀드의 투자성과가 좋아지면 더 많은 투자자금을 끌어 모아 결국 수수료 수입도 증가할 것이라고 추론할 수 있다. 하지만 벱척 등(2017)은 집합행동의 문제collective action problem로 인해 인덱스 펀드들이 적극적인 주주 관여 활동을 펼치기보다는 무임 승차free riding를 할 유인이 크다고 본다. 예컨대 블랙록이 비용을 지불하고 열심히 주주 관여 활동을 해서 투자 대상 회사의 주식 가치를 높이면 블랙록뿐만 아니라 같은 회사에 투자한 뱅가드의 투자성과도 자동으로 높아져 두 펀드 모두 투자자금을 더 끌어모으게 된다. 하지만 주주 관여 활동의 비용을 지급하지 않은 뱅가드가 더 큰 이득을 얻었다는 사실

을 알게 된다면 블랙록은 더 이상 적극적인 주주 관여 활동을 하지 않고, 뱅가드가 대신 주주 관여 활동을 하기를 바라게 된다. 하지만 뱅가드도 같은 생각을 하고 있다면 결국 아무도 적극적인 주주 관여 활동을 하지 않게 된다.

20 이에 대한 좋은 예가 엑슨모빌을 상대로 3명의 사외이사를 성공적으로 선임시킨 엔진 넘버원의 위임장 대결이다. 흥미로운 것은 엔진 넘버원이 주주총회 직후 Transform 500 ETF라는 이름의 ETF를 스스로 출범시켰다는 것이다(ticker: VOTE). 사회책임에 대해 적극적으로 의결권을 행사하는 ETF를 상장시킴으로써 엔진 넘버원은 지분 확보에 있어서 블랙록 등 기존의 ETF에만 의존하지 않고 어느 정도의 지분은 스스로 확보할 수 있게 됐다.

21 2004년에 설립된 EOS는 2020년 말 기준으로 1.3억 달러의 자산을 운용하는 고객들을 위해 1,000개 이상의 회사를 상대로 주주 관여 활동을 했다. 참고로 EOS는 2018년까지 영국의 허미스 펀드 매니저스Hermes Fund Managers 소속이었지만 브리티시 통신British Telecom 연금 BTPS이 영국의 허미스 펀드 매니저스 지분 60%를 미국회사인 페더레이티드 인베스터Federated Investors에 넘기면서 페더레이티드 인베스터 소속이 됐다. 페더레이티드 인베스터는 2020년 2월부터 사명을 페더레이티드 허미스Federated Hermes로 변경했다.

22 50% 이상의 지지를 받은 안건이 1건, 40% 이상 3건, 30% 이상 4건, 20% 이상 5건, 10% 이상 2건, 10% 미만 6건.

23 RGR은 이사를 과반 결의가 아닌 다수 결의로 선임을 하고 있어 찬성 또는 기권표만 가능하다.

24 (1) 총기 관련 신원조회 대상자 확대universal background check, (2) 스마트 건smart gun 개발(예컨대, 지문인식 총기 개발), (3) 총기 유통과정 모니터링 강화 등의 총기안전조치들을 사실상 거절했다.

25 이사를 RGR처럼 과반 결의가 아니라 다수 결의로 선임할 때는 반대 후보가 없는 경우 기권표의 수와 무관하게 무조건 선임되는 것이지만 만약 기권표의 수가 상당히 많이 나오면 경영진에 대한 압력으로 작용할 것으로 보고 기권 촉구 운동을 펼친 것이다.

26 이런 면에서 에드먼스Edmans의 주장은 확장된 주주 가치ESV, Enlightened Shareholder Value와 차별된다. 확장된 주주 가치도 사회와 이윤이 깊이 연결돼 있다고 보고 다른 이해관계자를 위하지 않고는 주주의 몫인 이윤을 창출할 수 없다는 입장이지만 사회적 가치를 이윤 창출의 도구로 보고 있다는 점에서 알렉스 에드먼스의 입장과 구분된다.

27 이런 점에서 파이코노믹스는 Triple Bottom Line(TBL)과도 구분된다. TBL은 파이코노믹스와 마찬가지로 이윤(profit) 이외에 사회(purpose)와 환경(planet)도 중요시하지만 경영자로 하여금 정량적으로 측정 가능한 활동에만 집중하게 만드는 측면이 있기 때문이다.

28 코카콜라는 '프로젝트 라스트 마일Project Last Mile'이라는 프로젝트를 통해 수많은 아프리카 오지에 약품을 운반한 바 있다.

29 이와 관련해서 주목받는 것이 지속가능회계기준위원회Sustainability Accounting Standards Board 가 고안한 중요성 지도materiality map이다. 이 지도는 산업별로 어떤 이해관계자 집단이 사업상 더 중요한지를 표시하고 있다.

30 예컨대 영국 샌드위치 업체인 프레타 망제Pret a Manger 입장에서 노숙자는 사업 성공에서 중요한 역할을 하지 않는다. 그럼에도 이 회사는 남는 샌드위치를 노숙자들에게 배달한다. 또 코카콜라는 자사의 사업이 과도한 물 소비를 가져왔다고 판단하고 이에 대한 사회적 책임을 다하기 위해 200만 명의 아프리카 주민들이 안전한 식수에 접근할 수 있도록 2009년부터 2015년까지 아프리카 수자원 보급 추진책RAIN, Replenish Africa Initiative에 3,000달러를 투자했다. 아프리카 주민은 사업 성공에서 중요한 이해관계자 집단이 아님에도 불구하고 그렇게 한 것이다.

31 종업원과 고객은 이해관계자로 항상 포함되고 수급사업자도 대부분 주가 포함시키지만 채권자, 지역주민, 환경의 경우 포함 여부가 주마다 상당히 다르다.

32 또 회사가 시장점유율을 올릴 때 이로 인해 손해를 보는 경쟁회사의 종업원, 수급사업자, 주주들을 고려해야 하는지 명확하지 않다. 또 환경을 생각할 때 회사가 속한 나라의 환경만을 고려해야 하는지 아니면 지구 반대편에 있는 나라의 환경도 고려해야 하는지 명확하지 않다. 더 나아가 현재의 종업원, 고객, 수급업자만 고려해야 하는지 아니면 과거 또는 미래의 종업원, 고객, 하도급 사업도 고려해야 하는지 명확하지 않다.

33 미국 회사는 사외이사들에게도 주식연계보상을 지급하는데 총보수에서 차지하는 비중이 상당하다. CEO의 경우 주식이나 주식매수선택권으로 지급되는 보수가 전체 보수의 60% 이상이고 현금 성과보수도 이윤, 매출액, 주가수익률, 현금흐름 등에 연동돼 있다.

34 이들 회사의 70%가 델라웨어주에 법인등기가 돼 있는 것으로 나타났다. 델라웨어주 회사법은 미국 다른 주 회사법들에 비해 주주의 이익을 더 우선시하는 회사법으로 알려져 있다.

10장

1 한편 우리나라에서도 중국 송나라와의 교역으로 상업이 매우 발달했던 개성에서 "송도사개치부법"이라는 이름의 한국식 복식부기 시스템이 사용된 것으로 알려져 있으며 서양보다도 먼저 복식부기가 사용되었다는 주장도 있다 (허성관, 2012). 어느 곳에서 먼저 시작되었는 지는 현대적 의미의 복식부기 시스템을 어떻게 정의하는가에 따라 다르게 판정될 수 있으나 (조익순과 정석우, 2007), 한가지 분명한 사실은 상업이 발달한 도시에서 복식부기 시스템이 개발, 사용되었으며 한 곳에서 개발되어 다른 곳으로 전파된 것이 아닌 기능적으로 유사한 복식부기 시스템이 독립적으로 발달되었다는 것이다 (이원로, 2011; 허성관 2011 등).

2 재무제표는 이용자의 다양한 투자목적과 선호체계를 만족시킬 수 있는 정보를 포함해야 하므로 정보의 특성도 매우 중요하다. 이러한 정보특성과 관련하여 재무회계의 개념체계에서는 크게 두가지 근본적인 질적특성(fundamental qualities)을 강조하는데 목적적합성(relevance)와 충실한 표현(faithful representation)이다. 목적적합성은 정보이용자의 경제적 의사결정 목적에 적합해야 한다는 것이고, 충실한 표현은 거래의 내용을 완전하고 중립적이며 오류가 없이 표현해야 한다는 것이다. 보다 자세한 내용은 국제회계위원회(International Accounting Standard Board: IASB)에서 2018년 개정한 재무보고의 개념체계 (conceptual framework)을 참고하기 바란다.

3 1992년 이후에도 유럽연합에서는 2002년과 2013년 2차례 걸친 환경행동프로그램을 추가로 발표하였다.

4 사회적 자본이라는 용어는 Hanifan(1916)이 가장 먼저 사용한 것으로 알려져 있으며, 일반적으로 신뢰와 규범, 네트워크 등 사회적 관계에서 형성되는 모든 무형의 자산을 말한다 (정갑영과 김동훈, 2019).

5 이러한 시장실패(market failure)로 인한 외부효과(externalities)는 부정적일 수도 있지만 긍정적일 수도 있다. 예를 들어 수소연료 자동차의 경우 배출가스가 없고 산소와 결합하여 물을 만드는 과정에서 공기중의 미세먼지를 없애는 효과가 있는데 이는 긍정적인 외부효과(positive externality)를 내는 경우이다.

6 코즈 정리(coase theorem)에 따르면 정부가 개입하지 않아도 소유권이 확립되고 거래비용이 없다면 이해당사자들간의 거래를 통해 외부효과(externalities) 문제를 해결할 수 있다고 하였다. 예시에서 언급된 이산화탄소 문제는 정부가 탄소배출권을 거래소에서 거래하게 함으로써 소유권의 확립과 거래비용 최소화를 달성한 대표적인 사례라 하겠다.

7 통합보고 프레임워크에 대한 자세한 설명은 다음 장 2-2 참조.

8 보다 자세한 내용은 웹사이트 참조 (https://www.sasb.org/standards/archive/).

9 피구세는 20세기 초 영국의 경제학자인 피구(Pigou)의 저서인 후생경제학(Economics of Welfare, 1947)에서 처음 제안되었다. 환경재에 대해서는 시장이 형성되어 있지 않기 때문에 환경재를 어

떤 특정한 목적으로 과다하게 이용하여 다른 용도에 현저한 지장을 초래하더라도 이에 대한 대가를 치르게 할 수 없으므로 정부가 그 지장에 상응하는 대가를 세금부과를 통하여 치르게 함으로써 환경재의 남용을 막을 것을 주장하였는데 이러한 목적으로 부과되는 세금이 피구세라고 불리게 되었다. 보다 자세한 내용은 후생경제학 교과서를 참고하기 바란다.

10 세라페임과 트린 (Serafeim and Trinh, 2020)은 제품의 사회적 환경적 임팩트는 기업이 재화나 서비스의 통제권을 넘겨줄 때 발생하는 수익의 인식과 맥락을 같이 한다. 그러나 제품의 사회적 환경적 임팩트에 대한 측정은 아직 초보단계이며 담배 혹은 석탄과 같이 부정적인 외부효과가 있는 사업들과 비슷한 범주로 분류된다.

11장

1 본 장의 원고를 읽고 좋은 피드백을 주신 공저자 배종석, 김우찬 교수님께 감사를 드립니다.

2 Logistics, Service and Operations Management

참고문헌

1장

고동현·이재열·문명선·한솔. 2018. 『사회적 경제와 사회적 가치: 자본주의의 오래된 미래』. 경기: 한울.

김대수. 2021. 6장 지속가능 공급사슬 운영관리와 사회·환경적 가치창출. 배종석 등. 『ESG 시대의 사회적 가치와 지속가능경영』. 서울: 클라우드나인.

김우찬. 2021. 9장 사회적 가치와 재무. 배종석 등. 『ESG 시대의 사회적 가치와 지속가능경영』. 서울: 클라우드나인.

김재구·배종태·이정현·이무원·양대규·강신형. 2020. 『사회적 가치경영의 실천 전략』. 서울: 클라우드나인.

문정빈. 2021. 3장 기업과 사회적 가치: 정의, 측정, 의의. 배종석 등. 『ESG 시대의 사회적 가치와 지속가능경영』. 서울: 클라우드나인.

문정빈. 2021. 11장 맺음말: 인류가 직면한 도전과 경영에서의 사회적 가치. 배종석 등. 『ESG 시대의 사회적 가치와 지속가능경영』. 서울: 클라우드나인.

박찬수. 2021. 7장 사회적 가치와 마케팅. 배종석 등. 『ESG 시대의 사회적 가치와 지속가능경영』. 서울: 클라우드나인.

배종석. 2016. 인사조직 분야의 존재론적 기반. 「인사조직연구」(한국인사조직학회), 24(4): 165-201.

배종석·강철. 2018. 경영철학과 윤리. 이두희 등. 『경영교육 뉴 패러다임』: 77-111. 서울: 매경출판.

배종석·강철. 2020. 인사조직 분야의 가치론적 기반: 좋은 경영을 위해. 「인사조직연구」(한국인사조직학회), 28(2): 27-65.

배종석. 2021. 2장 사회적 가치의 철학적 이해. 배종석 등. 『ESG 시대의 사회적 가치와 지속가능경영』. 서울: 클라우드나인.

스미스, 애덤. 1996. 박세일·민경국 (공역). 『도덕 감정론(개역판)』. 서울: 비봉출판사.

스타우트, 린. 2021. 우희진 (옮김). 『주주자본주의의 배신: 주주최우선주의는 왜 모두에게 해로운가』. 경기: 북돋움.

아리스토텔레스. 2011. 강상진·김재홍·이창우 (공역). 『니코마코스 윤리학』. 서울: 도서출판 길.

에드먼스, 알렉스. 2021. 송정화 (옮김). 『ESG 파이코노믹스: 사회적 가치와 이윤을 동시에 창출하는 전략』. 서울: 매일경제신문사.

유누스, 무함마드. 2011. 송준호 (옮김). 『사회적 기업 만들기: 인류의 가장 절박한 요구를 채워주는 새로운 유형의 자본주의』. 경기: 도서출판 물푸레.

이동섭. 2021. 제4장 기업의 사회적 가치 추구와 리더십. 배종석 등. 『ESG 시대의 사회적 가치와 지속가능경영』. 서울: 클라우드나인.

이재남. 2021. 8장 사회적 가치와 정보기술의 역할. 배종석 등. 『ESG 시대의 사회적 가치와 지속가능경영』. 서울: 클라우드나인.

이재혁. 2021. 5장 사회적 가치와 지속가능 경영: ESG 현황 및 글로벌 전략. 배종석 등. 『ESG 시대의 사회적 가치와 지속가능경영』. 서울: 클라우드나인.

툰베리, 그레타·스반테 툰베리·베아타 에른만·말레나 에른만. 2019. 고영아 (옮김). 『그레타 툰베리의 금요일: 지구를 살리는 어느 가족 이야기』. 서울: 한솔수북.

한승수. 2021. 10장 기업과 사회적 가치: 정의, 측정, 의의. 배종석 등. 『ESG 시대의 사회적 가치와 지속가능경영』. 서울: 클라우드나인.

Arendt, H. 1998. *The human condition* (2nd ed.). Chicago, IL: University of Chicago Press.

Bhaskar, R. 2008. *A realist theory of science*. London, UK: Verso.

Bansal, P. 2019. Sustainable development in an age of disruption. *Academy of Management Discoveries*, 5(1): 8-12.

Callicott, J. B., & Mumford, K. 1997. Ecological sustainability as a conservation concept. *Conservation Biology*, 11(1): 32-40.

Cox, H. 2016. *The market as God*. Boston, MA: Harvard University Press.

Donaldson, T., & Walsh, J. P. 2015. Toward a theory of business. *Research in Organizational Behavior*, 35: 181-207.

Friedman, M. 1970. A Friedman doctrine: The social responsibility of business is to increase its profits. *The New York Times Magazine*, September 13: 17.

Kotler, P., Kartajaya, H., & Setiawan, I. 2010. *Marketing 3.0: From products to customers to the human spirit*. Hoboken, NJ: John Wiley & Sons.

Lynn, A. 2021. Why doing well by doing good went wrong: Getting beyond good ethics pays claims in managerial thinking. *Academy of Management Review*, 46(3): 512-533.

Morris, T. 1997. *If Aristotle ran General Motors: The new soul of business*. New York, NY: Henry Holt and Company.

Nozick, R. 1974. *Anarchy, state, and utopia*. New York, NY: Basic Books.

Polanyi, M. 1966. *The tacit dimension*. Garden City, NY: Doubleday & Company.

Porter, M. E., & Kramer, M. R. 2011. Creating shared value: How to reinvent capitalism and unleash a wave of innovation and growth. *Harvard Business Review*, 89(1): 62-77.

Rawls, J. 2003. (First edition published in 1971.) *A theory of justice (Revised ed.)*. Cambridge, MA: The Belknap Press of Harvard University Press.

Ricoeur, P. 1992. *Oneself as another* (Translated by K. Blamey). Chicago, IL and London, UK: The University of Chicago Press.

Sandel, M. J. 2012. *What money can't buy: The moral limits of markets*. New York, NY: Farrar, Straus and Giroux.

Sen, A. 1987. *On ethics and economics*. Malden, MA: Blackwell Publishing.

Shionoya, Y. 2005. *Economy and morality: The philosophy of the welfare state*. North Hampton, MA: Edward Elgar Publishing.

Smith, A. 1976. (Original edition published in 1776.) *An inquiry into the nature and causes of the wealth of nations*. Oxford, UK and New York, NY: Oxford University Press.

Smith, C. 2011. *What is a person? Rethinking humanity, social life, and the moral good from the person up*. Chicago, IL and London, UK: The University of Chicago Press.

Thunberg, G. 2019. *No one is too small to make a difference*. New York, NY: Penguin Books.

Walzer, M. 1983. *Spheres of justice: A defense of pluralism and equality*. New York, NY: Basic Boks.

Wallis, J. 2010. *Rediscovering values: Wall Street, Main Street, and your street*. New York, NY: Howard Books.

WCED (World Commission on Environment and Development). 1987. *Our common future*. Oxford: Oxford University Press. http://www.un-documents.net/our-common-future.pdf.

2장

고동현·이재열·문명선·한솔. 2018. 『사회적 경제와 사회적 가치: 자본주의의 오래된 미래』. 경기: 한울.

김영정. 2005. 『가치론의 주요문제들』. 서울: 철학과 현실사.

김우찬. 2021. 9장 사회적 가치와 재무. 배종석 등. 『ESG 시대의 사회적 가치와 지속가능경영』. 서울: 클라우드나인.

김재구·배종태·문계완·이상명·박노윤·이경묵·성상현·이정현·최종인. 2018. 『기업의 미래를 여는 사회가치경영』. 서울: 클라우드나인.

문정빈. 2021. 3장 기업과 사회적 가치: 정의, 측정, 의의. 배종석 등. 『ESG 시대의 사회적 가치와 지속가능경영』. 서울: 클라우드나인.

박명규·이재열. 2018. 『사회적 가치와 사회혁신』. 경기: 한울아카데미.

박찬수. 2021. 7장 사회적 가치와 마케팅. 배종석 등. 『ESG 시대의 사회적 가치와 지속가능경영』. 서울: 클라우드나인.

배종석. 2013. 인적 "가치창출"과 "인간가치" 창출: 경영의 철학적 기반. 「경영학연구」 (한국경영학회), 42(2): 573-609.

배종석. 2016. 인사조직 분야의 존재론적 기반. 「인사조직연구」 (한국인사조직학회), 24(4): 165-201.

배종석·강철. 2020. 인사조직 분야의 가치론적 기반: 좋은 경영을 위해. 「인사조직연구」 (한국인사조직학회), 28(2): 27-65.

배종태. 2018. 사회적 가치란 무엇이며 어떻게 측정할 것인가? 김재구 등. 『기업의 미래를 여는 사회가치경영』. 서울: 클라우드나인.

송용원. 2017. 『칼뱅과 공동선: 프로테스탄트 사회 윤리의 신학적 토대』. 경기: IVP.

스미스, 애덤. 1996. 박세일·민경욱 (공역) 『도덕감정론』 서울: 비봉출판사.

에드먼스, 알렉스. 2021. 송정화 (옮김). 『ESG 파이코노믹스: 사회적 가치와 이윤을 동시에 창출하는 전략』. 서울: 매일경제신문사.

이기홍. 2014. 『사회과학의 철학적 기초: 비판적 실재론의 접근』. 파주: 한울아카데미.

이기홍. 2017. 『로이 바스카』. 서울: 커뮤니케이션북스.

Arendt, H. 1998. *The human condition* (2nd ed.). Chicago, IL: University of Chicago Press.

Bae, J., Kang, C., & Kim, Y. 2016. Human-to-value creation to value-to-human creation: Toward a philosophy of human resource management. In D. L. Stone & J. H. Dulebohn (Eds.), *Research in human resource management: Human resource management theory and research on new employment relationships.* 1: 151-194. Charlotte, NC: Information Age Publishing

Bhaskar, R. 1998. Philosophy and scientific realism. In M. Archer, R. Bhaskar, A. Collier, T. Lawson, & A. Norrie (Eds.), *Critical realism: Essential readings*, 16-47. Oxford, UK: Routledge.

Bhaskar, R. 2008. *A realist theory of science.* London, UK: Verso.

Bhaskar, R. 2015. (First published in 1979.) *The possibility of naturalism: A philosophical critique of the contemporary human sciences* (4th ed.). London, UK and New York, NY: Routledge.

Carlson, E. 2015. Organic unities. In I. Hirose & J. Olson (Eds.), *The Oxford handbook of value theory*, 285-299. New York, NY: Oxford University Press.

Chang, R. 2013. Incommensurability (and Incomparability). In H. LaFollette (Ed.), *The international encyclopedia of ethics.* 2591-2604. Malden, MA: Blackwell.

Chrisman, M. 2017. *What is this thing called metaethics?* London, UK and New York, NY: Routledge.

Collier, A. 1994. *Critical realism: An introduction to Roy Bhaskar's philosophy.* London, UK: Verso.

Donaldson, T. 1982. *Corporations and morality.* Englewood Cliffs, NJ: Prentice-hall.

Donaldson, T., & Walsh, J. P. 2015. Toward a theory of business. *Research in Organizational Behavior*, 35: 181-207.

Etzioni, A. 1996. *The new golden rule: Community and morality in a democratic society.* New York, NY: Basic Books.

Fleetwood, S., & Hesketh, A. 2010. *Explaining the performance of human resource management.* Cambridge, UK and New York, NY: Cambridge University Press.

Friedman, M. 1970. A Friedman doctrine: The social responsibility of business is to increase its profits. *The New York Times Magazine*, September 13: 17.

Hirose, I., & Olson, J. 2015. Introduction to value theory. In I. Hirose & J. Olson (Eds.), *The Oxford handbook of value theory*, 1-9. New York, NY: Oxford University Press.

Hussain, W. 2018. The Common Good. In E. N. Zalta (Ed.), *The Stanford Encyclopedia of philosophy (Spring 2018 ed.).* Stanford, CA: The Metaphysics Research Lab.

Hwang, H., & Colyvas, J. A. 2020. Ontology, levels of society, and degrees of generality: Theorizing actors as abstractions in institutional theory. *Academy of Management Review*, 45(3): 570-595.

Lynn, A. 2021. Why doing well by doing good went wrong: Getting beyond good ethics pays claims in managerial thinking. *Academy of Management Review*, 46(3): 512-533.

Lipton, P. 2004. *Inference to the best explanation* (2nd ed.). London, UK and New York, NY: Routledge.

McBride, R., & Packard, M. D. 2020. On the ontology of action: Actors are not abstractions. *Academy of Management Review*, 46(1): 211-219.

Moore, G. E. 1903. *Principia ethica.* Cambridge, UK: Cambridge University Press.

Nussbaum, M. C. 2011. *Creating capabilities: The human development approach.* Cambridge, MA: The Belknap Press of Harvard University Press.

Oddie, G. 2013. Value realism. In H. Lafollette (Ed.), *The international encyclopedia ethics*, 5299-5310. Malden, MA: Wiley-Blackwell.

Porter, M. E., & Kramer, M. R. 2011. Creating shared value: How to reinvent capitalism and unleash a wave of innovation and growth. *Harvard Business Review*, 89(1): 62-77.

Rawls, J. 2003. (First edition published in 1971.) *A theory of justice* (Revised ed.). Cambridge, MA: The Belknap Press of Harvard University Press.

Ricoeur, P. 1992. *Oneself as another (Translated by K. Blamey)*. Chicago, IL and London, UK: The University of Chicago Press.

Searle, J. 2010. *Making the social world: The structure of human civilization*. New York, NY: Oxford University Press.

Shionoya, Y. 2005. *Economy and morality: The philosophy of the welfare state*. North Hampton, MA: Edward Elgar Publishing.

Stern, R. 2019. Transcendental arguments. In E. N. Zalta (Ed.), *The Stanford Encyclopedia of philosophy* (Summer 2019 ed.). Stanford, CA: The Metaphysics Research Lab.

Tsoukas, H. 2000. What is management? An outline of a metatheory. In S. Ackroyd & S. Fleetwood (Eds.), *Realist perspectives on management and organisations*: 26-44. London, UK and New York, NY: Routledge.

Wood, A. 2008. Kantian ethics. New York, NY: Cambridge University Press.

Zadek, S., Hojensgard, N., & Raynard, P. 2001. The new economy of corporate citizenship. In S. Zadek, N. Hojensgard, & P. Raynard (Eds.), *Perspectives on the new economy of corporate citizenship*: 13-30. Copenhagen, IM: The Copenhagen Centre.

3장

곽수근·송호근·문형구·김용학·김동재·김용진·이경묵·한종수·박경서·배영·김태영·김인회·신호창·김은미·조준모·이병훈·윤정구·캐서린 스미스·염재호. 2020. 『기업시민, 미래경영을 그리다』. 경기: 나남.

김재구·배종태·문계완·이상명·박노윤·이경묵·성상현·이정현·최종인. 2018. 『기업의 미래를 여는 사회가치경영』. 서울: 클라우드나인.

김재구·배종태·이정현·이무원·양대규·강신형. 2020. 『포스트 코로나 시대 사회가치경영의 실천 전략』. 서울: 클라우드나인.

Bansal, P. & Song, H. C. 2017. Similar but not the same: Differentiating corporate sustainability from corporate responsibility, *Academy of Management Annals*, 11(1): 105-149.

Bergstrom, T., Blume, L., & Varian, H. 1986. On the private provision of public goods, *Journal of Public Economics*, 29: 25-49.

Besley, T. & Ghatak, M. 2007. Retailing Public Goods: The Economics of Corporate Social Responsibility. *Journal of Public Economics*, 91: 1645-1663.

Carroll,. B. 1979. A three-dimensional conceptual model of corporate performance. *Academy of Management Review*, 4(4): 497-505.

Chatterji, A. K., Levine, D. I., & Toffel, M. W. 2009. How well do social ratings actually measure corporate social responsibility? *Journal of Economics & Management Strategy*, 18(1): 125-169.

Chatterji, A. K., Durand, R., Levine, D. I., & Touboul, S. 2016. Do ratings of firms converge? Implications for managers, investors and strategy researchers, *Strategic Management Journal*, 37: 1597-1614.

Cheng, B., Ioannou, I., & Serafeim, G. 2014. Corporate social responsibility and access to finance. *Strategic Management Journal*, 35(1): 1-23.

Donaldson, T. & Dunfee, T. W. 1994. Toward a unified conception of business ethics: Integrative social contracts theory, *Academy of Management Review*, 19(2): 252-294.

Donaldson, T. & Walsh, J. P. 2015. Toward a theory of business, *Research in Organizational Behavior*, 35: 181-207.

Eccles, R. G., Ioannou, I., & Serafeim, G. 2014. The impact of corporate sustainability on organizational processes and performance. *Management Science*, 60: 2835 - 2857.

Edmans, A. 2020 *Grow the pie: How great companies deliver both purpose and profit*, Cambridge, UK: Cambridge University Press.

El Ghoul, S., Guedhami, O., Kwok, C. C. Y., & Mishra, D. R. 2011. Does corporate social responsibility affect the cost of capital? *Journal of Banking & Finance*, 35: 2388-2406.

Emanuel, E. J., Persad, F., Upshur, R., Thome, B., Parker, M., Glickman, A., Zhang, C., Boyle, C., Smith, & Philips, J. P. 2020. Fair allocation of scarce medical resources in the time of Covid-19, *New England Journal of Medicine*, 382: 2049-2055.

Flammer. 2015. Does corporate social responsibility lead to superior financial performance? A regression discontinuity approach, *Management Science*, 61(11): 2549-2568.

Flammer. 2018. Competing for government procurement contracts: The role of corporate social responsibility, *Strategic Management Journal*, 39: 1299-1324.

Flammer, C. & Kacperczyk, A. 2015. The impact of stakeholder orientation on innovation: Evidence from a natural experiment. *Management Science*, 62(7): 1982-2001.

Flammer, C. & Luo, J. 2017. Corporate social responsibility as an employee governance tool: Evidence from a quasi-experiment, *Strategic Management Journal*, 38: 163-183.

Freeman, R.E., Harrison, J.S., Wicks, A.C., Parmar, B.L., & De Colle, S. 2010. *Stakeholder theory: The state of the art*, Cambridge, UK: Cambridge University Press.

Godfrey, P.C. 2005. The relationship between corporate philanthropy and shareholder wealth: A risk management perspective. *Academy of Management Review*, 30(4): 777-798.

Godfrey, P. C., Merrill, C. B., and Hansen, J. M. 2009. The relationship between corporate social responsibility and shareholder wealth: An empirical test of the risk management hypothesis, *Strategic Management Journal*, 30: 425-445.

Greening, D. W., & Turban, D. B. 2000. Corporate social performance as a competitive advantage in attracting a quality workforce, *Business & Society*, 39: 254-280.

Griffin, J. J. & Mahon, J. F. 1997. The Corporate Social Performance and Corporate Financial Performance Debate: Twenty-five Years of Incomparable Research. *Business & Society*, 36(March): 5-31.

GSIA. 2018. *The 2018 Global Sustainable Investment Review*, Global Sustainable Investment Alliance.

Hillman, A. J. & Keim, G. D. 2001. Shareholder Value, Stakeholder Management, and Social Issues: What's the Bottom Line? *Strategic Management Journal*, 22(2): 125-139.

Hull, C. E. & Rothenberg, S. 2008. Firm Performance: The Interactions of Corporate Social Performance with Innovation and Industry Differentiation. *Strategic Management Journal*, 29: 781-789.

ISO 26000. 2010. Guidance on social responsibility.

Klaus, P. 2014. *Measuring customer experience: How to develop and execute the most profitable customer experience strategies*, New York, NY: Palgrave Macmillan.

Kim, N., Moon, J. J., & Yin, H. 2016. Environmental pressure and the performance of foreign firms in an emerging economy. *Journal of Business Ethics*, 137(3): 475-490.

Koh, P. S., Qian C., & Wang, H. 2014. Firm litigation risk and the insurance value of corporate social performance, *Strategic Management Journal*, 35: 1464-1482.

Kotchen, M. J. 2006. Green markets and private provision of public goods, *Journal of Political Economy*, 114(4): 816-834.

Krüger P. 2015. Corporate goodness and shareholder wealth. *Journal of Financial Economics*, 115: 304 - 329.

Lins, K. V., Servaes, H., & Tamayo, A. 2017. Social capital, trust, and firm performance: The value of corporate social responsibility during the financial crisis, *The Journal of Finance*, 72(4): 1785-1823.

Margolis, J. D. & Walsh, J. P. 2001. People and profits? The search for a link between a company's social and financial performance, Mahwah, NJ: Lawrence Erlbaum.

McWilliams, A. & Siegel, D. 2000. Corporate Social Responsibility and Financial Performance: Correlation or Misspecification? *Strategic Management Journal*, 21(5): 603-609.

Moon, J. J. & Park, S. C. 2014. Measuring the costs and benefits of CSR through shareholder value, *Journal of Knowledge Studies*, 12(1): 265-294.

Orlitzky, M., Schmidt, F. L., & Rynes, S. L. 2003. Corporate social and financial performance: A meta analysis. *Organization Studies*, 24(3): 403-441.

Porter, M. E. & Van der Linde, C. 1995a, Toward a new conception of the environment-competitiveniss relationship, *The Journal of Economic Perspectives*, 9(4): 97-118.

Porter, M. E. & Van der Linde, C. 1995b. Green and competitive: Ending the stalemate, *Harvard Business Review*, 73(5).

Porter, M. E. & Kramer, M. R. 2002. The competitive advantage of corporate philanthropy. *Harvard Business Review*, 80(12):56-68

Porter, M. E. & Kramer, M. R. 2006. Strategy and society. *Harvard Business Review*, 84(12): 78-92.

Porter, M. E. & Kramer, M. R. 2011. Creating shared value. *Harvard Business Review* (Jan-Feb 2011): 1-17.

Ruf, B. M., Muralidhar, K., Brown, R. M., Janney, J. J., & Paul, K. 2001. An empirical investigation of the relationship between change in corporate social performance and financial performance: A stakeholder theory perspective. *Journal of Business Ethics*, 32(2): 143-156.

SIF. 2006. 2005 report on socially responsible investing trends in the United States - 10-year review. Social Investment Forum.

SIF. 2020. *Report on US sustainable and impact investing trends*, The US SIF Foundation.

Surroca, J., Tribo, J. A., & Waddock, S. 2010. Corporate responsibility and financial performance: the role of intangible resources. *Strategic Management Journal*, 31(5): 463-490.

Turban, Daniel B., & Daniel W. Greening. 1997. Corporate social performance and organizational attractiveness to prospective employees. *Academy of Management Journal*, 40(3): 658-672.

Waddock, S. A. & Graves, S. B. 1997. The corporate social performance - financial performance link. *Strategic Management Journal*, 18(4): 303-319.

Werner, Timothy. 2015. Gaining access by doing good: the effect of sociopolitical reputation on firm participation in public policy making, *Management Science*, 61(8): 1989 - 2011.

Whetstone, J. Thomas. 2001. How virtue fits within business ethics. *Journal of Business Ethics*, 33: 101- 114.

4장

성상현. 2018. 사회적 가치창출과 실천을 위한 인사관리-다양성관리. 김재구 등. 『기업의 미래를 여는 사회가치경영』, 서울: 클라우드나인.

이경묵. 2018. 사회가치경영을 위한 조직운영. 김재구 등. 『기업의 미래를 여는 사회가치경영』, 서울: 클라우드나인.

이동섭·최용득·조예슬. 2017. 주도적 성격과 주도적 행동: 윤리적 리더십의 역할. 「윤리경영연구」(한국윤리경영학회), 17(2): 63-84.

밀, 존 스튜어트. 2018. 서병훈 (역). 『공리주의』(1863년본). 서울: 책세상.

마르크스, 칼. 2016. 김문수 (역). 『경제학 철학 초고』(1844년본). 서울: 동서문화사.

아렌트, 한나. 2020. 이진우 (역). 『인간의 조건』(1958년본). 경기: 한길사.

Alexander, F. H. 2017. *Benefit corporate law and governance: Pursing profit with purpose*. Oakland, CA: Berrett-Koehler Publishers.

Ambrose, M. L., Seabright, M.A., & Schminke, M. 2002. Sabotage in the workplace The role of organizational injustice. *Organizational Behavior and Human Decision Processes*, 89(1): 947-965.

Aguinis, H. & Glavas, A. 2012. What we know and don't know about corporate social responsibility: a review and research agenda. *Journal of Management*, 38(4):932-968.

Audia, P. G. & Brion, S. 2007. Reluctant to change: Self-enhancing responses to diverging performance measures. *Organizational Behavior and Human Decision Processes*, 102(2): 255-269.

Bass, B. 2008. The Bass handbook of leadership: Theory, research, & managerial applications(4th Ed.). New York, NY: Free Press.

Beauchamp, T. L., & Bowie, N. E. 1988). Ethical theory and business. *Journal of Business Ethics*, 7: 846- 880.

Bedi, A., Alpaslan, C. M., & Green, S. 2016. A Meta-analytic Review of Ethical Leadership Outcomes and Moderators. *Journal of Business Ethics*, 139(3): 517-536.

Bode, C., Singh, J. & Rogan, M. 2015. Corporate social initiatives and employee retention. *Organization Science*, 26(6): 1702-1720.

Bowie, N. 1998. A Kantian theory of meaningful work. *Journal of Business Ethics*, 17(9/10): 1083-

1092.

Brown, M. E., Trevino, L. K. & Harrison, D. A. 2005. Moral leadership: A social learning perspective for construct development and testing. *Organizational behavior and Human Decision Processes*, 97(2): 117-134.

Budd, J. W. 2011. *The thought of work*, London, UK: Cornell University Press

Cheng, B., Ioannou, I. & Serafeim, G. 2015. Corporate social responsibility and access to finance. *Strategic Management Journal*, 35(1): 1-23.

Colquitt, J. A., Conlon, D. E., Wesson, M. J., Porter, C. O. L. H., & Ng, K. Y. 2001. Justice at the millennium: A meta-analytic review of 25 years of organizational justice research. *Journal of Applied Psychology*, 86(3): 425-445.

DesJardins, J. 2020. *An introduction to business ethics*. New York, NY: McGraw-Hill Education.

El Akremi, A., Gond, J. P., Swaen, V., De Roeck, K. & Igalens, J. 2018. How do employees perceive corporate responsibility? Development and validation of a multidimensional corporate stakeholder responsibility scale. *Journal of Management*, 44(2): 619-657.

Giosna, C. 2004. Charles Darwin, CEO: Some applications of evolutionary psychology to management. *The New School Psychology Bulletin*, 2(1): 21-33.

Greenberg, J. 2002. Who stole the money, and when? Individual and situational determinants of employee theft. *Organizational Behavior and Human Decision Processes*, 89: 985-1003.

Hansmann, H. 1996. *The Ownership of Enterprise*. Cambridge, MA: Harvard University Press.

Harmer, M. A., & Hering, T. 2017. *Putting soul into business: How the benefit corporation is transforming American business for good*. HCollaborative.

Harrison, J. S., Bosse, D. A. & Phillips, R. A. 2010. Managing for stakeholders, stakeholder utility functions, and competitive advantage. *Strategic Management Journal*, 31(1): 58-74.

Hartman, L. DesJardins, J., & MacDonald, C. 2020. *Business ethics: Decision making for personal integrity & social responsibility*. New York, NY: McGraw-Hill.

Hartman, T. 2010. *Unequal protection*. San Francisco, CA: Berrett-Koehler Publishers.

Hoch, J. E., Bommer, W. H., Dulebohn, J. H., & Wu, D. 2018. Do ethical, authentic, and servant leadership explain variance above and beyond transformational leadership? A meta-analysis. *Journal of Management*, 44(2): 501-529.

Honeyman, R. & Jana, T. 2019. *The B Corp handbook: How you can use business as a force for good*, Oakland, CA: Berrett-Koehler Publishers.

Ioannou, I. & Serafeim, G. 2015. The impact of corporate social responsibility on investment recommendations: Analysts' perceptions and shifting institutional logics. *Strategic Management Journal*, 36(7): 1053-1081.

Lee, D., Choi, Y., Youn, S., & Chun, J. U. 2017. Ethical leadership and employee moral voice: The mediating role of moral efficacy and the moderating role of leader-follower value congruence. *Journal of Business Ethics*, 141(1): 47-57.

Lee, D. D. & Faff, R. W. 2009. Corporate sustainability performance and idiosyncratic risk: A global perspective. *Financial Review*, 44(2): 213-237.

Li, D. & Cropanzano, R. 2009. Do East Asians respond more/less strongly to organizational justice than North Americans? A meta-analysis. *Journal of Management Studies*, 46(5): 787-805.

Margolis, J. D., & Walsh, J. P. 2003. Misery loves companies: Rethinking social initiatives by business. *Administrative Science Quarterly*, 48(2): 268-305.

Meindle, J. R., Ehrlich, S. B., & Dukerich, J. M. 1985. The romance of leadership. *Administrative Science Quarterly*, 30(1): 78-102.

Ng, T. W. H., & Feldman, D. C. 2015. Ethical leadership: Meta-analytic evidence of criterion-related and incremental validity. *Journal of Applied Psychology*, 100(3): 948-965.

Northhouse, P. G. 2021. *Leadership: Theory & practice.* Los Angeles, CA: Sage.

Orlitzky, M. & Benjamin, J. D. 2001. Corporate social performance and firm risk: A meta-analytic review. *Business & Society*, 40: 369-396.

Orlitzky, M., Schmidt, F. L., & Rynes, S. 2003. Corporate social and financial performance: A meta-analysis. *Organization Studies*, 24(4): 403-441.

Rowley, T., & Berman, S. 2000. A brand new brand of corporate social performance. *Business & Society*, 39(4): 397-418.

Rupp, D. E., Shapiro, D. E., Folger, R., Skarlicki, D. P., & Shao, R. 2017. A critical analysis of the conceptualization and measurement of organizational justice: Is it time for reassessment? *Academy of Management Annals*, 11(2): 919-959.

Schwartz, A. 1982. Meaningful work. *Ethics*, 92, 634-636.

Schumacher, E. F. 1980. *Good work.* New York, NY: Harper & Row.

Solinger, O. N., Jansen, P. G. W., & Cornelissen, J. P. 2020. The emergence of moral leadership. *Academy of Management Review*, 45(3): 504-527.

Tantalo, C. & Priem, R. L. 2016. Value creation through stakeholder synergy. *Strategic Management Journal*, 37(2): 314-329.

Trevio, L. K., Hartman, L. P., & Brown, M. 2000. Moral person and moral manager: How executives develop a reputation for ethical leadership. *California Management Review*, 42(4): 128-142.

Vishwanathan, P., van Oosterhout, H., Heugens, P., Duran, P., & van Essen, M. 2020. Strategic CSR: A concept building meta-analysis. *Journal of Management Studies*, 57(2): 314-350.

5장

그린피스. 2021. 기후변화 규제가 한국 수출에 미치는 영향 분석: 주요 3개국(미국, 중국, EU)을 중심으로. EY한영 회계법인, 그린피스.

송단비·조재한. 2021. 「코로나19 이후 경제회복을 위한 한계기업 정상화 과제와 정책시사점」. 산업연구원.

이정기·이재혁. 2020. 지속가능경영 연구의 현황 및 발전방향: ESG 평가지표를 중심으로. 「전략경영연구」(한국전략경영학회), 23(2): 65~92.

이재혁·양지원. 2019. 지속가능성: 국내외 연구현황 및 향후 발전방향. 「전략경영연구」(한국전략경영학회), 22(1): 49~75.

김윤경. 2020. 「한계기업 동향과 기업구조조정 제도에 대한 시사점」. 한국경제연구원.

Barney, J. 1991. Firm resources and sustained competitive advantage, *Journal of Management*, 17(1): 99-120.

Bartlett, C. A. & Ghoshal, S. 1998. *Managing across borders: The transnational solution*(2nd Ed.). Boston, MA: Harvard Business School Press.

Carroll, B., & Buchholtz. 2018. Business & Society: Ethics, sustainability & stakeholder management. Boston, MA: CENGAGE Learning.

DiMaggio, P., & Powell, W. W. 1983, The iron cage revisited: Collective rationality and institutional isomorphism in organizational fields. *American Sociological Review*, 48(2), 147-160.

Nahapiet, J., & Ghoshal, S. 1998, Social capital, intellectual capital, and the organizational advantage. *Academy of Management Review*, 23(2): 242-266.

Ok, Y. S. Tsang, D. C. W. Bolan, N. Novak, J. M. 2019. *Biochar from biomass and waste: fundamentals and applications*. Amsterdam, the Netherlands: Elsevier.

Zaheer, S. 1995, Overcoming the Liability of Foreignness. *Academy of Management Journal*, 38(2): 341-363.

6장

김재구·배종태·문계완·이상명·박노윤·이경묵·성상현·이정현·최종인. 2018. 『기업의 미래를 여는 사회가치경영』, 서울: 클라우드나인.

김재구·배종태·이정현·이무원·양대규·강신형. 2020. 『포스트 코로나 시대 사회가치경영의 실천 전략』, 서울: 클라우드나인.

삼성전자. 2020. 「지속가능경영보고서」

포스코. 2019. 「기업시민보고서」.

현대자동차. 2020. 「지속가능성 보고서」.

LG화학. 2019. 「지속가능성 보고서」.

SK텔레콤. 2019. 「연간보고서」.

KPMG. 2020.11. 「COVID-19 business report: 위드/포스트 코로나 시대, 기업의 5대 경영 전략」.

KPMG. 2020.12. 「ESG 경영 시대, 전략 패러다임 대전환」.

KPMG, 2021.2. 「ESG의 부상, 기업은 무엇을 준비해야 하는가?」.

Agrawal, V. V., Atasu, A., & Van Wassenhove, L. N. 2019. OM forum – New opportunities for operations management research in sustainability. *Manufacturing & Service Operations Management*, 21(1): 1-12.

Angel, L. C., & Klassen, R. D. 1999. Integrating environmental issues into the mainstream: An agenda for research in operations management. *Journal of Operations Management*, 17(5): 575-598.

Ashby, A., Leat, M., & Hudson-Smith, M. 2012. Making connections: A review of supply chain management and sustainability literature. *Supply Chain Management: An International Journal*, 17(5): 497-516.

Atasu, A., Corbett, C. J., Huang, X. N.), & Toktay, L. B. 2020. Sustainable operations management through the perspective of Manufacturing & Service Operations Management. *Manufacturing & Service Operations Management*, 22(1): 146-157.

Comes, T., Van de Walle, B., & Van Wassenhove, L. 2020. The coordination-information bubble in humanitarian response: Theoretical foundations and empirical investigations. *Production and Operations Management*, 29(11): 2484-2507.

Corbett, C. J., & Klassen, R. D. 2006. Extending the horizons: Environmentally excellence as key to improving operations. *Manufacturing & Service Operations Management*, 8(1): 5-22.

Elkington, J. 1998. *Cannibals with Forks: The Triple Bottom Line of 21st Century Business*. Oxford, UK: Capstone.

Ho, W., Zheng, T., Hakan, Y., & Talluri, S. 2015. Supply chain risk management: Literature review. *International Journal of Production Research*, 53: 5031-5069.

Kleindorfer, P. R., Singhal, K., & Van Wassenhove, L. N. 2005. Sustainable operations management. *Production and Operations Management*, 14(4): 482-492.

Lee, H. L., & Tang, C. S. 2018. Socially and environmentally responsible value chain innovations: New operations management research opportunities. *Management Science*, 64(3): 983-996.

Lee, L-E., Thwing-Eastman, M., & Marshall, R. 2020. *2020 ESG trends to watch*. MSCI ESG Research LLC, MSCI, Inc.

Mani, V., Gunasekaran, A., & Delgado, C. 2018. Enhancing supply chain performance through supplier social sustainability: An emerging economy perspective. *International Journal of Production Economics*, 195: 259-272.

Pournader, M., Kach, A., & Talluri, S. 2020. A Review of the existing and emerging topics in the supply chain risk management literature. *Decision Sciences*, 51(4): 867-919.

Seuring, S., & Muller, M. 2008. From a literature review to a conceptual framework for sustainable supply chain management. *Journal of Cleaner Production*, 16(5): 1699-1710.

Sodhi, M. S. 2015. Conceptualizing social responsibility in operations via stakeholder resource-based view. *Production and Operations Management*, 24(9): 1375-1389.

Villena, V., & Gioia, D. A. 2018. On the riskiness of lower-tier suppliers: Managing sustainability in supply networks. *Journal of Operations Management*, 64: 65-87.

Wilhelm, M. M., Blome, C., Bhakoo, V., & Paulraj, A. 2016. Sustainability in multi=tier supply chains: Understanding the double agency role of the first-tier supplier. *Journal of Operations Management*, 41: 42-60.

World Commission on Environment and Development. 1987. *Our Common Future*. New York, NY: Oxford University Press.

Yoo, S. H., Choi, T. Y., & Kim, D. 2020. Multi-tier incentive strategies for quality improvement: Case of three-tier supply chain. *Decision Sciences*, 52(5): 1137-1168.

Yoo, S. H., Choi, T. Y., & Kim, D. 2021. Integrating sourcing and financing strategies in multi-tier supply chain management. *International Journal of Production Economics*, 234: 108039.

7장

문정빈. 2021. 제3장 기업과 사회적 가치: 정의, 측정, 의의. 배종석 등. 『ESG 시대의 사회적 가치와 지속가능경영』. 서울: 클라우드나인.

박찬수. 2016. 마케팅이 없다면? 고대신문, 1809호: 24.

한국마케팅학회. 2002. 한국마케팅학회의 마케팅 정의. 「마케팅연구」(한국마케팅학회), 17(2): 5-6.

Aaker, J., Vohs, K., & Mogliner, C. 2010. Nonprofits are seen as warm and for profits as competent: Firm streotypes matters. *Journal of Consumer Research*, 37(2), 224-237.

Aguilera, R. V., Rupp, D. E., Williams, C. A., & Ganapathi, J. 2007. Putting the S back in Corporate social responsibility: A multilevel theory of social change in organizations. *Academy of Management Review*, 32(3): 836-863.

American Marketing Association. 2013. *Definition of marketing.* https://www.ama.org/listings/2013/01/17/definition-of-marketing.

Brown, T. J., & Dacin, P. A. 1997. The company and the product: Corporate associations and consumer product responses. *Journal of Marketing*, 61(1): 68-84.

Chernev, A., & Blair, S. 2015. Doing well by doing good: The benevolent halo of corporate social responsibility. *Journal of Consumer Research*, 41(6): 1412-1425.

Coulter R., & Pinto, M. 1995. Guilt appeals in advertising: What are their effects? *Journal of Applied Psychology*, 80(6): 697-705.

Gershoff, A. D., & Frels, J. K. 2015. What makes it green? The role of centrality of green attributes in evaluations of the greenness of products. *Journal of Marketing*, 79(1): 97-110.

Gielens, K., Geyskens, I., Deleersnyder, B., & Nohe, M. 2018. The new regulator in town: The effect of Walmart's sustainability mandate on supplier shareholder value. *Journal of Marketing*, 82(2): 124-141.

Godfrey, P. C., Merrill, C. B., & Hansen, J. M. 2009. The relationship between corporate social responsibility and shareholder value: An empirical test of the risk management hypothesis. *Strategic Management Journal*, 30(4): 425-445.

Goldstein, N., Cialdini, R., & Griskevicius, V. 2008. A room with a viewpoint: Using social norms to motivate environmental conservation in hotels. *Journal of Consumer Research*, 35(3): 472-482.

Goldstein, N., Johnson E. J., Herrmann, A., & Heitmann, M. 2008. Nudge your customers toward better choices. *Harvard Business Review*, December: 2-8.

Habel, J., Schons, L., Alavi, S., & Wieseke, J. 2016. Ambivalent effect of corporate social responsibility activities on customers' perceived price fairness. *Journal of Marketing*, 90(1): 84-105.

Homburg, C., Stierl, M., & Bornemann, T. 2013. Corporate social responsibility in business-to-business markets: How organizational customers account for supplier corporate social responsibility engagement. *Journal of Marketing*, 77(6): 54-72.

Karmarkar, U., & Bollinger, B. 2015. BYOB: How bringing your own shopping bags leads to treating yourself and the environment. *Journal of Marketing*, 79(4): 1-15.

Keller, K. L., & Aaker, D. A. 1998. The impact of corporate marketing on a company's brand extensions. *Corporate Reputation Review*, 1(4): 356-378.

Kidwell B., Farmer, A., & Hardesty, D. 2013. Getting liberals and conservatives to go green: Political ideology and congruent appeals. *Journal of Consumer Research*, 40(2): 350-367.

Kotler, P. 2011. Reinventing marketing to manage the environmental imperative. *Journal of Marketing*, 75(4): 132-135.

Kronrod, A., Grinstein, A., & Wathieu, L. 2012. Go green! Should environmental messages be so assertive? *Journal of Marketing*, 76(1): 95-102.

Luchs M., Naylor, R., Irwin, J., & Raghunathan, R. 2010. The sustainability liability: Potential negative effects of ethicality on product preference. *Journal of Marketing*, 74(5): 18-31.

Luo, X., & Bhattacharya, C. 2006. Corporate social responsibility, customer satisfaction, and market value. *Journal of Marketing*, 70(4): 1-18.

Margolis, J. D., Elfenbein, H. A., & Walsh, J. P. 2009. Does it pay to be good... and does it matter? A meta-analysis of the relationship between corporate social and financial performance, † (accessed January 6, 2021), Available at SSRN:https://ssrn.com/abstract=1866371.orhttp://dx.doi.org/10.2139/ssrn.1866371.

Mishra S., & Modi, S. 2016. Corporate social responsibility and shareholder wealth: The role of marketing capability. *Journal of Marketing*, 80(1): 26-46.

Olsen M., Slotegraaf, R., & Chandukala, S. 2014. Green claims and message frames: How green new products change brand attitude. *Journal of Marketing*, 78(5): 119-137.

Paharia N. 2020. Who receives credit or blame? The effects of made-to-order production on responses to unethical and ethical company production practices. *Journal of Marketing*, 84(1): 88-104.

Peloza, J., White, K., & Shang, J. 2013. Good and guilt-free: The role of self-accountability in influencing preferences for products with ethical attributes. *Journal of Marketing*, 77(1): 104-119.

Ringold, D. J., & Weitz, B. 2007. The American Marketing Association definition of marketing: Moving from lagging to leading indicator. *Journal of Public Policy and Marketing*, 26(2): 251-260.

Vaaland T., Morten, H., & Gronhaug, K. 2008. Corporate social responsibility: investigating theory and research in the marketing context. *European Journal of Marketing*, 42(9/10): 927-963.

White K., MacDonnell, R., & Ellard, J. 2012. Belief in a just world: Consumer intentions and behaviors toward ethical products. *Journal of Marketing*, 76(1): 103-118.

White K., Habib, R., & Hardisty, D. 2019. How to SHIFT consumer behaviors to be more sustainable: A literature review and guiding framework. *Journal of Marketing*, 83(3): 22-49.

White K., & Peloza, J. 2009. Self-benefit versus other-benefit marketing appeals: Their effectiveness in generating charitable support. *Journal of Marketing*, 73(4): 109-124.

White, K., & Simpson, B. 2013. When do (and don't) normative appeals influence sustainable consumer behaviors? *Journal of Marketing*, 77(2): 78-95.

Wilkie W., & Moore, E. 1999. Marketing's contribution to society. *Journal of Marketing*, 63(Special Issue): 198-218.

Winterich K., Mittal, V., & Ross Jr. W. 2009, Donation behavior toward in-groups and out-groups: The role of gender and moral identity. *Journal of Consumer Research*, 36(2): 199-214.

Winterich K., Nenkov, G., & Gonzales, G. 2019. KKnowing what it makes: How product transformation salience increases recycling. *Journal of Marketing*, 63(4): 21-37.

8장

관계부처합동. 2017. 「4차 산업혁명의 사회적 수용성 확보를 위한 국가전략 연구」, 정보통신정책연구원.

권오병. 2019. 『4차 산업혁명시대의 정보기술과 경영정보시스템』, 도서출판 청람.

김기범·이효정·정창의. 2019. 『4차 산업혁명과 사회적 가치창출』, 삼정 KPMG 경제연구원.

김민석·조영복. 2019. 4차 산업혁명 시대의 기업사회공헌 활동의 진화. 「Journal of the Korea Academia-Industrial Cooperation Society」(한국산학기술학회), 20(1): 85-95.

김상훈. 2017. 「4차 산업혁명 시대: 주요 개념과 사례」, KIET 산업경제.

김석관. 2017. 「4차 산업혁명의 기술 동인과 산업 파급 전망」, 과학기술정책연구원.

김은·이문호·이준영·김인진·김사무엘·심소연. 2017. 「경제적 사회적 측면에서 본 4차 산업혁명의 특성 및 정성적 파급효과 분석」, 한국고용정보원.

김재구. 2017. 「4차 산업혁명의 기술 동인과 산업 파급 전망」, 과학기술정책연구원.

김재구·배종태·문계완·이상명·박노윤·이경묵·성상현·이정현·최종인. 2018. 『기업의 미래를 여는 사회가치경영』, 서울: 클라우드나인.

김정열. 2017. 『4차 산업혁명이 공공분야에 미치는 영향 및 대응 방향』, Deloitte.

김진하. 2018. 『제4차 산업혁명 시대, 미래사회 변화에 대한 전략적 대응 방안 모색』, R&D InI.

남충현. 2016. 『오픈소스 AI: 인공지능 생태계와 오픈 이노베이션』, 정보통신정책연구원.

노상규. 2016. 『오가닉 비즈니스』, 오가닉 미디어 랩.

노태협. 2016. ICT 기반 지역 공유 경제형 사회적 기업 사례 연구. 『Information Systems Review』(한국경영정보학회), 18(1): 157-175.

워시, 데이비드. 2008. 김민주·송희령 (공역). 『지식경제학 미스터리』, 경기: 김영사.

리준영. 2018. 『사회적 가치창출』, 기업윤리 브리프스.

손상영. 2019. 『혁신성장을 위한 사람 중심의 4차 산업혁명 대응계획 I-Korea 4.0』, 산업혁명위원회.

양동수·김진경·조현경·고동현·온누리·이원재. 2019. 『공공기관의 사회적 가치 실현: 포용국가 시대의 조직운영 원리』, LAB2050.

이대열. 2017. 『지능의 탄생』, 바다출판사.

이상급. 2018. 『Data, Digital and Development: 4차산업혁명패러다임에따른주요원조기관들의대응동향』, 국제개발협력, 한국구제협력단.

이정훈. 2018. 『4차산업혁명 혁신에 성공하려면: 한국형 도시 공유 플랫폼을 구축해야』, 경기연구원.

이준배. 2020. 『AI/데이터 기반 마케팅의 보급과 그 사회경제적 영향』, 정보통신정책연구원.

이준희. 2016. 사회적 가치를 통한 비즈니스 혁신: 지속가능경영 전략적 관점에서, 『Deloitte Korea Review』,10, Deloitte.

이희령. 2017. 『비즈니스와 사회에 가치를 더하라』, 한국SR전략연구소.

장석인. 2017. 『제4차 산업혁명 시대의 산업구조 변화 방향과 정책과제』, 국토 제424호.

전국경제인연합회. 2019. 『2019 주요 기업의 사회적 가치 보고서』, FKI전국경제인연합회.

정규호, 허남혁. 2005. 정보기술과 자원·환경의 관리, 『공간과 사회』(한국공간환경학회), 24: 120-153.

조남재. 2005. 『정보기술과 기업경쟁력』, 정보통신정책연구원.

최계영. 2017. 『4차 산업혁명 시대의 경제 작동 메커니즘』, 정보통신정책연구원.

최계영. 2017. 『4차 산업혁명과 ICT』, 정보통신정책연구원.

켈리, 케빈. 이한음 역. 2017. 『인에비터블』, 청림출판사.

Barradas, L. C., Nascimento, J., Martins, L., Oliveira, S., Leal, S., Vivas, C., & São João, R. 2019. Developing an information system for social value creation. *Procedia Computer Science*, 164: 546-551.

Devaraj, S. & R. Kohli. 2002. *The IT payoff: Measuring the business value of information technology investment*. Upper Saddle River, NJ: Prentice-hall Inc.

Eamonn Kelly. 2015. 비즈니스 생태계 시대의 도래, 『Deloitte Anjin Review』, 5. Deloitte Anjin.

Gartner. 2016. *Gartner's 2016 hype cycle for emerging technologies identifies three key trends that organizations must track to gain competitive advantage*. August 16.

Ham, J., Choi, B., & Lee, J. N. 2017. Open and closed knowledge sourcing: Their effect on innovation performance in small and medium enterprises. *Industrial Management & Data Systems*, 117(6): 1166-1184.

Ham, J., Koo, Y., & Lee, J. N. 2019. Provision and usage of open government data: Strategic transformation paths. *Industrial Management & Data Systems*, 119(8): 1841-1858.

Harris, M. 2016. *IT as a value center*. David Consulting Group, May.

Huysman, M. & V. Wulf. 2004. *Social capital and information technology*. Cambridge, MA: The MIT Press.

Jordan, B. 2020. *Social value in public policy*. Springer Nature.

Kim, T.-Y. & Heshmati, A. 2013. *Economic growth: The new perspectives for theory and policy*. Springer Science & Business Media.

Kraut, R., S. Kiesler, T. Mukhopadhya, W. Scherlis & M. Patterson. 1998. Social impact of the internet: What does it mean? *Communications of the ACM*, 41(12): 21-22.

Lee, J-S. 2020. SKT creates 1.87 trillion Won ($1.5 billion) in social value in 2019. *Korea IT Times*.

Nagle, F. 2019. Government technology policy, social value and national competitiveness. *Harvard Business School*. Working Paper 19-103.

Rosenberg, R. 2013. *The social impact of computers*. Wagon Lane, UK: Elsevier.

Tallon, P. P., K. L. Kraemer & V. Gurbaxani. 2000. Executive's perceptions of the business value of information technology: A process-oriented approach. *Journal of Management Information Systems*, 16(4): 145-173.

Warschauer, M. 2004. *Technology and social inclusion: Rethinking the digital divide*. Cambridge, MA: The MIT Press.

Williams, R., & D. Edge. 1996. The social shaping of technology. *Research Policy*, 25(6): 865-899.

9장

Ahern, K.R. & Dittmar, A.K. 2012. The changing of the boards: The impact on firm valuation of mandated female board representation. *The Quarterly Journal of Economics*, 127(1): 137-197.

Bauer, R., Koedijk, K. and Otten, R. 2005. International evidence on ethical mutual fund performance and investment style. *Journal of Banking & Finance*, 29(7): 1751-1767.

Bauer, R. and Smeets, P. 2015. Social identification and investment decisions. *Journal of Economic Behavior & Organization*, 117: 121-134.

Bebchuk, L.A., Cohen, A. and Hirst, S. 2017. The agency problems of institutional investors. *Journal of Economic Perspectives*, 31(3): 89-102.

Bebchuk, L.A., Cohen, A. & Wang, C.C. 2013. Learning and the disappearing association between governance and returns. *Journal of Financial Economics*, 108(2): 323-348.

Bebchuk, L.A. & Tallarita, R. 2020. The illusory promise of stakeholder governance. *Cornell Law Review*, 106(1): 91-178

Bertrand, M., Bombardini, M., Fisman, R. & Trebbi, F. 2020. Tax-exempt lobbying: Corporate philanthropy as a tool for political influence. *American Economic Review*, 110(7): 2065-2102.

Bollen, N.P. 2007. Mutual fund attributes and investor behavior. *Journal of Financial and Quantitative Analysis*, 42(3): 683-708.

Bolton, P., Li, T., Ravina, E. & Rosenthal, H. 2020. Investor ideology. *Journal of Financial Economics*, 137(2): 320-352.

Cao, J., Liang, H. & Zhan, X. 2019. Peer effects of corporate social responsibility. *Management Science*, 65(12): 5487-5503.

Climate Bonds Initiative. 2021. *Sustainable Debt Market – Summary H1 2021*, September 2021.

Cronqvist, H. & Yu, F. 2017. Shaped by their daughters: Executives, female socialization, and corporate social responsibility. *Journal of Financial Economics*, 126(3): 543-562.

Dai, R., Liang, H. & Ng, L. 2021. Socially responsible corporate customers. *Journal of Financial Economics*, 142(2): 598-626.

Derwall, J., Guenster, N., Bauer, R. & Koedijk, K., 2005. The eco-efficiency premium puzzle. *Financial Analysts Journal*, 61(2): 51-63.

Deng, X., Kang, J.K. & Low, B.S. 2013. Corporate social responsibility and stakeholder value maximization: Evidence from mergers. *Journal of Financial Economics*, 110(1): 87-109.

Dimson, E., Karakaş, O. & Li, X. 2015. Active ownership. *The Review of Financial Studies*, 28(12): 3225-3268.

Dyck, A. Lins, K.V., Roth, L. & Wagner, H.F. 2019. Do institutional investors drive corporate social responsibility? International evidence. *Journal of Financial Economics*, 131(3): 693-714.

Edmans, A. 2011. Does the stock market fully value intangibles? Employee satisfaction and equity prices. *Journal of Financial economics*, 101(3): 621-640.

Edmans, A. 2020. *Grow the pie: How great companies deliver both purpose and profit.* New York, NY: Cambridge University Press.

Edmans, A. & Gosling, T. 2020. How to give shareholders a say in corporate social responsibility. *The Wall Street Journal*.

Fabozzi, F. J., Ma, K.C. & Oliphant, B.J. 2008. Sin stock returns. *The Journal of Portfolio Management*, 35(1): 82-94.

Flammer, C. 2015. Does corporate social responsibility lead to superior financial performance? A regression discontinuity approach. *Management Science*, 61(11): 2549-2568.

Flammer, C. 2021. Corporate green bonds. *Journal of Financial Economics*, 142(2): 499-516.

Fornell, C., Mithas, S., Morgeson III, F.V. & Krishnan, M.S. 2006. Customer satisfaction and stock prices: High returns, low risk. *Journal of Marketing*, 70(1): 3-14.

Friedman, M. 1970. A Friedman doctrine: The social responsibility of business is to increase its profits. *The New York Times Magazine*, September 13: 17.

Global Sustainable Investment Alliance. 2021. *2020 Global Sustainable Investment Review* 2020. http://www.gsi-alliance.org > GSIR-20201

Hart, O. & Zingales, L. 2017. Companies should maximize shareholder welfare not market value. *Journal of Law, Finance, and Accounting*, 2(2): 247-275.

Hartzmark, S.M. & Sussman, A.B. 2019. Do investors value sustainability? A natural experiment examining ranking and fund flows. *The Journal of Finance*, 74(6): 2789-2837.

Hirst, S. & Bebchuk, L. 2019. The specter of the giant three. *Boston University Law Review*, 99(3): 721.

Hong, H. & Kacperczyk, M. 2009. The price of sin: The effects of social norms on markets. *Journal of Financial Economics*, 93(1): 15-36.

Hong, H. & Kostovetsky, L. 2012. Red and blue investing: Values and finance. *Journal of Financial Economics*, 103(1): 1-19.

Influence Map. 2018. *Who Owns the World's Fossil Fuels?* https://influencemap.org/finance-map

Insightia. 2021. *ESG Activism*.

Khan, M., Serafeim, G. & Yoon, A. 2016. Corporate sustainability: First evidence on materiality. *The Accounting Review*, 91(6): 1697-1724.

Koh, P.S., Qian, C. & Wang, H. 2014. Firm litigation risk and the insurance value of corporate social performance. *Strategic Management Journal*, 35(10): 1464-1482.

Kotsantonis, S. & Serafeim, G. 2019. Four things no one will tell you about ESG data. *Journal of Applied Corporate Finance*, 31(2): 50-58.

Krüger, P. 2015. Corporate goodness and shareholder wealth. Journal of Financial Economics, 115(2): 304-329.

Krueger, P., Sautner, Z. & Starks, L.T. 2020. The importance of climate risks for institutional investors. *The Review of Financial Studies*, 33(3): 1067-1111.

Liang, H. & Renneboog, L. 2017. On the foundations of corporate social responsibility. *The Journal of Finance*, 72(2): 853-910.

Lins, K.V., Servaes, H. & Tamayo, A. 2017. Social capital, trust, and firm performance: The value of corporate social responsibility during the financial crisis. *The Journal of Finance*, 72(4): 1785-1824.

Luo, X. & Bhattacharya, C.B. 2006. Corporate social responsibility, customer satisfaction, and market value. *Journal of Marketing*, 70(4): 1-18.

Masulis, R.W. & Reza, S.W. 2015. Agency problems of corporate philanthropy. *The Review of Financial Studies*, 28(2): 592-636.

Nilsson, J. 2008. Investment with a conscience: Examining the impact of pro-social attitudes and perceived financial performance on socially responsible investment behavior. *Journal of Business Ethics*, 83(2): 307-325.

Pástor, Ľ., Stambaugh, R.F. & Taylor, L.A. 2021. Sustainable investing in equilibrium. *Journal of Financial Economics*, 142(2): 550-571.

Pedersen, L.H., Fitzgibbons, S. & Pomorski, L. 2020. Responsible investing: The ESG-efficient frontier. *Journal of Financial Economics*, 142(2): 572-597.

Renneboog, L., Ter Horst, J. & Zhang, C. 2008a. Socially responsible investments: Institutional aspects, performance, and investor behavior. *Journal of Banking & Finance*, 32(9): 1723-1742.

Renneboog, L., Ter Horst, J. & Zhang, C. 2008b. The price of ethics and stakeholder governance: The performance of socially responsible mutual funds. *Journal of Corporate Finance*, 14(3): 302-322.

Renneboog, L., Ter Horst, J. & Zhang, C. 2011. Is ethical money financially smart? Nonfinancial attributes and money flows of socially responsible investment funds. *Journal of Financial Intermediation*, 20(4): 562-588.

Riedl, A. & Smeets, P. 2017. Why do investors hold socially responsible mutual funds? *The Journal of Finance*, 72(6): 2505-2550.

Servaes, H. & Tamayo, A. 2013. The impact of corporate social responsibility on firm value: The role of customer awareness. *Management science*, 59(5): 1045-1061.

Stellner, C., Klein, C. & Zwergel, B. 2015. Corporate social responsibility and Eurozone corporate bonds: The moderating role of country sustainability. *Journal of Banking & Finance*, 59: 538-549.

Tang, D.Y. & Zhang, Y. 2020. Do shareholders benefit from green bonds? *Journal of Corporate Finance*, 61: 101427.

Zerbib, O.D. 2019. The effect of pro-environmental preferences on bond prices: Evidence from green bonds. *Journal of Banking & Finance*, 98: 39-60.

10장

김재구·배종태·문계완·이상명·박노윤·이경묵·성상현·이정현·최종인. 2018. 『기업의 미래를 여는 사회가치경영』, 서울: 클라우드나인.

김재구·배종태·이정현·이무원·양대규·강신형. 2020. 『포스트 코로나 시대 사회가치경영의 실천 전략』, 서울: 클라우드나인.

민재형·하승인·김범석. 2015. 기업의 지속가능경영 활동이 기업의 장단기적 가치에 미치는 영향. 『경영학연구』(한국경영학회), 44(3): 713-735.

산업정책연구원. 2017. 대한민국 지속가능경영팩트북 2017.

안치용. 2011. 『착한 경영 따뜻한 돈』, 인물과사상사.

헨리크, 에이드리언, 줄리 리차드슨 외. 유명훈 (역). 2010. 『지속가능 경영의 청사진』, 서울: KSAM(한국표준협회미디어).

정갑영·김동훈. 2019. 사회적 자본 지수의 계측. 『한국경제포럼』(한국경제학회), 12(1): 1-26.

정명은. 2014. 사회적 가치 측정: 합의, 자가측정, 화폐화. 『한국행정연구』(한국행정연구원), 28(3): 73-84.

풀무원. 2019. 풀무원 통합보고서 2019. http://www.pulmuone.co.kr/pulmuone/sustainability/listreport.do

Adams, C., P. Druckman, & R. Picot. 2020. *Sustainable Development Goals Disclosure (SDSG) Recommendations.* Published by ACCA, Chartered Accountant of ANZ, ICAS, IFAC, IIRC, and WBA.

Elliott, B. & J. Elliott. 2019. *Financial Accounting and Reporting* (19th ed.). Upper Saddle River, NJ: Pearson.

Gartenberg, C., Prat, A., & Serafeim, G. 2019. Corporate Purpose and Financial Performance. *Organization Science*, 30(1): 1-18.

Hanifan, L. J. 1916. Rural School Community Center. *Annals of the American Academy of Political and Social Science*, 67: 130-138.

International Integrated Reporting Council ('the IIRC'). 2015. 국제통합보고 프레임워크, 한국어판.

Pigou, A. C. 1920. *The Economics of Welfare*. London, UK: Macmillan and Co.

Schultz, M & V Leskevicius. 2013. Living well, within the limits of our planet. *Official Journal of the European Union*, 171-200.

Serafeim, G. & Trinh, K. 2020. A Framework for Product Impact-Weighted Accounts. *Harvard Business School Accounting & Management Unit Working Paper*: 20-076.

Stiglitz, J. 2019. Is Stakeholder Capitalism Really Back? *Chazen Global Insights*, September 3, 2019.

The Accounting for Sustainability (A4S). 2016. *Essential Guide to Natural and Social Capital Accounting*. A4S Essential Guide Series, www.accountingforsustainability.org/en/knowledge-hub/guides/Natural-social-capital.html

11장

게이츠, 빌. 2021. 김민주·이엽 (공역). 『빌 게이츠, 기후 재앙을 피하는 법: 우리가 가진 솔루션과 우리에게 필요한 돌파구』. 경기: 김영사.

고시, 아미타브. 2021. 김홍옥 (역). 『대혼란의 시대: 기후 위기는 문화의 위기이자 상상력의 위기다』. 서울: 에코리브르.

굿하트, 데이비드. 2019. 김경락 (역). 『엘리트가 버린 사람들: 그들이 진보에 투표하지 않는 이유』. 서울: 원더박스.

기리다라다스, 아난드. 2019. 정인경 (역). 『엘리트 독식 사회: 세상을 바꾸겠다는 그들의 열망과 위